上饶统计年鉴

SHANGRAO STATISTICAL YEARBOOK

2017

中国统计出版社
China Statistics Press

图书在版编目(CIP)数据

上饶统计年鉴. 2017 / 上饶市统计局，国家统计局上饶调查队编.
——北京:中国统计出版社,2017.8
ISBN 978-7-5037-8194-0

Ⅰ. ①上… Ⅱ. ①上… ②国… Ⅲ. ①统计资料-上饶市-2017-年鉴 Ⅳ. ①C832.563-54

中国版本图书馆 CIP 数据核字(2017)第 164675 号

上饶统计年鉴-2017

作　　者 / 上饶市统计局、国家统计局上饶调查队
责任编辑 / 陈越月
装帧设计 / 王忠诚
出版发行 / 中国统计出版社
地　　址 / 北京市丰台区西三环南路甲 6 号
邮政编码 / 100073
电　　话 / 邮购（010）63376909　书店（010）68783171
网　　址 / http://csp.stats.gov.cn
印　　刷 / 上饶同济印刷厂
经　　销 / 新华书店
开　　本 / 890mm×1240mm　1/16
字　　数 / 980 千字
印　　张 / 25.75
印　　数 / 1-1000 册
版　　别 / 2017 年 8 月第 1 版
版　　次 / 2017 年 8 月第 1 次印刷
定　　价 / 230 元

如有印装差错，由本社发行部调换。

《上饶统计年鉴——2017》编辑部

编 者 说 明

一、《上饶统计年鉴——2017》是一本经济信息密集的资料性年刊。它以全面系统的统计资料，介绍了上饶市国民经济和社会发展情况，为各级领导和有关部门了解上饶市情、研究经济发展战略、制定规划和管理经济提供了有参考价值的统计数据；为社会各界组织生产、进行贸易以及进行招商引资决策提供了翔实的统计信息。

二、本《年鉴》以2016年各项统计资料为主，同时对一些主要指标增列了历年或主要年份的数据，全书内容分为16个部分：1、综合；2、人口；3、从业人员和职工工资；4、固定资产投资；5、能源生产与消费；6、物价；7、人民生活；8、农业；9、工业；10、建筑业；11、服务业；12、国内贸易、个私经济；13、对外经济贸易、旅游业；14、财政、金融；15、教育、科技、文化、卫生、体育和其他；16、与江西省及兄弟市对比资料。每篇篇首配有简要说明和内容提要，篇末附有《主要统计指标解释》。

三、本《年鉴》统计数据除特殊说明外，均按"块块统计"原则搜集得到。本《年鉴》表中的符号说明："…"表示数据不足本表最小单位数；"空格"表示该项统计指标数据不详或无该项数据；"#"表示其中的主要项。

四、在本《年鉴》编印过程中，得到了有关领导和有关部门的大力支持，在此一并表示感谢。为使今后的《年鉴》编印工作不断改进和完善，更好地满足社会各界的需求，希望广大读者提出宝贵意见和建议。

目　　录

一、综　　合

二、人口

三、从业人员和职工工资

四、固定资产投资

五、能源生产与消费

六、物　　价

七、人民生活

八、农　　业

九、工　　业

十、建筑业

十一、服务业

十二、国内贸易、个私经济

十三、对外经济贸易、旅游业

十四、财政、金融

十五、教育、科技、文化、卫生、体育、其他

十六、江西省及兄弟市对比资料

地区生产总值(亿元)

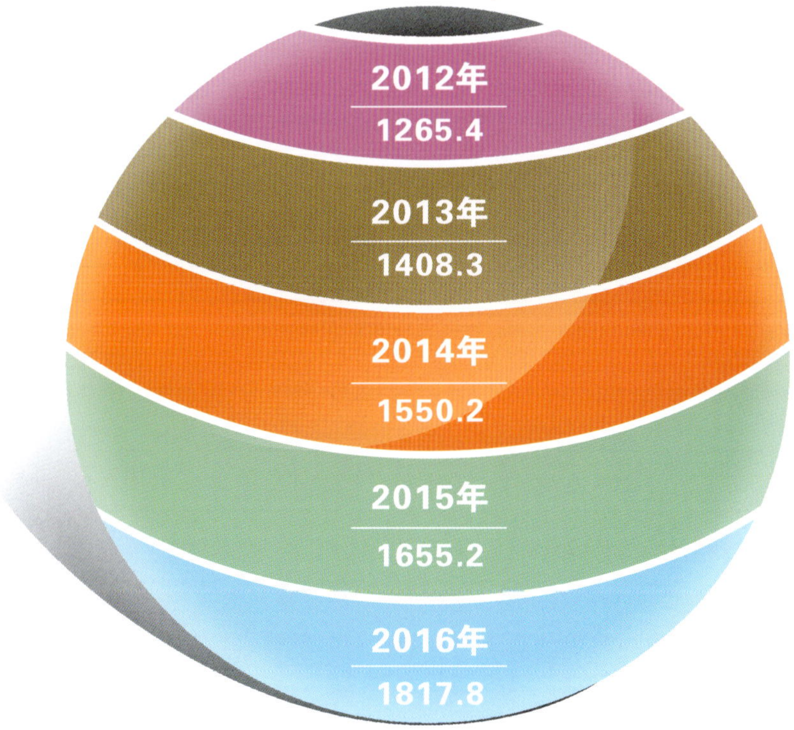

三次产业结构(%)

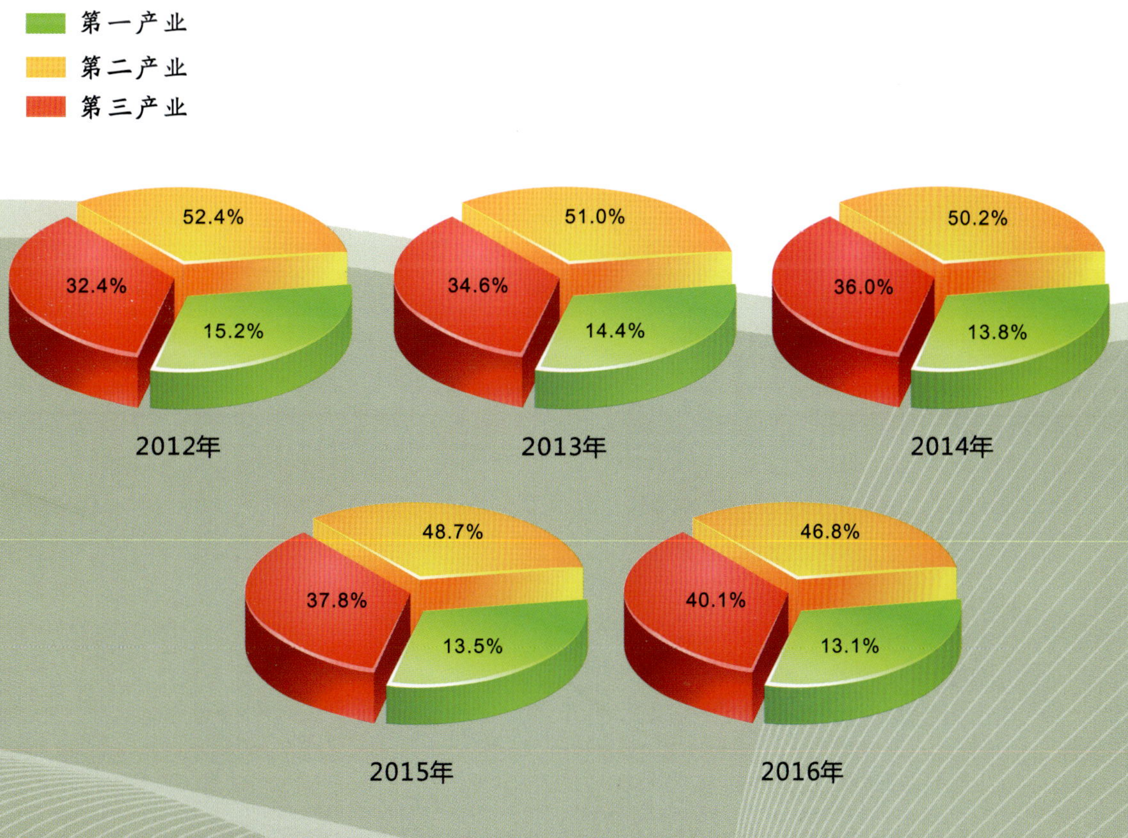

人均地区生产总值(当年价格，元)

规模以上工业增加值(亿元)

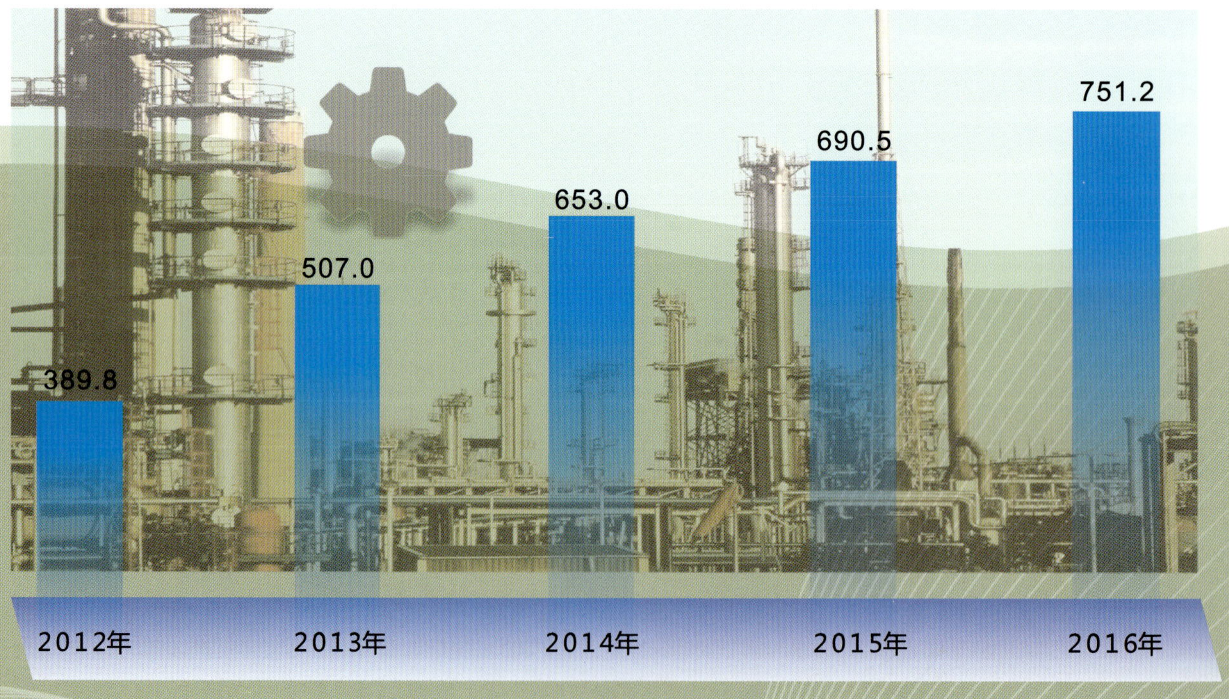

城镇化率(%)

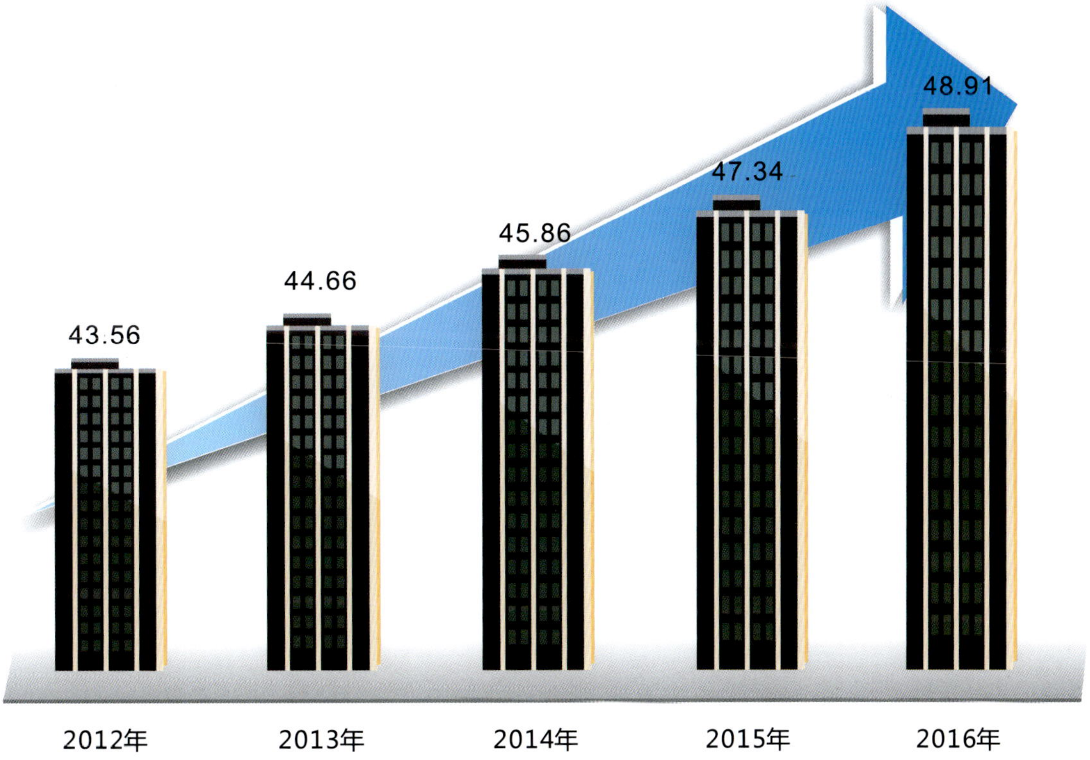
43.56
44.66
45.86
47.34
48.91
2012年
2013年
2014年
2015年
2016年

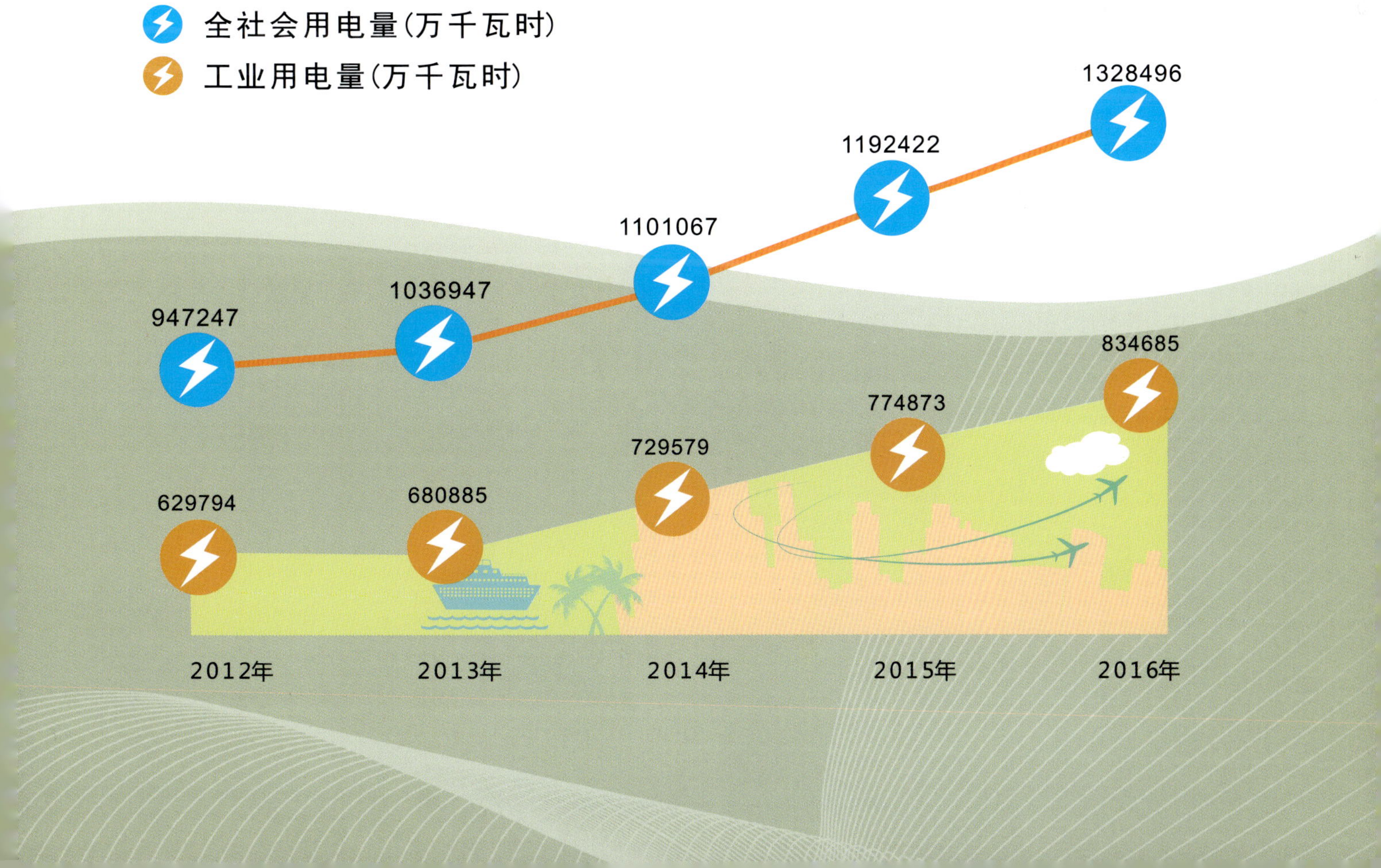
全社会用电量(万千瓦时)
工业用电量(万千瓦时)
947247
1036947
1101067
1192422
1328496
629794
680885
729579
774873
834685
2012年
2013年
2014年
2015年
2016年

货物运输周转量(万吨公里)

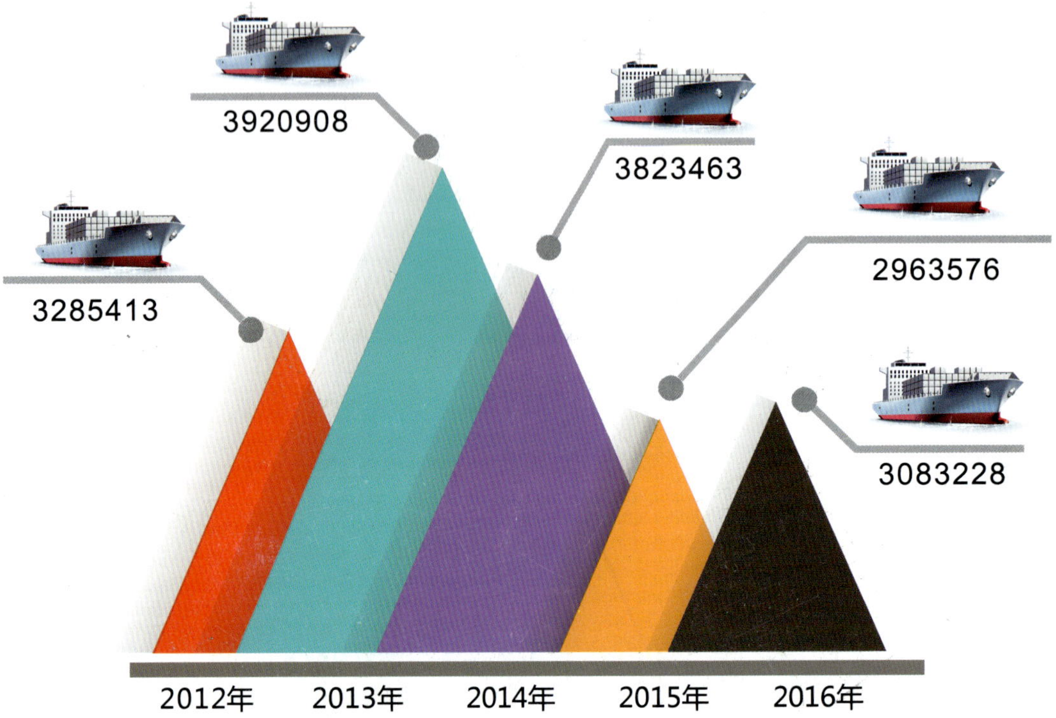

旅客运输周转量(万人公里)

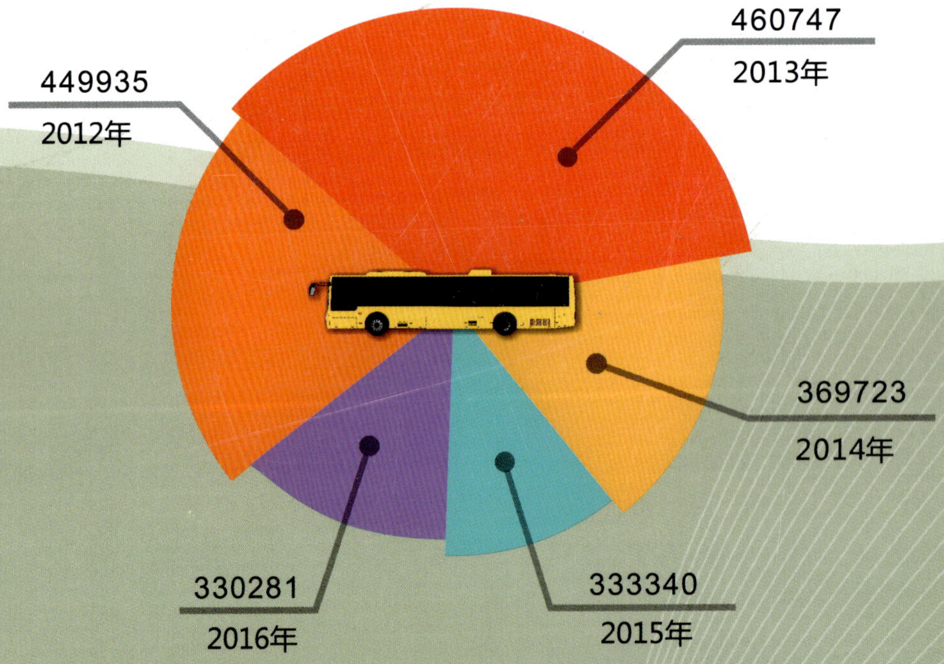

一、综　　合

简要说明

●本篇资料包括国民经济综合资料、全市一套表法人单位数、国民经济核算资料、行政区划和气象方面等内容。

●本篇有关行政区划的资料来源于市民政局；一套表法人单位数、生产总值数据来源于统计部门相关统计报表；气象资料来源于市气象局。

●地区生产总值由于采用分级核算，各县（市、区）数据相加不等于全市总计。

内容提要

●土地面积22791平方公里，设1个县级市，2个区，9个县，208个乡、镇、街道办事处。

●2016年，地区生产总值1817.8亿元，比2015年可比增长9.0%。其中第一产业237.6亿元，增长3.9%；第二产业851.2亿元，增长8.8%；第三产业729.0亿元，增长11.1%。

本篇资料整理、校对

王忠诚、陈建平、孙飞、

孙小娟、林嵩、黄靖涵

2016 年国民经济和社会发展统计公报[1]

中华人民共和国国家统计局

2016 年，面对复杂多变的国际环境和国内繁重艰巨的改革发展稳定任务，在以习近平同志为核心的党中央坚强领导下，各地区各部门全面贯彻党的十八大和十八届三中、四中、五中、六中全会精神，认真落实党中央、国务院决策部署，统筹推进“五位一体”总体布局和协调推进“四个全面”战略布局，坚持稳中求进工作总基调，坚持新发展理念，以推进供给侧结构性改革为主线，适度扩大总需求，坚定推进改革，妥善应对风险挑战，引导形成良好社会预期，经济社会保持平稳健康发展，实现了“十三五”良好开局。

一、综合

初步核算，全年国内生产总值[2]744127 亿元，比上年增长 6.7%。其中，第一产业增加值 63671 亿元，增长 3.3%；第二产业增加值 296236 亿元，增长 6.1%；第三产业增加值 384221 亿元，增长 7.8%。第一产业增加值占国内生产总值的比重为 8.6%，第二产业增加值比重为 39.8%，第三产业增加值比重为 51.6%，比上年提高 1.4 个百分点。全年人均国内生产总值 53980 元，比上年增长 6.1%。全年国民总收入[3]742352 亿元，比上年增长 6.9%。

图1　2012-2016年国内生产总值及其增长速度

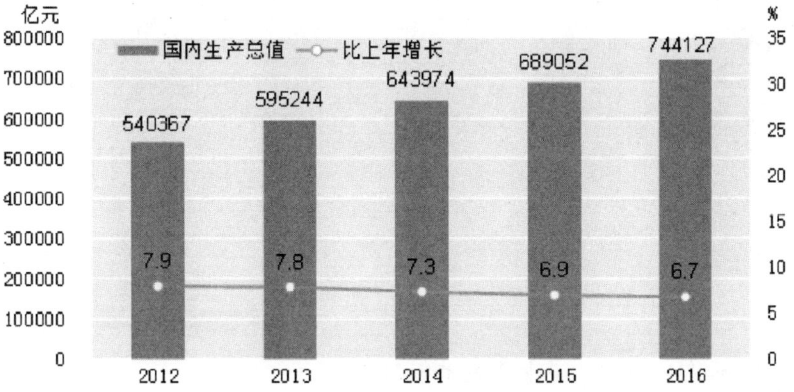

图2　2012-2016年三次产业增加值占国内生产总值比重

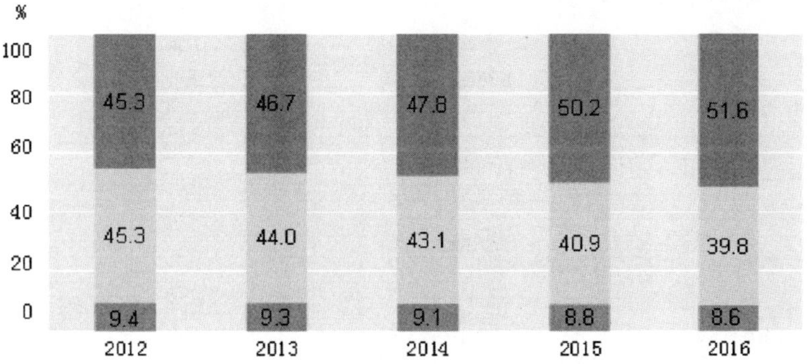

年末全国大陆总人口 138271 万人，比上年末增加 809 万人，其中城镇常住人口 79298 万人，占总人口比重（常住人口城镇化率）为 57.35%，比上年末提高 1.25 个百分点。户籍人口城镇化率为 41.2%，比上年末提高

1.3 个百分点。全年出生人口 1786 万人,出生率为 12.95‰;死亡人口 977 万人,死亡率为 7.09‰;自然增长率为 5.86‰。全国人户分离的人口[4]2.92 亿人,其中流动人口[5]2.45 亿人。

表 1　2016 年年末人口数及其构成

指　　标	年末数(万人)	比重(%)
全国总人口	138271	100.00
其中:城镇	79298	57.35
乡村	58973	42.65
其中:男性	70815	51.2
女性	67456	48.8
其中:0 - 15 岁(含不满 16 周岁)[6]	24438	17.7
16 - 59 岁(含不满 60 周岁)	90747	65.6
60 周岁及以上	23086	16.7
其中:65 周岁及以上	15003	10.8

年末全国就业人员 77603 万人,其中城镇就业人员 41428 万人。全年城镇新增就业 1314 万人。年末城镇登记失业率为 4.02%。全国农民工[7]总量 28171 万人,比上年增长 1.5%。其中,外出农民工 16934 万人,增长 0.3%;本地农民工 11237 万人,增长 3.4%。

图3　2012-2016年城镇新增就业人数

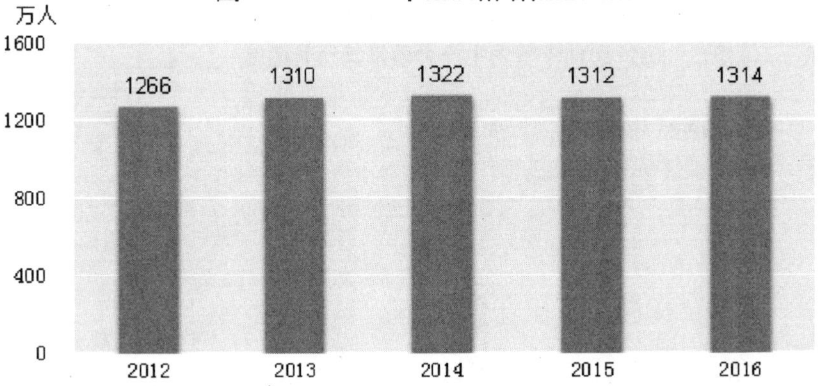

全年全员劳动生产率[8]为 94825 元/人,比上年提高 6.4%。

图4　2012-2016年全员劳动生产率

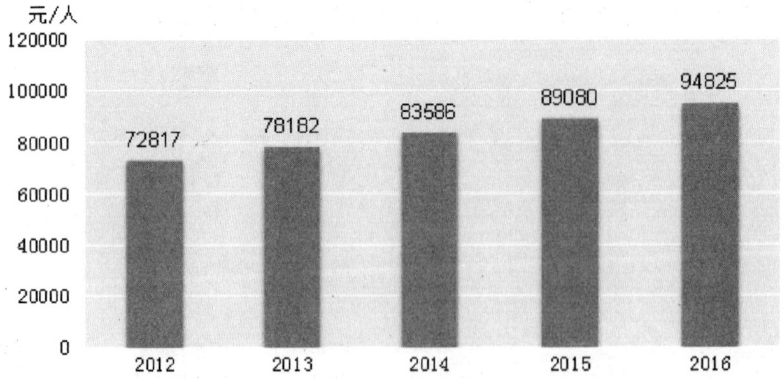

全年居民消费价格比上年上涨 2.0%。工业生产者出厂价格下降 1.4%。工业生产者购进价格下降 2.0%。固定资产投资价格下降 0.6%。农产品生产者价格[9]上涨 3.4%。

图5　2016年居民消费价格月度涨跌幅度

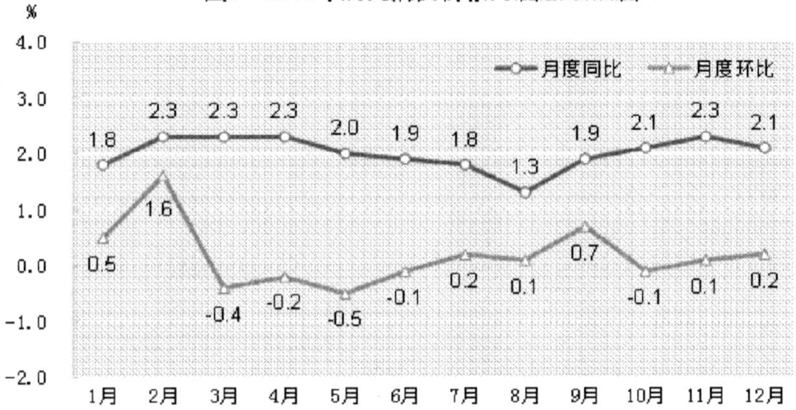

表 2　2016 年居民消费价格比上年涨跌幅度　　单位:%

指标	全　国	城　市	农　村
居民消费价格	2.0	2.1	1.9
其中:食　品	3.8	3.7	4.0
衣　着	1.4	1.5	1.3
居　住	1.6	1.9	0.6
生活用品及服务	0.5	0.5	0.2
交通和通信	-1.3	-1.4	-1.1
教育文化和娱乐	1.6	1.5	1.9
医疗保健	3.8	4.4	2.5
其他用品和服务[10]	2.8	2.9	2.2

12 月份 70 个大中城市新建商品住宅销售价格月同比上涨的城市个数为 65 个,下降的为 5 个;月环比上涨的城市个数为 46 个,比年内高点减少 19 个,持平的为 4 个,下降的为 20 个。

图6　2016年新建商品住宅月环比价格上涨、持平、下降城市个数变化情况

	1月	2月	3月	4月	5月	6月	7月	8月	9月	10月	11月	12月
■上涨	38	47	62	65	60	55	51	64	63	62	55	46
■持平	8	8	0	0	6	5	3	2	1	1	4	4
■下降	24	15	8	5	4	10	16	4	6	7	11	20

全年全国一般公共预算收入 159552 亿元,比上年同口径[11]增加 6828 亿元,增长 4.5%,其中税收收入 130354 亿元,增加 5432 亿元,增长 4.3%。

图7　2012-2016年全国一般公共预算收入

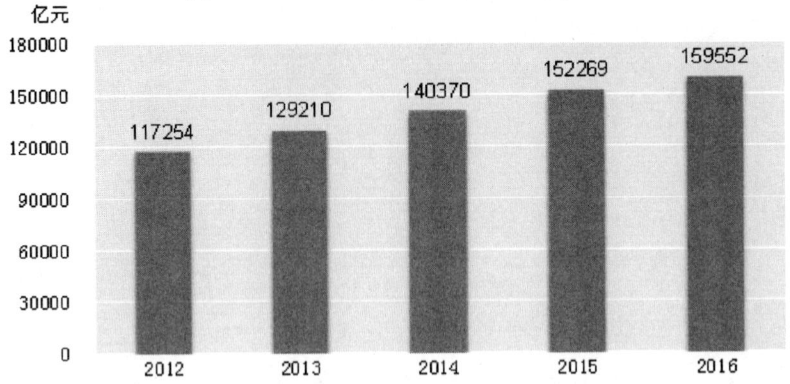

注:图中2012年至2015年数据为全国一般公共预算收入决算数,2016年为执行数。

年末国家外汇储备30105亿美元,比上年末减少3198亿美元。全年人民币平均汇率为1美元兑6.6423元人民币,比上年贬值6.2%。

图8　2012-2016年年末国家外汇储备

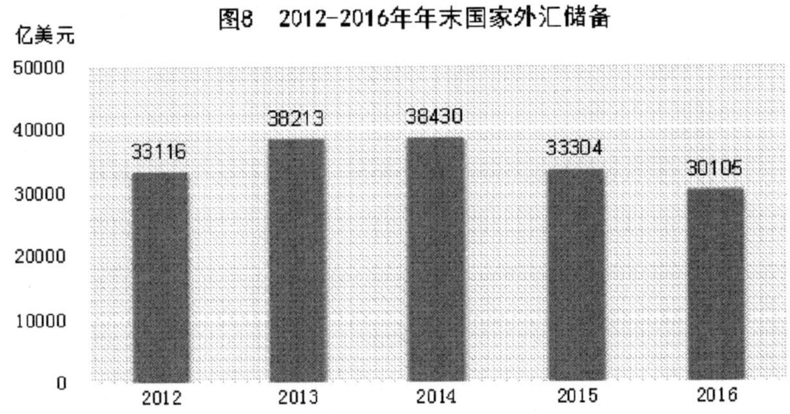

二、农业

全年粮食种植面积11303万公顷,比上年减少31万公顷。其中,小麦种植面积2419万公顷,增加5万公顷;稻谷种植面积3016万公顷,减少5万公顷;玉米种植面积3676万公顷,减少136万公顷。棉花种植面积338万公顷,减少42万公顷。油料种植面积1412万公顷,增加8万公顷。糖料种植面积168万公顷,减少6万公顷。

图9　2012-2016年粮食产量

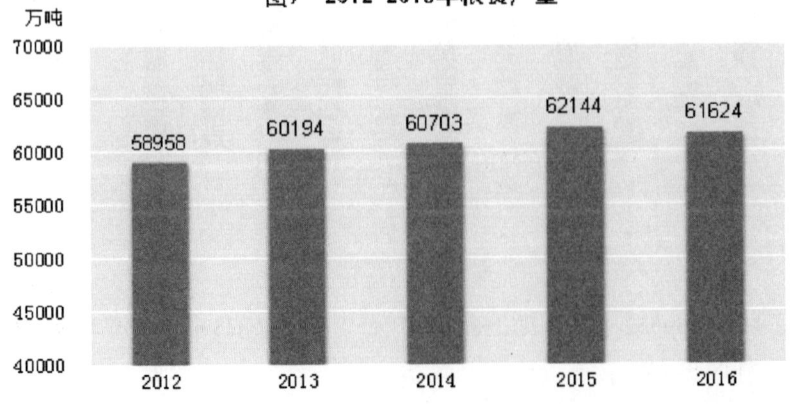

全年粮食产量61624万吨，比上年减少520万吨，减产0.8%。其中，夏粮产量13920万吨，减产1.2%；早稻产量3278万吨，减产2.7%；秋粮产量44426万吨，减产0.6%。全年谷物产量56517万吨，比上年减产1.2%。其中，稻谷产量20693万吨，减产0.6%；小麦产量12885万吨，减产1.0%；玉米产量21955万吨，减产2.3%。

全年棉花产量534万吨，比上年减产4.6%。油料产量3613万吨，增产2.2%。糖料产量12299万吨，减产1.6%。茶叶产量241万吨，增产7.4%。

全年肉类总产量8540万吨，比上年下降1.0%。其中，猪肉产量5299万吨，下降3.4%；牛肉产量717万吨，增长2.4%；羊肉产量459万吨，增长4.2%；禽肉产量1888万吨，增长3.4%。禽蛋产量3095万吨，增长3.2%。牛奶产量3602万吨，下降4.1%。年末生猪存栏43504万头，下降3.6%；生猪出栏68502万头，下降3.3%。

全年水产品产量6900万吨，比上年增长3.0%。其中，养殖水产品产量5156万吨，增长4.4%；捕捞水产品产量1744万吨，下降1.0%。

全年木材产量6683万立方米，比上年下降7.0%。

全年新增耕地灌溉面积118万公顷，新增节水灌溉面积211万公顷。

三、工业和建筑业

全年全部工业增加值247860亿元，比上年增长6.0%。规模以上工业增加值增长6.0%。在规模以上工业中，分经济类型看，国有控股企业增长2.0%；集体企业下降1.3%，股份制企业增长6.9%，外商及港澳台商投资企业增长4.5%；私营企业增长7.5%。分门类看，采矿业下降1.0%，制造业增长6.8%，电力、热力、燃气及水生产和供应业增长5.5%。

图10　2012-2016年全部工业增加值及其增长速度

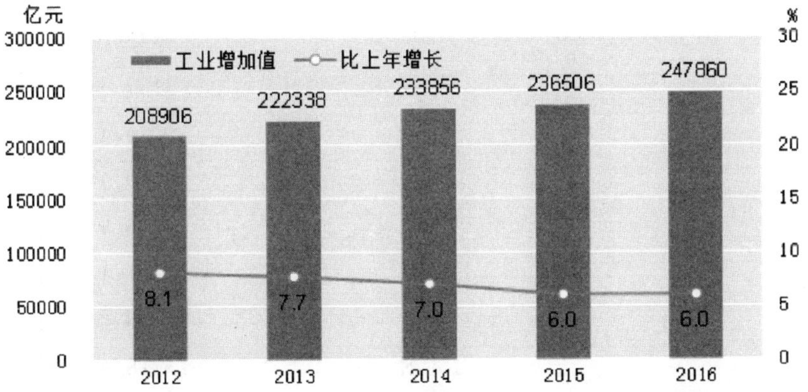

全年规模以上工业中，农副食品加工业增加值比上年增长6.1%，纺织业增长5.5%，化学原料和化学制品制造业增长7.7%，非金属矿物制品业增长6.5%，黑色金属冶炼和压延加工业下降1.7%，通用设备制造业增长5.9%，专用设备制造业增长6.7%，汽车制造业增长15.5%，电气机械和器材制造业增长8.5%，计算机、通信和其他电子设备制造业增长10.0%，电力、热力生产和供应业增长4.8%。工业战略性新兴产业[12]增加值增长10.5%。高技术制造业[13]增加值增长10.8%，占规模以上工业增加值的比重为12.4%。装备制造业[14]增加值增长9.5%，占规模以上工业增加值的比重为32.9%。六大高耗能行业[15]增加值增长5.2%，占规模以上工业增加值的比重为28.1%。

表3　2016年主要工业产品产量及其增长速度

产　品　名　称	单　位	产　量	比上年增长(%)
纱	万吨	3732.6	5.5
布	亿米	906.8	1.6
化学纤维	万吨	4943.7	2.3
成品糖	万吨	1443.3	-2.1

产　品　名　称	单　位	产　量	比上年增长(%)
卷　烟	亿支	23825.8	-8.0
彩色电视机	万台	15769.6	8.9
其中:液晶电视机	万台	15713.6	9.2
其中:智能电视	万台	9310.1	11.1
家用电冰箱	万台	8481.6	6.1
房间空气调节器	万台	14342.4	1.0
一次能源生产总量	亿吨标准煤	34.6	-4.2
原　煤	亿吨	34.1	-9.0
原　油	万吨	19968.5	-6.9
天然气	亿立方米	1368.7	1.7
发电量	亿千瓦小时	61424.9	5.6
其中:火电[16]	亿千瓦小时	44370.7	3.6
水电	亿千瓦小时	11933.7	5.6
核电	亿千瓦小时	2132.9	24.9
粗　钢	万吨	80836.6	0.6
钢　材[17]	万吨	113801.2	1.3
十种有色金属	万吨	5810.3	3.0
其中:精炼铜(电解铜)	万吨	843.6	6.0
原铝(电解铝)	万吨	3187.3	1.5
水　泥	亿吨	24.1	2.3
硫　酸(折100%)	万吨	8889.1	-1.0
烧　碱(折100%)	万吨	3283.9	8.7
乙　烯	万吨	1781.1	3.9
化　肥(折100%)	万吨	7128.6	-4.1
发电机组(发电设备)	万千瓦	13218.4	6.3
汽　车	万辆	2811.9	14.8
其中:基本型乘用车(轿车)	万辆	1211.1	4.1
运动型多用途乘用车(SUV)	万辆	914.4	51.8
其中:新能源汽车	万辆	45.9	40.0
大中型拖拉机	万台	63.0	-8.5
集成电路	亿块	1318.0	21.2
程控交换机	万线	1457.7	-22.5
移动通信手持机	万台	205819.3	13.6
其中:智能手机	万台	153764.1	9.9
微型计算机设备	万台	29008.5	-7.7
工业机器人	台(套)	72426.0	30.4

年末全国发电装机容量164575万千瓦,比上年末增长8.2%。其中[18],火电装机容量105388万千瓦,增长5.3%;水电装机容量33211万千瓦,增长3.9%;核电装机容量3364万千瓦,增长23.8%;并网风电装机容量14864万千瓦,增长13.2%;并网太阳能发电装机容量7742万千瓦,增长81.6%。

全年规模以上工业企业实现利润68803亿元，比上年增长8.5%。分经济类型看，国有控股企业实现利润11751亿元，比上年增长6.7%；集体企业477亿元，下降4.2%，股份制企业47197亿元，增长8.3%，外商及港澳台商投资企业17352亿元，增长12.1%；私营企业24325亿元，增长4.8%。分门类看，采矿业实现利润1825亿元，比上年下降27.5%；制造业62398亿元，增长12.3%；电力、热力、燃气及水生产和供应业4580亿元，下降14.3%。全年规模以上工业企业每百元主营业务收入中的成本为85.52元，比上年下降0.1元。年末规模以上工业企业资产负债率为55.8%，比上年末下降0.4个百分点。

全年全社会建筑业增加值49522亿元，比上年增长6.6%。全国具有资质等级的总承包和专业承包建筑业企业实现利润6745亿元，增长4.6%。其中，国有控股企业1879亿元，增长6.8%。

图11　2012-2016年建筑业增加值及其增长速度

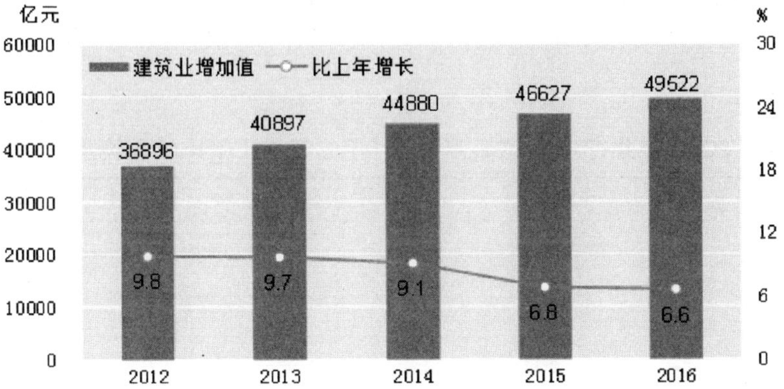

四、固定资产投资

全年全社会固定资产投资606466亿元，比上年增长7.9%，扣除价格因素，实际增长8.6%。其中，固定资产投资（不含农户）596501亿元，增长8.1%。分区域看[19]，东部地区投资249665亿元，比上年增长9.1%；中部地区投资156762亿元，增长12.0%；西部地区投资154054亿元，增长12.2%；东北地区投资30642亿元，下降23.5%。

图12　2012-2016年全社会固定资产投资

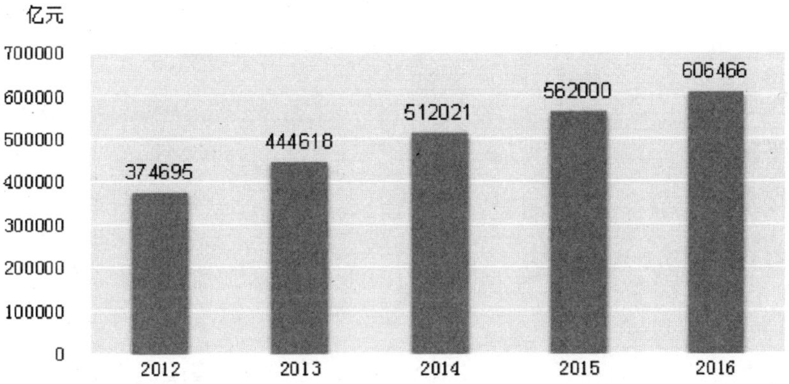

在固定资产投资（不含农户）中，第一产业投资18838亿元，比上年增长21.1%；第二产业投资231826亿元，增长3.5%；第三产业投资345837亿元，增长10.9%。基础设施投资[20]118878亿元，增长17.4%，占固定资产投资（不含农户）的比重为19.9%。民间固定资产投资[21]365219亿元，增长3.2%，占固定资产投资（不含农户）的比重为61.2%。高技术产业投资[22]37747亿元，增长15.8%，占固定资产投资（不含农户）的比重为6.3%。六大高耗能行业投资66376亿元，增长3.1%，占雇定资产投资（不含农户）的比重为11.1%。农林牧渔业、水利、环境保护等短板领域投资快速增长。

图13　2016年按领域分固定资产投资（不含农户）及其占比

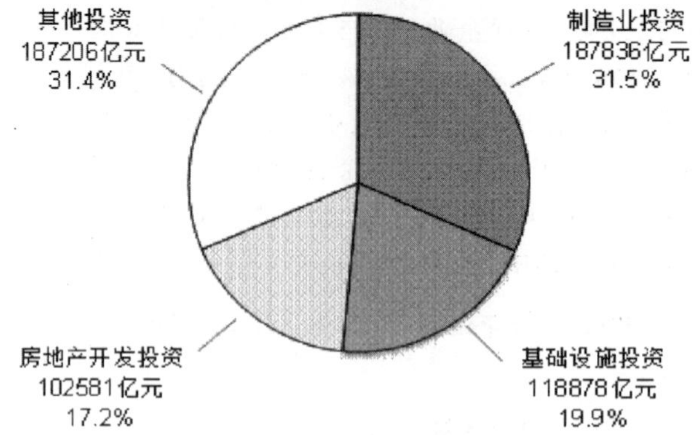

表 4　2016 年分行业固定资产投资(不含农户)及其增长速度

行　　业	投资额(亿元)	比上年增长(%)
总　计	596501	8.1
农、林、牧、渔业	22774	19.5
采矿业	10320	-20.4
制造业	187836	4.2
电力、热力、燃气及水生产和供应业	29736	11.3
建筑业	4577	-6.5
批发和零售业	17939	-4.0
交通运输、仓储和邮政业	53628	9.5
住宿和餐饮业	5947	-8.6
信息传输、软件和信息技术服务业	6319	14.5
金融业	1310	-4.2
房地产业[23]	135284	6.8
租赁和商务服务业	12316	30.5
科学研究和技术服务业	5568	17.2
水利、环境和公共设施管理业	68647	23.3
居民服务、修理和其他服务业	2677	1.8
教育	9324	20.7
卫生和社会工作	6282	21.4
文化、体育和娱乐业	7830	16.4
公共管理、社会保障和社会组织	8188	4.3

表 5　2016 年固定资产投资新增主要生产与运营能力

指　　标	单　位	绝对数
新增 220 千伏及以上变电设备	万千伏安	24336
新建铁路投产里程	公里	3281
其中:高速铁路[24]	公里	1903
增、新建铁路复线投产里程	公里	3612
电气化铁路投产里程	公里	5899

指　　标	单　位	绝对数
新建公路里程	公里	324898
其中:高速公路	公里	6745
港口万吨级码头泊位新增吞吐能力	万吨	32436
新增民用运输机场	个	8
新增光缆线路长度	万公里	554

全年房地产开发投资102581亿元,比上年增长6.9%。其中,住宅投资68704亿元,增长6.4%;办公楼投资6533亿元,增长5.2%;商业营业用房投资15838亿元,增长8.4%。年末商品房待售面积69539万平方米,比上年末减少2314万平方米。年末商品住宅待售面积40257万平方米,比上年末减少4991万平方米。

全年全国城镇棚户区住房改造开工606万套,棚户区改造和公租房基本建成658万套。全年全国农村地区建档立卡贫困户危房改造158万户[25]。

表6　2016年房地产开发和销售主要指标及其增长速度

指　　标	位	绝对数	比上年增长(%)
投资额	亿元	102581	6.9
其中:住宅	亿元	68704	6.4
其中:90平方米及以下	亿元	24772	0.5
房屋施工面积	万平方米	758975	3.2
其中:住宅	万平方米	521310	1.9
房屋新开工面积	万平方米	166928	8.1
其中:住宅	万平方米	115911	8.7
房屋竣工面积	万平方米	106128	6.1
其中:住宅	万平方米	77185	4.6
商品房销售面积	万平方米	157349	22.5
其中:住宅	万平方米	137540	22.4
本年到位资金	亿元	144214	15.2
其中:国内贷款	亿元	21512	6.4
个人按揭贷款	亿元	24403	46.5

五、国内贸易

全年社会消费品零售总额332316亿元,比上年增长10.4%,扣除价格因素,实际增长9.6%。按经营地统计,城镇消费品零售额285814亿元,增长10.4%;乡村消费品零售额46503亿元,增长10.9%。按消费类型统计,商品零售额296518亿元,增长10.4%;餐饮收入额35799亿元,增长10.8%。

图14　2012-2016年社会消费品零售总额

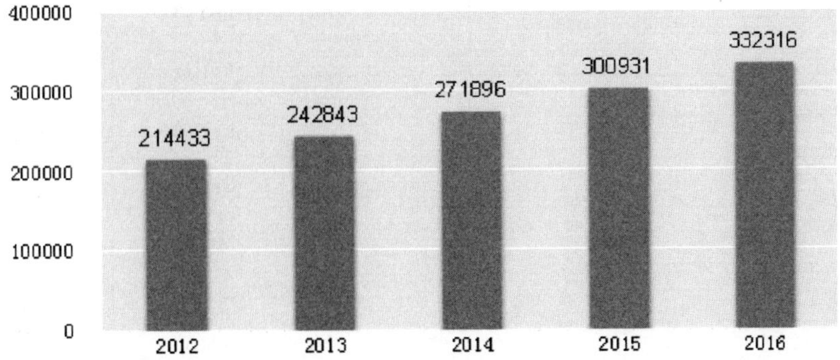

在限额以上企业商品零售额中，粮油、食品、饮料、烟酒类零售额比上年增长10.5%，服装、鞋帽、针纺织品类增长7.0%，化妆品类增长8.3%，金银珠宝类与上年持平，日用品类增长11.4%，家用电器和音像器材类增长8.7%，中西药品类增长12.0%，文化办公用品类增长11.2%，家具类增长12.7%，通讯器材类增长11.9%，建筑及装潢材料类增长14.0%，汽车类增长10.1%，石油及制品类增长1.2%。

全年网上零售额[26]51556亿元，比上年增长26.2%。其中网上商品零售额41944亿元，增长25.6%，占社会消费品零售总额的比重为12.6%。在网上商品零售额中，吃类商品增长28.5%，穿类商品增长18.1%，用类商品增长28.8%。

六、对外经济[27]

全年货物进出口总额243386亿元，比上年下降0.9%。其中，出口138455亿元，下降1.9%；进口104932亿元，增长0.6%。货物进出口差额(出口减进口)33523亿元，比上年减少3308亿元。对"一带一路"[28]沿线国家进出口总额62517亿元，比上年增长0.5%。其中，出口38319亿元，增长0.5%；进口24198亿元，增长0.4%。

图15　2012-2016年货物进出口总额

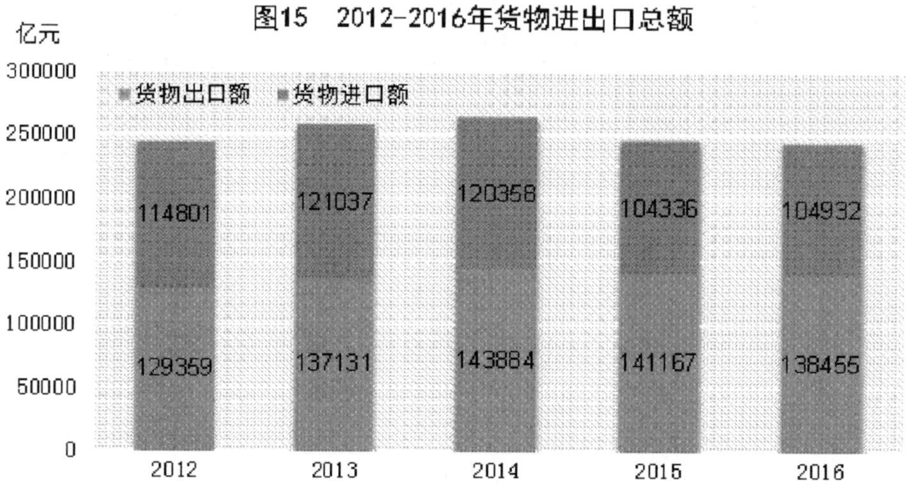

表7　2016年货物进出口总额及其增长速度

指　　标	金额(亿元)	比上年增长(%)
货物进出口总额	243386	-0.9
货物出口额	138455	-1.9
其中:一般贸易	74601	-1.1
加工贸易	47237	-4.6
其中:机电产品	79820	-1.9
高新技术产品	39876	-2.1
货物进口额	104932	0.6
其中:一般贸易	59398	3.7
加工贸易	26223	-5.5
其中:机电产品	50985	1.9
高新技术产品	34618	1.8
货物进出口差额(出口减进口)	33523	—

表 8　2016 年主要商品出口数量、金额及其增长速度

商品名称	单位	数量	比上年增长(%)	金额(亿元)	比上年增长(%)
煤(包括褐煤)	万吨	879	64.6	46	48
钢材	万吨	10849	-3.5	3587	-7.8
纺织纱线、织物及制品	—	—	—	6925	1.9
服装及衣着附件	—	—	—	10413	-3.7
鞋类	万吨	422	-5.6	3113	-6.2
家具及其零件	—	—	—	3151	-3.8
自动数据处理设备及其部件	万台	159257	-7.1	9068	-4.1
手持或车载无线电话	万台	127192	-5.3	7643	-0.9
集装箱	万个	199	-26.7	279	-41.2
液晶显示板	万个	190569	-16.9	1700	-11.6
汽车	万辆	79	9.4	709	1.8

表 9　2016 年主要商品进口数量、金额及其增长速度

商品名称	单位	数量	比上年增长(%)	金额(亿元)	比上年增长(%)
谷物及谷物粉	万吨	2199	-32.8	375	-35.5
大豆	万吨	8391	2.7	2247	4.1
食用植物油	万吨	553	-18.3	276	-11.5
铁矿砂及其精矿	万吨	102412	7.5	3809	7.0
氧化铝	万吨	303	-35.0	58	-43.1
煤(包括褐煤)	万吨	25551	25.2	938	25.1
原油	万吨	38101	13.6	7698	-7.5
成品油	万吨	2784	-6.5	735	-16.6
初级形状的塑料	万吨	2570	-1.5	2731	-2.2
纸浆	万吨	2106	6.2	808	2.1
钢材	万吨	1321	3.4	869	-2.3
未锻轧铜及铜材	万吨	495	2.9	1741	-3.3
汽车	万辆	107	-2.4	2942	6.1

表 10　2016 年对主要国家和地区货物进出口额及其增长速度

国家和地区	出口额(亿元)	比上年增长(%)	占我全部出口比重(%)	进口额(亿元)	比上年增长(%)	占我全部出口比重(%)
欧盟	22369	1.3	16.2	13747	5.9	13.1
美国	25415	0	18.4	8887	-3.2	8.5
东盟	16894	-1.9	12.2	12978	7.4	12.4
中国香港	19009	-7.6	13.7	1107	39.2	1.1
日本	8529	1.3	6.2	9626	8.4	9.2
韩国	6185	-1.7	4.5	10496	-3.2	10.0
中国台湾	2665	-4.3	1.9	9203	3.4	8.8
印度	3850	6.6	2.8	777	-6.4	0.7
俄罗斯	2466	14.2	1.8	2128	3.1	2.0

全年服务进出口[29]总额53484亿元，比上年增长14.2%。其中，服务出口18193亿元，增长2.3%；服务进口35291亿元，增长21.5%。服务进出口逆差17097亿元。

全年吸收外商直接投资(不含银行、证券、保险)新设立企业27900家，比上年增长5.0%。实际使用外商直接投资金额8132亿元(折1260亿美元)，增长4.1%。其中"一带一路"沿线国家对华直接投资新设立企业2905家，增长34.1%；对华直接投资金额458亿元(折71亿美元)。

表11　2016年外商直接投资(不含银行、证券、保险)及其增长速度

行　　业	企业数(家)	比上年增长(%)	实际使用金额(亿元)	比上年增长(%)
总　计	27900	5.0	8132.2	4.1
其中:农、林、牧、渔业	558	-8.4	123.2	30.0
制造业	4013	-11.0	2303.0	-6.1
电力、燃气及水生产和供应业	311	18	139.8	0.3
交通运输、仓储和邮政业	425	-5.4	329.2	26.7
信息传输、计算机服务和软件业	1463	11.6	540.4	128.0
批发和零售业	9399	2.7	1011.1	36.0
房地产业	378	-2.3	1264.4	-29.4
租赁和商务服务业	4631	3.7	1045.9	67.8
居民服务和其他服务业	245	13.0	33.0	-25.8

全年对外直接投资额(不含银行、证券、保险)11299亿元，按美元计价为1701亿美元，比上年增长44.1%。其中，对"一带一路"沿线国家直接投资额145亿美元。

表12　2016年对外直接投资(不含银行、证券、保险)及其增长速度

行　　业	对外直接投资金额(亿美元)	比上年增长(%)
总　　计	1701.1	44.1
其中:农、林、牧、渔业	29.7	45.0
采矿业	86.7	-20.1
制造业	310.6	116.7
电力、热力、燃气及水生产和供应业	25.3	-9.2
建筑业	53.1	18.0
批发和零售业	275.6	72.0
交通运输、仓储和邮政业	36.2	17.1
信息传输、软件和信息技术服务业	203.6	252.2
房地产业	106.4	17.4
租赁和商务服务业	422.7	1.4

全年对外承包工程业务完成营业额10589亿元，按美元计价为1594亿美元，比上年增长3.5%。其中，对"一带一路"沿线国家完成营业额760亿美元，增长9.7%，占对外承包工程业务完成营业额比重为47.7%。对外劳务合作派出各类劳务人员49万人，下降6.8%。

七、交通、邮电和旅游

全年货物运输总量440亿吨，比上年增长5.7%。货物运输周转量185295亿吨公里，增长4.0%。全年规模以上港口完成货物吞吐量118.3亿吨，比上年增长3.2%，其中外贸货物吞吐量37.6亿吨，增长4.1%。规模以上港口集装箱吞吐量21798万标准箱，增长3.6%。

表 13　2016 年各种运输方式完成货物运输量及其增长速度

指　　标	单　位	绝对数	比上年增长(%)
货物运输总量	亿 吨	440.4	5.7
铁路	亿 吨	33.3	-0.8
公路	亿 吨	336.3	6.8
水运	亿 吨	63.6	3.7
民航	万 吨	666.9	6.0
管道	亿 吨	7.0	5.3
货物运输周转量	亿吨公里	185294.9	4.0
铁路	亿吨公里	23792.3	0.2
公路	亿吨公里	61211.0	5.6
水运	亿吨公里	95399.9	4.0
民航	亿吨公里	221.1	6.3
管道	亿吨公里	4670.6	5.7

全年旅客运输总量 192 亿人次，比上年下降 1.2%。旅客运输周转量 31306 亿人公里，增长 4.1%。

表 14　2016 年各种运输方式完成旅客运输量及其增长速度

指　　标	单　位	绝对数	比上年增长(%)
旅客运输总量	亿人次	192.0	-1.2
铁路	亿人次	28.1	11.0
公路	亿人次	156.3	-3.5
水运	亿人次	2.7	0.1
民航	亿人次	4.9	11.8
旅客运输周转量	亿人公里	31305.7	4.1
铁路	亿人公里	12579.3	5.2
公路	亿人公里	10294.8	-4.2
水运	亿人公里	72.0	-1.4
民航	亿人公里	8359.5	14.8

年末全国民用汽车保有量 19440 万辆（包括三轮汽车和低速货车 881 万辆），比上年末增长 12.8%，其中私人汽车保有量 16559 万辆，增长 15.0%。民用轿车保有量 10876 万辆，增长 14.4%，其中私人轿车 10152 万辆，增长 15.5%。

全年完成邮电业务总量[30]43344 亿元，比上年增长 52.7%。其中，邮政行业业务总量 7397 亿元，增长 45.7%；电信业务总量 35948 亿元，增长 54.2%。邮政业全年完成邮政函件业务 36.2 亿件，包裹业务 0.3 亿件，快递业务量 312.8 亿件；快递业务收入 3974 亿元。电信业全年新增移动电话交换机容量[31]7318 万户，达到 218384 万户。年末全国电话用户总数 152856 万户，其中移动电话用户 132193 万户。移动电话普及率上升至 96.2 部/百人。固定互联网宽带接入用户[32]29721 万户，比上年增加 3774 万户，其中固定互联网光纤宽带接入用户[33]22766 万户，比上年增加 7941 万户；移动宽带用户[34]94075 万户，增加 23464 万户。移动互联网接入流量 93.6 亿 G，比上年增长 123.7%。互联网上网人数 7.31 亿人，增加 4299 万人，其中手机上网人数[35]6.95 亿人，增加 7550 万人。互联网普及率达到 53.2%，其中农村地区互联网普及率达到 33.1%。软件和信息技术服务业[36]完成软件业务收入 48511 亿元，比上年增长 14.9%。

图16 2012-2016年快递业务量及其增长速度

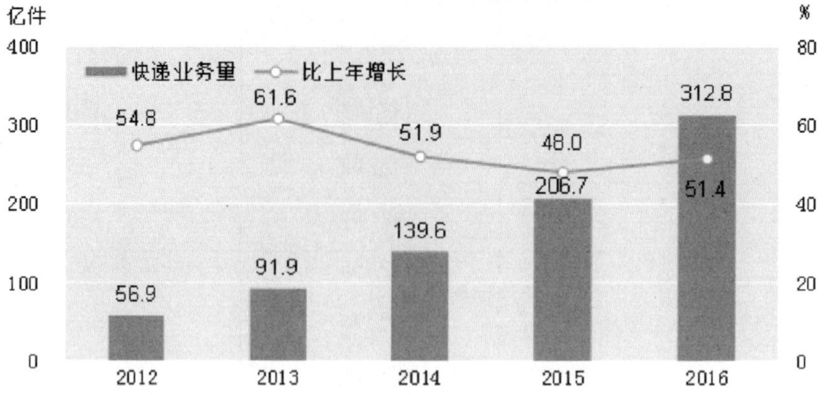

图17 2012-2016年年末固定互联网宽带接入用户和移动宽带用户数

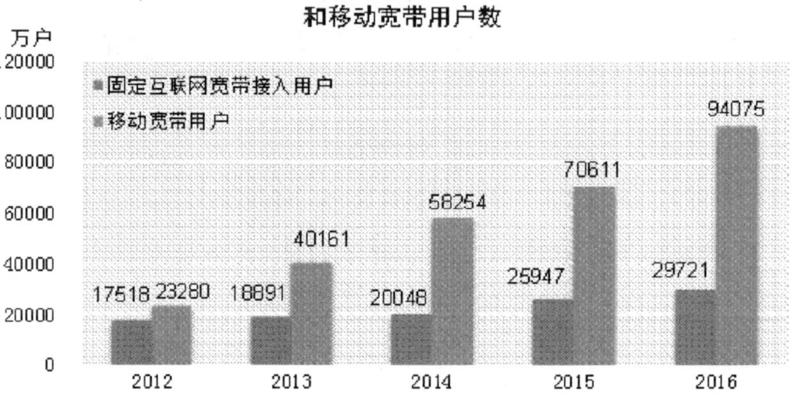

全年国内游客44亿人次，比上年增长11.2%，国内旅游收入39390亿元，增长15.2%。入境游客13844万人次，增长3.5%。其中，外国人2813万人次，增长8.3%；香港、澳门和台湾同胞11031万人次，增长2.3%。在入境游客中，过夜游客5927万人次，增长4.2%。国际旅游收入1200亿美元，增长5.6%。国内居民出境13513万人次，增长5.7%。其中因私出境12850万人次，增长5.6%；赴港澳台出境8395万人次，下降2.2%。

八、金融

年末广义货币供应量(M_2)余额155.0万亿元，比上年末增长11.3%；狭义货币供应量(M_1)余额48.7万亿元，增长21.4%；流通中货币(M_0)余额6.8万亿元，增长8.1%。

全年社会融资规模增量[37]17.8万亿元，比上年多2.4万亿元。年末全部金融机构本外币各项存款余额155.5万亿元，比年初增加15.7万亿元，其中人民币各项存款余额150.6万亿元，增加14.9万亿元。全部金融机构本外币各项贷款余额112.1万亿元，增加12.7万亿元，其中人民币各项贷款余额106.6万亿元，增加12.6万亿元。

表15 2016年年末全部金融机构本外币存贷款余额及其增长速度

指　　标	年末数(亿元)	比上年末增长(%)
各项存款	1555247	11.3
其中:境内住户存款	606522	9.9
其中:人民币	597751	9.5
境内非金融企业存款	530895	16.6
各项贷款	1120552	12.8
其中:境内短期贷款	380020	3.6
境内中长期贷款	635052	17.8

年末主要农村金融机构(农村信用社、农村合作银行、农村商业银行)人民币贷款余额 134219 亿元,比年初增加 13895 亿元。金融机构境内住户人民币消费贷款余额 250472 亿元,增加 60998 亿元。其中,短期消费贷款余额 49313 亿元,增加 8347 亿元;中长期消费贷款余额 201159 亿元,增加 52651 亿元。

全年上市公司通过境内市场累计筹资 23342 亿元,比上年增加 5088 亿元。其中,首次公开发行 A 股 248 只,筹资 1634 亿元;A 股现金再融资(包括公开增发、定向增发[38]、配股、优先股)13387 亿元,增加 4618 亿元;上市公司通过沪深交易所发行公司债、可转债筹资 8321 亿元,增加 414 亿元。全年全国中小企业股份转让系统[39]新增挂牌公司 5034 家,筹资 1391 亿元,增长 14.4%。

全年发行公司信用类债券[40]8.22 万亿元,比上年增加 1.50 万亿元。

全年保险公司原保险保费收入[41]30959 亿元,比上年增长 27.5%。其中,寿险业务原保险保费收入 17442 亿元,健康险和意外伤害险业务原保险保费收入 4792 亿元,财产险业务原保险保费收入 8725 亿元。支付各类赔款及给付 10513 亿元。其中,寿险业务给付 4603 亿元,健康险和意外伤害险赔款及给付 1184 亿元,财产险业务赔款 4726 亿元。

九、人民生活和社会保障

全年全国居民人均可支配收入[42]23821 元,比上年增长 8.4%,扣除价格因素,实际增长 6.3%;全国居民人均可支配收入中位数[43]20883 元,增长 8.3%。按常住地分,城镇居民人均可支配收入 33616 元,比上年增长 7.8%,扣除价格因素,实际增长 5.6%;城镇居民人均可支配收入中位数 31554 元,增长 8.3%。农村居民人均可支配收入 12363 元,比上年增长 8.2%,扣除价格因素,实际增长 6.2%;农村居民人均可支配收入中位数 11149 元,增长 8.3%。按全国居民五等份收入分组[44],低收入组人均可支配收入 5529 元,中等偏下收入组人均可支配收入 12899 元,中等收入组人均可支配收入 20924 元,中等偏上收入组人均可支配收入 31990 元,高收入组人均可支配收入 59259 元。贫困地区[45]农村居民人均可支配收入 8452 元,比上年增长 10.4%,扣除价格因素,实际增长 8.4%。全国农民工人均月收入 3275 元,比上年增长 6.6%。

全国居民人均消费支出 17111 元,比上年增长 8.9%,扣除价格因素,实际增长 6.8%。按常住地分,城镇居民人均消费支出 23079 元,增长 7.9%,扣除价格因素,实际增长 5.7%;农村居民人均消费支出 10130 元,增长 9.8%,扣除价格因素,实际增长 7.8%。恩格尔系数为 30.1%,比上年下降 0.5 个百分点,其中城镇为 29.3%,农村为 32.2%。

图18　2012-2016年全国居民人均可支配收入及其增长速度

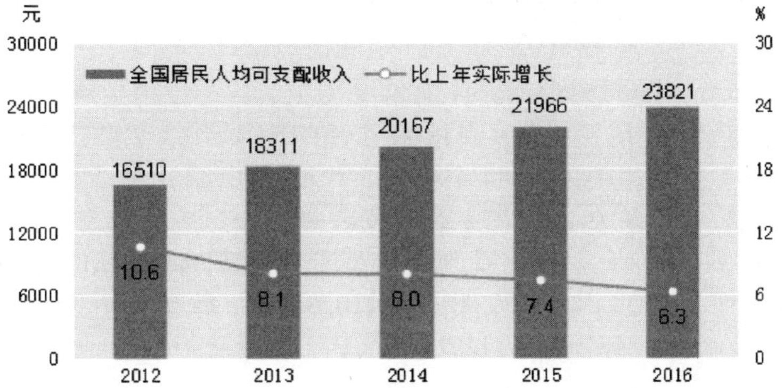

图19　2016年全国居民人均消费支出及其构成

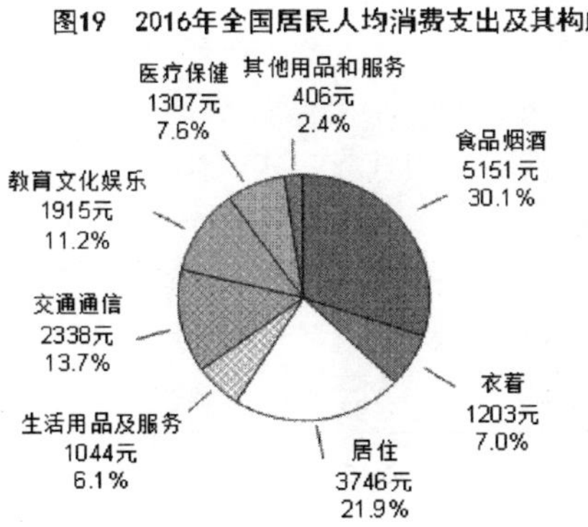

年末全国参加城镇职工基本养老保险人数37862万人，比上年末增加2501万人。参加城乡居民基本养老保险人数50847万人，增加375万人。参加城镇基本医疗保险人数74839万人，增加8257万人。其中，参加职工基本医疗保险人数29524万人，增加631万人；参加城镇居民基本医疗保险人数45315万人，增加7626万人。参加失业保险人数18089万人，增加763万人。年末全国领取失业保险金人数230万人。参加工伤保险人数21887万人，增加455万人，其中参加工伤保险的农民工7510万人，增加21万人。参加生育保险人数18443万人，增加672万人。年末全国共有1479.9万人享受城市居民最低生活保障，4576.5万人享受农村居民最低生活保障，496.9万人享受农村特困人员[46]救助供养。全年资助5620.6万人参加基本医疗保险，医疗救助3099.8万人次。国家抚恤、补助各类优抚对象877.2万人。按照每人每年2300元（2010年不变价）的农村贫困标准计算，2016年农村贫困人口4335万人，比上年减少1240万人[47]。

十、教育、科学技术和文化体育

全年研究生教育招生66.7万人，在学研究生198.1万人，毕业生56.4万人。普通本专科招生748.6万人，在校生2695.8万人，毕业生704.2万人。中等职业教育[48]招生593.3万人，在校生1599.1万人，毕业生533.7万人。普通高中招生802.9万人，在校生2366.6万人，毕业生792.4万人。初中招生1487.2万人，在校生4329.4万人，毕业生1423.9万人。普通小学招生1752.5万人，在校生9913.0万人，毕业生1507.4万人。特殊教育招生9.2万人，在校生49.2万人，毕业生5.9万人。学前教育在园幼儿4413.9万人。九年义务教育巩固率为93.4%，高中阶段毛入学率为87.5%。

图20　2012-2016年普通本专科、中等职业教育及普通高中招生人数

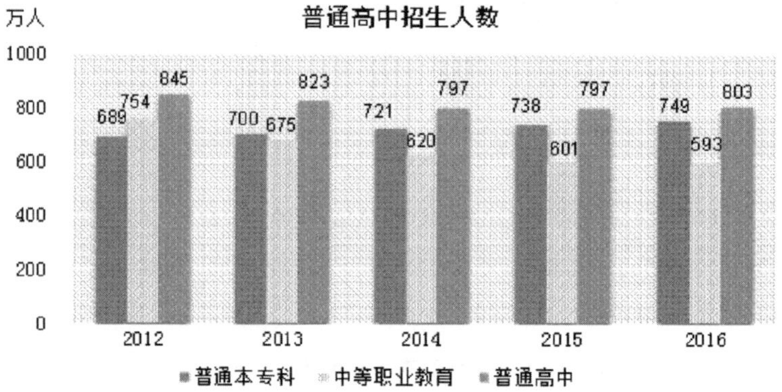

全年研究与试验发展（R&D）经费支出15500亿元，比上年增长9.4%，与国内生产总值之比为2.08%，其中基础研究经费798亿元。全年国家重点研发计划共安排42个重点专项1163个科技项目，国家科技重大专项共安排224个课题，国家自然科学基金共资助41184个项目。截至年底，累计建设国家重点实验室488个，国家工程研究中心131个，国家工程实验室194个，国家企业技术中心1276家。国家科技成果转化引导基金累计设立9支子基金，资金总规模173.5亿元。全年受理境内外专利申请346.5万件，授予专利权175.4万件。截至年底，有效专利628.5万件，其中境内有效发明专利110.3万件，每万人口发明专利拥有量8.0件。全年共签订技术合同32.0万项，技术合同成交金额11407亿元，比上年增长16.0%。

图21　2012-2016年研究与试验发展（R&D）经费支出及其增长速度

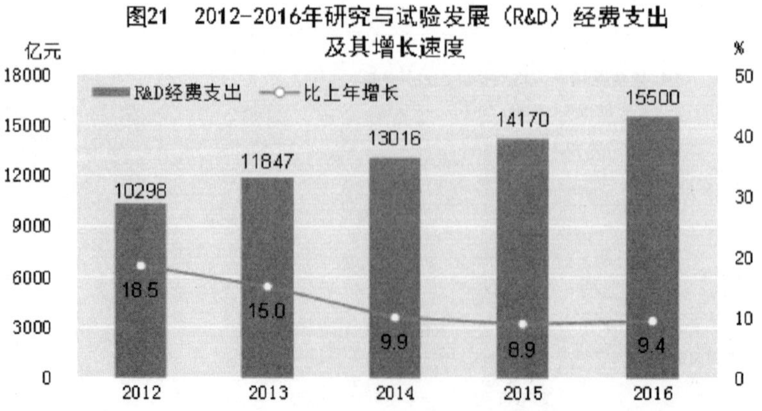

表 16　2016 年专利申请受理、授权和有效专利情况

指　标	专利数(万件)	比上年增长(%)
专利申请受理数	346.5	23.8
其中:境内专利申请受理	328.1	25.4
其中:发明专利申请受理	133.9	21.5
其中:境内发明专利	119.3	24.7
专利申请授权数	175.4	2.1
其中:境内专利授权	161.2	2.1
其中:发明专利授权	40.4	12.5
其中:境内发明专利	29.5	15.0
年末有效专利数	628.5	14.7
其中:境内有效专利	540.6	15.7
其中:有效发明专利	177.2	20.4
其中:境内有效发明专利	110.3	26.6

全年完成 22 次宇航发射。长征五号、长征七号新一代运载火箭成功首飞;天宫二号空间实验室、神舟十一号载人飞船成功发射,航天员在轨驻留 30 天并安全返回;新一代静止轨道气象卫星风云四号、合成孔径雷达卫星高分三号、3 颗北斗导航卫星等成功发射。

年末全国共有产品检测实验室 34487 个,其中国家检测中心 681 个。全国现有产品质量、体系认证机构 312 个,已累计完成对 152525 个企业的产品认证。全国共有法定计量技术机构 3933 个,全年强制检定计量器具 7878 万台(件)。全年制定、修订国家标准 1763 项,其中新制定 1255 项。

年末全国文化系统共有艺术表演团体 2046 个,博物馆 3060 个。全国共有公共图书馆 3172 个,总流通[49] 64781 万人次;文化馆 3338 个。有线电视实际用户 2.23 亿户,其中有线数字电视实际用户 1.97 亿户。年末广播节目综合人口覆盖率为 98.4%,电视节目综合人口覆盖率为 98.9%。全年生产电视剧 330 部 14768 集,电视动画片 119895 分钟。全年生产故事影片 772 部,科教、纪录、动画和特种影片[50]172 部。出版各类报纸 394 亿份,各类期刊 27 亿册,图书 86 亿册(张),人均图书拥有量[51]6.27 册(张)。年末全国共有档案馆 4193 个,已开放各类档案 13388 万卷(件)。

全年我国运动员在 23 个运动大项中获得 107 个世界冠军,共创 9 项世界纪录。在里约奥运会上,我国运动员共获得 26 枚金牌,奖牌总数 70 枚,位列奥运会金牌榜第三位,奖牌榜第二位。全年我国残疾人运动员在 17 项国际赛事中获得 237 个世界冠军。在里约残奥会上,我国运动员共获得 107 枚金牌,蝉联金牌榜和奖牌榜第一位。

十一、卫生和社会服务

年末全国共有医疗卫生机构 99.3 万个,其中医院 2.9 万个,在医院中有公立医院 1.3 万个,民营医院 1.6 万个;基层医疗卫生机构 93.1 万个,其中乡镇卫生院 3.7 万个,社区卫生服务中心(站)3.5 万个,门诊部(所)21.7 万个,村卫生室 64.2 万个;专业公共卫生机构 2.9 万个,其中疾病预防控制中心 3484 个,卫生监督所(中心)3138 个。年末卫生技术人员 844 万人,其中执业医师和执业助理医师 317 万人,注册护士 350 万人。医疗卫生机构床位 747 万张,其中医院 575 万张,乡镇卫生院 123 万张。全年总诊疗人次[52]78.0 亿人次,出院人数[53]2.2 亿人。

图22　2012-2016年卫生技术人员人数

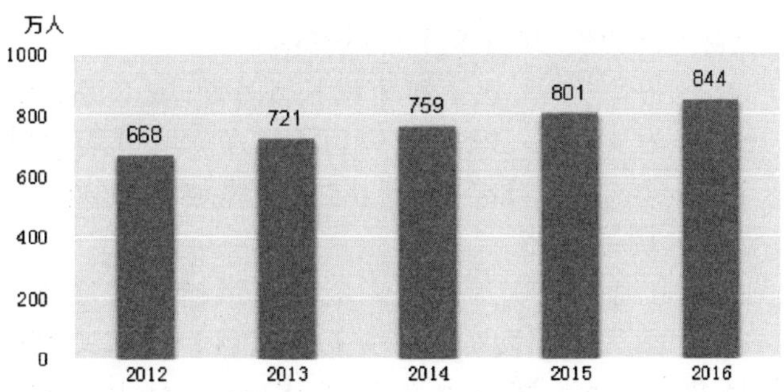

年末全国共有各类提供住宿的社会服务机构3.1万个，其中养老服务机构2.8万个，儿童服务机构713个。社会服务床位[54]716.6万张，其中养老服务床位680.0万张，儿童服务床位10.0万张。年末共有社区服务中心2.4万个，社区服务站13.0万个。

十二、资源、环境和安全生产

全年全国国有建设用地供应总量[55]52万公顷，比上年下降2.9%。其中，工矿仓储用地12万公顷，下降3.2%；房地产用地[56]11万公顷，下降10.3%；基础设施等用地29万公顷，增长0.2%。

全年水资源总量30150亿立方米。全年平均降水量730毫米。年末全国监测的614座大型水库蓄水总量3409亿立方米，比上年末蓄水量略有减少。全年总用水量6150亿立方米，比上年增长0.8%。其中，生活用水增长2.7%，工业用水减少0.4%，农业用水增长0.7%，生态补水增长1.9%。万元国内生产总值用水量[57]84立方米，比上年下降5.6%。万元工业增加值用水量53立方米，下降6.0%。人均用水量446立方米，比上年增长0.2%。

全年完成造林面积679万公顷，其中人工造林面积381万公顷，占全部造林面积的56.1%。森林抚育面积837万公顷。截至年底，自然保护区达到2750个，其中国家级自然保护区446个。新增水土流失治理面积5.4万平方公里，新增实施水土流失地区封育保护面积1.6万平方公里。

初步核算，全年能源消费总量43.6亿吨标准煤，比上年增长1.4%。煤炭消费量下降4.7%，原油消费量增长5.5%，天然气消费量增长8.0%，电力消费量增长5.0%。煤炭消费量占能源消费总量的62.0%，比上年下降2.0个百分点；水电、风电、核电、天然气等清洁能源消费量占能源消费总量的19.7%，上升1.7个百分点。全国万元国内生产总值能耗下降5.0%。工业企业吨粗铜综合能耗下降9.45%，吨钢综合能耗下降0.08%，单位烧碱综合能耗下降2.08%，吨水泥综合能耗下降1.81%，每千瓦时火力发电标准煤耗下降0.97%。

图23　2012-2016年万元国内生产总值能耗降低率

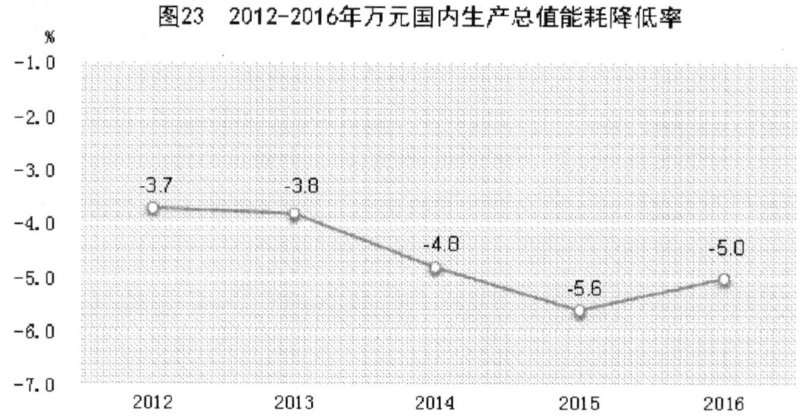

近岸海域417个海水水质监测点中，达到国家一、二类海水水质标准的监测点占73.4%，三类海水占10.3%，四类、劣四类海水占16.3%。

在监测的338个城市中，城市空气质量达标的城市占24.9%，未达标的城市占75.1%。细颗粒物($PM_{2.5}$)未达标地级及以上城市年平均浓度52微克/立方米，比上年下降8.8%。

在监测的322个城市中，城市区域声环境质量好的城市占5.0%，较好的占68.3%，一般的占26.1%，较差的占0.6%。

全年平均气温为10.49℃，比上年下降0.13℃。共有8个台风登陆。

年末城市污水处理厂日处理能力14823万立方米，比上年末增长5.6%；城市污水处理率为92.4%，提高0.5个百分点。城市生活垃圾无害化处理率为95.0%，提高0.9个百分点。城市集中供热面积70.7亿平方米，增长5.2%。城市建成区绿地面积197.1万公顷，增长3.3%；建成区绿地率为36.44%，提高0.08个百分点；人均公园绿地面积13.45平方米，增加0.10平方米。

全年农作物受灾面积2622万公顷，其中绝收290万公顷。全年因洪涝和地质灾害造成直接经济损失3134亿元，因旱灾造成直接经济损失418亿元，因低温冷冻和雪灾造成直接经济损失179亿元，因海洋灾害造成直接经济损失50亿元。全年大陆地区共发生5.0级以上地震18次，成灾16次，造成直接经济损失67亿元。全年共发生森林火灾 2034 起，森林火灾受害森林面积 0.6 万公顷。

全年各类生产安全事故[58]共死亡 43062 人。亿元国内生产总值生产安全事故死亡人数 0.058 人，按可比口径比上年下降 10.8%；工矿商贸企业就业人员 10 万人生产安全事故死亡人数 1.702 人，按可比口径下降 2.3%；道路交通事故万车死亡人数 2.1 人，与上年持平；煤矿百万吨死亡人数 0.156 人，下降 3.7%。

注释：

[1] 本公报中数据均为初步统计数。各项统计数据均未包括香港特别行政区、澳门特别行政区和台湾省。部分数据因四舍五入的原因，存在着与分项合计不等的情况。

[2] 国内生产总值、各产业增加值和人均国内生产总值绝对数按现价计算，增长速度按不变价格计算。

[3] 国民总收入，原称国民生产总值，是指一个国家或地区所有常住单位在一定时期内所获得的初次分配收入总额。它等于国内生产总值加上来自国外的净要素收入。

[4] 人户分离的人口是指居住地与户口登记地所在的乡镇街道不一致且离开户口登记地半年及以上的人口。

[5] 流动人口是指人户分离人口中扣除市辖区内人户分离的人口。市辖区内人户分离的人口是指一个直辖市或地级市所辖区内和区与区之间，居住地和户口登记地不在同一乡镇街道的人口。

[6] 2016 年年末，0－14 岁（含不满 15 周岁）人口为 23008 万人，15－59 岁（含不满 60 周岁）人口为 92177 万人。

[7] 年度农民工数量包括年内在本乡镇以外从业 6 个月及以上的外出农民工和在本乡镇内从事非农产业 6 个月及以上的本地农民工两部分。

[8] 全员劳动生产率为国内生产总值（以 2015 年价格计算）与全部就业人员的比率。

[9] 农产品生产者价格是指农产品生产者直接出售其产品时的价格。

[10] 居住类价格包括租赁房房租、住房保养维修及管理、水电燃料等价格。

[11] 为推进财政资金统筹使用，2016 年起将政府住房基金等 5 个项目从政府性基金预算转列一般公共预算，将从国有资本经营预算调入一般公共预算的资金由直接列为一般公共预算收入调整列为财政调入资金。因此，上年基数中考虑了上述因素影响，并以此为基础计算同口径增减额和增减幅。

[12] 工业战略性新兴产业包括节能环保产业，新一代信息技术产业，生物产业，高端设备制造产业，新能源产业，新材料产业，新能源汽车产业等七大产业。

[13] 高技术制造业包括医药制造业，航空、航天器及设备制造业，电子及通信设备制造业，计算机及办公设备制造业，医疗仪器设备及仪器仪表制造业，信息化学品制造业。

[14] 装备制造业包括金属制品业，通用设备制造业，专用设备制造业，汽车制造业，铁路、船舶、航空航天和其他运输设备制造业，电气机械和器材制造业，计算机、通信和其他电子设备制造业，仪器仪表制造业。

[15] 六大高耗能行业包括石油加工、炼焦和核燃料加工业，化学原料和化学制品制造业，非金属矿物制品业，黑色金属冶炼和压延加工业，有色金属冶炼和压延加工业，电力、热力生产和供应业。

[16] 火电包括燃煤发电量，燃油发电量，燃气发电量，余热、余压、余气发电量，垃圾焚烧发电量，生物质发电量。

[17] 钢材产量数据中含企业之间重复加工钢材约 35443 万吨。

[18] 少量发电装机容量（如地热等）公报中未列出。

[19] 固定资产投资按东部、中部、西部和东北地区计算的合计数据小于全国数据，是因为有部分跨地区的投资未计算在地区数据中。其中，东部地区是指北京、天津、河北、上海、江苏、浙江、福建、山东、广东和海南 10 省（市）；中部地区是指山西、安徽、江西、河南、湖北和湖南 6 省；西部地区是指内蒙古、广西、重庆、四川、贵州、云南、西藏、陕西、甘肃、青海、宁夏和新疆 12 省（区、市）；东北地区是指辽宁、吉林和黑龙江 3 省。

[20] 基础设施投资是指建造或购置为社会生产和生活提供基础性、大众性服务的工程和设施的支出。公报中的基础设施投资包括交通运输、邮政业，电信、广播电视和卫星传输服务业，互联网和相关服务业，水利、环境和公共设施管理业投资。

[21] 民间固定资产投资是指具有集体、私营、个人性质的内资企事业单位以及由其控股（包括绝对控股和相对控股）的企业单位建造或购置固定资产的投资。

[22] 高技术产业投资包括医药制造、航空航天器及设备制造等六大类高技术制造业投资和信息服务、电子商务服务等九大类高技术服务业投资。

[23] 房地产业投资除房地产开发投资外，还包括建设单位自建房屋以及物业管理、中介服务和其他房地产投资。

[24] 高速铁路是指最高营运速度达到 200 公里/小时及以上的铁路。

[25] 数据来源为各省（区、市）汇总上报截至 2016 年 12 月底建档立卡贫困户农村危房改造实际开工数。

[26] 网上零售额是指通过公共网络交易平台（包括自建网站和第三方平台）实现的商品和服务零售额。其中，网上零售额包括的服务，以及少部分用于生产经营或被转卖的商品不统计在社会消费品零售总额中。

[27] 货物贸易、服务贸易、吸收外资采用人民币计价。对外投资和对外承包工程由于技术原因仍主要沿用美元计价。

[28] “一带一路”是指“丝绸之路经济带”和“21 世纪海上丝绸之路”。

[29] 服务进出口按照《国际收支手册(第六版)》标准统计,不含政府服务,增速按可比口径计算。

[30] 邮电业务总量按2010年价格计算。

[31] 移动电话交换机容量是指移动电话交换机根据一定话务模型和交换机处理能力计算出来的最大同时服务用户的数量。

[32] 固定互联网宽带接入用户是指报告期末在电信企业登记注册,通过xDSL、FTTx + LAN、FTTH/0以及其他宽带接入方式和普通专线接入公众互联网的用户。

[33] 固定互联网光纤宽带接入用户是指报告期末在电信企业登记注册,通过FTTH或FTTO方式接入公众互联网的用户。

[34] 移动宽带用户是指报告期末在计费系统拥有使用信息,占用3G或4G网络资源的在网用户。

[35] 手机上网人数是指过去半年通过手机接入并使用互联网的6周岁及以上中国居民数量。

[36] 软件和信息技术服务业包括软件开发,信息系统集成服务,信息技术咨询服务,数据处理和存储服务,集成电路设计服务和其他信息技术服务等行业。

[37] 社会融资规模增量是指一定时期内实体经济从金融体系获得的资金总额。

[38] 定向增发不含资产认购部分。

[39] 全国中小企业股份转让系统又称"新三板",是2012年经国务院批准设立的全国性证券交易场所。

[40] 公司信用类债券包括非金融企业债务融资工具、企业债券以及公司债、可转债等。

[41] 原保险保费收入是指保险企业确认的原保险合同保费收入。

[42] 全国居民收入增速快于分城乡居民收入增速的原因是:在城镇化过程中,一部分在农村收入较高的人口进入城镇地区,但在城镇属于较低收入人群,他们的迁移对城乡居民收入均有拉低作用。但无论在城镇还是农村,其收入增长效应都会体现在全体居民收入增长中。

[43] 人均收入中位数是指将所有调查户按人均收入水平从低到高(或从高到低)顺序排列,处于最中间位置调查户的人均收入。

[44] 全国居民五等份收入分组是指将所有调查户按人均收入水平从低到高顺序排列,平均分为五个等份,处于最高20%的收入群体为高收入组,依此类推依次为中等偏上收入组、中等收入组、中等偏下收入组、低收入组。

[45] 贫困地区包括集中连片特困地区和片区外的国家扶贫开发工作重点县,共832个县,其中国家扶贫开发工作重点县共计592个。

[46] 农村特困人员是指无劳动能力,无生活来源,无法定赡养、抚养、扶养义务人或者其法定义务人无履行义务能力的农村老年人、残疾人以及未满16周岁的未成年人。

[47] 减贫人口等于当年贫困人口减去上年贫困人口,也相当于当年脱贫人口减去当年返贫人口。

[48] 中等职业教育包括普通中专、成人中专、职业高中和技工学校。

[49] 总流通人次是指本年度内到图书馆场馆接受图书馆服务的总人次,包括借阅书刊、咨询问题以及参加各类读者活动等。

[50] 特种影片是指那些采用与常规影院放映在技术、设备、节目方面不同的电影展示方式,如巨幕电影、立体电影、立体特效(4D)电影、动感电影、球幕电影等。

[51] 人均图书拥有量是指在一年内全国平均每人能拥有的当年出版图书册数。

[52] 总诊疗人次指所有诊疗工作的总人次数,包括门诊、急诊、出诊、预约诊疗、单项健康检查、健康咨询指导(不含健康讲座)人次。

[53] 出院人数指报告期内所有住院后出院的人数,包括医嘱离院、医嘱转其他医疗机构、非医嘱离院、死亡及其他人数,不含家庭病床撤床人数。

[54] 社会服务床位数除收养性机构外,还包括救助类机构、社区类机构以及军休所、军供站等机构的床位。

[55] 国有建设用地供应总量是指报告期内市、县人民政府根据年度土地供应计划依法以出让、划拨、租赁等方式将土地使用权提供给单位或个人使用的国有建设用地总量。

[56] 房地产用地是指商服用地和住宅用地的总和。

[57] 万元国内生产总值用水量、万元工业增加值用水量和万元国内生产总值能耗按2015年价格计算。

[58] 2016年起,安全监管总局对生产安全事故统计制度进行改革,由于排除了非生产经营领域的事故,事故统计口径发生变化,数据同比按照可比口径计算。

资料来源:

本公报中户籍人口城镇化率、民用汽车、交通事故数据来自公安部;城镇新增就业、登记失业率、社会保障、技工学校数据来自人力资源社会保障部;财政数据来自财政部;外汇储备、汇率、货币金融、公司信用类债券数据来自人民银行;水产品产量数据来自农业部;木材产量、林业、森林火灾数据来自林业局;灌溉面积、水资源数据来自水利部;发电装机容量、新增220千伏及以上变电设备数据来自中电联;新建铁路投产里程、增新建铁路复线投产里程、电气化铁路投产里程、铁路运输数据来自铁路总公司;新改建公路里程、港口万吨级码头泊位新增吞吐能力、公路运输、水运、港口货物吞吐量数据来自交通运输部;新增民用运输机场、民航数据来自民航局;新增光缆线路长度、电话交换机容量、电话用户、宽带用户、移动互联网接入流量、上网人数、互联网普及率、软件业务收入等数据来自工业和信息化部；农村地区互联网普及率数据来自中国互联网络信息中心；棚户区住房改造、农村地区建档立卡贫困户危房改造、城市污水处理、城市垃圾处理、城市集中供热面积、建成区绿地数据来自住房城乡建设部；货物进出口数据来自海关总署；服务进出口、外商直接投资、对外直接投资、对外承包工程、对外劳务合作等数据来自商务部；管道数据来自中石油、中石化、中海油；邮政业务数据来自邮政局；旅游数据来自旅游局、公安部；上市公司数据来自证监会；保险业数据来自保监会；城乡低保、农村特困人员救助供养、社会服务、农作物受灾面积、洪涝地质灾害造成直接经济损失、旱灾造成直接经济损失、低温冷冻和雪灾造成直接经济损失来自民政部；教育数据来自教育部；重点研发计划、科技重大专项、国家重点实验室、科技成果转化引导基金、技术合同等数据来自科技部；自然科学基金项目数据来自自然基金委；国家工程研究中心、企业技术中心等数据来自发展改革委；专利数据来自知识产权局；宇航发射数据来自国防科工局；质量检验、国家标准制定修订等数据来自质检总局；艺术表演团体、博物馆、公共图书馆、文化馆数据来自文化部；广播电视、电影、报纸、期刊、图书数据来自新闻出版广电总局；档案数据来自档案局；体育数据来自体育总局；残疾人运动员数据来自中国残联；卫生数据来自卫生计生委；国有建设用地供应数据来自国土资源部；自然保护区、环境监测数据来自环境保护部；平均气温、登陆台风数据来自气象局；海洋灾害造成直接经济损失数据来自海洋局；地震次数、地震灾害直接经济损失数据来自地震局；安全生产数据来自安全监管总局；其他数据均来自国家统计局。

江西省2016年国民经济和社会发展统计公报[1]

江西省统计局　国家统计局江西调查总队

2016年，面对复杂多变的外部经济环境，全省上下牢固树立和贯彻落实新发展理念，主动适应经济发展新常态，在统筹推进供给侧结构性改革的同时，全面做好稳增长、促改革、调结构、优生态、惠民生等各项工作，较好完成了年初确定的主要目标任务，实现了"十三五"良好开局。

一、综合

初步核算，全年实现地区生产总值(GDP)18364.4亿元，比上年增长9.0%。其中，第一产业增加值1904.5亿元，增长4.1%；第二产业增加值9032.1亿元，增长8.5%；第三产业增加值7427.8亿元，增长11.0%。三次产业结构由上年的10.6:50.3:39.1调整为10.4:49.2:40.4，三次产业对GDP增长的贡献率分别为4.8%、47.4%和47.8%。人均生产总值40106元，增长8.4%，按年均汇率折算为6038美元。

图1 2012-2016年地区生产总值及其增长速度

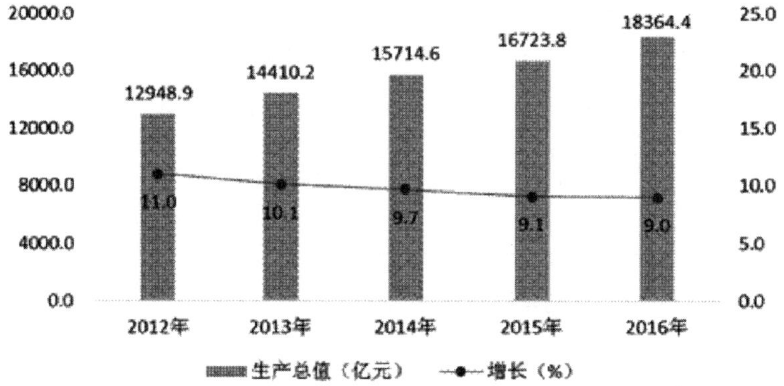

年末常住人口4592.3万人，比上年末增加26.6万人。其中，城镇人口2438.5万人，占总人口的比重(常住人口城镇化率)为53.1%，比上年末提高1.5个百分点。户籍人口城镇化率为35.7%，比上年末提高3.5个百分点。全年出生人口61.6万人，出生率13.45‰，比上年提高0.25个千分点；死亡人口28.2万人，死亡率6.16‰，下降0.08个千分点；自然增长率7.29‰，提高0.33个千分点。

表1　2016年末常住人口数及其构成

指　标	年末数(万人)	比重(%)
常住人口	4592.3	100.0
其中:城镇	2438.5	53.1
乡村	2153.8	46.9
其中:男性	2356.0	51.3
女性	2236.2	48.7
其中:0-15岁(含不满16周岁)	985.5	21.5
16-59岁(含不满60周岁)	2951.9	64.3
60周岁及以上	654.9	14.3
其中:65周岁及以上	450.5	9.8

年末全社会就业人数2637.6万人，比上年末增加21.8万人。全年城镇新增就业55.2万人，失业人员再就业24.7万人，城镇登记失业率3.35%，低于4.5%的年度控制目标。农民工总量1181.6万人，增长1.1%。其中，外出农民工813.3万人，下降1.1%；本地农民工368.3万人，增长6.5%。

全年财政总收入3143.0亿元，比上年增长4.0%。其中，一般公共预算收入2151.4亿元，下降0.7%；税收收入2462.6亿元，增长3.8%，占财政总收入的比重为78.4%。县级财政总收入2534.3亿元，增长5.1%，高于全省财政收入增幅1.1个百分点。其中，超20亿元的县(市、区)38个，比上年增加2个；超30亿元的县(市、区)18个，比上年增加1个；超40亿元的县(市、区)11个，比上年增加2个；超50亿元的县(市、区)6个，比上年增加1个，财政总收入最高的南昌县达104.4亿元。全年一般公共预算支出4619.5亿元，比上年增长4.7%。用于教育、社保、医疗等民生方面的支出完成3595.3亿元，增长5.1%，占支出比重达77.8%，比上年提高0.3个百分点。省委、省政府年初确定的50件民生工程实事全面完成。

图2 2012-2016年财政总收入及其增长速度

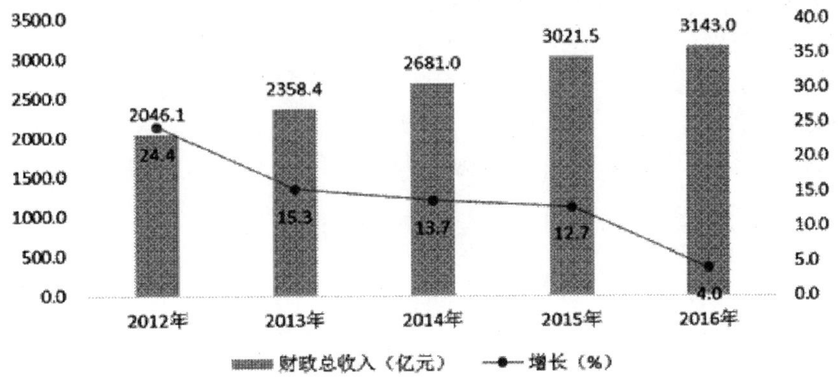

全年居民消费价格(CPI)比上年上涨2.0%。其中，城市上涨2.0%，农村上涨1.9%。构成CPI的八大类商品服务价格“七涨一降”：食品烟酒类上涨4.4%，医疗保健类上涨2.7%，其他用品和服务类上涨2.6%，教育文化和娱乐类上涨1.5%，居住类上涨1.0%，衣着类上涨0.9%，生活用品及服务类上涨0.1%；交通和通信类下降1.2%。工业生产者出厂价格(PPI)下降1.4%，工业生产者购进价格下降2.3%。

图3 2016年各月居民消费价格指数
(上年同期为100)

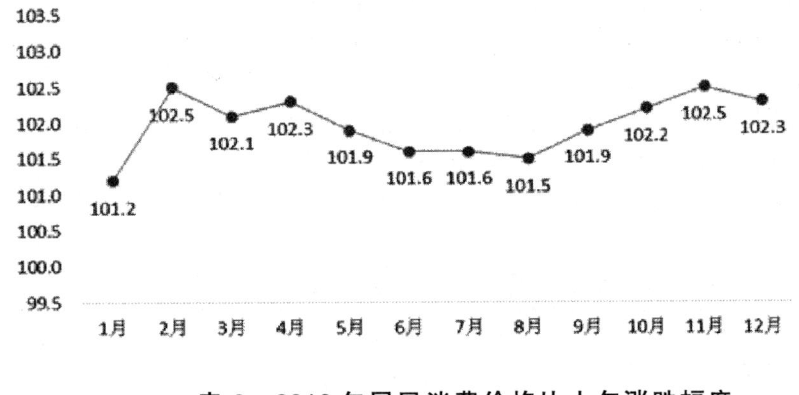

表2 2016年居民消费价格比上年涨跌幅度

类　别	比上年上涨(%)
居民消费价格指数	2.0
食品烟酒	4.4
其中：粮食	0.6
衣着	0.9

类　别	比上年上涨(%)
居住	1.0
生活用品及服务	0.1
交通和通信	-1.2
教育文化和娱乐	1.5
医疗保健	2.7
其他用品和服务	2.6

二、农业

全年粮食种植面积3686.2千公顷,比上年下降0.5%。其中,谷物种植面积3367.1千公顷,下降0.8%。油料种植面积729.2千公顷,下降1.5%。蔬菜种植面积606.6千公顷,增长3.6%。棉花种植面积49.3千公顷,下降39.2%。糖料种植面积14.5千公顷,增长0.5%。

全年粮食总产量2138.1万吨,比上年下降0.5%,为历史第三高产年份。其中,早稻785.9万吨,下降3.2%;中稻及一季晚稻298.6万吨,增长7.0%;二季晚稻928.1万吨,下降0.9%。

图4 2012-2016年粮食产量及其增长速度

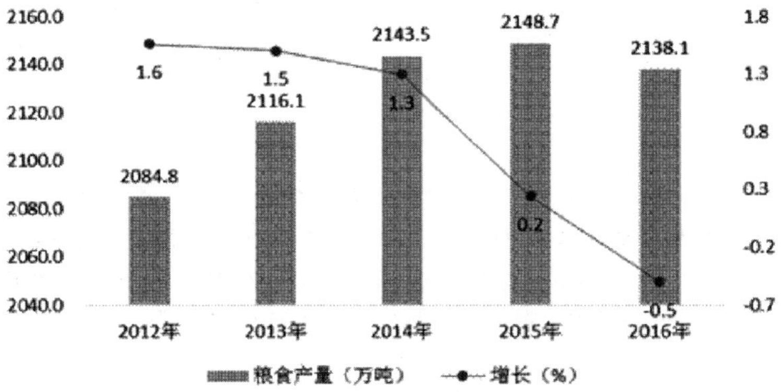

全年油料产量122.0万吨,比上年下降1.6%。其中,油菜籽71.8万吨,下降2.9%。棉花产量7.3万吨,下降36.4%。烟叶产量6.4万吨,增长17.4%。茶叶产量5.8万吨,增长10.9%。园林水果产量405.4万吨,下降10.0%。蔬菜产量1420.2万吨,增长4.5%。

全年肉类总产量351.6万吨,比上年下降1.0%。其中,猪肉产量258.7万吨,下降3.3%;牛肉产量18.7万吨,增长5.4%;羊肉产量1.7万吨,增长7.9%。禽蛋产量62.5万吨,增长5.0%。牛奶产量10.5万吨,下降8.4%。水产品产量271.6万吨,增长2.8%。年末生猪存栏1814.3万头,下降4.2%;生猪出栏3103.1万头,下降4.3%。

表3　2016年主要农产品产量及其增长速度

产品名称	产量(万吨)	比上年增长(%)
粮食	2138.1	-0.5
其中:谷物	2029.9	-0.7
油料	122.0	-1.6
其中:油菜籽	71.8	-2.9
棉花	7.3	-36.4
烟叶	6.4	17.4
茶叶	5.8	10.9
园林水果	405.4	-10.0

产品名称	产量(万吨)	比上年增长(%)
蔬菜	1420.2	4.5
肉类	351.6	-1.0
水产品	271.6	2.8

三、工业和建筑业

全年规模以上工业增加值7803.6亿元,比上年增长9.0%。分轻重工业看,轻工业增加值2964.1亿元,增长7.4%;重工业4839.4亿元,增长10.0%。分经济类型看,国有企业增加值241.6亿元,下降4.7%;集体企业17.9亿元,增长1.6%;股份合作企业20.8亿元,增长0.1%;股份制企业3140.9亿元,增长9.2%;私营企业3207.8亿元,增长10.6%;外商及港澳台商投资企业1167.1亿元,增长10.4%。

图5 2012-2016年规模以上工业增加值及其增长速度

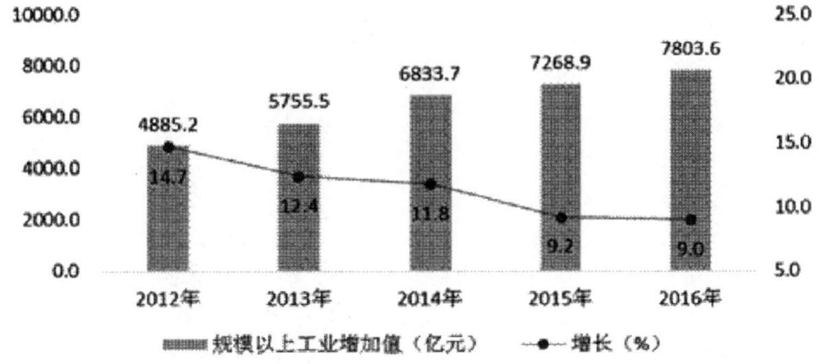

规模以上工业38个行业大类中,34个实现增长,占比近九成。其中,电子、汽车、电气机械、农副食品、化工等五大重点行业表现突出,分别增长26.0%、17.0%、13.2%、10.1%和9.3%,占规上工业的三成以上,对规上工业增长的贡献率达47.3%。高新技术产业增加值2346.5亿元,占规上工业的30.1%,比上年提高4.4个百分点,增长10.8%。战略性新兴产业增加值1166.0亿元,占规上工业的14.9%,比上年提高1.9个百分点,增长10.7%。装备制造业增加值1925.6亿元,占规上工业的24.7%,比上年提高1.9个百分点,增长16.3%。六大高耗能行业增加值2812.5亿元,占规上工业的36.0%,比上年下降1.8个百分点,增长6.1%。

重点监测的357种主要工业品中223种实现了不同程度增长,增长面超六成,114种产品保持了两位数以上增长,占比近三分之一。其中,手机比上年增长51.7%,汽车增长27.4%,铜材增长15.3%,家用电冰箱增长14.3%,变压器增长13.1%,化学原料药增长12.5%。工业新产品中,新能源汽车增长2.0倍,智能手机增长1.2倍,太阳能电池(光伏电池)增长29.5%。

表4 2016年规模以上工业主要产品产量及其增长速度

产品名称	单　位	产量	比上年增长(%)
发电量	亿千瓦时	922.9	9.4
白酒(折65度,商品量)	万千升	16.0	-12.2
啤酒	万千升	125.5	-3.1
卷烟	亿支	646.1	-4.7
布	万米	134572.4	2.0
服装	万件	143187.7	0.5
农用化学肥料	万吨	148.2	5.2
化学农药	吨	55742.5	9.6
化学原料药	吨	73138.3	12.5
水泥	万吨	9513.0	0.3

产品名称	单　位	产量	比上年增长(%)
瓷质砖	万平方米	129434.8	4.3
粗钢	万吨	2241.5	1.8
钢材	万吨	2585.0	0.3
十种有色金属	万吨	161.1	-4.1
其中:精炼铜(电解铜)	万吨	128.0	-3.1
多晶硅	吨	13667.3	-16.8
单晶硅	吨	1730.9	7.2
铜材	万吨	354.4	15.3
汽车	万辆	53.7	27.4
其中:新能源汽车	万辆	1.8	196.1
彩色电视机	万台	20.1	-14.9
太阳能电池(光伏电池)	万千瓦	726.0	29.5
家用电冰箱	万台	98.1	14.3
移动通信手持机(手机)	万台	7413.9	51.7
其中:智能手机	万台	6398.6	121.7
房间空气调节器	万台	349.5	-6.3

全年规模以上工业企业实现主营业务收入35518.7亿元,比上年增长8.6%;实现利润总额2399.4亿元,增长11.9%。主营业务收入超百亿元的企业13户,其中,江西省电力公司首次突破500亿元,实现主营业务收入568.5亿元;南昌欧菲光科技有限公司和南昌欧菲生物识别技术有限公司首次突破100亿元,分别实现主营业务收入103.8亿元和101.2亿元。

年末工业园区实际开发面积625.3平方公里,比上年末增长1.1%;完成基础设施投入716.1亿元,增长4.4%。园区内投产工业企业10400户,比上年增加755户;实现工业增加值6468.4亿元,比上年增长9.3%;实现主营业务收入28302.6亿元,增长8.9%;实现出口交货值2048.5亿元,增长0.7%。主营业务收入过百亿工业园区76个,比上年增加3个。其中,主营业务收入超500亿元的园区18个,增加2个。南昌高新技术产业开发区继续领跑,南昌经济技术开发区、九江经济技术开发区、南昌小蓝经济技术开发区分列二、三、四位。

全年建筑业总产值5179.0亿元,比上年增长12.5%;建筑业增加值1609.9亿元,增长7.5%。资质以上建筑业企业1957家,比上年增加140家。其中,特级企业和一级企业215家,增加26家。房屋竣工面积14835.8万平方米,增长4.1%。竣工房屋价值2094.6亿元,增长11.6%。

四、固定资产投资

全年全社会固定资产投资19694.2亿元,比上年增长13.3%。其中,固定资产投资(不含农户)19378.7亿元,增长14.0%。

图6 2012-2016年全社会固定资产投资及其增长速度

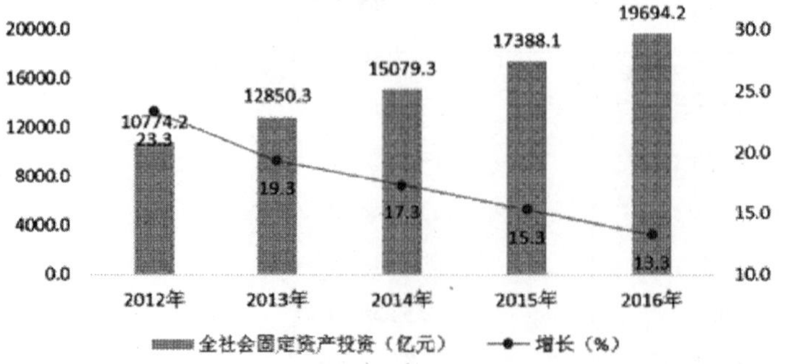

固定资产投资(不含农户)中:分产业看,第一产业投资436.2亿元,增长1.7%;第二产业投资10322.0亿元,增长14.2%,其中,工业投资10284.9亿元,增长15.3%;第三产业投资8620.5亿元,增长14.5%。分投资主体看,国有投资4147.6亿元,增长8.2%;非国有投资15231.1亿元,增长15.7%,其中,民间投资13830.2亿元,增长9.8%。

表5 2016年分行业固定资产投资(不含农户)及其增长速度

行业	投资额(亿元)	比上年增长(%)
总　计	19378.7	14.0
第一产业	436.2	1.7
第二产业	10322.0	14.2
工业	10284.9	15.3
采矿业	302.0	23.0
制造业	9190.7	13.5
化学原料及化学制品制造业	746.4	5.7
非金属矿制品业	1039.5	10.8
黑色金属冶炼和压延加工业	93.7	68.7
有色金属冶炼和压延加工业	404.7	-0.2
电气机械及器材制造业	876.3	37.9
计算机、通信和其他电子设备制造业	575.1	31.3
电力、热力、燃气及水生产和供应业	792.2	38.2
建筑业	46.3	-64.6
第三产业	8620.5	14.5
批发和零售业	940.1	-3.2
交通运输、仓储和邮政业	958.3	17.2
住宿和餐饮业	275.4	-6.0
信息传输、软件和信息技术服务业	171.2	36.5
金融业	48.9	19.0
房地产业	2522.2	20.3
租赁和商务服务业	494.7	49.9
科学研究和技术服务业	153.3	59.7
水利、环境和公共设施管理业	2004.4	18.5
居民服务、修理和其他服务业	120.2	-1.2
教育	218.3	-10.4
卫生和社会工作	145.6	-8.8
文化、体育和娱乐业	176.0	-32.6
公共管理、社会保障和社会组织	327.6	44.4

全年房地产开发投资1770.9亿元,比上年增长16.5%。其中,住宅投资1247.6亿元,增长12.1%;办公楼投资73.9亿元,增长41.8%;商业营业用房投资315.8亿元,增长31.9%。商品房竣工面积1635.6万平方米,下降14.3%;商品房销售面积4691.8万平方米,增长34.9%;商品房销售额2678.4亿元,增长43.7%。年

末商品房待售面积 1434.6 万平方米，下降 4.1%。

五、国内贸易

全年社会消费品零售总额 6634.6 亿元，比上年增长 12.0%。按城乡分，城镇市场零售额 5491.8 亿元，增长 11.7%，其中，城区 3536.6 亿元，增长 13.4%；乡村市场零售额 1142.8 亿元，增长 13.1%。按行业分，批发业零售额 987.1 亿元，增长 9.0%；零售业零售额 4826.0 亿元，增长 11.9%；住宿业零售额 78.3 亿元，增长 12.5%；餐饮业零售额 743.2 亿元，增长 16.8%。

图7 2012-2016年社会消费品零售总额及其增长速度

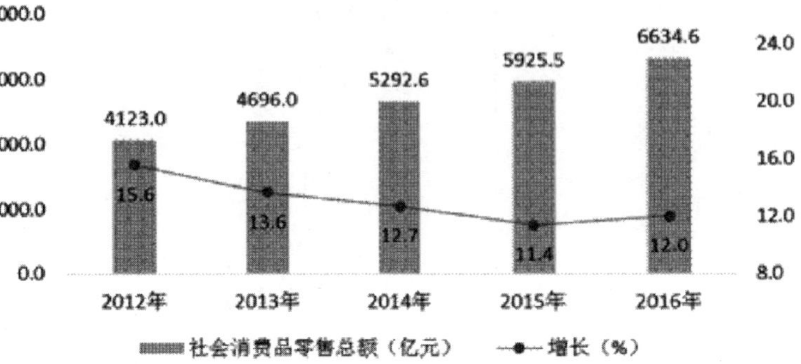

限额以上批发零售业零售额分商品看：日用生活消费品保持较快增长。粮油、食品类实现零售额 228.9 亿元，比上年增长 19.5%；服装、鞋帽、针纺织品类 144.8 亿元，增长 10.0%；日用品类 61.0 亿元，增长 8.1%。汽车销售继续快速增长。汽车类实现零售额 825.5 亿元，增长 17.4%。与消费升级相关商品快速增长。家具类实现零售额 51.8 亿元，增长 17.5%；通讯器材类 33.6 亿元，增长 12.3%；建筑及装潢材料类 39.0 亿元，增长 16.8%。

表 6 2016 年限额以上批发零售业按商品分类零售额及其增长速度

类　别	零售额(亿元)	比上年增长(%)
合计	2569.1	13.2
粮油、食品类	228.9	19.5
饮料类	34.9	14.0
烟酒类	55.0	13.7
服装、鞋帽、针纺织品类	144.8	10.0
化妆品类	19.3	3.0
金银珠宝类	36.5	0.7
日用品类	61.0	8.1
五金、电料类	12.5	20.4
体育、娱乐用品类	5.5	24.6
书报杂志类	38.1	9.4
电子出版物及音像制品类	8.8	7.8
家用电器和音像器材类	160.4	21
中西药品类	181.6	23.5
文化办公用品类	27.0	17.4
家具类	51.8	17.5

类　别	零售额(亿元)	比上年增长(%)
通讯器材类	33.6	12.3
煤炭及制品类	7.3	19.6
石油及制品类	523.3	0.9
建筑及装潢材料类	39.0	16.8
机电产品及设备类	11.5	18.7
汽车类	825.5	17.4
棉麻类	0.4	3.8
其他类	62.4	21.8

六、对外经济

全年进出口总值2643.9亿元,比上年增长0.6%。其中,出口值1966.9亿元,下降4.1%;进口值677.0亿元,增长17.3%。

图8　2012-2016年进出口总值构成

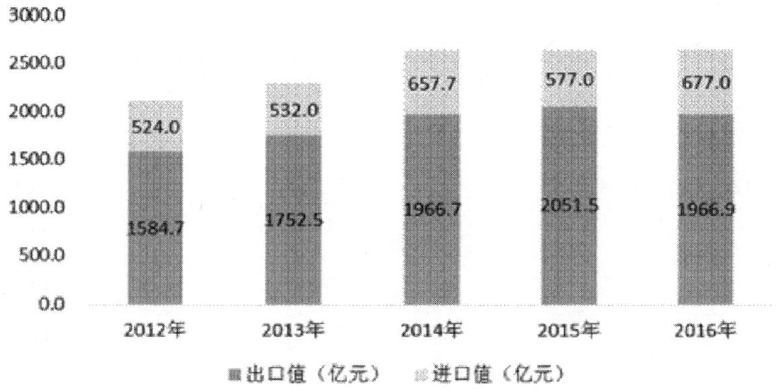

分贸易方式看,一般贸易出口1687.1亿元,下降1.6%;加工贸易出口270.0亿元,下降7.2%。分重点商品看,机电产品出口815.2亿元,下降5.6%;高新技术产品出口293.4亿元,下降8.0%。

表7　2016年外贸出口方式和主要商品分析

指　标	绝对值(亿元)	比上年增长(%)
进出口总值	2643.9	0.6
出口值	1966.9	-4.1
其中:一般贸易	1687.1	-1.6
加工贸易	270.0	-7.2
其中:机电产品	815.2	-5.6
高新技术产品	293.4	-8.0
进口值	677.0	17.3
其中:一般贸易	427.0	29.3
加工贸易	239.5	3.8
其中:机电产品	332.0	20.4
高新技术产品	252.6	25.7

表 8　2016 年主要商品出口数量、金额及其增长速度

商品名称	单位	数量	比上年增长(%)	金额(亿元)	比上年增长(%)
机电产品(包括本目录已具体列名的机电产品)	–			815.2	-5.6
高新技术产品	–			293.4	-8.0
服装及衣着附件	–			226.1	-8.5
文化产品	–			105.7	21.3
鞋类	吨	88923	-2.5	91.9	-3.0
二极管及类似半导体器件	万个	92809	-74.4	76.9	-30.6
纺织纱线、织物及制品	–			71.1	-9.8
太阳能电池	万个	2506	-9.4	61.5	-23.0
家具及其零件	–			60.9	-27.5
灯具、照明装置及零件	–			58.6	-18.5
钢材	吨	1591205	6.4	56.5	1.7
陶瓷产品	吨	428748	5.2	54.1	-19.8

注:“机电产品”和“高新技术产品”有交叉。

表 9　2016 年主要商品进口数量、金额及其增长速度

商品名称	单位	数量	比上年增长(%)	金额(亿元)	比上年增长(%)
机电产品(包括本目录已具体列名的机电产品)	–			332	20.4
高新技术产品	–			252.6	25.7
集成电路	万个	256543	20.8	145.3	27.3
铜矿砂及其精矿	吨	1390719	10.9	123.6	8.1
未锻轧铜及铜材	吨	147894	38.3	49.1	20.8
铁矿砂及其精矿	吨	10698264	25.4	37.4	28.7
二极管及类似半导体器件	万个	124379	18.7	24.4	-13.1
纸浆	吨	334469	36.8	19.3	49.6
纺织纱线、织物及制品	–			8.8	7.4
废铜	吨	44324	-21.6	6.1	-34.3

注:“机电产品”和“高新技术产品”有交叉。

表 10　2016 年对主要国家和地区货物进出口额及其增长速度

国家和地区	进出口总值(亿元)	比上年增长(%)	出口值(亿元)	比上年增长(亿元)	进口值(亿元)	比上年增长(%)
亚洲	1459.1	0.2	1073.5	-6.6	385.6	25.6
香港	245.2	-14.1	239.1	-14.9	6	31.9
日本	114.1	22.0	65	3.2	49.1	61
韩国	188.4	22.0	112.8	3.2	75.6	67.3
台湾省	168.0	1.8	37.1	15.7	130.9	-1.6
非洲	160.2	-26	123.7	-33.6	36.5	21.4
南非	33.5	-10.7	18.2	-28.4	15.3	26
欧洲	336.5	1.3	282.6	-0.9	53.9	14.9
英国	55.1	-0.8	53.2	0.2	1.9	-20.7

国家和地区	进出口总值（亿元）	比上年增长（%）	出口值（亿元）	比上年增长（亿元）	进口值（亿元）	比上年增长（%）
德国	73.7	11.8	48.9	4.1	24.8	30.9
荷兰	44.7	-4.4	41.5	-5.9	3.2	21.1
拉丁美洲	248.2	-0.7	105.9	-0.6	142.3	-0.7
巴西	48.8	24.7	26	43.5	22.9	8.6
智利	107.1	-11.2	16.2	-37	90.9	-4.2
北美洲	371.5	19.7	346.3	19.2	25.2	27.6
美国	341.5	19.1	322.1	18.7	19.5	26.6
大洋洲	68.4	7.9	34.9	4.1	33.5	12.2
澳大利亚	61.0	9.2	28	6.1	33	11.9
东盟	405.9	-5.6	340.7	-10.4	65.2	30.8
欧盟	292.8	0.7	249.9	-0.7	42.9	9.4

全年新批外商投资企业568家，实际使用外商直接投资额104.4亿美元，比上年增长10.2%。利用省外项目实际进资5905.8亿元，增长12.9%。截至年底，在赣投资的具有世界500强投资背景企业66家，国内500强148家。

全年新签对外承包工程合同项目198个，合同金额28.9亿美元，完成营业额39.4亿美元，增长12.3%。新增对外承包工程企业22家，总数达135家；新增境外投资企业104家，总数达653家。江西国际、江西中煤、中鼎国际等三家“走出去”龙头企业继续入围全球最大国际工程承包商250强。

七、交通、邮电和旅游

全年货物运输量138061.6万吨，比上年增长6.0%；货物周转量3897.6亿吨公里，增长3.8%。旅客运输量62874.0万人，增长0.7%；旅客周转量970.6亿人公里，增长1.8%。机场旅客吞吐量1050.1万人，增长6.6%。其中，昌北机场旅客吞吐量786.4万人，增长5.0%。

表11　2016年货物、旅客运输量和周转量及其增长速度

指　标	单位	绝对值	比上年增长(%)
货物运输量	万吨	138061.6	6
铁路	万吨	4295.8	9
公路	万吨	122877	6.4
水运	万吨	10888.8	0
货物周转量	亿吨公里	3897.6	3.8
铁路	亿吨公里	514.8	3.6
公路	亿吨公里	3147.5	4.1
水运	亿吨公里	235.3	0.7
旅客运输量	万人	62874	0.7
铁路	万人	9248.7	9.3
公路	万人	53364	-0.6
水运	万人	261.3	-4.4
旅客周转量	亿人公里	970.6	1.8
铁路	亿人公里	688.0	2.9
公路	亿人公里	282.3	-0.9
水运	亿人公里	0.3	-1.6

年末公路通车里程161909公里，比上年末增加5284公里。其中，高速公路通车里程5894公里，增加836公里。铁路营运里程3909.3公里，基本持平。年末民用汽车保有量407.4万辆，增长17.4%；民用轿车保有量225.2万辆，增长20.4%，其中，私人轿车212.6万辆，增长23.3%。

全年邮电业务总量984.1亿元，比上年增长61.3%。其中，邮政业务总量100.3亿元，增长43.9%；电信业务总量883.8亿元，增长63.5%。快递业务量3.8亿件，增长63.2%；快递业务收入41.3亿元，增长49.2%。年末固定电话用户517.5万户，下降9.0%。其中，城市电话用户337.4万户，下降7.3%；乡村电话用户180.1万户，下降12.0%。年末移动电话用户3140.7万户，增长2.8%。3G移动电话用户360.0万户，下降56.7%；4G移动电话用户1861.1万户，增长74.1%。

全年接待国内旅游者46913.4万人次，比上年增长22.2%；国内旅游收入4954.5亿元，增长37.6%。接待入境旅游者181.9万人次，增长2.8%；国际旅游外汇收入5.8亿美元，增长3.1%。

八、金融、证券和保险

年末金融机构人民币各项存款余额28893.1亿元，比年初增加4108.0亿元。其中，住户存款余额13981.0亿元，增加1591.2亿元；非金融企业贷款余额8356.6亿元，增加1663.3亿元。年末金融机构人民币各项贷款余额21721.8亿元，比年初增加3373.8亿元。其中，住户贷款余额8310.2亿元，增加1382.1亿元；非金融机构及机关团体贷款余额13408.0亿元，增加1989.2亿元。

年末辖区内上市公司36家，其中，主板公司23家，中小板公司8家，创业板公司5家。辖区内证券公司2家，分公司24家，证券营业部293家，证券交易额5.34万亿元；期货公司1家，期货营业部33家，期货成交金额1.99万亿元。

全年保险公司保费收入608.7亿元，比上年增长19.7%。其中，财产险公司保费收入195.2亿元，增长14.0%；人寿险公司保费收入413.5亿元，增长22.6%。支付各类赔款及给付207.0亿元，增长16.2%。其中，财产险公司赔款101.4亿元，增长18.2%；人寿险公司赔款18.3亿元，增长47.7%；寿险公司给付87.2亿元，增长9.2%。

九、教育和科学技术

全年研究生教育招生1.1万人，在校生3.0万人，毕业生0.9万人。普通高等教育招生32.3万人，在校生103.9万人，毕业生25.6万人。成人高等教育招生4.2万人，在校生16.2万人，毕业生5.7万人。普通高中招生33.0万人，在校生94.3万人，毕业生30.2万人。中等职业教育招生13.6万人，在校生36.2万人，毕业生11.8万人。初中学校招生64.6万人，在校生180.3万人，毕业生57.5万人。普通小学招生68.5万人，在校生422.8万人，毕业生63.3万人。特殊教育在校生2.8万人。幼儿园14071所，在园幼儿159.0万人。各类民办学校11331所，各类民办学校在校学生191.7万人。小学净入学率99.7%，初中毛入学率100.3%。高中阶段教育毛学率88.5%，普通高考录取率81.3%，高等教育毛入学率39.5%。

表12　2016年各类学校招生、在校生和毕业生人数

单位：万人

指标	招生数	在校生数	毕业生数
研究生教育	1.1	3.0	0.9
普通高等教育	32.3	103.9	25.6
成人高等教育	4.2	16.2	5.7
中等职业教育	13.6	36.2	11.8
普通高中	33.0	94.3	30.2
初中学校	64.6	180.3	57.5
普通小学	68.5	422.8	63.3

全年研究与试验发展(R&D)经费支出201.1亿元，占GDP的比重为1.1%，比上年提高0.06个百分点。年末共有国家工程(技术)研究中心8个，省工程(技术)研究中心255个；国家级重点实验室4个，省级重点实验室138个。全年获省部级以上科技奖106项，其中，自然科学17项，技术发明16项，科技进步73项。全年

受理专利申请60494件,授权专利31472件;签订技术合同1985项,技术市场合同成交金额79.0亿元,其中,技术开发合同成交额34.1亿元,技术转让合同成交额19.5亿元。

年末共有产品质量检测机构67个,其中,国家级检测中心10个。法定计量技术机构248个,全年强制检定计量器具68.7万台(件),开展产品质量监督抽查4911批次。全年获得3C证书的企业780家,获得3C证书5125张,发放自愿性产品认证证书3332张,发放工业产品生产许可证253张。测绘部门为经济社会发展提供各种基本比例尺地形图3532张,大地成果2395点,航摄成果107643平方公里。

十、文化、卫生和体育

年末共有艺术表演团体84个,文化馆118个,公共图书馆113个,博物馆133个。广播电视台86座,中、短波发射台19座,电视台8座;有线广播电视用户655.7万户,其中,数字电视用户579.0万户。年末广播综合人口覆盖率98.0%,电视综合人口覆盖率98.8%。全年出版各种图书、期刊、报纸7980种,出版各类图书19814万册、期刊7112万册、报纸106040万份。

年末共有各类医疗卫生机构38261个(含村卫生室)。其中,医院、卫生院2183个,妇幼保健院(所、站)112个,专科疾病防治院(所、站)109个,疾病预防控制中心147个,卫生监督所(中心)110个。卫生技术人员22.1万人。其中,执业医师和执业助理医师7.9万人,注册护士9.6万人。医院、卫生院床位数19.3万张,其中,乡镇卫生院床位数4.8万张。

年末共有全民健身中心1个,青少年俱乐部119个,城市社区多功能运动场25个,青少年户外活动营地4个;国家级体育传统项目学校15所,省级体育传统项目学校176所,省级单项体育后备人才基地33个。全年新建村级农民体育健身工程246个,乡镇农民体育健身工程35个。在国际和国内的重大比赛中共获得45枚金牌、55枚银牌和44枚铜牌。

十一、人民生活和社会保障

全年居民人均可支配收入20110元,比上年增长9.1%。其中,城镇居民人均可支配收入28673元,增长8.2%;农村居民人均可支配收入12138元,增长9.0%。居民人均生活消费支出13259元,增长6.9%。其中,城镇居民人均生活消费支出17696元,增长5.8%;农村居民人均生活消费支出9128元,增长7.6%。

全年就业困难人员实现就业6.7万人。共发放创业担保贷款122.9亿元,扶持个人创业8.9万人次,带动就业44.7万人次。年末参加城镇职工基本养老保险人数957.3万人,其中,职工672.7万人,离退休人员284.6万人。参加城镇职工基本医疗保险人数591.6万人,其中,职工388.8万人,退休人员202.8万人。参加工伤保险人数502.1万人,参加生育保险人数258.9万人,参加失业保险人数282.6万人。向城市低保户发放低保金33.6亿元,月人均补差320元;向农村低保户发放低保金40.1亿元,月人均补差195元。城市居民得到政府最低生活保障人数87.7万人,农村居民得到政府最低生活保障人数169.2万人,农村居民得到政府五保救济人数21.8万人。义务教育阶段免费提供教课书的学生数603.0万名,得到政府资助的家庭生活困难学生数2.8万名。全年开工各类棚户区17.1万套(户),保障性安居工程基本建成20.92万套(户)。城市棚户区改造货币化安置率59.2%,比上年提高27.4个百分点。公租房分配入住率达到70%。全面完成了国家下达的12.78万户农村危房改造开工任务。

年末共有提供住宿的社会福利机构1683个,床位数16.3万张,收养人数13.2万人,临时救济困难户13.0万户次。社区服务机构3472个,其中,社区服务中心384个。全年销售社会福利彩票29.6亿元,筹集福利彩票公益金8.6亿元,直接接受社会捐赠1.7亿元。

十二、资源、环境与安全生产

年末地表水Ⅰ-Ⅲ水质达标比例为81.4%,主要河流监测断面水质达标率88.6%。城市污水、生活垃圾处理率分别达88%和95%,11个设区城市环境空气质量优良率达86.1%。森林覆盖率稳定在63.1%,居全国第2位;完成造林面积208万亩,森林抚育560万亩,改造低产低效林150万亩,综合治理水土流失面积1100平方公里以上。争取赣州列为国家山水林田湖生态保护修复四个试点地区之一,新增17个国家重点生态功能区,新确定16个省级生态文明示范县、60个省级生态文明示范基地。截至年底,共建立自然保护区159处,其中,国家级15处、省级37处、市县级107处。自然保护区面积10681平方公里,占全省国土面积的6.4%。

年平均降水量1996.1毫米,较常年偏多19.2%,位列历史第10位。平均气温18.9℃,较常年偏高0.9℃,位列历史第2位。平均日照时数1485.8小时,较常年偏少9%,位列历史第6位。

全年全社会能源消费总量8747.2万吨标准煤，比上年增长3.6%；万元GDP能耗0.480吨标准煤，下降4.9%，超额完成全年下降2.5%的目标任务。规模以上工业综合能源消费量5248.2万吨标准煤，增长2.3%；万元规模以上工业增加值能耗0.663吨标准煤，下降6.2%，超额完成下降4%的年度目标任务。

全年安全生产事故2630起，其中，道路交通事故2316起，工矿商贸事故216起，铁路交通事故60起，水上交通事故5起。安全生产事故死亡人数1649人，其中，道路交通事故死亡1261人，工矿商贸事故死亡315人，铁路交通事故死亡38人，水上交通事故死亡5人。亿元生产总值安全生产事故死亡人数0.09人。

注释：

1.本公报中数据均为初步统计数。部分数据因四舍五入的原因，存在着分项与合计不等的情况。

2.地区生产总值、各产业增加值和人均生产总值绝对数按现价计算，增长速度按不变价格计算。

3.根据《国民经济行业分类》(GB/T4754－2011)，第一产业指农林牧渔业(不含农林牧渔服务业)，第二产业指工业(不含开采辅助活动，金属制品、机械和设备修理业)和建筑业，第三产业指除第一产业、第二产业以外的其他行业。

4.规模以上工业统计范围为年主营业务收入2000万元及以上的企业，固定资产投资(不含农户)统计范围为计划总投资500万元及以上项目和房地产。

5.对外贸易数据改用人民币计价。

6.邮电业务总量按2010年不变价格计算。

7.万元生产总值能耗、万元规模以上工业增加值能耗按2015年不变价格计算。

8.常住人口是指实际经常居住在某地区一定时间的人口。按人口普查和抽样调查规定，主要包括：居住在本乡镇街道、户口在本乡镇街道或户口待定的人，居住在本乡镇街道、离开户口所在的乡镇街道半年以上的人，户口在本乡镇街道、外出不满半年或在境外工作学习的人。2016年年末，0－14岁(含不满15周岁)人口为924.0万人，15－59岁(含不满60周岁)人口为3013.5万人。

9.小学适龄儿童入学率指调查范围内已入小学学习的学龄儿童占校内外学龄儿童总数的百分比。

10.高中阶段教育毛入学率主要反映高中阶段教育覆盖面，是指高中阶段在校生总数占15－17岁学龄人口数的百分比。

资料来源：

本公报中财政数据来自省财政厅；物价、城乡居民收入和支出、部分农业数据来自国家统计局江西调查总队；外贸数据来自南昌海关；利用外资和省外资金、对外承包工程数据来自省商务厅；铁路客货运输量、周转量数据来自南昌铁路局；公路、水路客货运输量、周转量数据来自省交通运输厅；机场旅客吞吐量数据来自省机场集团公司；电信业务量、移动电话用户数、固定电话用户数来自省通信管理局；邮政业务量、快递业务量数据来自省邮政管理局；旅游数据来自省旅发委；存贷款数据来自中国人民银行南昌中心支行；证券数据来自中国证券监督管理委员会江西监管局；保险数据来自中国保险监督管理委员江西监管局；教育数据来自省教育厅；科技数据来自省科技厅；专利数据来自省知识产权局；质量检测、行业标准数据来自省质量技术监督局；艺术表演团体、博物馆、公共图书馆、文化馆数据来自省文化厅；广播、电视、报纸、期刊、图书数据来自省新闻出版广电局；测绘数据来自省测绘局；卫生、新农合数据来自省卫生和计划生育委员会；体育数据来自省体育局；城镇新增就业、社会保险数据来自省人力资源和社会保障厅；城乡低保、社会福利、社区服务、社会捐赠数据来省自省民政厅；保障性住房数据来自省住房和城乡建设厅；扶贫数据来自省扶贫办；造林、森林覆盖率数据来自省林业厅；空气和地表水质量、污染物排放、自然保护区数据来自省环境保护厅；降水量、平均气温、日照时数数据来自省气象局；安全生产数据来自省安全生产监督管理局；道路交通事故数据来自省公安厅；其他数据来自省统计局。

2016 年上饶市国民经济和社会发展统计公报

上饶市统计局

2016 年，面对复杂多变的国内外形势，市委市政府坚持“稳中求进”工作总基调和省委“十六字”工作总方针，紧紧围绕与全国全省同步全面建成小康社会的总目标，积极应对宏观经济下行压力，全市经济在新常态下运行总体保持平稳，呈现总体平稳、稳中有进、质效提升的良好态势，顺利实现了“十三五”良好开局。

一、综合

初步核算，全年实现地区生产总值 1811.1 亿元，比上年增长 9.0%。其中，第一产业增加值 235.4 亿元，增长 3.9%；第二产业增加值 864.0 亿元，增长 8.7%；第三产业增加值 711.7 亿元，增长 11.1%。三次产业对经济增长的贡献率分别为 5.8%、47.4%和 46.8%。人均生产总值 26897 元，增长 8.5%，按年均汇率折算为 4049 美元。经济结构进一步优化。三次产业结构调整为 13.0:47.7:39.3，第三产业占比较上年提高 1.5 个百分点。

图1 2012-2016年地区生产总值及其增速

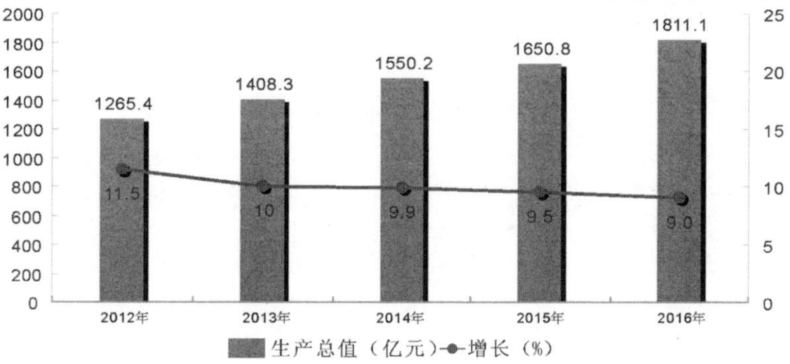

年末常住人口 675.2 万人，比上年末增长 3.7 万人，其中，城镇人口 330.2 万人，占总人口的比重为 48.9%，比上年末提高 1.6 个百分点。全年出生人口 9.1 万人，出生率 13.5‰，比上年提高 0.26 个千分点；死亡人口 4.2 万人，死亡率 6.2‰，比上年微降 0.04 个千分点；自然增长率 7.3‰，上升 0.21 个千分点。

表 1　2016 年人口数及其构成

指　　标	年末数(万人)	比重(%)
常住人口	675.2	
其中:城镇	330.2	48.9
乡村	344.9	51.1
其中:男性	347.2	51.4
女性	328.0	48.6
其中:0 - 14 岁	144.5	21.5
15 - 64 岁	464.1	69.1
65 岁及以上	62.9	9.4

年末全社会就业人数 436.2 万人，比上年末增加 4.0 万人。全年城镇新增就业 6.0 万人。年末城镇登记

失业人数为2.8万人,城镇登记失业率为3.5%。年末农民外出从业人员134.7万人。其中,省外务工101.6万人。

全年财政总收入302.0亿元,比上年增长4.1%;其中,一般公共预算收入227.5亿元,增长2.3%。税收收入213.5亿元,增长0.8%,占财政总收入的比重70.7%。县域财力显著增强,所有县(市、区)财政总收入都超过11亿元,财政总收入超20亿元的县(市、区)5个,其中,德兴市超30亿元,广丰区超40亿元。

图2　2012-2016年财政总收入及其增长速度

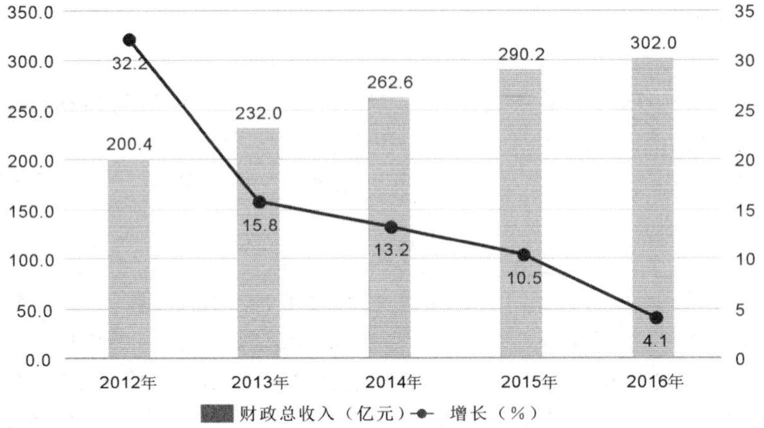

全年居民消费价格指数上涨1.7%,其中消费品价格指数上涨2.6%,服务价格指数上涨2.7%,非食品价格指数上涨1.1%,商品零售价格上涨0.6%,工业生产者出厂价格下降4.8%,工业生产者购进价格下降3.3%。

图3. 2012-2016年居民消费价格涨跌幅度

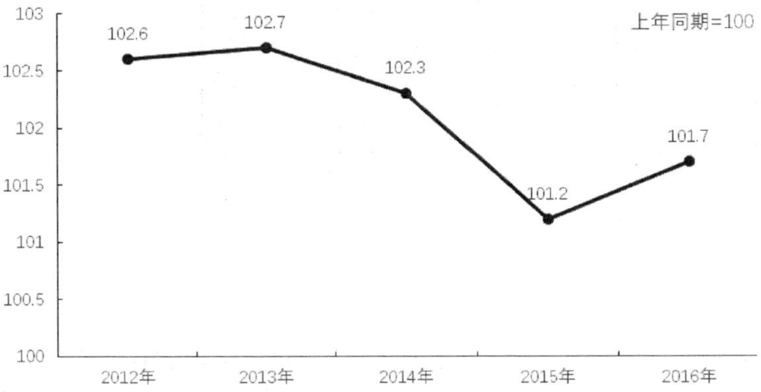

表2　2016年居民消费价格指数比上年涨跌幅度

类　　别	涨跌幅度(%)
居民消费价格指数	1.7
一、食品烟酒	3.3
二、衣着	0.5
三、居住	2.5
四、生活用品及服务	0.9
五、交通和通信	-0.8
六、教育文化和娱乐	0.4
七、医疗保健	1.0
八、其他用品和服务	3.3

二、农业

农业生产保持平稳。全年粮食总产量 351.3 万吨，比上年下降 0.43%。其中，早稻 129.9 万吨，下降 1.3%；中稻及一季晚稻 50.1 万吨，增长 3.58%；二季晚稻 158.1 万吨，下降 0.64%。全年粮食种植面积 59.8 万公顷，下降 0.13%；油料种植面积 11.5 万公顷，减少 0.04%；棉花种植面积 395.3 万公顷，下降 0.58%；蔬菜种植面积 6.2 万公顷，增长 9.09%。

全年油料产量 18.7 万吨，比上年下降 5.4%，其中，油菜籽 12.7 万吨，下降 8.7%。棉花产量 6147 吨，增长 8.8%。烟叶产量 412 吨，增长 4.6%。茶叶产量 1.9 万吨，增长 12.5%。园林水果产量 6.7 万吨，增长 1.7%。蔬菜产量 153.4 万吨，增长 9.0%。

全年肉类总产量 310501 吨，比上年下降 1.1%。其中，猪肉产量 228140 吨，下降 3.8%；牛肉产量 14148 吨，增长 2.9%；羊肉产量 2003 吨，增长 2.3%。禽蛋产量 67046 吨，增长 6.4%。牛奶产量 223 吨，增长 9.9%。水产品产量 53.7 万吨，增长 3.0%。年末生猪存栏 1939789 头，下降 4.3%；生猪出栏 2758202 头，下降 4.4%。

表 3　2016 年主要农产品产量及其增长速度

产品名称	产量(吨)	比上年增长(%)
粮食	3513111	-0.4
其中:稻谷	3400024	-0.3
油料	187153	-5.4
其中:油菜籽	126923	-8.7
棉花	6147	8.8
烟叶	412	4.6
茶叶	19413	12.5
园林水果	67107	1.7
蔬菜	1533981	9.0
肉类	310501	-1.1
水产品	536783	3.0

农业产业化经营扎实推进。新增规模以上农业企业 79 家、市级以上龙头企业 44 家，全市规模以上农业企业达 785 家，其中国家级龙头企业 4 家，省级龙头企业 114 家，市级龙头企业 357 家。471 家市级以上龙头企业实现销售收入 322.9 亿元，带动农户 123.9 万户，促进农民增收 36.5 亿元。江西源森油茶科技股份有限公司在“新三板”成功上市，成为继江西远泉集团后我市第二家上市的农业龙头企业。

现代农业园区建设有序推进。着力打造了 12 个现代农业示范核心区与 49 个特色产业园，合计总面积 72.1 万亩，累计投入建设资金 112.29 亿元，实现园区总产值 189 亿元，其中农产品加工值 106 亿元，入园农村居民可支配收入达到 12117 元。

农业标准化不断推进。创建无公害农产品 260 个，绿色食品 81 个，有机食品 101 个，农产品地理标志 24 个，“三品一标”有效使用总数达 466 个。德兴市在省内首批成功创建全省绿色有机示范县，玉山县被确定为全国农产品质量安全示范县创建单位。

农业科技进步不断加强。创建了 4 个院士工作站，1 个博士后工作站，建设农业科技试验示范基地 21 个、培育科技示范户 14097 户、遴选农技指导员 1410 人，农业主推品种和主推技术入户率和到位率稳定在 95%以上。

农业项目建设积极推进。争取农业基础建设项目资金 3.92 亿元，同比增 6.2%。签约、新建、续建农业招商项目 74 个，项目合同总金额达 79.2 亿元，实际进资 24.5 亿元，同比增 12.6%。

三、工业和建筑业

全年规模以上工业增加值 751.2 亿元，增长 9.3%。分轻重工业看，轻工业增加值 203.6 亿元，增长

10.7%;重工业增加值547.6亿元,增长8.8%。分经济类型看,规模以上工业国有企业增加值1.1亿元,增长17.0%;集体企业增加值0.2亿元,增长20.4%;股份合作企业增加值1.0亿元,增长13.4%;股份制企业增加值249.3亿元,增长6.6%;私营企业增加值360.9亿元,增长7.9%;外商及港澳台投资企业增加值134.9亿元,增长17.1%。

全年规模以上工业35个行业大类中,31个实现增长。其中,有色金属冶炼和压延加工业、电气机械和器材制造业、化学原料和化学制品制造业、非金属矿物制品业、纺织服装服饰业等五大行业,分别增长6.0%、11.3%、32.2%、5.7%、16.3%,合计实现增加值433.2亿元,占规模以上工业的比重为57.6%,对规模以上工业增长的贡献率达67.0%。

全年规模以上主要工业品中:服装8117.8万件,增长3.0%;水泥1632.1万吨,增长1.8%;太阳能电池468.9万千瓦,增长49.6%;新能源汽车1366辆,增长366.2%。

表4 2016年规模以上工业主要产品产量及其增长速度

产品名称	单 位	产 量	比上年增长(%)
原煤	万吨	119.0	-1.9
大米	万吨	86.9	15.0
精制食用植物油	万吨	1.3	4.9
精制茶	万吨	2.7	13.6
服装	万件	8117.8	3.0
机制纸及纸板(外购原纸加工除外)	万吨	11.4	1.9
水泥	万吨	1632.1	1.8
十种有色金属	万吨	16.4	-0.2
精炼铜(电解铜)	万吨	8.1	-0.1
铜材	万吨	30.0	-30.4
滚动轴承	亿套	1.3	14.0
新能源汽车	辆	1366	366.2
太阳能电池	万千瓦	468.9	49.6
光学仪器	万台(个)	2.2	-58.7
发电量	亿千瓦小时	70.6	-9.6

全年规模以上工业企业实现主营业务收入3300.2亿元,增长9.0%;实现利润总额269.0亿元,增长8.6%。主营业务收入超百亿元的企业1户。

年末工业园区实际开发面积96.1平方公里,投产企业1134家,比上年增加92家;从业人员22.8万人,增长3.3%。全年工业园区实现工业增加值702.4亿元,增长9.4%;主营业务收入、利润总额分别完成3100.7亿元和264.2亿元,增长8.1%和7.9%。主营业务收入超百亿元的工业园区10个,超500亿元的2个,其中,上饶经济技术开发区达855.9亿元,居全市首位。

全年建筑业总产值605亿元,比上年增长24.6%;建筑业增加值153.5亿元,可比增长8.3%。房屋建筑施工面积1105.3万平方米,增长3.0%,其中新开工面积253万平方米,增长-16.7%;房屋建筑竣工面积167.3万平方米,增长5.7%。

四、固定资产投资

全年全社会固定资产投资完成1801.4亿元,比上年增长13.3%。其中,固定资产投资(不含农户)1790.3亿元,增长14.7%。分产业看,在固定资产投资(不含农户)中,第一产业投资43.4亿元,增长5.4%;第二产业投资1004.3亿元,增长8.3%,其中工业投资1002.1亿元,增长12.7%;第三产业投资742.6亿元,增长25.5%。分投资主体看,在固定资产投资中,国有投资386.5亿元,增长49.2%;非国有投资1403.8亿元,增长7.9%,其中民间投资1317.4亿元,增长6.1%。

表5　2016年分行业固定资产投资(不含农户)及其增长速度

行　业	投资额(亿元)	比上年增长(%)
总　　计	1790.3	14.7
第一产业	43.4	5.4
第二产业	1004.3	8.3
工业	1002.1	12.7
采矿业	37.2	-5.5
制造业	909.7	12.7
#化学原料及化学制品制造业	35.1	-12.4
非金属矿制品业	53.1	-11.2
黑色金属冶炼和压延加工业	5.5	-32.6
有色金属冶炼和压延加工业	78.6	34.6
电气机械及器材制造业	138.4	74.1
计算机、通信和其他电子设备制造业	14.1	-52.8
电力、热力、燃气及水生产和供应业	55.2	28.5
建筑业	2.8	-93.2
第三产业	742.6	25.5
批发和零售业	72.8	-14.6
交通运输、仓储和邮政业	54.2	28.3
住宿和餐饮业	27	5.2
信息传输、软件和信息技术服务业	15.1	122.4
金融业	2.2	933.5
房地产业	119.9	-7.3
租赁和商务服务业	47.3	139.1
科学研究和技术服务业	8.6	1398.3
水利、环境和公共设施管理业	217.9	38.8
居民服务、修理和其他服务业	4.7	370.1
教育	22.5	85.6
卫生和社会工作	16.4	7.7
文化、体育和娱乐业	10.4	-55.3
公共管理、社会保障和社会组织	43.2	112.3

全年房地产开发投资119.9亿元,下降7.3%。其中,住宅投资84.8亿元,下降12.7%;办公楼投资4.7亿元,增长74.3%;商业营业用房投资20.2亿元,增长16.7%。房屋施工面积1105.3万平方米,增长3.0%;房屋新开工面积253万平方米,下降16.7%;房屋竣工面积167.3万平方米,增长5.7%。商品房销售面积380.8万平方米,增长36.5%;商品房待售面积173.1万平方米,增长8.1%;商品房销售额186.2亿元,增长36.0%。

五、国内贸易

全年社会消费品零售总额721.1亿元,比上年增长12.6%。分城乡看,城镇消费品零售额576.2亿元,增长12.5%;乡村消费品零售额144.9亿元,增长12.8%。按行业分,批发业零售额257.4亿元,增长8.4%;零售业零售额408.2亿元,增长16.1%;住宿业零售额22.4亿元,增长7.0%;餐饮业零售额33.1亿元,增长9.1%。

图4. 2012-2016年社会消费品零售总额及其增长速度

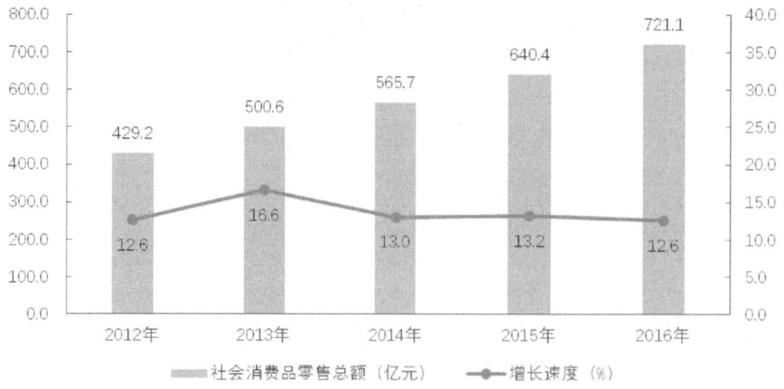

限额以上批发零售业零售额223.6亿元,增长17.6%。其中,粮油、食品类零售额24.8亿元,增长29.1%;服装、鞋帽、针纺织品类零售额11.9亿元,增长14.8%;汽车类零售额64.9亿元,增长14.0%;家具类零售额14.2亿元,增长22.8%;石油及制品类零售额32.3亿元,增长8.1%;家用电器和音像器材类零售额14.7亿元,增长14.6%;化妆品类零售额2.0亿元,增长10.2%;建筑及装潢材料类零售额8.4亿元,增长26.5%。

表6　2016年限额以上批发零售业按商品分类零售额及其增长速度

指　　标	绝对数(亿元)	比上年增长(%)
合计	223.6	17.6
粮油、食品类	24.8	29.1
饮料类	3.5	8.9
烟酒类	6.9	22.9
服装、鞋帽、针纺织品类	11.9	14.8
化妆品类	2.0	10.2
金银珠宝类	5.8	13.5
日用品类	4.0	18.3
五金、电料类	6.2	26.1
体育、娱乐用品类	2.0	21.9
书报杂志类	0.8	29.6
电子出版物及音像制品类	0.2	64.1
家用电器和音像器材类	14.7	14.6
中西药品类	8.5	28.4
文化办公用品类	2.1	39.2
家具类	14.2	22.8
通讯器材类	1.3	21.7
煤炭及制品类	0.5	39.3
石油及制品类	32.3	8.1
建筑及装潢材料类	8.4	26.5
机电产品及设备类	1.2	23.6
汽车类	64.9	14.0
其他类	7.3	30.4

六、对外经济

全年进出口总额43.1亿美元，比上年下降0.4%，其中，出口38.4亿美元，增长0.6%；进口4.7亿美元，下降7.6%。分贸易方式看，一般贸易出口38.0亿美元，增长6.4%；加工贸易出口0.4亿美元，下降84.4%。分重点商品看，机电产品出口18.3亿美元，下降3.1%；高新技术产品出口10.1亿美元，下降22.0%；服装及衣着附件出口5.3亿美元，下降13.4%。

表7　2016年进出口总额及其增长速度

指　　标	绝对数	比上年增长(%)
进出口总额	43.1	-0.4
出口额	38.4	0.6
其中：一般贸易	38	6.4
加工贸易	0.4	-84.4
其中：机电产品	18.3	-3.1
其中：高新技术产品	10.1	-22
进口额	4.7	-7.6
其中：一般贸易	4.6	-4.9
加工贸易	0.1	-75.5
其中：机电产品	3.8	-14.4
其中：高新技术产品	3.6	-17.1

全年新批外商投资企业73个，实际使用外商直接投资10.4亿美元，比上年增长10.4%。利用省外2000万元以上项目实际进资576.7亿元，增长13.3%。截止2016年底，全省具有世界500强投资背景的外商投资企业66家。

七、交通、邮电和旅游

全年货物运输量22858.3万吨，比上年增长6.1%。其中，铁路货运量377.9万吨，下降4.1%；公路货运量21666万吨，增长6.5%；水运货运量814.4万吨，增长2.5%。公路货物周转量289.6亿吨公里，增长4.1%；水运货物周转量18.7亿吨公里，增长2.6%。

全年旅客运输量9058万人，比上年增长1.2%。其中，铁路客运量873万人，增长24.9%；公路客运量8157万人，下降0.6%；水运客运量28万人，下降38.3%。公路旅客周转量330097万人公里，下降0.9%；水运旅客周转量184万人公里，下降54.9%。

表8　2016年货物、旅客运输量和周转量及其增长速度

指　标	单位	绝对值	比上年增长(%)
旅客运输量	万人	9058	1.2
铁路	万人	873	24.9
公路	万人	8157	-0.6
水运	万人	28	-38.3
旅客周转量			
公路	万人公里	330097	-0.9
水运	万人公里	184	-54.9
货物运输量	万吨	22858.3	6.1
铁路	万吨	377.9	-4.1

指　标	单位	绝对值	比上年增长(%)
公路	万吨	21666	6.5
水运	万吨	814.4	2.5
货物周转量			
公路	亿吨公里	289.6	4.1
水运	亿吨公里	18.7	2.6

2016 年底,全市普通国省道总里程 2860 公里,其中:国道 981 公里,省道 1879 公里。

年末汽车保有量 43.0 万辆,增长 20.0%;小型、微型载客汽车保有量 34.5 万辆,增长 24.8%,其中,私人小型、微型载客汽车保有量 32.6 万辆,增长 27.6%。

全年邮政业务总量 6.95 亿元,增长 32.8%;年末固定电话用户 67.0 万户;移动电话用户 489.7 万户,本年新增 12.3 万户。年末 3G 移动电话用户 40.6 万户,下降 21.17%;4G 移动电话用户 231.8 万户,增长 64.3%。年末互联网宽带接入用户 87.6 万户,增长 10.9%。

全年接待旅游人数 12200 万人次,比上年增长 30.6%,同比减慢 2.5 个百分点;实现旅游综合收入 1126 亿元,增长 42.5%,同比加快 4.2 个百分点。其中:入境旅游者人数 83.2 万人次,增长 33.1%;旅游外汇收入 3.5 亿美元,增长 35.2%。

八、金融和保险业

年末金融机构人民币各项存款余额 2716.2 亿元,比年初增长 20.3%。其中,非金融企业存款余额 652.1 亿元,增长 27.8%;个人存款余额 1657.7 亿元,增长 15.2%。年末金融机构人民币各项贷款余额 1742.1 亿元,比年初增长 18.2%。其中,短期贷款余额 724.3 亿元,增长 9.1%;中长期贷款余额 950.4 亿元,增长 25.5%。年末金融机构人民币消费贷款余额 393.2 亿元,增长 19.8%。

全年保险公司保费收入 60.0 亿元,比上年增长 24.5%。其中,财产险公司保费收入 19.7 亿元,增长 15.5%;人寿险公司保费收入 40.3 亿元,增长 30.1%。支付各类赔款 16 亿元,增长 14.3%。其中,财产险公司赔款 9.9 亿元,增长 13.7%;人寿险公司赔款 6.1 亿元,增长 15.3%。

九、教育和科学技术

全年普通高等教育招生 1.03 万人,在校生 2.88 万人,毕业生 7420 人。成人高等教育招生 5066 人,在校生 12814 人,毕业生 4432 人。普通高中招生 5.02 万人,在校生 13.84 万人,毕业生 4.39 万人。中等职业教育招生 1.92 万人,在校生 3.96 万人,毕业生 1.15 万人。初中学校招生 10.25 万人,在校生 28.18 万人,毕业生 8.69 万人。普通小学招生 10.36 万人,在校生 65.97 万人,毕业生 10.42 万人。特殊教育在校生 678 人。幼儿园 2508 所,在园幼儿 20.97 万人。各类民办学校 2155 所,各类民办学校在校学生 31.71 万人。学前教育毛入园率 75%,小学净入学率 100%,初中毛入学率 98.8%。高中阶段教育毛入学率 87.8%,普通高考录取率 80.6%,高等教育毛入学率 80.6%。

表 9　2016 年各类学校招生、在校生和毕业生人数

单位:万人

指标	招生数	在校生数	毕业生数
普通高等教育	1.03	2.88	0.74
成人高等教育	0.51	1.28	0.44
中等职业教育	1.92	3.96	1.15
普通高中	5.02	13.84	4.39
普通初中	10.25	28.18	8.69
普通小学	10.36	65.97	10.42

年末共有国家工程(技术)研究中心 8 个,省工程(技术)研究中心 37 个;省级重点实验室 1 个。通过省级

科技主管部门鉴定的科技成果 7 项，获得省科学技术奖的科技成果 1 项。全年受理专利申请 3856 件，授权专利 1874 件；签订技术合同 63 项，技术市场合同成交金额 3.5 亿元。

年末共有产品质量检测机构 1 个。法定计量技术机构 12 个，全年强制检定计量器具 6.2 万台（件），开展产品质量监督抽查 314 批次。全年获得 3C 证书的企业 29 家，获得 3C 证书 95 张，自愿性工业产品认证证书 90 张。

十、文化、卫生和体育

年末共有艺术表演团体 68 个，文化馆 13 个，公共图书馆 13 个，博物馆 17 个。广播电视台 12 座，有线广播电视用户 95.4 万户，其中，数字电视用户 90.6 万户。年末广播综合人口覆盖率 99.4%；电视综合人口覆盖率 99.5%。

年末共有各类医疗卫生机构 8485 个（含村卫生室）。其中，医院、卫生院 405 个，妇幼保健院（所、站）18 个，疾病预防控制中心 11 个，卫生监督所（中心）12 个。卫生技术人员 28368 人。其中，执业医师和执业助理医师 10552 人，注册护士 11799 人。医院和卫生院床位 25080 张。其中，乡镇卫生院床位数 6469 张。

年末共有全民健身中心 6 个，青少年俱乐部 14 个，城市社区多功能运动场 38 个，青少年户外活动营地 10 个；国家级体育传统项目学校 2 所，省级体育传统项目学校 32 所，省级单项体育后备人才基地 4 个。全年新建村级农民体育健身工程 5 个，乡镇农民体育健身工程 2 个。在国际和国内的重大比赛中共获得 6 枚金牌、7 枚银牌和 1 枚铜牌。

十一、人民生活和社会保障

城镇居民人均可支配收入 29153 元，增长 8.3%；农村居民人均可支配收入 11103 元，增长 9.8%。城镇居民人均生活消费支出 15855 元，增长 4.7%；农村居民人均生活消费支出 7772 元，增长 8.0%。

全年就业困难人员实现就业 0.63 万人。共发放小额担保贷款 16 亿元，扶持个人创业 8794 人次，带动就业 38528 人次。年末参加城镇基本养老保险人数 107.9 万人，其中，职工 73.4 万人，离退休人员 34.5 万人。参加城镇职工医疗保险人数 62.5 万人，其中，在职职工 43.3 万人，退休人员 19.2 万人。参加农村新型合作医疗人数 583 万人，新型农村合作医疗基金支出 27.7 亿元，农民参合率 99.6%，参合县比例 100%，统筹基金使用率 86.6%。参加工伤保险人数 45.8 万人，其中，农民工 9.7 万人。参加失业保险人数 30.0 万人，参加生育保险人数 24.4 万人。向城市低保户发放低保金 42846 万元，月人均补差 320 元；向农村低保户发放低保金 65239 万元，月人均补差 195 元。城市居民得到政府最低生活保障人数 10.9 万人，农村居民得到政府最低生活保障人数 28.8 万人，得到政府五保救济人数 3.1 万人。全年开工建设保障性安居工程 25053 户，基本建成 20361 户，分别达目标任务的 100% 和 100%，其中，棚改开工 25053 户；城市棚改货币化安置率达 96%；完成农村危房改造 25430 户。完成扶贫移民搬迁 11757 人，减贫 13.68 万人。

年末共有提供住宿的社会福利机构 15 个，床位数 16642 张，收养人数 11178 人，临时救济困难户 66375 人次。社区服务机构 646 个，其中，社区服务中心 1442 个。全年销售社会福利彩票 3.55 亿元，筹集福利彩票公益金 3235 万元，直接接受社会捐赠 1400 万元。

十二、资源、环境与安全生产

年末主要河流断面（点位）达标率为 95.40%，上饶市城区环境空气质量优良率为 90.4%，12 个县（市、区）城市环境空气质量级别均为二级。

森林覆盖率稳定在 57.5%，林木绿化率 61.8%，居全省第三位；完成植树造林 26.2 万亩、森林抚育 69.4 万亩，活力木蓄积量达到 5708.9 万立方米，居全省第三位。已建成国家级自然保护区 3 处、省级 2 处，国家森林公园 9 处、省级 19 处，拥有国家湿地公园 5 处、省级 6 处，湿地保有量 19.06 万公顷，占国土面积的 8.37%。

年平均降水量未 1870 毫米，较常年偏多 2%（偏多 37 毫米）。平均气温 19.3℃，较常年偏高 1.3℃。日常时数 1723.3 小时，较常年偏少 2.6%（偏少 46.8 小时）。

全年全社会能源消费总量 722.93 万吨标准煤，比上年增长 6.27%；万元 GDP 能耗 0.402 吨标准煤，下降 2.52%，超额完成全年下降 2.49% 的目标任务。规模以上工业综合能源消费量 350.6 万吨标准煤，下降 4.24%；万元规模以上工业增加值能耗 0.46 吨标准煤，下降 12.39%，超额完成下降 4.2% 的年度目标任务。

全市工矿商贸及道路交通领域共发生事故（含非生产经营性道路交通事故）854 起，比上年同期多发生 513 起，同比上升 150.44%；死亡 265 人，比上年同期多死亡 134 人，同比上升 102.30%。各行业领域 2016 年事故情况分别如下：

1.非煤工矿商贸行业领域发生安全生产事故26起，比上年同期增加17起，同比上升188.9%；死亡29人，比上年同期增加19人，同比上升190%。

2.煤矿行业领域发生1起安全生产事故，死亡1人，事故起数同比上年下降66.7%，死亡人数减少11人，同比下降91.7%。

3.道路交通行业领域发生事故共827起，同比上升141.8%，共死亡235人，比上年同期多死亡116人，同比上升97.5%。

注：

1.本公报中数据均为初步统计数。部分数据因四舍五入的原因，存在着分项与合计不等的情况。

2.地区生产总值、各产业增加值和人均生产总值绝对数按现价计算，增长速度按不变价格计算。

3.根据《国民经济行业分类》(GB/T4754－2011)，第一产业指农林牧渔业(不含农林牧渔服务业)，第二产业指工业(不含开采辅助活动，金属制品、机械和设备修理业)和建筑业，第三产业指除第一产业、第二产业以外的其他行业。

4.规模以上工业统计范围为年主营业务收入2000万元及以上的企业，固定资产投资(不含农户)统计范围为计划总投资500万元及以上项目和房地产。

5.万元生产总值能耗、万元规模以上工业增加值能耗按2015年不变价格计算。

6.常住人口是指实际经常居住在某地区一定时间的人口。按人口普查和抽样调查规定，主要包括：居住在本乡镇街道、户口在本乡镇街道或户口待定的人，居住在本乡镇街道、离开户口所在的乡镇街道半年以上的人，户口在本乡镇街道、外出不满半年或在境外工作学习的人。

7.2016年普通国省道全部采用路网规划调整后的新数据。

8.小学适龄儿童入学率指调查范围内已入小学学习的学龄儿童占校内外学龄儿童总数的百分比。

9.高中阶段教育毛入学率主要反映高中阶段教育覆盖面，是指高中阶段在校生总数占15－17岁学龄人口数的百分比。

资料来源：

本公报中财政数据来自市财政局；物价、城乡居民收入和支出来自国家统计局上饶调查队；水产品产量数据来自市农业局；外贸、利用外资和省外资金数据来自市商务局；铁路客货运输量数据来自南昌铁路局上饶车务段；公路、水路客货运输量、周转量数据来自市交通局；电信业务量、移动电话用户数、固定电话用户数、互联网宽带用户数数据为市电信、移动、联通公司三家公司业务数据汇总；邮政业务量数据来自市邮政管理局；旅游数据来自市旅发委；存贷款数据来自人民银行上饶中心支行；保险数据来自市保险协会；教育数据来自市教育局；科技、专利数据来自市科技局；质量检测、行业标准数据来自市质量技术监督局；艺术表演团体、博物馆、公共图书馆、文化馆、广播、电视数据来自市文广新局；卫生、新农合数据来自市卫生和计划生育委员会；体育数据来自市体育局；城镇新增就业、社会保险数据来自市人力资源和社会保障局；城乡低保、社会福利、社区服务、社会捐赠数据来自市民政局；保障性住房数据来自市房管局；扶贫数据来自市扶贫办；危房改造数据来自市建设局；自然保护区、造林、森林覆盖率数据来自市林业局；空气和地表水质量数据来自市环境保护局；降水量、平均气温、日照时数数据来自市气象局；安全生产数据来自市安全生产监督管理局；道路交通事故、民用汽车量数据来自市公安局交警支队；其他数据来自市统计局。

1－1 行　　政　　区　　划

（2016 年末）

县　　市	土地面积（平方公里）	街道办事处（个）	镇（个）	乡（个）	居委会（个）	村委会（个）	乡、镇、街道办事处名称
全　　市	22791	23	101	84	453	2185	
信 州 区	308.7	6	3		79	46	东市　西市　水南　灵溪　北门　茅家岭　沙溪　朝阳　秦峰
广 丰 区	1377.8	5	15	3	59	167	芦林　永丰　丰溪　下溪　大石　五都　洋口　横山　桐畈　湖丰　大南　排山　毛村　枧底　泉波　壶峤　霞峰　吴村　沙田　铜钹山　东阳　嵩峰　少阳
上 饶 县	2246.1	3	11	10	37	195	罗桥　旭日　兴园　田墩　上泸　华坛山　茶亭　皂头　四十八　枫岭头　煌固　花厅　五府山　郑坊　望仙　石人　清水　石狮　湖村　董团　尊桥　应家　黄沙岭　铁山
玉 山 县	1722.6	2	9	6	43	195	冰溪　文成　仙岩　下镇　岩瑞　临湖　双明　樟村　横街　紫湖　必姆　下塘　四股桥　南山　怀玉　六都　三清
铅 山 县	2177.7		7	10	16	162	河口　永平　石塘　湖坊　鹅湖　武夷山　汪二　陈坊　虹桥　新滩　葛仙山　稼轩　英将　紫溪　太源畲族　天柱山　篁碧畲族
横 峰 县	655.2	1	2	6	11	63	兴安　岑阳　葛源　姚家　莲荷　司铺　港边　龙门畈　青板
弋 阳 县	1592.5	1	10	5	17	128	桃源　弋江　漆工　港口　曹溪　三县岭　樟树墩　圭峰　叠山　南岩　朱坑　湾里　葛溪　清湖　中畈　旭光
余 干 县	2330.8		9	11	43	323	玉亭　瑞洪　黄金埠　石口　古埠　九龙　乌泥　杨埠　社赓　康山　东塘　大塘　鹭鸶港　三塘　洪家嘴　白马桥　江埠　枫港　大溪　梅港
鄱 阳 县	4214.7	1	14	15	43	527	鄱阳　饶州　石门街　田畈街　谢家滩　四十里街　双港　古县渡　饶埠　油墩街　乐丰　饶丰　金盘岭　高家岭　凰岗　侯家岗　莲花山　银宝湖　响水滩　鸦鹊湖　柘港　枧田街　游城　珠湖　白沙洲　团林　昌洲　芦田　三庙前　莲湖
万 年 县	1135.5		6	6	28	130	陈营　青云　梓埠　大源　裴梅　石镇　湖云　齐埠　汪家　上坊　苏桥　珠田
婺 源 县	2947.5	1	10	6	25	172	蚺城　紫阳　清华　秋口　江湾　思口　中云　赋春　镇头　许村　太白　溪头　段莘　浙源　沱川　大鄣山　珍珠山
德 兴 市	2082.0	3	5	6	52	77	银城　新营　香屯　泗洲　花桥　绕二　海口　新岗山　黄柏　万村　张村　畈大　李宅　龙头山

1－2　国民经济和社会发展总量与速度指标

指　　标	总　量　指　标							2016年比2015年增长%
	2010年	2011年	2012年	2013年	2014年	2015年	2016年	
人口、就业　(万人)								
年末总人口	658.75	662.35	664.29	666.43	668.80	671.51	675.16	0.5
年末从业人员数	395.69	405.31	417.36	421.43	427.90	432.28	436.23	0.9
国民经济核算								
生产总值　(万元)	9010029	11122160	12671413	14114041	15542075	16551528	18177664	9.0
第一产业	1518961	1764960	1928313	2024863	2132554	2228015	2375628	3.9
第二产业	4591774	6002818	6639693	7202458	7823424	8070858	8511586	8.8
第三产业	2899294	3354382	4103407	4886720	5586097	6252655	7290450	11.1
人均生产总值　(元)	13729	16838	19103	21213	23280	24698	26996	8.5
农　业								
农业总产值　(万元)	2503809	2806654	3057054	3280286	3479409	3635094	3779986	3.9
主要农产品产量								
粮　　食　(万吨)	304.90	322.74	337.92	345.48	350.31	352.84	351.31	-0.4
棉　　花　(吨)	6169	6124	7507	6379	7761	5650	6183	9.4
甘　　蔗　(吨)	101262	113372	115669	124569	120978	120855	128345	6.2
黄(红)麻　(吨)	480	322	177	95	66	47	45	-4.3
苎　　麻　(吨)	257	260	276	263	265	262	273	4.2
烟　　叶　(吨)	461	481	980	580	398	394	412	4.6
茶　　叶　(吨)	10137	11239	11915	12972	15575	17254	19413	12.5
园林水果　(吨)	47919	49251	54870	56965	58553	66018	67107	1.6
肉类总产量　(吨)	281678	288295	245774	307144	315427	314065	310501	-1.1
水 产 品　(吨)	423990	438691	471998	482958	505174	521283	536783	3.0
年末生猪存栏数　(万头)	197.34	203.97	210.56	211.91	208.72	202.75	193.98	-4.3
当年出栏肉猪数　(万头)	266.68	271.36	283.02	289.75	296.80	288.54	275.82	-4.4
工　业								
工业总产值(当年价)　(万元)	11759109	14470356	18061973	22053974	26117446	28554978	32523951	13.9
主要工业产品产量								
机制纸及纸板　(吨)	184831	176562	106792	116417	103308	111560	113688	1.9
改装汽车　(辆)	605	804	994	625	664	1041	641	-14.3
原　　煤　(万吨)	109.3	59.2	63.0	70.9	99.0	116.4	119.0	-1.9
发 电 量　(万千瓦时)	602090	697432	635788	716357	748899	775167	706255	-9.6
水　　泥　(万吨)	1059	1258	1283	1488	1565	1602	1632	1.8
运输、邮电业								
货物周转量　(万吨公里)	2511471	2564457	3285413	3920908	3823463	2963576	3083228	4.0
旅客周转量　(万人公里)	401473	410222	449935	460747	369723	333340	330281	-0.9

1－2 续表

指　　标	总　量　指　标							2016年比2015年增长%
	2010年	2011年	2012年	2013年	2014年	2015年	2016年	
邮电业务收入　（万元）	106338.32	264823.88	282800	306500	320500	343400	375500	9.3
函　件　（万件）	1968	2520	4698	506	624	189	115	－39.2
报刊发行量　（万份）	5300	5723	5837	5907	6158	6457	6052	－6.3
固定资产投资								
全社会固定资产投资额(万元)	6616230	8010321	10007215	11899970	13707556	15893713	18213443	14.6
内外贸易								
社会消费品零售总额　（万元）	3305011	3812301	4291805	5005892	5656658	6404178	7211204	12.6
外贸出口总额　（万美元）	152097	241772.08	262613	304774	360692	381521	383832	0.6
实际利用外资额　（万美元）	50425	59366	67516	75733	83912	94111	103857	10.4
财　政								
财政总收入　（万元）	1139031	1515404	2003602	2320061	2626098	2901584	3020450	4.1
一般公共预算支出(万元)	1916792	2406011	3042588	3562046	3846056	4569648	4955749	8.4
人均财政收入　（元）	1736	2294	3021	3487	3934	4330	4486	3.6
教　育								
高等学校在校学生数　（人）	20375	20660	21661	22761	24444	26166	25230	－3.6
中等专业学校在校学生数　（人）	21614	22420	23387	25234	25887	25343	21743	－14.2
普通中学在校学生数(万人)	44.83	45.42	44.76	39.73	39.94	41.06	42.02	2.3
小学在校学生数(万人)	71.46	72.71	72.95	67.36	68.70	68.12	65.97	－3.2
卫　生								
卫生机构数　（个）	801	1051	1048	1055	1054	1044	1062	1.7
卫生技术人员　（人）	17206	20334	23445	24345	24627	25590	26967	5.4
#医　生	6794	7835	8744	9007	9205	9222	9357	1.5
病　床　（张）	15678	18454	19814	21993	23667	25147	26850	6.8
#医院病床	8576	11210	12685	14221	16211	17187	18632	8.4
物价指数(上年＝100)								
市区居民消费价格总指数	103.1	105	102.6	102.7	102.3	101.2	101.7	1.7
市区商品零售物价总指数	102.9	104	101.9	101.9	101.1	100.8	100.6	0.6
人民生活								
城镇非私营单位在岗职工年平均工资(元)	23428	27625	32951	40921	43561	50414	54322	7.8
全市城镇居民人均年可支配收入(元)	15535	17698	20177	22195	24656	26924	29153	8.3
全市农村居民人均年可支配收入(元)	5317	6134	7011	7919	9102	10112	11103	9.8
个人存款年末余额　（亿元）	654	759	907	1070	1241	1439	1658	15.2
平均每一居民年末储蓄存款余额(元)	9963	11495	13667	16054	18554	21423	24552	14.6

注：1.从2011年起，规模以上工业限额为2000万元，固定资产投资额为500万元。
2.本表速度指标中，生产总值，农业总产值等部分指标使用可比口径计算。
3.自2012年起，平均工资含带务派遣人员工资。
4.自2014年起，城镇居民可支配收入与农村居民人均年可支配收入均采用城乡一体化新口径统计。
5.为更好地反映创新对经济增长的贡献，国家研究制定了研究与开发支出计入地区GDP核算方法，对2011－2016年的地区生产总值进行了修正，将研究开发支出计入地区生产总值。

1-3 上饶的一天

指 标	单位	2010 年	2011 年	2012 年	2013 年	2014 年	2015 年	2016 年
地区生产总值	万元	24685	30472	34716	38669	42581	45347	49802
一产	万元	4162	4836	5283	5548	5843	6104	6509
二产	万元	12580	16446	18191	19733	21434	22112	23319
三产	万元	7943	9190	11242	13388	15304	17131	19974
全部工业增加值	万元	10386	13883	15177	16375	17809	18214	19112
财政总收入	万元	3121	4152	5489	6356	7195	7950	8275
一般公共预算收入	万元	1988	2619	3676	4505	5321	6092	6234
一般公共预算支出	万元	5251	6592	8336	9759	10537	12520	13577
全社会固定资产投资	万元	25862	27822	27417	32603	37555	43544	49900
社会消费品零售总额	万元	9055	10445	11758	13365	15498	17546	19757
海关进出口	万美元	457	726	741	872	1106	1185	1180
# 出口	万美元	417	662	719	835	988	1045	1052
外商直接投资实际使用额	万美元	138	163	185	207	230	258	285
金融机构人民币年末贷款余额	万元	26752	18962	22680	27532	33811	40391	47729
金融机构人民币年末存款余额	万元	15814	31934	38507	45622	52229	61874	74418

1-4 上饶市与江西省人均主要指标比较表

（2016年）

指　　　　标	单　位	上饶市	江西省
一、生产总值(当年价)	元	26996	40400
二、规模以上工业增加值	元	11157	17042
三、500万元项目固定资产投资	元	26588	42321
四、财政总收入	元	4486	6864
一般公共预算收入	元	3379	4698
五、社会消费品零售总额	元	10710	14489
六、实际利用外资	美元	154	228
七、农业总产值	元	5614	6836
主要农产品产量			
粮　　食	千克	522	467
棉　　花	千克	0.92	1.60
园林水果	千克	9.97	88.53
肉类总产量	千克	46.11	76.79
水　产　品	千克	79.72	59.31
八、主要工业品产量			
发电量	千瓦时	1049	2016
水　　泥	千克	2424	2078

1－5 上饶市与江西省国民经济主要比例关系比较表

（2016年） 单位：%

类　　别	上饶市	江西省
生产总值中三次产业比例（当年价）		
第一产业	13.1	10.4
第二产业	46.8	49.2
第三产业	40.1	40.4
社会从业人员中三大产业比例		
第一产业	28.4	29.3
第二产业	33.8	32.4
第三产业	37.7	38.3
农业总产值中农林牧渔业比例（当年价）		
农　　业	42.4	46.2
林　　业	11.8	10.4
牧　　业	18.4	25.2
渔　　业	23.0	14.7
服 务 业	4.3	3.6
规模以上工业增加值		
轻 工 业	27.1	38.0
重 工 业	72.9	62.0
500万元以上项目固定资产投资		
第一产业	2.4	2.3
第二产业	56.1	53.3
第三产业	41.5	44.5
财政总收入占生产总值比重	16.7	17.1
一般公共预算收入构成		
税收收入	62.1	78.4
一般公共预算支出内部结构比例		
医疗卫生支出	11.3	9.50

1－6 国民经济主要指标占全省的比重

（2016年）

指 标	单位	上饶市	江西省	上饶市占江西省比重%
一、土地面积	平方公里	22791	166933	13.65
二、年末总人口(抽样调查人口)	万人	675.16	4592.26	14.70
三、职工年末人数	万人	39.29	431.80	9.10
四、生产总值	亿元	1817.77	18499.00	9.83
五、规模以上工业增加值	亿元	751.20	7803.55	9.63
六、农业总产值	亿元	378.00	3130.29	12.08
主要农产品产量				
粮　　食	万吨	351.31	2138.0	16.43
棉　　花	吨	6183	73296	8.44
苎　　麻	吨	318	5682	5.60
园林水果	万吨	6.71	405	1.66
生猪出栏	万头	275.82	1814.3	15.20
水 产 品	万吨	53.68	271.60	19.76
肉　　类	万吨	31.05	351.60	8.83
七、主要工业品产量				
机制纸与纸板	万吨	11.37	200.30	5.68
硫　　酸	万吨	53.30	323.20	16.49
发 电 量	亿千瓦小时	70.63	922.90	7.65
水　　泥	万吨	1632.07	9513.00	17.16
八、500万元以上项目固定资产投资	亿元	1790.29	19378.69	9.24
#第一产业	亿元	43.40	436.25	9.95
第二产业	亿元	1004.30	10321.97	9.73
第三产业	亿元	742.58	8620.47	8.61
#工　业	亿元	1002.08	10284.95	9.74
房地产	亿元	119.89	1770.94	6.77
九、社会消费品零售总额	亿元	721.12	6634.63	10.87
十、实际利用外资	亿美元	10.39	104.40	9.95
十一、财政总收入	亿元	302.05	3142.96	9.61
一般公共预算收入	亿元	227.54	2151.44	10.58
一般公共预算支出	亿元	495.57	4617.40	10.73
个人存款余额	亿元	1657.66	28893.11	5.74
十二、在校学生				
高等学校	万人	2.52	103.90	2.43
中等专业学校	万人	2.17	22.00	9.87
普通中学	万人	42.02	274.57	15.30
职业中学	万人	1.42	13.19	10.77
小学	万人	65.97	422.76	15.60
十三、卫生技术人员	万人	2.70	22.10	12.22
#医生	万人	0.94	7.92	11.87
病床数	万张	2.69	20.91	12.87
#医院病床	万张	1.86	19.53	9.52

注：在岗职工含劳务派遣人员。

1－7　按行业分组一套表法人单位数

单位:个

行　　业	2016年 法人单位数	比2015年 增加单位数	增　长 (%)
总计	2664	510	23.7
采矿业	83	7	9.2
煤炭开采和洗选业	14	－1	－6.7
黑色金属矿采选业	2	1	100.0
有色金属矿采选业	25	－1	－3.8
非金属矿采选业	41	7	20.6
开采辅助活动	1	1	
制造业	1061	191	22.0
农副食品加工业	49	6	14.0
食品制造业	15	3	25.0
酒、饮料和精制茶制造业	16	3	23.1
纺织业	69	17	32.7
纺织服装、服饰业	79	15	23.4
皮革、毛皮、羽毛及其制品和制鞋业	30	4	15.4
木材加工和木、竹、藤、棕、草制品业	28	5	21.7
家具制造业	23	6	35.3
造纸和纸制品业	22	2	10.0
印刷和记录媒介复制业	9	1	12.5
文教、工美、体育和娱乐用品制造业	40	14	53.8
石油加工、炼焦和核燃料加工业	2	1	100.0
化学原料和化学制品制造业	122	16	15.1
医药制造业	35	5	16.7
化学纤维制造业	4	1	33.3
橡胶和塑料制品业	27	6	28.6
非金属矿物制品业	113	24	27.0
黑色金属冶炼和压延加工业	13	－1	－7.1
有色金属冶炼和压延加工业	101	4	4.1
金属制品业	43	13	43.3
通用设备制造业	64	10	18.5
专用设备制造业	21	5	31.3
汽车制造业	23	2	9.5
铁路、船舶、航空航天和其他运输设备制造业	1	0	
电气机械和器材制造业	50	7	16.3
计算机、通信和其他电子设备制造业	17	4	30.8
仪器仪表制造业	20	9	81.8
其他制造业	13	4	44.4
废弃资源综合利用业	12	5	71.4
电力、热力、燃气及水生产和供应业	18	－7	－28.0
电力、热力生产和供应业	12	－8	－40.0
燃气生产和供应业	2	0	0.0
水的生产和供应业	4	1	33.3
建筑业	243	44	22.1
房屋建筑业	129	19	17.3
土木工程建筑业	87	15	20.8

1－7 续表

行　业	2016年 法人单位数	比2015年 增加单位数	增　长 （%）
建筑安装业	8	5	166.7
建筑装饰和其他建筑业	19	5	35.7
批发和零售业	433	102	30.8
批发业	77	25	48.1
零售业	356	77	27.6
交通运输、仓储和邮政业	183	45	32.6
道路运输业	169	44	35.2
水上运输业	6	0	
装卸搬运和运输代理业	1	0	
仓储业	5	0	
邮政业	2	1	100.0
住宿和餐饮业	102	8	8.5
住宿业	72	8	12.5
餐饮业	30	0	0.0
信息传输、软件和信息技术服务业	38	17	81.0
电信、广播电视和卫星传输服务	4	0	
互联网和相关服务	3	3	
软件和信息技术服务业	31	14	82.4
房地产业	258	27	11.7
租赁和商务服务业	79	28	54.9
租赁业	18	7	63.6
商务服务业	61	21	52.5
科学研究和技术服务业	18	7	63.6
研究和试验发展	1	0	
专业技术服务业	14	5	55.6
科技推广和应用服务业	3	2	200.0
水利、环境和公共设施管理业	23	23	
生态保护和环境治理业	1	0	
公共设施管理业	22	4	22.2
居民服务、修理和其他服务业	21	12	133.3
居民服务业	10	5	100.0
机动车、电子产品和日用产品修理业	8	5	166.7
其他服务业	3	2	200.0
教育	44	7	18.9
卫生和社会工作	33	8	32.0
文化、体育和娱乐业	27	10	58.8
广播、电视、电影和影视录音制作业	11	5	83.3
文化艺术业	6	1	20.0
体育	1	0	
娱乐业	9	4	80.0

1－8　按县(市、区)、专业分组一套表法人单位数

单位:个

指标名称	合计	工业	建筑业	批发和零售业	住宿和餐饮业	房地产业	服务业	其他投资
上饶市	3099	1162	243	433	102	246	478	435
信州区	301	59	33	53	15	42	72	27
广丰区	518	188	91	70	5	12	76	76
上饶县	191	46	13	43	4	27	29	29
玉山县	326	166	14	49	8	25	35	29
铅山县	186	71	7	16	6	23	39	24
横峰县	137	57	6	12	3	9	30	20
弋阳县	180	95	9	18	3	12	27	16
余干县	182	77	13	29	8	8	29	18
鄱阳县	223	100	21	34	4	22	29	13
万年县	261	97	10	29	2	9	37	77
婺源县	154	34	15	25	16	26	19	19
德兴市	278	102	11	37	10	19	45	54
经开区	134	70		18		12	7	27
三管委	28				18		4	6

注:其他投资是指未纳入规模以上工业、有资质的建筑业、限额以上批发和零售业、限额以上住宿和餐饮业、全部房地产开发经营业、规模以上服务业,且在报告期内有计划总投资5000万元及以上在建投资项目的法人单位。

1－9 生产总值分项目构成

单位:万元

指　　　　　　标	2015	2016
地区生产总值	16551528	18177664
按产业分		
第一产业	2228015	2375628
第二产业	8070858	8511586
第三产业	6252655	7290450
按行业分		
农林牧渔业	2283712	2453947
工业	6648020	6976027
建筑业	1422838	1535559
批发和零售业	1275437	1366656
交通运输、仓储和邮政业	687054	738840
住宿和餐饮业	528060	572402
信息传输、软件和信息技术服务业	329824	500116
金融业	463303	560293
房地产业	794586	930954
租赁和商务服务业	251681	331238
科学研究和技术服务业	101787	107170
水利、环境和公共设施管理业	68646	71405
居民服务、修理和其他服务业	270541	365876
教育	444028	512541
卫生和社会工作	260405	270350
文化、体育和娱乐业	156039	265258
公共管理、社会保障和社会组织	565567	619032
按收入法分		
劳动者报酬	9365300	10290426
生产税净额	2059515	2211639
固定资产折旧	1834953	2009828
营业盈余	3291760	3665771
按支出法分		
最终消费支出	8448533	9769428
资本形成总额	10101672	10500838
货物和服务净流出	－1998678	－2092601

注:为更好地反映创新对经济增长的贡献,国家研究制定了研究与开发支出地区 GDP 核算方法,对 2015、2016 年的地区生产总值进行了修正,将研究刊发支出计入地区生产总值。

1-10 地 区 生

（按当年

	上饶市	信州区	广丰区	上饶县	玉山县
地区生产总值	18177664	2127599	3220407	1954312	1490193
# 第一产业	2375628	67703	222757	169760	152281
第二产业	8511586	485729	1749190	1473509	762318
第三产业	7290450	1574167	1248460	311043	575594
# 农林牧渔业	2453947	72532	227649	174595	157011
工业	6976027	284681	1337593	1419831	681555
建筑业	1535559	201048	411597	53678	80763
批发和零售业	1366656	335969	307999	69181	135063
交通运输、仓储和邮政业	738840	125262	96028	42262	52681
住宿和餐饮业	572402	146340	39123	14929	71008
信息传输、软件和信息技术服务业	500116	207363	57020	8312	53306
金融业	560293	100452	89981	49590	47464
房地产业	930954	196049	232604	23390	70596
租赁和商务服务业	331238	39386	13642	5377	6092
科学研究和技术服务业	107170	6688	17240	2756	3318
水利、环境和公共设施管理业	71405	7429	25152	816	1731
居民服务、修理和其他服务业	365876	47536	63016	5635	27875
教育	512541	111548	47315	41958	22970
卫生和社会工作	270350	60019	50950	17269	18729
文化、体育和娱乐业	265258	48932	82692	598	23189
公共管理、社会保障和社会组织	619032	136365	120806	24135	36842
人均地区生产总值(元)	26996	49885	41807	27277	25343

产　总　值（2016年）

价格计算）　　　　　　　　　　　　　　　　　　　　　　　　　　　　单位：万元

铅山县	横峰县	弋阳县	余干县	鄱阳县	万年县	婺源县	德兴市
1078665	769099	920051	1321623	1899024	1210728	914266	1271622
181530	75330	148223	387450	598007	136493	119506	116587
483137	454605	431710	481050	816504	684988	300006	534479
413998	239146	340118	453123	484513	389247	494754	620556
183724	78000	154102	412112	610269	143525	121087	119339
425877	442667	371958	373377	557755	608891	225341	392140
57260	11938	59752	107603	258749	76097	74665	142339
75058	34629	72724	62612	72711	57134	105967	75512
68966	29065	64326	54221	87106	46180	56225	56006
21526	32606	30021	26857	14674	17331	79075	73085
22702	9718	25618	10388	39570	8229	8233	48003
23465	32210	19307	14824	48557	32797	8080	94528
45194	29891	29874	60387	104045	33329	38603	48419
3452	3913	3465	52507	571	24755	2464	30079
1021	1575	1524	5214	1205	3373	6345	15856
1352	3239	1567	1708	1416	5411	1335	15749
88703	21023	23993	17273	6988	15834	10872	14655
21042	12200	18095	35714	42109	62017	69977	27644
11860	8594	11103	25170	12049	30281	27442	20130
10510	5136	8252	10863	5009	11243	13435	50703
16953	12695	18287	50720	36240	34001	65120	47342
24689	40663	25451	14555	14302	32963	26796	42359

1-11 地区生产

(按当年

	上饶市	信州区	广丰区	上饶县	玉山县
地区生产总值	100	100	100	100	100
# 第一产业	13.1	3.2	6.9	8.7	10.2
第二产业	46.8	22.8	54.3	75.4	51.2
第三产业	40.1	74.0	38.8	15.9	38.6
# 农林牧渔业	13.50	3.41	7.07	9.10	10.59
工业	38.38	13.38	41.51	72.51	45.54
建筑业	8.45	9.45	12.78	2.80	5.44
批发和零售业	7.52	15.79	9.57	3.61	9.11
交通运输、仓储和邮政业	4.06	5.89	2.98	2.20	3.55
住宿和餐饮业	3.15	6.88	1.22	0.78	4.79
信息传输、软件和信息技术服务业	2.75	9.75	1.77	0.43	3.59
金融业	3.08	4.73	2.80	2.59	3.20
房地产业	5.12	9.22	7.23	1.22	4.76
租赁和商务服务业	1.82	1.85	0.42	0.28	0.41
科学研究和技术服务业	0.59	0.31	0.53	0.01	0.19
水利、环境和公共设施管理业	0.39	0.35	0.78	0.04	0.12
居民服务、修理和其他服务业	2.02	2.24	1.96	0.29	1.88
教育	2.82	5.24	1.50	2.09	1.53
卫生和社会工作	1.49	2.82	1.61	0.87	1.26
文化、体育和娱乐业	1.46	2.30	2.57	0.03	1.56
公共管理、社会保障和社会组织	3.41	6.42	3.75	1.26	2.48

总值构成(2016 年)

价格计算) 单位:%

铅山县	横峰县	弋阳县	余干县	鄱阳县	万年县	婺源县	德兴市
100	100	100	100	100	100	100	100
16.8	9.8	16.1	29.3	31.5	11.3	13.1	9.2
44.8	59.1	46.9	36.4	43.0	56.6	32.8	42.0
38.4	31.1	37.0	34.3	25.5	32.1	54.1	48.8
17.06	10.15	16.82	31.19	32.15	11.90	13.30	8.63
39.41	57.52	40.23	28.24	29.35	50.14	24.52	30.55
5.31	1.55	6.52	8.14	13.62	6.31	8.18	11.24
6.97	4.51	7.94	4.74	3.83	4.74	11.61	5.97
6.40	3.78	7.02	4.10	4.59	3.83	6.16	4.43
2.00	4.24	3.28	2.03	0.77	1.44	8.66	5.78
2.11	1.26	2.79	0.79	2.08	0.68	0.90	3.79
2.18	4.19	2.11	1.12	2.56	2.72	0.89	7.47
4.20	3.89	3.26	4.57	5.48	2.76	4.23	3.83
0.32	0.51	0.38	3.97	0.03	2.05	0.27	2.38
0.08	0.20	0.14	0.39	0.06	0.28	0.70	1.22
0.13	0.42	0.17	0.13	0.07	0.45	0.15	1.24
8.24	2.74	2.62	1.31	0.37	1.31	1.19	1.16
1.95	1.58	1.98	2.70	2.22	5.12	7.67	2.55
1.10	1.12	1.21	1.90	0.63	2.51	3.01	1.59
0.98	0.67	0.90	0.82	0.26	0.93	1.44	4.01
1.57	1.65	2.64	3.84	1.91	2.82	7.14	3.74

1－12 地区生产

（可比价格，

	上饶市	信州区	广丰区	上饶县	玉山县
地区生产总值	109.0	108.9	109.9	108.9	109.4
# 第一产业	103.9	103.7	103.8	103.9	104.0
第二产业	108.8	110.3	108.4	109.0	109.2
第三产业	111.1	108.7	113.5	111.6	111.2
# 农林牧渔业	103.9	103.8	104.1	103.9	104.0
工业	109.1	107.2	108.9	109.0	109.4
建筑业	107.5	114.8	107.1	107.1	107.6
批发和零售业	106.5	105.0	107.4	107.2	107.8
交通运输、仓储和邮政业	105.4	111.9	106.6	102.4	102.5
住宿和餐饮业	106.0	105.5	106.1	106.3	105.6
信息传输、软件和信息技术服务业	134.8	112.3	107.8	99.2	122.0
金融业	117.6	117.6	119.5	126.7	118.1
房地产业	111.3	107.3	122.6	113.2	109.7
租赁和商务服务业	128.7	119.2	127.7	94.7	122.0
科学研究和技术服务业	105.0	90.7	118.2	129.9	114.8
水利、环境和公共设施管理业	102.5	63.3	117.9	103.4	113.0
居民服务、修理和其他服务业	121.4	120.3	127.7	155.9	122.0
教育	104.4	105.3	117.7	112.7	113.0
卫生和社会工作	103.8	105.8	117.9	114.1	113.0
文化、体育和娱乐业	128.7	117.7	127.7	169.3	122.0
公共管理、社会保障和社会组织	107.5	107.2	98.1	114.1	113.0
人均地区生产总值	108.5	108.4	109.4	108.4	108.8

总值指数(2016 年)

上年 = 100)

铅山县	横峰县	弋阳县	余干县	鄱阳县	万年县	婺源县	德兴市
109.7	109.0	108.5	109.1	108.1	109.3	108.5	108.2
104.0	103.7	104.9	103.8	103.8	103.8	103.5	103.6
109.0	109.1	108.1	109.2	108.3	108.9	108.8	108.8
112.9	110.4	110.6	113.7	112.8	112.2	109.6	108.5
104.0	103.8	106.7	103.9	103.9	103.9	103.9	103.8
108.8	109.0	108.7	109.2	109.3	109.4	108.4	109.7
113.0	115.6	105.0	109.1	106.2	105.1	110.0	106.4
107.2	107.7	107.8	107.7	107.0	105.7	106.8	106.0
109.7	107.0	109.1	112.9	114.2	105.5	104.0	85.8
107.2	107.3	107.6	107.5	106.3	105.3	106.0	105.5
109.2	126.3	113.4	122.2	112.3	173.4	117.2	122.7
118.8	113.8	123.1	117.7	120.6	110.2	110.8	113.9
110.6	107.8	110.9	112.1	106.6	105.7	104.3	113.4
115.3	124.6	153.7	114.6	115.6	100.5	114.6	118.7
58.0	108.4	122.4	110.3	127.9	128.9	115.1	115.1
120.1	107.3	108.5	108.2	117.6	111.7	114.4	118.7
128.8	120.4	117.6	141.5	117.1	127.8	116.7	114.5
111.3	106.9	106.0	119.1	121.9	110.5	115.2	109.1
120.7	107.0	104.3	111.4	117.9	123.4	115.1	111.7
95.7	122.5	107.8	126.3	115.8	136.7	111.8	119.8
108.1	107.4	101.0	115.1	117.1	118.8	115.1	106.6
109.2	108.5	108.0	108.6	107.5	108.9	108.0	107.7

1－13　地区生产

（按当年

	上饶市	信州区	广丰区	上饶县	玉山县
地区生产总值	16551528	1916427	2902446	1754350	1351110
# 第一产业	2228015	66356	208915	160255	148331
第二产业	8070858	435683	1631032	1330893	694813
第三产业	6252655	1414388	1062499	263202	507966
# 农林牧渔业	2283712	70274	212638	162241	149951
工业	6648020	260430	1246211	1279558	619701
建筑业	1422838	175253	384821	51335	75112
批发和零售业	1275437	316072	285434	64122	127935
交通运输、仓储和邮政业	687054	112801	90059	40405	50300
住宿和餐饮业	528060	136175	35625	13696	65903
信息传输、软件和信息技术服务业	329824	170425	42819	7945	42403
金融业	463303	94062	75113	38752	39792
房地产业	794586	178487	188539	15750	60706
租赁和商务服务业	251681	32370	10244	5368	4837
科学研究和技术服务业	101787	6197	14334	2105	2888
水利、环境和公共设施管理业	68646	6741	20967	735	1531
居民服务、修理和其他服务业	270541	39068	47321	3417	22152
教育	444028	99658	40251	34784	20321
卫生和社会工作	260405	54461	43305	14122	16558
文化、体育和娱乐业	156039	40216	62097	323	18428
公共管理、社会保障和社会组织	565567	123737	102668	19692	32592
人均地区生产总值(元)	24698	45135	37861	24602	23007

总值(2015 年)

价格计算)

铅山县	横峰县	弋阳县	余干县	鄱阳县	万年县	婺源县	德兴市
975196	700572	850861	1200845	1802959	1115567	830308	1154438
164624	67446	141969	360239	564430	129586	113351	102907
452635	422430	401685	429771	770354	633258	269883	475138
357937	210696	307207	410835	468175	352723	447074	576393
165923	69541	144483	385548	570615	133981	114481	104037
400461	411656	344703	331013	526555	560817	201967	341224
52174	10774	56982	98758	243799	72441	67916	133914
69625	31840	67052	56917	67531	53201	95892	70802
61548	27854	62399	49145	113403	40270	55507	64185
19561	29638	27221	23876	13498	16079	71563	67817
20679	7597	22530	9077	32176	5817	7380	32420
19556	27226	15529	12649	39864	29932	7198	82170
38831	26873	25369	53203	93279	29356	37076	39913
2878	3060	2241	50826	468	21890	1663	18392
1780	1388	1265	4942	1042	2679	5772	10552
1138	2881	1472	1649	1278	4420	1218	9287
65572	16439	20320	13034	6230	12033	9223	15074
19122	10853	17086	31371	41833	59405	62045	37373
9939	7646	10983	23628	11762	28867	24591	30298
10551	4016	7641	9142	4175	8500	10969	51414
15858	11294	23584	46067	35451	35880	55847	42779
22423	37183	23655	13290	13644	30502	24455	38636

1－14 地区生产

（按当年

	上饶市	信州区	广丰区	上饶县	玉山县
地区生产总值	100	100	100	100	100
# 第一产业	13.5	3.5	7.2	9.1	11.0
第二产业	48.8	22.7	56.2	75.9	51.4
第三产业	37.8	73.8	36.6	15.0	37.6
# 农林牧渔业	13.8	3.7	7.3	9.2	11.1
工业	40.2	13.6	42.9	72.9	45.9
建筑业	8.6	9.1	13.3	2.9	5.6
批发和零售业	7.7	16.5	9.8	3.7	9.5
交通运输、仓储和邮政业	4.2	5.9	3.1	2.3	3.7
住宿和餐饮业	3.2	7.1	1.2	0.8	4.9
信息传输、软件和信息技术服务业	2.0	8.9	1.5	0.5	3.1
金融业	2.8	4.9	2.6	2.2	2.9
房地产业	4.8	9.3	6.5	0.9	4.5
租赁和商务服务业	1.5	1.7	0.4	0.3	0.4
科学研究和技术服务业	0.6	0.3	0.5	0.1	0.2
水利、环境和公共设施管理业	0.4	0.4	0.7	0.0	0.1
居民服务、修理和其他服务业	1.6	2.0	1.6	0.2	1.6
教育	2.7	5.2	1.4	2.0	1.5
卫生和社会工作	1.6	2.8	1.5	0.8	1.2
文化、体育和娱乐业	0.9	2.1	2.1	0.0	1.4
公共管理、社会保障和社会组织	3.4	6.5	3.5	1.1	2.4

总值构成(2015年)

价格计算)

铅山县	横峰县	弋阳县	余干县	鄱阳县	万年县	婺源县	德兴市
100	100	100	100	100	100	100	100
16.9	9.6	16.7	30.0	31.3	11.6	13.7	8.9
46.4	60.3	47.2	35.8	42.7	56.8	32.5	41.2
36.7	30.1	36.1	34.2	26.0	31.6	53.8	49.9
17.0	9.9	17.0	32.1	31.6	12.0	13.8	9.0
41.1	58.8	40.5	27.6	29.2	50.3	24.3	29.6
5.4	1.5	6.7	8.2	13.5	6.5	8.2	11.6
7.1	4.5	7.9	4.7	3.7	4.8	11.5	6.1
6.3	4.0	7.3	4.1	6.3	3.6	6.7	5.6
2.0	4.2	3.2	2.0	0.7	1.4	8.6	5.9
2.1	1.1	2.6	0.8	1.8	0.5	0.9	2.8
2.0	3.9	1.8	1.1	2.2	2.7	0.9	7.1
4.0	3.8	3.0	4.4	5.2	2.6	4.5	3.5
0.3	0.4	0.3	4.2	0.0	2.0	0.2	1.6
0.2	0.2	0.1	0.4	0.1	0.2	0.7	0.9
0.1	0.4	0.2	0.1	0.1	0.4	0.1	0.8
6.7	2.3	2.4	1.1	0.3	1.1	1.1	1.3
2.0	1.5	2.0	2.6	2.3	5.3	7.5	3.2
1.0	1.1	1.3	2.0	0.7	2.6	3.0	2.6
1.1	0.6	0.9	0.8	0.2	0.8	1.3	4.5
1.6	1.6	2.8	3.8	2.0	3.2	6.7	3.7

1－15　各县(市、区)平均气温和极端值

(2016年)

县　　市	全年平均气温（度）	极端最高		极端最低	
		气温（度）	日期（日/月）	气温（度）	日期（日/月）
信州区	18.8	39.5	15/8	－7.5	25/1
广丰区	19.0	40.1	19/8	－7.5	25/1
上饶县	19.7	40.1	25/7	－6.2	25/1
玉山县	18.8	39.3	30/7	－7.5	25/1
铅山县	18.9	39.4	30/7	－7.6	25/1
横峰县	19.7	39.5	25/7	－6.8	25/1
弋阳县	19.4	39.5	30/7，24/8	－7.0	25/1
余干县	19.2	39.0	30/7	－5.3	25/1
鄱阳县	19.0	37.9	25/7,30/7	－5.9	25/1
万年县	19.0	39.0	25/7	－7.3	21/1
婺源县	18.1	38.7	30/7	－10.0	25/1
德兴市	18.8	40.1	16/8	－7.9	25/1

1－16 各县(市、区)全年日照、降水、蒸发、初终霜情况

(2016 年)

县　市	全年日照 (小时)	全年降水 (毫米)	全年降水日　数 (天)	全　年 蒸发量 (毫米)	初　霜 (上年度) (日/月)	终　霜 (日/月)	初　终 霜日数 (天)	无霜期 (天)
信州区	1723.3	1932.2	182	867.1	17/12	11/3	86	280
广丰区	1616.9	1697.9	175	/	17/12	11/3	86	279
上饶县	1551.6	1929.2	193	/	17/12	11/3	86	280
玉山县	1515.3	2051.3	199	911.0	24/1	11/3	48	318
铅山县	1454.1	1727.5	211	/	27/11	11/3	106	280
横峰县	1693.9	1958.8	182	/	17/12	18/2	64	302
弋阳县	1605.2	2068.5	194	/	27/11	17/2	83	303
余干县	1562.1	1781.5	457	/	17/12	17/2	63	302
鄱阳县	1700.9	1543.2	183	990.0	17/12	11/3	86	278
万年县	1712.2	1826.8	190	/	24/1	17/2	25	302
婺源县	1708.2	1946.5	171	/	26/11	12/3	108	278
德兴市	1396.8	2005.0	176	580.6	1/1	17/2	48	303

备注:1.上饶市(信州区)、玉山县、鄱阳县、德兴市四个基准(基本)站有蒸发观测,其他台站已取消蒸发观测。
2.初霜月份为 11、12 月份的为上年数,1 月份为本年数。

1－17 城市社会经济基本情况

（2016 年）

项　　目	计量单位	全　　市	其中：市辖区
一、行政区划			
所辖行政区数	个	2	－
所辖行政县（旗）数	个	9	－
所辖行政县级市数	个	1	－
二、土地面积及水资源			
行政区域土地面积	平方公里	22791	1686.5
建成区面积	平方公里	258.15	77.76
城市现状建设用地面积	平方公里	242.82	74.25
其中：居住用地	平方公里	82.09	29.2
公共管理与公共服务用地	平方公里	25.41	6.83
商业服务业设施用地	平方公里	20.04	3.08
工业用地	平方公里	28.27	4.39
物流仓储用地	平方公里	5.11	0.38
道路交通设施用地	平方公里	42.59	15.16
公共设施用地	平方公里	12.24	4.03
绿地与广场用地	平方公里	27.07	11.18
本年征用土地面积	平方公里	2.45	0
其中：耕地	平方公里	1.09	0
水资源总量	万平方米	3163900	－
三、人口与就业			
（一）人口			
年末户籍人口	万人	781.89	140.03
其中：女	万人	369.6	67.51
年平均人口	万人	778.15	139.3
年出生人口	人	108582	21110
年死亡人口	人	22507	4151
年末总户数	万户	222.18	37.67
常住人口	万人	675.16	119.99
其中：城镇人口	万人	330.22	－
（二）从业人员			
从业人员期末人数（城镇）	人	433828	120855
第一产业（农、林、牧、渔业）	人	5254	94
第二产业	人	194954	55395
其中：采矿业	人	11069	545
制造业	人	103997	13197
电力、热力、燃气及水生产和供应业	人	2516	939
建筑业	人	77372	40714
第三产业	人	233620	65366
其中：批发和零售业	人	14868	4551
交通运输、仓储和邮政业	人	7601	3658
住宿和餐饮业	人	3624	813
信息传输、软件和信息技术服务业	人	3566	3234
金融业	人	12260	9658
房地产业	人	5785	1568
租赁和商务服务业	人	5278	900
科学研究、技术服务和地质勘查业	人	1601	547
水利、环境和公共设施管理业	人	4221	842
居民服务、修理和其他服务业	人	717	40
教育	人	68556	13313
卫生和社会工作	人	28947	8154
文化、体育和娱乐业	人	3714	733

1-17 续表1

项目	计量单位	全市	其中:市辖区
公共管理和社会组织	人	72882	17355
城镇私营和个体从业人员	人	711900	135561
城镇登记失业人数	人	28322	8546
四、综合经济			
(一)地区生产总值(当年价格)	万元	18177664	5348006
第一产业增加值	万元	2375628	290460
第二产业增加值	万元	8511586	2234919
第三产业增加值	万元	7290450	2822627
地区生产总值(2015年价格)	万元	18046655	4818873
人均地区生产总值	元	26996	44686
地区生产总值增长率	%	9.0	9.5
(二)财政			
一般公共预算收入	万元	2275447	458745
其中:税收收入	万元	1412944	316500
其中:企业所得税	万元	104126	20903
个人所得税	万元	29211	4955
一般公共预算支出	万元	4955749	776488
其中:一般公共服务支出	万元	409661	76568
科学技术支出	万元	47468	6938
教育支出	万元	965141	144128
文化体育与传媒支出	万元	53727	7782
医疗卫生支出	万元	561550	103022
节能环保支出	万元	86788	5925
城乡社区事务支出	万元	533707	106692
交通运输支出	万元	107326	5249
社会保障和就业支出	万元	645079	107314
住房保障支出	万元	248500	16364
(三)金融			
年末金融机构人民币各项存款余额	万元	27162435	9195583
其中:城乡居民储蓄存款余额	万元	16576624	4159484
年末金融机构人民币各项贷款余额	万元	17421248	7398667
五、规模以上工业			
(一)工业企业数	个	1162	244
其中:内资企业	个	1128	233
其中:国有企业	个	7	1
私营企业	个	685	162
港、澳、台商投资企业	个	23	9
外商投资企业	个	11	2
(二)工业总产值(当年价)	万元	32523951	7361092
其中:内资企业	万元	27086235	6589440
其中:国有企业	万元	26595	4607
私营企业	万元	16036176	4123518
港、澳、台商投资企业	万元	5223681	725966
外商投资企业	万元	214035	45686
(三)企业财务			
从业人员平均人数	万人	23.44	4.76
流动资产合计	万元	8365358	1662919
固定资产合计	万元	6293428	1166787
主营业务收入	万元	33401688	7440882
主营业务成本	万元	29084274	6449154
主营业务税金及附加	万元	230268	93340

1－17 续表 2

项目	计量单位	全市	其中:市辖区
本年应交增值税	万元	754161	202321
利润总额	万元	2792638	655739
六、交通运输、通讯与能源			
(一)交通运输			
公路客运量(全社会)	万人	8157	–
公路货运量(全社会)	万吨	21666	–
水运客运量(全社会)	万人	28	–
水运货运量(全社会)	万吨	814.4	–
内河港口货物吞吐量(规模以上)	万吨	1848.4	–
境内公路总里程	公里	21516.092	–
其中:高速公路里程	公里	618.694	–
民用汽车拥有量	辆	430395	–
其中:私人汽车拥有量	辆	381240	–
(二)邮电通信			
年末邮政局(所)数	处	246	37
邮政业务收入	万元	69500	–
电信业务收入	万元	306000	–
固定电话年末用户数	万户	67.04	–
移动电话年末用户数	万户	491.58	–
其中:3G 移动电话用户	万户	272.37	–
互联网宽带接入用户数	万户	89.99	–
(三)能源电力			
规模以上工业综合能源消费量	万吨标准煤	722.92	–
全社会用电量	万千瓦时	1328496	239795
其中:工业用电	万千瓦时	834685	104365
城乡居民生活用电	万千瓦时	280309	66603
七、贸易、外经与旅游			
(一)贸易			
社会消费品零售总额	万元	7211204	1940187
限额以上批发零售贸易业商品销售总额	万元	3627271	1479808
限额以上批发零售企业数(法人数)	个	433	123
其中:零售业	个	356	107
(二)外经			
货物进口额(海关数)	万美元	47006.87	–
货物出口额(海关数)	万美元	383832.46	–
外商直接投资合同项目	个	73	21
当年实际使用外资金额	万美元	103857	18855
(三)旅游			
入境游客人数(含一日游游客)	人次	832246	–
国际旅游(外汇)收入	万美元	34659.1	–
国内游客	人次	12200.01	–
国内旅游收入	万元	11260000	–
八、固定资产投资			
(一)固定资产投资			
固定资产投资(不含农户)	万元	17902920	3990563
房地产开发投资	万元	1198914	397870

1－17　续表 3

项　　目	计量单位	全　　市	其中:市辖区
其中:住宅	万元	847685	230352
全年新增固定资产	万元	9336246	1446603
(二)房地产			
商品房销售面积	万平方米	380.76	85.95
其中:住宅	万平方米	339.95	72.99
其中:别墅、高档公寓	万平方米	9.03	5.12
商品房销售额	万元	1861579	556461
其中:住宅	万元	1526619	428843
其中:别墅、高档公寓	万元	49789	36480
待售面积	万平方米	173.14	27.15
九、教育、科技、文化与卫生			
(一)教育			
学校数			
其中:普通高等学校数	所	3	
中等职业教育学校数	所	47	13
普通中学数	所	460	73
普通小学数	所	1789	232
成人高等学校数	所	4	
专任教师数			
其中:普通高等学校专任教师数	人	1296	
中等职业教育学校专任教师数	人	1451	375
普通中学专任教师数	人	29108	5784
普通小学专任教师数	人	31990	5738
成人高等专任教师数	人		
在校学生数			
其中:普通高等学校在校学生数	人	28820	
中等职业教育学校在校学生数	人	39222	17139
普通中学在校学生数	万人	42.02	5.31
普通小学在校学生数	万人	65.97	12.17
成人高等学校在校学生数	人	12814	
(二)科技			
科技活动人员	人	9251	1415
R&D 人员数	人	4608	390
R&D 内部经费支出	万元	102787.5	5173.7
专利申请受理量	项	3856	729
专利申请授权量	项	1874	414
其中:发明	项	53	28
(三)文化			
体育场馆数	个	30	5
剧场、影剧院数	个	59	12
公共图书馆图书总藏量	千册、件	3196.77	1211
订销报刊杂志累计份数	千份	64934.988	15436.488
广播节目综合人口覆盖率	%	99.4	98.41
电视节目综合人口覆盖率	%	99.5	99.6
有线电视入户率	%	61.06	85.7
(四)卫生			
医院、卫生院数	个	402	65
医院、卫生院床位数	张	25080	7192
医生数(执业医师＋执业助理医师)	人	10552	3150
注册护士	人	11799	4133

1-17 续表4

项　　目	计量单位	全　　市	其中:市辖区
十、人民生活			
在岗职工平均人数	万人	37.7777	10.7483
在岗职工工资总额	万元	2052161	651089
在岗职工平均工资	元	54322	60576
(一)居民收支			
工资性收入	元	14392	
经营净收入	元	7056	
财产性收入	元	2281	
转移性收入	元	5423	
城镇居民人均可支配收入	元	29153	
城镇居民人均消费支出	元	15855	
其中:食品烟酒	元	5262	
衣着	元	1253	
居住	元	3546	
生活用品及服务	元	1106	
交通和通信	元	1536	
教育文化和娱乐	元	1855	
医疗保健	元	781	
其他用品及服务	元	516	
(二)居民生活			
每百户居民家庭拥有量			
其中:家用汽车	辆	16	
消毒碗柜	台		
洗碗机	台		
固定电话	部	21	
移动电话	部	241	
其中:接入互联网	部	121	
计算机	台	53	
其中:接入互联网	台	46	
电冰箱(柜)	台	89	
彩色电视机	台	146	
中高档乐器	架	4	
照相机	架	12	
摄像机	架	3	
洗衣机	台	78	
城镇人均住房建筑面积	平方米	46	
居民消费价格指数(上年为100)	%	101.7	
十一、社会保障			
城镇职工基本养老保险参保人数	人	1078536	266810
城镇居民社会养老保险参保人数	人	2763400	344100
城镇职工基本医疗保险参保人数	人	625335	164534
城镇居民基本医疗保险参保人数	人	909655	252628
失业保险参保人数	人	300442	91783
工伤保险参保人数	人	458045	136473
生育保险参保人数	人	244093	69854
社会福利院数	个	266	34
社会福利院床位数	张	23872	2853
社区服务设施数	个	4300	1453
城市社区综合服务设施覆盖率	%	90	70
城镇居民最低生活保障人数	人	109469	8649
十二、公共管理			
(一)事故			
交通事故死亡人数	人	574	42

1－17 续表5

项　目	计量单位	全　市	其中:市辖区
交通事故损失额	万元	412.52	25.17
火灾事故死亡人数	人	3	1
火灾事故损失额	万元	2817	423.91
(二)社会治安			
刑事案件立案数	起	3650	867
刑事罪犯人数	人	1636	665
其中:青少年人数(年龄14－25周岁)	人	332	174
十三、市政公用事业			
(一)基础设施			
城市维护建设资金支出	万元	－	905095
年末实有城市道路面积	万平方米	－	1493.86
排水管道长度	公里	－	1056.27
供水综合生产能力(包括自备水源)	万立方米/日	－	29.1
供水总量	万吨	－	6936.36
售水量	万吨	－	4783
其中:居民家庭用水量	万吨	－	3320.2
用水人口	万人	201.11	71.21
用水普及率	%	92.5	99.73
供气总量(人工煤气、天然气)	万立方米	－	2105
其中:居民家庭用气量	万立方米	－	743
用气人口	人	－	209100
液化石油气供气总量	吨	－	18000
其中:居民家庭用量	吨	－	10050
用液化气人口	人	－	220500
(二)公共交通			
年末实有公共汽(电)车运营车辆数	辆	－	352
全年公共汽(电)车客运总量	万人次	－	5811
年末实有出租汽车数	辆	－	511
(三)绿地			
绿化覆盖面积	公顷	12230.85	3744
其中:建成区	公顷	10731.85	2667
绿地面积	公顷	10856.56	3467
其中:建成区	公顷	9879.21	3394
公园绿地面积	公顷	3294.75	1106
公园面积	公顷	2507.53	649
十四、环境保护			
工业废水排放量	万吨	6124.22	－
工业废气排放量	万立方米	15201551.2	－
工业二氧化硫产生量	吨	106720.2	－
工业二氧化硫排放量	吨	20990.77	－
工业氮氧化物产生量	吨	36195.57	－
工业氮氧化物排放量	吨	18851.61	－
工业烟(粉)尘产生量	吨	2548712.75	－
工业烟(粉)尘排放量	吨	23532.79	－
工业重金属产生量	吨	1424.21	－
工业重金属排放量	吨	30.79	－
一般工业固体废物综合利用率	%	7.32	－
污水处理率	%	88.32	－
污水处理厂集中处理率	%	86.32	－
生活垃圾无害化处理率	%	99.2	－
空气质量达到及好于二级的天数	天	331	－

主要统计指标解释

国内(地区)生产总值 指按市场价格计算的一个国家(或地区)所有常住单位在一定时期内生产活动的最终成果。地区生产总值有三种表现形态,价值形态、收入形态和产品形态。从价值形态看,它是所有常住单位在一定时期内所生产的全部货物和服务价值超过同期投入的全部非固定资产货物和服务价值的差额,即所有常住单位的增加值之和;从产品形态看,它是最终使用的货物和服务减去进口货物和服务。在实际核算中,国内(或地区)生产总值的有三种计算方法,即生产法,收入法和支出法。三种方法分别从不同的方面反映国内(或地区)生产总值及其构成。

地区收入总值 即国民生产总值,指一个国家(或地区)所有常住单位在一定时期内收入初次分配的最终成果,它等于地区生产总值加上来自国外的劳动者报酬和财产收入减去支付给国外的劳动者报酬和财产收入,与地区生产总值不同,地区生产总值是一个生产概念,而地区收入总值是一个收入概念。

支出法地区生产总值 是从最终使用的角度反映一个国家(或地区)一定时期内生产活动最终成果的一种方法,包括最终消费支出、资本形成总额及货物和服务净出口三部分。计算公式为:

支出法地区生产总值 = 最终消费支出 + 资本形成总额 + 货物和服务净出口

最终消费支出 指常住单位为满足物质、文化和精神生活的需要,从本国经济领土和国外购买的货物和服务的支出。它不包括非常住单位在本国经济领土内的消费支出。最终消费支出分为居民消费支出和政府消费支出。

居民消费支出 指常住住户在一定时期内对于货物和服务的全部最终消费支出。居民消费支出除了直接以货币形式购买的货物和服务的消费支出外,还包括以其他方式获得的货物和服务的消费支出,即所谓的虚拟消费支出。居民虚拟消费支出包括如下几种类型:单位以实物报酬及实物转移的形式提供给劳动者的货物和服务;住户生产并由本住户消费了的货物和服务,其中的服务仅指住户的自有住房服务;金融机构提供的金融媒介服务;保险公司提供的保险服务。

政府消费支出 指政府部门为全社会提供的公共服务的消费支出和免费或以较低的价格向居民住户提供的货物和服务的净支出,前者等于政府服务的产出价值减去政府单位所获得的经营收入的价值;后者等于政府部门免费或以较低价格向居民住户提供的货物和服务的市场价值减去向居民住户收取的价值。

资本形成总额 指常住单位在一定时期内获得减去处置的固定资本和存货的净额,包括固定资本形成总额和存货增加两部分。

固定资本形成总额 指常住单位在一定时期内获得的固定资产减处置的固定资产的价值总额。固定资产是通过生产活动生产出来的,且其使用年限在一年以上,单位价值在规定标准以上的资产,不包括自然资产。可分为有形固定资本形成总额和无形固定资本形成总额。有形固定资本形成总额包括一定时期内完成的建筑工程、安装工程和设备器具购置(减处置)价值,以及土地改良、新增役、种、奶、毛、娱乐用牲畜和新增经济林木价值。无形固定资本形成总额包括矿藏的勘探、计算机软件等获得减处置。

存货增加 指常住单位在一定时期内存货实物量变动的市场价值,即期末价值减期初价值的差额,再扣除当期由于价格变动而产生的持有收益。存货增加可以是正值,也可以是负值,正值表示存货上升,负值表示存货下降。包括生产单位购进的原材料、燃料和储备物资等存货,以及生产单位生产的产成品、在制品和半产品等存货。

货物和服务净出口 指货物和服务出口减货物和服务进口的差额。出口包括常住单位向非常住单位出售或无偿转让的各种货物和服务的价值;进口包括常住单位从非常住单位购买或无偿得到的各种货物和服务的价值。由于服务活动的提供与使用同时发生,一般把常住单位从非常住单位得到的服务作为进口,非常住单位从常住单位得到的服务作为出口。货物的出口和进口都按离岸价格计算。

三次产业 三产业的划分是世界上较为常用的产业结构分类,但各国的划分不尽一致。我国的三次产业划分是:

第一产业是指农、林、牧、渔业(不含农、林、牧、渔服务业)。

第二产业是指采矿业(不含开采辅助活动),制造业(不含金属制品、机械和设备修理业),电力、热力、燃气及水生产和供应业,建筑业。

第三产业即服务业,是指除第一产业、第二产业以外的其他行业。第三产业包括:批发和零售业,交通运输、仓储和邮政业,住宿和餐饮业,信息传输、软件和信息技术服务业,金融业,房地产业,租赁和商务服务业,科学研究和技术服务业,水利、环境和公共设施管理业,居民服务、修理和其他服务业,教育,卫生和社会工作,文化、体育和娱乐业,公共管理、社会保障和社会组织,国际组织,以及农、林、牧、渔业中的农、林、牧、渔服务业,采矿业中的开采辅助活动,制造业中的金属制品、机械和设备修理业。

固定资产折旧 指一定时期内为弥补固定资产损耗按照规定的固定资产折旧率提取的固定资产折旧,或按国民经济核算统一规定的折旧率虚拟计算的固定资产折旧。它反映了固定资产在当期生产中的转移价值。各类企业和企业化管理的事业单位的固定资产折旧是指实际计提的折旧费。不计提折旧的政府机关、非企业化管理的事业单位和居民住房是按照统一规定的折旧率和固定资产原值计算的虚拟折旧。原则上,固定资产折旧应按固定资产当期的重置价值计算,但是目前我国尚不具备对全社会固定资产进行重估价的基础,所以暂时只能采用上述办法。

劳动者报酬 指劳动者因从事生产活动而获得的全部报酬。包括劳动者获得的各种形式的工资、奖金和津贴,既包括货币形式的,也包括实物形式的,还包括劳动者所享受的公费医疗和医药卫生费、上下班交通补贴、单位支付的社会保险费、住房公积金等。对于个体经济来说,其所有者所获得的劳动报酬和经营利润不易区分,这两部分统一作为劳动者报酬处理。

生产税净额 指生产税减生产补贴后的余额,生产税是指政府对生产单位从事生产、销售和经营活动以及因从事生产活动使用某些生产要素(如固定资产、土地、劳动力)所征收的各种税、附加贯和规费。生产补贴与生产税相反,指政府对生产单位的单方面转移支出,因此视为负生产税,包括政策亏损补贴、价格补贴等。

营业盈余 指常住单位创造的增加值扣除固定资产折旧、劳动者报酬和生产税净额后的余额,它相当于企业的营业利润加上生产补贴,但要扣除利润中开支的工资、福利等。

二、人　　口

本篇资料整理、校对

韩　风

简要说明

●本篇资料反映我市人口和计划生育的基本情况。

●本篇有关人口方面的资料来源于统计局、公安局和卫计委三个部门。

●目前人口统计数字有三种：1.统计部门提供的人口数字，调查方法有三类：①人口普查，每10年一次；②1%人口抽样调查，每5年一次；③人口变动抽样调查，每年一次。人口抽样调查数字以全市为总体，重点取得全市人口总数和人口出生率、死亡率及自然增长率情况。2.公安部门户籍统计人口数字，据此数据可以分析农业人口、非农业人口和男性人口、女性人口情况。3.2016年常住人口数是根据2016年人口变动抽样调查资料取得的。

内容提要

●2016年末，户籍总人口781.89万人，常住人口675.16万人。

●2016年末，人口出生率13.54‰，人口自然增长率7.31‰。

2-1 人口变动情况抽样调查主要数据

（2016年）

名　　称	出生率（‰）	死亡率（‰）	自增率（‰）	净增人口（人）	出生人口（人）	死亡人口（人）	自增人口（人）	年　初总人口（人）	年　末总人口（人）	年平均人　口（人）
上饶市	13.54	6.23	7.31	36479	91166	41949	49217	6715138	6751617	6733378
信州区	12.55	5.51	7.04	2125	5352	2350	3002	425423	427548	426485
广丰区	13.56	6.29	7.27	4173	10445	4845	5600	768185	772358	770271
上饶县	13.61	6.21	7.40	3882	9751	4449	5302	714538	718419	716478
玉山县	13.55	6.17	7.38	3201	7968	3628	4340	586443	589644	588043
铅山县	13.41	6.12	7.29	2329	5859	2674	3185	435724	438053	436888
横峰县	13.40	6.25	7.15	1010	2534	1182	1352	188635	189645	189140
弋阳县	13.46	6.19	7.27	1933	4865	2238	2628	360506	362440	361473
余干县	13.75	6.40	7.35	5061	12485	5811	6674	905459	910520	907989
鄱阳县	13.86	6.46	7.40	7389	18403	8576	9827	1324118	1331507	1327812
万年县	13.47	6.17	7.30	1968	4948	2266	2682	366357	368325	367341
婺源县	13.36	6.13	7.23	1814	4559	2092	2467	340373	342187	341280
德兴市	13.31	6.12	7.19	1595	3995	1837	2158	299379	300973	300176

2－2 各县(市、区)户籍统计户数及人口

(2016 年)　　户数单位:户;人数单位:人

县　　市	总户数	总人口	按性别分		总人口中非农业人口
			男	女	
全　　市	2221762	7818905	4122867	3696038	2492760
信州区	128442	429249	215721	213528	307573
广丰区	248269	971067	509499	461568	440437
上饶县	213724	841918	440920	400998	269362
玉山县	181747	644218	339396	304822	139763
铅山县	134500	480982	253713	227269	167431
横峰县	69610	227806	121189	106617	73720
弋阳县	117491	424567	227177	197390	125102
余干县	315696	1082635	578100	504535	257470
鄱阳县	448397	1570484	836376	734108	329191
万年县	125740	434651	230370	204281	105742
婺源县	125958	373692	193688	180004	116103
德兴市	112188	337636	176718	160918	160866

注:本表为公安部门年报数。

2-3 户数及人口变动情况

项　　目	2000	2005	2010	2011	2012	2013	2014	2015	2016
年末总户数　（户）	1576532	1779669	2122551	2186502	2210824	2293466	2306248	2207889	2221762
年末总人数　（人）	6427158	6759960	7403325	7501859	7603319	7596829	7730866	7744010	7818905
男	3355966	3559699	3894367	3945312	3998976	3995771	4074768	4083096	4122867
女	3071192	3200261	3508958	3556547	3604343	3601058	3656098	3660914	3696038
非农业人口	1045406	1216571	1408330	1426072	1461340	1511727	1491634	1657964	2492760
市镇人口	3236844	4008780	4957754						
# 市人口	648587	675677	721622	730997	749484	743219	753671		
乡村人口	3190314	2751180	2445571					6086046	7526145
人口变动									
出生人口　（人）	98013	87431	90171	89372	89615	88160	88859	88997	91166
出生率　（‰）	16.10	13.81	13.74	13.53	13.51	13.25	13.31	13.28	13.54
死亡人口　（人）	38414	37163	39601	39831	40927	42017	41993	42009	41949
死亡率　（‰）	6.31	5.87	6.03	6.03	6.17	6.31	6.29	6.27	6.23
自然增长人口（人）	59599	50268	50570	49541	48688	46143	46867	46988	49217
自然增长率　（‰）	9.79	7.94	7.71	7.50	7.34	6.94	7.02	7.01	7.31
迁入人口　（人）	109221	94068	71051	73381	69873	57831	120385	27426	41050
迁出人口　（人）	98442	98864	65116	66564	66789	86119	132395	41320	46970
机械变动率　（‰）	1.7	0.71	0.9	0.91	0.46				
人口密度（人/平方公里）	268	297	289	290	291				

注：本表出生人口、出生率、死亡人口、死亡率、自然增长率等指标为人口抽样数；2000 年、2010 年资料为人口普查数；其它均为公安部门年报数。

2－4　城镇化率情况表

（2016 年）

地　　名	总人口(人)	城镇人口(人)	乡村人口(人)	城镇化率(%)
上　饶　市	6751617	3302216	3449401	48.91
信　州　区	427548	314376	113172	73.53
广　丰　区	772358	434760	337598	56.29
上　饶　县	718419	340676	377743	47.42
玉　山　县	589644	297711	291933	50.49
铅　山　县	438053	209871	228182	47.91
横　峰　县	189645	92603	97041	48.83
弋　阳　县	362440	164040	198399	45.26
余　干　县	910520	390158	520362	42.85
鄱　阳　县	1331507	547522	783985	41.12
万　年　县	368325	180332	187993	48.96
婺　源　县	342187	156174	186013	45.64
德　兴　市	300973	173993	126981	57.81

主 要 统 计 指 标 解 释

人口数 指一定时点，一定地区范围内的有生命的个人的总和。

市镇人口 指城市及县辖镇内的全部人口。包括市(镇)农业人口，但不包括市辖县人口。

市 是指经国家批准成立“市”建制的城市。

镇 1984年11月，国务院批转《民政部关于调整建镇标准的报告》，主要实行镇管村的体制。对设置镇建制调整如下：(1)行政标准。凡是县级地方国家机关所在地，均应设置镇的建制；(2)行政+非农业人口标准。总人口2万以下的乡、乡政府驻地非农业人口超过2000人的可建制镇，总人口2万人以上的乡、乡政府驻地非农业人口占全乡人口的10%以上的也可建制镇；(3)特殊标准。少数民族地区、人口稀少的边远地区，山区、工矿区、小港口、风景旅游、边境口岸等地，非农业人口虽不足2000人，如有必要，也可建镇。因此凡具备建镇条件的乡，撤乡建镇后，都实行了镇管村的体制。

人口密度 指一定时点一定地区的人口数与该地区的面积数之比，即一定时点的单位土地面积上的人口数，通常以每平方公里的居住人数来表示：

人口密度＝该地区的人口数／一定地区的土地面积

出生率 (又称总出生率或粗出生率)指在一定时期内(通常为在一年内)出生人数与同期人口总数之比。它反映人口的出生水平，一般以千分率即平均每千人口所出生的人数来表示，计算公式为：

出生率＝年出生人数／年平均人口数×1000‰

死亡率 指在一定时期内(通常为在一年内)一定地区的死亡人数与同期平均人口数(或其中人口数)之比。一般以千分率表示。计算公式为：

死亡率＝年死亡人数／年平均人口数×1000‰

人口自然增长率 指在一定时期内(通常为在一年内)一定地区人口自然增加数(即出生人数减死亡人数)与平均人口数(或期中人口数)之比，一般以千分率表示。计算公式为：

人口自然增长率＝(本年出生人口数－本年死亡人口数)／年平均人口数×1000‰

也可直接用出生率减死亡率求得。

人口机械变动率＝(迁人人口－迁出人口)／年平均人口数×1000‰

三、从业人员和职工工资

本篇资料整理、校对

林　嵩

简要说明

●本篇资料反映我市劳动经济方面的基本情况。

●本篇资料除城镇个体、私营企业从业人员资料由市市场和质量监督管理局提供外，均来源于市统计局劳动综合统计年报和农村基层组织情况报表。

●调查范围：《劳动统计报表制度》的调查范围为城镇辖区内独立核算法人单位（不包括乡镇企业和个体工商户），自 1998 年起部分指标有所变动，职工人数为在岗职工；劳动力资源、全社会就业人员统计范围为城镇和乡村 16 岁以上人口。

内容提要

●2016 年末，社会劳动者人数 436.23 万人，其中：第一产业从业人员 124.01 万人，第二产业从业人员 147.58 万人，第三产业从业人员 164.63 万人。

●2016 年末，在岗职工人数 39.29 万人；在岗职工工资总额 205.22 亿元，在岗职工年平均工资 54322 元。

3-1 城乡劳动力资源配置情况

（2016年）　　　　单位：万人

指　　标	城乡合计	城镇	乡村
一、年末劳动力资源总数	468.87	116.82	352.05
其中：当年新增加的劳动力资源		3.45	5.59
1、年末16岁以上全部人数		107.73	
二、经济活动人口	439.06	117.40	321.66
（一）从业人员	436.23	114.57	321.66
1、按就业身份分组			
（1）城镇非私营单位从业人员	43.38	43.38	
（2）私营从业人员	61.19	34.86	26.33
（3）个体从业人员	68.71	36.33	32.38
（4）乡镇企业从业人员	62.64		62.64
（5）农村从业人员	200.31		200.31
2、按经济类型分组			
(1)国有经济	19.62	19.62	
(2)集体经济	195.60	0.85	194.75
(3)股份合作	0.99	0.46	0.53
(4)联营	0.77	0.04	0.73
(5)有限责任公司	42.48	14.49	27.99
(6)股份有限公司	3.59	3.40	0.19
(7)私营	102.42	34.86	67.56
(8)个体	65.12	36.33	28.79
(9)港澳台投资	4.19	3.48	0.71
(10)外商投资	0.80	0.39	0.41
(11)其他	0.66	0.66	
3、按国民经济行业分组			
(1)农、林、牧、渔业	124.01	2.56	121.46
(2)采矿业	1.49	1.49	
(3)制造业	102.60	18.79	83.81
(4)电力、热力、燃气及水的生产和供应业	0.48	0.48	
(5)建筑业	43.01	11.33	31.68
(6)批发和零售业	68.95	33.83	35.12
(7)交通运输、仓储和邮政业	28.81	2.25	26.56
(8)住宿和餐饮业	26.00	6.37	19.63
(9)信息传输、软件和信息技术服务业	3.61	1.56	2.05
(10)金融业	1.62	1.62	
(11)房地产业	1.92	1.92	
(12)租赁和商务服务业	4.16	4.16	
(13)科学研究和技术服务业	0.70	0.70	
(14)水利、环境和公共设施管理业	0.66	0.66	
(15)居民服务、修理和其他服务业	6.30	4.94	1.36
(16)教育	8.39	8.39	
(17)卫生和社会工作	3.60	3.60	
(18)文化、体育和娱乐业	1.16	1.16	
(19)公共管理、社会保障和社会组织	8.75	8.75	
(二)失业人口	2.83	2.83	
按三次产业分			
第一产业	124.01		
第二产业	147.58		
第三产业	164.63		

3-2 城镇非私营单位分行业在岗职工人数

（2016 年）　　　　单位：人

行　　业	合　计	信州区	广丰区	上饶县	玉山县	铅山县	横峰县
总　　计	392947	52208	57201	25921	21858	15731	7672
农、林、牧、渔业	1678	94				92	12
采矿业	4967		545	85	230	637	464
制造业	100521	1263	10733	4087	3969	1010	846
电力、热力、燃气及水的生产和供应业	2396	356	583	470	130	89	103
建筑业	66315	7427	28417	1732	3942	3113	61
批发和零售业	13351	3383	411	1537	35	127	102
交通运输、仓储和邮政业	7365	3272	316	709	86	393	347
住宿和餐饮业	3486	696	81	569	228	144	
信息传输、软件和信息技术服务业	3441	3141			39	25	6
金融业	11168	8157	506	97	344		197
房地产业	5337	780	514	693	873	243	70
租赁和商务服务业	4967	780	96	82	243	132	43
科学研究和技术服务业	1534	482	4	165	12		153
水利、环境和公共设施管理业	2893	348	85	136	3	136	13
居民服务、修理和其他服务业	713	27	13	74	8	13	12
教育	65411	5613	7428	6820	4833	3285	1732
卫生和社会工作	26142	5099	1601	3172	1796	1397	822
文化、体育和娱乐业	3378	587	126	113	50	99	110
公共管理、社会保障和社会组织	67884	10703	5742	5380	5037	4796	2579

3-2 续表

单位：人

行　　业	弋阳县	余干县	鄱阳县	万年县	婺源县	德兴市	经开区	三管委
总　　计	17007	28394	54980	19623	18485	25938	46828	1101
农、林、牧、渔业		842			73	565		
采矿业	786			125		2095		
制造业	3683	5588	10453	4030	3600	6935	44324	
电力、热力、燃气及水的生产和供应业	190		87		78	269	41	
建筑业	1712	470	12723	1656	1404	3658		
批发和零售业	112	2392	1721	1365	299	673	1194	
交通运输、仓储和邮政业	460	155	300	313	576	333	45	60
住宿和餐饮业	43	141	414	55	258	453		404
信息传输、软件和信息技术服务业		11		21	128	70		
金融业	220	440	50	265	554	338		
房地产业	134	57	538	153	309	484	489	
租赁和商务服务业	38	180	252	724	1694	703		
科学研究和技术服务业	4	11	9	11	155	528		
水利、环境和公共设施管理业	508	204	445		376	204	74	361
居民服务、修理和其他服务业	62	12	158		16	318		
教育	4138	8821	11406	5116	2951	3120		148
卫生和社会工作	1314	3228	2787	1757	1829	1331		9
文化、体育和娱乐业	79	221	1254	69	456	214		
公共管理、社会保障和社会组织	3524	5621	12383	3963	3729	3647	661	119

3－3 城镇非私营单位在岗职工工资总额

（2016 年）　　单位:万元

行　　业	合　计	信州区	广丰区	上饶县	玉山县	铅山县	横峰县
总　　计	2052161	363625	287464	136886	112601	78565	37668
农、林、牧、渔业	7306	504				476	46
采矿业	27700		3669	246	843	2917	1250
制造业	456665	4594	46148	18704	19500	3591	3135
电力、热力、燃气及水的生产和供应业	12791	2101	2422	3574	480	420	403
建筑业	273301	32880	129881	5633	12558	9984	279
批发和零售业	59471	23129	2250	6353	115	645	304
交通运输、仓储和邮政业	34858	16335	1605	3237	307	1597	1566
住宿和餐饮业	24581	2121	315	1807	702	425	
信息传输、软件和信息技术服务业	30726	29942			165	126	22
金融业	95436	73555	5515	533	3037		1902
房地产业	24646	4235	3796	3453	4236	991	334
租赁和商务服务业	21507	4177	476	247	1224	475	128
科学研究和技术服务业	6738	2469	19	1017	64		575
水利、环境和公共设施管理业	30570	1678	485	579	15	458	68
居民服务、修理和其他服务业	3313	173	57	629	50	71	53
教育	376152	39244	45585	40984	28211	19766	9977
卫生和社会工作	148621	41566	10018	16967	12543	7451	3702
文化、体育和娱乐业	17257	3816	746	936	167	401	541
公共管理、社会保障和社会组织	400530	81106	34478	31988	28385	28772	13386

3－3 续表

单位:万元

行　　业	弋阳县	余干县	鄱阳县	万年县	婺源县	德兴市	经开区	三管委
总　　计	79769	136180	273883	111963	7672	144593	229355	51937
农、林、牧、渔业		3347				2933		
采矿业	2740			997		15038		
制造业	14793	24659	44114	24901	40	37174	215313	
电力、热力、燃气及水的生产和供应业	889		700			1586	216	
建筑业	4727	1056	55404	6288	301	14311		
批发和零售业	449	7118	4695	5828	8	2669	5909	
交通运输、仓储和邮政业	1721	837	1054	1434	233	1784	134	3014
住宿和餐饮业	82	374	1129	317		1654		15655
信息传输、软件和信息技术服务业		46		114	78	233		
金融业	2158	2771	340	2072	160	3393		
房地产业	556	193	1877	684	39	2099	2154	
租赁和商务服务业	99	686	985	3259	6627	3125		
科学研究和技术服务业	26	57	46	59		2405		
水利、环境和公共设施管理业	1847	1081	1964		32	790	213	21360
居民服务、修理和其他服务业	155	64	476			1585		
教育	21717	46799	66228	30620		19561		7460
卫生和社会工作	7483	15496	14186	10511		8320		378
文化、体育和娱乐业	463	984	7662	355		1185		
公共管理、社会保障和社会组织	19867	30610	73023	24525	155	24750	5416	4070

3－4 城镇非私营单位在岗职工年平均工资

单位:元

项目	2009	2010	2011	2012	2013	2014	2015	2016
总计	20759	23428	27625	32951	40921	43561	50414	54322
按经济类型分								
国有经济单位	21407	24203	28634	33811	39861	42771	53978	62019
城镇集体单位	15059	17418	22264	24728	40842	47782	53290	50956
其他单位	19029	21735	25518	33439	41937	43795	47026	47997
按企业事业机关分								
企业	19345	22761	27102	32555	42187	44196	48890	49100
事业	22076	23818	27758	34473	41152	43074	52293	61124
机关	21512	24307	28616	31719	35383	40523	54324	63222
民间非盈利组织	22047	22219	28299	30429				
其他				14097	30283	36582	41249	55375
按国民经济行业分								
农、林、牧、渔业	14020	17595	22829	24859	26491	30061	36263	45049
采矿业	21204	25674	39214	37317	51729	50036	48642	54845
制造业	17927	21865	27833	35280	43929	44935	46793	48012
电力、热力、燃气及水的生产和供应业	24746	31993	33334	44363	58294	61179	72692	63939
建筑业	17104	18281	22360	28326	36812	38962	42625	43038
批发和零售业	16446	24486	23997	20192	35833	38891	45571	45680
交通运输、仓储和邮政业	18282	20675	26295	29863	40709	41728	46827	48114
住宿和餐饮业	16236	17815	18039	43907	26010	29192	31693	32451
信息传输、软件和信息技术服务业	30300	28878	34830	30576	57362	71528	81723	91126
金融业	28822	34249	43988	52755	63273	70124	72096	90034
房地产业	16407	23514	26698	34910	36213	40204	45349	49675
租赁和商务服务业	18730	21236	24381	28700	34978	37421	44604	46616
科学研究和技术服务业	20078	23576	27464	33550	33141	39888	51155	51691
水利、环境和公共设备管理业	22151	17963	20719	31518	32038	34956	41707	46300
居民服务、修理和其他服务业	15195	18951	22887	28218	36885	41392	41957	47387
教育	23627	24169	28686	32491	42656	44427	54689	60053
卫生和社会工作	24665	25463	27965	35676	40741	42383	56645	62281
文化、体育和娱乐业	21228	22937	26243	31883	36849	39686	58939	55476
公共管理、社会保障和社会组织	21805	24558	26421	32228	35254	39886	53427	62332
按县市区分								
信州区	22365	27005	29945	39330	43228	45710	61797	70419
广丰区	22379	23521	25863	32529	42064	44272	50384	51474
上饶县	24201	28427	29837	35856	36575	40303	52670	53158
玉山县	21550	25006	26598	29883	35845	40839	46341	52343
铅山县	20270	20749	24745	29160	33731	37366	47842	50485
横峰县	22277	22522	24417	30500	36708	37469	43474	49188
弋阳县	19996	22997	26919	32989	37487	39730	44692	47513
余干县	20304	21330	23702	27704	34171	38257	42364	48347
鄱阳县	17227	19061	24786	25967	37896	38485	43835	50342
万年县	20437	21450	27967	30291	41012	44485	51671	57042
婺源县	20579	23985	31747	36737	40679	45812	54805	58933
德兴市	25183	29205	35976	40691	45242	50008	52437	55698
经开区					50558	50524	50917	49942
三管委	20318	24153	28595	35726	36264	38446	39911	48224

注:2012 年开始,在岗职工年平均工资含劳务。

3－5 城镇非私营国有单位分行业在岗职工人数

（2016 年） 单位：人

行　　业	合　计	信州区	广丰区	上饶县	玉山县	铅山县	横峰县
总　　计	171893	29153	14651	15075	10982	9991	5904
农、林、牧、渔业	1656	72				92	12
采矿业	748			30		120	464
制造业	640						
电力、热力、燃气及水的生产和供应业	1083	205	226		130	55	103
建筑业	2179	2150					
批发和零售业	2660	970					16
交通运输、仓储和邮政业	2582	1593			59	26	68
住宿和餐饮业	135						
信息传输、软件和信息技术服务业	192				39		
金融业	3682	2948	252	97			28
房地产业	110				17		
租赁和商务服务业	1431	343	43	6	53	132	35
科学研究和技术服务业	579	181	4	165	12		3
水利、环境和公共设施管理业	1833	328	85	39	3	86	13
居民服务、修理和其他服务业	334	27	13	74	8	13	7
教育	59463	5521	6909	6370	4152	3207	1644
卫生和社会工作	22195	3672	1251	2875	1472	1397	822
文化、体育和娱乐业	2654	587	126	39		67	110
公共管理、社会保障和社会组织	67737	10556	5742	5380	5037	4796	2579

3－5 续表

单位：人

行　　业	弋阳县	余干县	鄱阳县	万年县	婺源县	德兴市	经开区	三管委
总　　计	9686	18517	25662	10952	10005	9962	706	647
农、林、牧、渔业		842			73	565		
采矿业	134							
制造业		7			22	611		
电力、热力、燃气及水的生产和供应业	190				78	96		
建筑业					29			
批发和零售业		999	264	335	76			
交通运输、仓储和邮政业	47	155	34	85	257	213	45	
住宿和餐饮业		78				38		19
信息传输、软件和信息技术服务业				21	128	4		
金融业		86			271			
房地产业	1	5			87			
租赁和商务服务业	38	171	100	91	165	254		
科学研究和技术服务业	4	11		11	155	33		
水利、环境和公共设施管理业	331	204	297		36	50		361
居民服务、修理和其他服务业	6	12	158		16			
教育	4138	7168	9618	4620	2951	3017		148
卫生和社会工作	1194	2937	1658	1757	1829	1331		
文化、体育和娱乐业	79	221	1150	69	103	103		
公共管理、社会保障和社会组织	3524	5621	12383	3963	3729	3647	661	119

3-6 城镇非私营国有单位在岗职工工资总额

（2016年）　　　　单位:万元

行　　业	合　计	信州区	广丰区	上饶县	玉山县	铅山县	横峰县
总　　计	1063245	221990	90827	89980	65776	58286	30268
农、林、牧、渔业	7441	381				476	46
采矿业	2174			70		430	1250
制造业	5336						
电力、热力、燃气及水的生产和供应业	5106	1342	800		480	211	403
建筑业	9391	9205					
批发和零售业	19450	12298					52
交通运输、仓储和邮政业	15687	10338			186	162	785
住宿和餐饮业	551						
信息传输、软件和信息技术服务业	1050				165		
金融业	37179	31290	2516	533			176
房地产业	535				88		
租赁和商务服务业	7110	2470	219	30	291	475	97
科学研究和技术服务业	3632	1240	19	1017	64		15
水利、环境和公共设施管理业	9185	1539	485	307	15	341	68
居民服务、修理和其他服务业	1670	173	57	629	50	71	35
教育	362616	38892	43019	39434	24968	19565	9714
卫生和社会工作	138235	28496	8489	15777	11084	7451	3702
文化、体育和娱乐业	15884	3816	746	196		332	541
公共管理、社会保障和社会组织	421021	80512	34478	31988	28385	28772	13386

3-6 续表

单位:万元

行　　业	弋阳县	余干县	鄱阳县	万年县	婺源县	德兴市	经开区	三管委
总　　计	51720	95370	149723	67502	68415	64469	5550	3368
农、林、牧、渔业		3347			258	2933		
采矿业	424							
制造业		35			75	5226		
电力、热力、燃气及水的生产和供应业	889				549	432		
建筑业					186			
批发和零售业		3715	1005	1977	403			
交通运输、仓储和邮政业	237	837	212	461	1170	1166	134	
住宿和餐饮业		195				276		79
信息传输、软件和信息技术服务业				114	744	27		
金融业		470			2194			
房地产业	4	30			413			
租赁和商务服务业	99	649	574	267	836	1103		
科学研究和技术服务业	26	57		59	909	226		
水利、环境和公共设施管理业	1033	1081	1584		278	318		2136
居民服务、修理和其他服务业	35	64	476		80			
教育	21717	38994	55621	29233	21640	19073		746
卫生和社会工作	6929	14300	9944	10511	13233	8320		
文化、体育和娱乐业	463	984	7285	355	545	621		
公共管理、社会保障和社会组织	19867	30610	73023	24525	24902	24750	5416	407

3－7　城镇非私营国有单位在岗职工年平均工资(含劳务)

（2016 年）　　　　　　单位:元

行　　业	上饶市	信州区	广丰区	上饶县	玉山县	铅山县	横峰县
总　　计	62019	76522	62100	59935	60135	59120	51555
农、林、牧、渔业	44902	52861				51717	38333
采矿业	27412			23333		35537	24510
制造业	80842						
电力、热力、燃气及水的生产和供应业	49888	66094	35394		36923	34097	39165
建筑业	43117	42835					
批发和零售业	71866	126261					32250
交通运输、仓储和邮政业	61918	67259			31441	62385	115471
住宿和餐饮业	40190						
信息传输、软件和信息技术服务业	54688				42385		
金融业	101691	106828	102686	54948			62679
房地产业	42179				51765		
租赁和商务服务业	50512	76714	50953	50667	54943	36822	27600
科学研究和技术服务业	59741	66683	46750	61636	53250		50000
水利、环境和公共设施管理业	48776	50114	57012	78769	50000	39605	52000
居民服务、修理和其他服务业	49839	66462	44000	82724	61875	54923	50143
教育	61287	70854	62266	61818	60676	62609	59740
卫生和社会工作	62524	75585	67855	56164	75661	54505	46388
文化、体育和娱乐业	59752	65007	59198	50205		49478	49136
公共管理、社会保障和社会组织	62332	76978	60234	59534	56353	60306	52658

3－7 续表

单位:元

行　　业	弋阳县	余干县	鄱阳县	万年县	婺源县	德兴市	经开区	三管委
总　　计	53635	51761	58369	61697	68620	64734	79859	54148
农、林、牧、渔业		39752			35384	51811		
采矿业	32106							
制造业		50000			33955	85391		
电力、热力、燃气及水的生产和供应业	46774				70423	45442		
建筑业					64000			
批发和零售业		37152	35090	59009	53079			
交通运输、仓储和邮政业	50362	54026	68226	54188	45533	54723	36162	
住宿和餐饮业		24722				69075		43889
信息传输、软件和信息技术服务业				54238	58133	66750		
金融业		54686			80945			
房地产业	40000	60000			47425			
租赁和商务服务业	25921	38850	57430	29363	50648	43413		
科学研究和技术服务业	64000	52091		54000	58645	68394		
水利、环境和公共设施管理业	31578	53000	53340		81735	63600		59169
居民服务、修理和其他服务业	58333	53000	27207		50000			
教育	52608	55069	57962	63276	73605	63304		51096
卫生和社会工作	58277	48689	60484	59823	73724	62696		
文化、体育和娱乐业	58557	44538	63961	51507	52893	60262		
公共管理、社会保障和社会组织	56731	54486	58785	62057	66566	67827	82316	41959

3－8　城镇非私营集体单位在岗职工年平均工资(含劳务)

（2016 年）　　　　单位:元

行　　业	上饶市	信州区	广丰区	上饶县	玉山县	铅山县	横峰县
总　　计	50956	40370	55225	42122	26597	94793	
采矿业	26597				26597		
制造业	57447						
建筑业	36025		35714	42272		20000	
批发和零售业	36947	31500				26667	
交通运输、仓储和邮政业	40222	40222					
住宿和餐饮业	57564						
金融业	91187		118063			98080	
房地产业	77493		80322				
租赁和商务服务业	38932	36000		41294			
卫生和社会工作	65159	75209					

3－8 续表

单位:元

行　　业	弋阳县	余干县	鄱阳县	万年县	婺源县	德兴市	三管委
总　　计	50873	40948	40942	46977	57639	74854	42000
制造业				55585		62920	
建筑业	34412	21911	40942	39724	25279		
批发和零售业	55563	61273		37564	11750	30674	
住宿和餐饮业				57564			
金融业		65000		78185	98229	98907	
租赁和商务服务业					42195	43520	
卫生和社会工作	57700						42000

3－9　城镇非私营其他单位在岗职工年平均工资(含劳务)

(2016年)　　　　单位:元

行　　业	上饶市	信州区	广丰区	上饶县	玉山县	铅山县	横峰县
总　　计	47997	62990	47414	43682	44439	35665	35286
农、林、牧、渔业	56136	56136					
采矿业	62957		67944	32000	37141	51416	
制造业	47753	38641	43372	46217	50887	35657	36623
电力、热力、燃气及水的生产和供应业	74330	50587	45448	76038		61382	
建筑业	43482	47245	48194	31950	31424	32081	49722
批发和零售业	38184	44970	55285	42982	32800	50756	29756
交通运输、仓储和邮政业	40864	35758	50794	46513	44926	42336	27486
住宿和餐饮业	31692	32283	37904	32044	30789	27758	
信息传输、软件和信息技术服务业	93275	95569				50400	31714
金融业	82358	81483			88282		
房地产业	48704	53808	74997	50329	48970	39494	48464
租赁和商务服务业	46278	50255	49365	31838	62714		39500
科学研究和技术服务业	40396	41661					37300
水利、环境和公共设施管理业	41468	77722		28000		40448	
居民服务、修理和其他服务业	45231						36000
教育	47953	40483	50006	34840	47615	25769	29852
卫生和社会工作	60784	92168	45121	40363	45737		
文化、体育和娱乐业	41923	40435		100000	27817	21625	

3－9续表

单位:元

行　　业	弋阳县	余干县	鄱阳县	万年县	婺源县	德兴市	经开区	三管委
总　　计	39148	41978	43214	52161	46636	49106	49483	40087
采矿业	35794			81705		71067		
制造业	40628	44968	42348	63145	50881	50364	49566	
电力、热力、燃气及水的生产和供应业			80460			67503	52732	
建筑业	29719	42000	44622	35012	42790	39295		
批发和零售业	36384	24063	26760	36723	31795	40415	49993	
交通运输、仓储和邮政业	36918		36167	41068	48567	51107		50233
住宿和餐饮业	18977	27906	27200		27636	32579		38510
信息传输、软件和信息技术服务业		42000				29000		
金融业	96767		68060					
房地产业	41534	30717	36668	44719	57749	41976	43778	
租赁和商务服务业		41556	27192	47332	46979	47190		
科学研究和技术服务业			50556			44848		
水利、环境和公共设施管理业	45770		28765		41821	31480	28770	
居民服务、修理和其他服务业	21429					49541		
教育		48118	59490	28067		50247		
卫生和社会工作	42267	41961	41152					
文化、体育和娱乐业			36269		32659	50829		

主 要 统 计 指 标 解 释

就业人员 指从事一定社会劳动并取得劳动报酬或经营收入的人员。包括(1)在岗职工;(2)再就业的离退休人员;(3)私营业主;(4)个体户主;(5)私营企业和个体就业人员;(6)乡镇企业就业人员;(7)农村就业人员;(8)其他就业人员。

单位就业人员 各单位的就业人员是指在各级国家机关、政党机关、社会团体及企业、事业单位中工作,取得工资或其他形式的劳动报酬的全部人员。包括在岗职工、再就业的离退休人员、民办教师以及在各单位中工作的外方人员和港澳台方人员、兼职人员、借用的外单位人员和第二职业者。不包括离开本单位仍保留劳动关系的职工。

在岗职工 指在本单位工作并由单位支付工资的人员,以及有工作岗位,但由于学习、病伤产假等原因暂未工作,仍由单位支付工资的人员。

私营企业就业人员 指在工商管理部门注册登记的私营企业就业人员,包括私营企业投资者和雇工。

个体就业人员 指在工商管理部门注册登记,经批准从事个体工商经营的就业人员,包括个体户主和在个体工商户劳动的家庭帮工和雇工。

单位就业人员劳动报酬 指各单位在一定时期内直接支付给本单位全部就业人员的劳动报酬总额。包括在岗职工工资总额和本单位其他从业人员劳动报酬两部分。

在岗职工工资总额 指各单位在一定时期内直接支付给本单位全部在岗职工的劳动报酬总额。包括:计时工资(含计时标准工资)、计件工资、计件超额工资、奖金、津贴和补贴、加班加点工资、特殊情况下支付的工资等。

津贴和补贴 包括:(1)补偿职工特殊额外劳动消耗的津贴及岗位性津贴;(2)保健性津贴;(3)技术性津贴;(4)年功性津贴;(5)地区津贴;(6)其他津贴包括伙食补贴、上下班交通补贴、洗理卫生费、书报费等。以及为保证职工工资不受物价上涨或变动影响而支付的各种补贴,如副食价格补贴(含肉类等价格补贴)、粮、油、蔬菜等价格补贴,煤价补贴、房贴、水电贴、房改补贴等。

在岗职工平均工资 指在企业、事业、机关单位的在岗职工在一定时期内平均每人所得的货币工资额。

四、固定资产投资

本篇资料整理、校对

顾朝晖、章　晟

简要说明

●本篇资料反映我市固定资产投资情况。

●本篇资料除农村投资由市农村经济抽样调查队资料推算外，其他统计资料均来自统计局固定资产投资全面统计报表。

●全社会固定资产投资统计范围为，凡是在报告期内进行固定资产投资活动的单位和城乡居民都应该纳入统计，镇集体投资，联营经济、股份制经济、外商投资经济、港澳台投资经济及其他经济类型的投资，农村集体投资，城镇工矿区私人建房投资，农村个人生产性固定资产和建房投资。

●固定资产投资统计范围为计划投资500万元及以上在建项目固定资产投资和房地产开发投资。

内容提要

●2016年，全社会固定资产投资18213443万元，比上年增长14.6%。

4－1　全社会固定资产投资及构成情况

单位:万元

指　　标	2012 年	2013 年	2014 年	2015 年	2016 年
全社会固定资产投资额	10007215	11899970	13707556	15893713	18213443
固定资产投资	9875066	11646829	13433252	15602263	17902920
农村农户投资(推算):	132149	253141	274304	291450	310523
农户新(建)购住房价值	75675	221498	229115	241057	248167
农户购置生产性固定资产支出	56474	31643	45189	50393	62356

4－2　500万以上固定资产投资完成情况

单位:万元、%

指标名称	2015年	2016年	增速
本年完成投资	15602263	17902920	14.7
其中:工业	8894156	10020758	12.7
其中:住宅	1075489	1039180	－3.4
1、按登记注册类型分			
内资企业	15345282	17098223	11.4
国有企业	2546413	3341823	31.2
集体企业	174442	101483	－41.8
股份合作企业	5631	99500	1667.0
联营企业	94517	182444	93.0
有限责任公司	2987037	4700003	57.3
股份有限公司	1233295	353818	－71.3
私营企业	7568776	8073009	6.7
其他企业	735171	246143	－66.5
港、澳、台商投资企业	212511	680476	220.2
外商投资企业	10860	88334	713.4
个体经营	33610	35887	6.8
2、按建设性质分			
其中:新建	11619749	13711690	18.0
扩建	1430710	2540885	77.6
改建和技术改造	2080636	1471992	－29.3
3、按投资构成分			
建筑工程	8880229	10607324	19.4
安装工程	2061261	2399991	16.4
设备工器具购置	2792480	3089006	10.6
其他费用	1868293	1806599	－3.3
4、按产业分			
第一产业	411673	434030	5.4
第二产业	9274928	10043043	8.3
第三产业	5915662	7425847	25.5
本年资金来源合计	16944981	17543736	3.5
1、上年末结余资金	1304281	1146797	－12.1
2、本年资金来源小计	15640700	16396939	4.8
(1)国家预算内资金	356887	1532364	329.4
(2)国内贷款	1357919	1485529	9.4
(3)债券	18696	4200	－77.5
(4)利用外资	20268	49011	141.8
(5)自筹资金	11203548	10798771	－3.6
(6)其他资金来源	2683382	2527064	－5.8
本年新增固定资产	9165970	9336246	1.9
本年施工房屋面积	22482106	19395085	－13.7
其中:住宅	8671230	9354353	7.9
本年竣工房屋面积	4007736	4043156	0.9
其中:住宅	1670250	1580505	－5.4

4-3　按行业分500万以上固定资产投资完成情况

单位:万元、%

指标名称	2015年	2016年	增速
一、计划投资			
1、计划总投资	31931527	36435503	14.1
2、自开始建设至本年底累计完成投资	24767886	26263105	6.0
二、本年完成投资	15602263	17902920	14.7
其中:国有经济控股	3047202	3999597	31.3
其中:住宅	1075489	1039180	-3.4
1、按登记注册类型分			
内资企业	15345282	17098223	11.4
国有企业	2546413	3341823	31.2
集体企业	174442	101483	-41.8
股份合作企业	5631	99500	1667.0
联营企业	94517	182444	93.0
国有联营企业	34116	19060	-44.1
集体联营企业	60401	1200	-98.0
其他联营企业		162184	
有限责任公司	2987037	4700003	57.3
国有独资公司	10383	504398	4757.9
其他有限责任公司	2976654	4195605	41.0
股份有限公司	1233295	353818	-71.3
私营企业	7568776	8073009	6.7
其他企业	735171	246143	-66.5
港、澳、台商投资企业	212511	680476	220.2
外商投资企业	10860	88334	713.4
个体经营	33610	35887	6.8
2、按建设性质分			
其中:新建	11619749	13711690	18.0
扩建	1430710	2540885	77.6
改建和技术改造	2080636	1471992	-29.3
3、按投资构成分			
建筑工程	8880229	10607324	19.4
安装工程	2061261	2399991	16.4
设备工器具购置	2792480	3089006	10.6
其中:用于更新的设备	455203		-100.0
其他费用	1868293	1806599	-3.3
4、按国民经济行业分			
(一)农、林、牧、渔业	455822	514465	12.9
农业	264884	276269	4.3
林业	42266	74884	77.2
畜牧业	76297	55786	-26.9
渔业	28226	27091	-4.0
农、林、牧、渔服务业	44149	80435	82.2

4－3 续表1

单位：万元、%

指标名称	2015年	2016年	增速
（二）采矿业	392987	371503	－5.5
煤炭开采和洗选业	62400	36100	－42.1
有色金属矿采选业	170683	9360	－94.5
非金属矿采选业	127324	82808	－35.0
开采辅助活动		196135	
其他开采业	6000	43600	626.7
（三）制造业	8071434	9096900	12.7
农副食品加工业	339741	236616	－30.4
食品制造业	158319	135419	－14.5
酒、饮料和精制茶制造业	118811	82741	－30.4
烟草制品业	9625		－100.0
纺织业	341532	437236	28.0
纺织服装、服饰业	355771	453979	27.6
皮革、毛皮、羽毛及其制品和制鞋业	215019	245598	14.2
木材加工及木、竹、藤、棕、草制品业	131859	136277	3.4
家具制造业	248544	247246	－0.5
造纸和纸制品业	126248	134680	6.7
印刷业和记录媒介的复制	88251	72900	－17.4
文教、美工、体育和娱乐用品制造业	239043	324251	35.6
石油加工、炼焦和核燃料加工业	169	9720	5651.5
化学原料和化学制品制造业	400232	350683	－12.4
医药制造业	482418	379745	－21.3
化学纤维制造业	104595	39983	－61.8
橡胶和塑料制品业	225103	245615	9.1
非金属矿制品业	598273	531490	－11.2
黑色金属冶炼和压延加工业	82280	55425	－32.6
有色金属冶炼和压延加工业	583461	785561	34.6
金属制品业	328025	462589	41.0
通用设备制造业	845334	662274	－21.7
专用设备制造业	350795	449608	28.2
汽车制造业	230479	477146	107.0
铁路、船舶、航空航天和其他运输设备制造业	92968	158407	70.4
电气机械及器材制造业	795125	1384155	74.1
计算机、通信和其他电子设备制造业	299280	141260	－52.8
仪器仪表制造业	81565	133569	63.8
其他制造业	113156	148595	31.3
废弃资源综合利用业	79719	171854	115.6
金属制品、机械和设备修理业	5694	2278	－60.0
（四）电力、热力、燃气及水生产和供应业	429735	552355	28.5
电力、热力蹬生产和供应业	248245	408465	64.5

4－3 续表2

单位:万元、%

指标名称	2015年	2016年	增速
燃气生产和供应业	10493	44530	324.4
水的生产和供应业	170997	99360	－41.9
(五)建筑业	422976	28063	－93.4
房屋建筑业	202909	8035	－96.0
土木工程建筑业	134644	4500	－96.7
建筑安装业	7280	700	－90.4
建筑装饰和其他建筑业	78143	14828	－81.0
(六)批发和零售业	852800	728252	－14.6
批发业	250532	278103	11.0
零售业	602268	450149	－25.3
(七)交通运输、仓储和邮政业	422224	541720	28.3
道路运输业	314246	379118	20.6
装卸搬运和运输代理业	65055		－100.0
仓储业	25950	127412	391.0
(八)住宿和餐饮业	256592	270008	5.2
住宿业	239422	249753	4.3
餐饮业	17170	20255	18.0
(九)信息传输、软件和信息技术服务业	67913	151028	122.4
电信、广播电视和卫星传输服务	29155	1029	100.0
互联网和相关服务	26758	58785	119.7
软件和信息技术服务业	12000	91214	660.1
(十)金融业	2148	22200	933.5
货币金融服务	148	4250	2771.6
(十一)房地产业	1745267	1917884	9.9
房地产开发投资	1293855	1198914	－7.3
房地产业	451412	718970	59.3
(十二)租赁和商务服务业	197703	472635	139.1
商务服务业	125321	377355	201.1
(十三)科学研究和技术服务业	5730	85855	1398.3
研究和试验发展	730	7450	920.5
专业技术服务业		72375	
(十四)水利、环境和公共设施管理业	1560002	2178533	39.6
水利管理业	66996	78045	16.5
生态保护和环境治理业	27173	41318	52.1
公共设施管理业	1465833	2059170	40.5
(十五)居民服务、修理和其他服务业	9900	46537	370.1
居民服务业	500	28237	5547.4
机动车、电子产品和日用产品修理业	3500		－100.0
(十六)教育	121268	225117	85.6

4-3 续表3

单位:万元、%

指标名称	2015年	2016年	增速
教育	121268	225117	85.6
(十七)卫生和社会工作	152312	164080	7.7
卫生	121727	129673	6.5
社会工作	30585	34407	12.5
(十八)文化、体育和娱乐业	231961	103753	-55.3
文化艺术业	117344	33200	-71.7
体育	27149	14388	-47.0
娱乐业	71394	48151	-32.6
(十九)公共管理、社会保障和社会组织	203489	432032	112.3
国家机构	190245	415280	118.3
基层群众自治组织	5000	16752	235.0
三、本年新增固定资产	9165970	9336246	1.9
四、项目个数			
(1)施工项目个数	1828	2013	10.1
其中:本年新开工	1175	1347	14.6
(2)本年投产项目个数	1361	1319	-3.1
五、房屋建筑面积			
(1)本年施工房屋面积	22482106	19395085	-13.7
其中:住宅	8671230	9354353	7.9
(2)本年竣工房屋面积	4007736	4043156	0.9
其中:住宅	1670250	1580505	-5.4
六、本年资金来源及应付款			
(一)本年资金来源合计	16944981	17543736	3.5
1、上年末结余资金	1304281	1146797	-12.1
2、本年资金来源小计	15640700	16396939	4.8
(1)国家预算资金	356887	1532364	329.4
(2)国内贷款	1357919	1485529	9.4
(3)利用外资	20268	49011	141.8
其中:外商直接投资		20001	
(4)自筹资金	11203548	10798771	-3.6
其中:企、事业单位自有资金	1228549	2318775	88.7
(5)其他资金来源	2683382	2527064	-5.8
(二)各项应付款	1145840	2451838	114.0
其中:工程款	605914	1028637	69.8

4－4 按行业登记注册类型500万

指标名称	本年合计	内资企业	国有企业	集体企业
本年完成投资	17902920	17098223	3341823	101483
(一)农、林、牧、渔业	514465	503785	48227	5500
农业	276269	267349	32226	
林业	74884	74364	7145	5500
畜牧业	55786	55226		
渔业	27091	27091		
农、林、牧、渔服务业	80435	79755	8856	
(二)采矿业	371503	362944	50859	
煤炭开采和洗选业	36100	36100		
黑色金属矿采选业	9360	9360		
有色金属矿采选业	82808	74249	50859	
非金属矿采选业	196135	196135		
开采辅助活动	3500	3500		
其他开采业	43600	43600		
(三)制造业	9096900	8430884	124208	
农副食品加工业	236616	236616	5107	
食品制造业	135419	135419		
酒、饮料和精制茶制造业	82741	82741		
纺织业	437236	436753		
纺织服装、服饰业	453979	441209		
皮革、毛皮、羽毛及其制品和制鞋业	245598	245008		
木材加工及木、竹、藤、棕、草制品业	136277	136277		
家具制造业	247246	247246		
造纸和纸制品业	134680	112235		
印刷业和记录媒介的复制	72900	19260		
文教、美工、体育和娱乐用品制造业	324251	324251		
石油加工、炼焦和核燃料加工业	9720	9720		
化学原料和化学制品制造业	350683	350683		
医药制造业	379745	369233		
化学纤维制造业	39983	39983		
橡胶和塑料制品业	245615	245615		
非金属矿制品业	531490	528106	32659	
黑色金属冶炼和压延加工业	55425	55425		

以上固定资产投资完成情况

单位:万元

股份合作企业	联营企业	有限责任公司	股份有限公司	私营企业	其他企业	港、澳、台商投资企业	外商投资企业	个体经营
99500	182444	4700003	353818	8073009	246143	680476	88334	35887
4850	55960	59905	24996	260493	43854			10680
4850	21615	20274	5280	153770	29334			8920
	9479		11500	40740				520
		14300	8216	18190	14520			560
	9910	5451		11730				
	14956	19880		36063				680
		50200	6000	246435	9450		8559	
		9200		26900				
				9360				
				23390			8559	
		41000	6000	149135				
				3500				
				34150	9450			
28800	16133	2506685	74877	5587664	92517	638867	20782	6367
	4985	96492		128032	2000			
		37406		98013				
	1200	15751	8700	57090				
		69823		366930				483
		81920	7500	348289	3500		10270	2500
4800		102836		132572	4800	590		
		71060		65217				
		111593		127153	8500			
		14322		97913		22445		
				19260		53640		
		74168		246083	4000			
				9720				
		68996	11852	269835				
	4983	61525	8800	243925	50000		10512	
		10500		29483				
24000		46671	11205	163739				
	4965	221688	2800	261134	4860			3384
		7000		48425				

4－4 续表 1

指标名称	本年合计	内资企业		
			国有企业	集体企业
有色金属冶炼和压延加工业	785561	785561	14500	
金属制品业	462589	462589		
通用设备制造业	662274	662274		
专用设备制造业	449608	449608	67830	
汽车制造业	477146	477146		
铁路、船舶、航空航天和其他运输设备制造业	158407	158407	4112	
电气机械及器材制造业	1384155	830538		
计算机、通信和其他电子设备制造业	141260	132685		
仪器仪表制造业	133569	133569		
其他制造业	148595	148595		
废弃资源综合利用业	171854	171854		
金属制品、机械和设备修理业	2278	2278		
(四)电力、热力、燃气及水生产和供应业	552355	552355	149582	
电力、热力的生产和供应业	408465	408465	86216	
燃气生产和供应业	44530	44530	7108	
水的生产和供应业	99360	99360	56258	
(五)建筑业	28063	27108		
房屋建筑业	8035	8035		
土木工程建筑业	4500	4500		
建筑安装业	700	700		
建筑装饰和其他建筑业	14828	13873		
(六)批发和零售业	728252	728252	168278	
批发业	278103	278103	41247	
零售业	450149	450149	127031	
(七)交通运输、仓储和邮政业	541720	541720	338714	5800
铁路运输业	35190	35190	35190	
道路运输业	379118	379118	266337	5800
仓储业	127412	127412	37187	
(八)住宿和餐饮业	270008	230954	20010	4515
住宿业	249753	210699	20010	4515
餐饮业	20255	20255		
(九)信息传输、软件和信息技术服务业	151028	151028	12689	

单位:万元

股份合作企业	联营企业	有限责任公司	股份有限公司	私营企业	其他企业	港、澳、台商投资企业	外商投资企业	个体经营
		111354		644850	14857			
		165312	11500	285777				
		256271	3000	403003				
		100885	9520	271373				
		230504		246642				
				154295				
		396312		434226		553617		
		5100		127585		8575		
		40090		93479				
		20025		128570				
		89081		82773				
				2278				
	7519	107744	2035	281585	3890			
		84532	2035	235682				
		13132		20400	3890			
	7519	10080		25503				
		12380	5050	9678		955		
			5050	2985				
				4500				
				700				
		12380		1493		955		
41600	4587	332101		181686				
		143502		93354				
41600	4587	188599		88332				
3000	6950	58450	13800	107514	7492			
3000	6950	37400	13800	45311	520			
		21050		62203	6972			
	4987	66455	46199	79958	8830	39054		
	4987	62640	40979	68738	8830	39054		
		3815	5220	11220				
	19762	10400		108177				

4－4 续表 2

指标名称	本年合计	内资企业		
			国有企业	集体企业
电信、广播电视和卫星传输服务	1029	1029	1029	
互联网和相关服务	58785	58785	10	
软件和信息技术服务业	91214	91214	11650	
(十)金融业	22200	22200	1950	
货币金融服务	4250	4250	1950	
资本市场服务	17950	17950		
(十一)房地产业	1917884	1857051	300713	16189
房地产开发投资	1198914	1198914		
房地产业	718970	658137	300713	16189
(十二)租赁和商务服务业	472635	472635	34950	4850
租赁业	95280	95280		
商务服务业	377355	377355	34950	4850
(十三)科学研究和技术服务业	85855	85855	6800	
研究和试验发展	7450	7450		
专业技术服务业	72375	72375	6800	
科技交流和推广服务业	6030	6030		
(十四)水利、环境和公共设施管理业	2178533	2163933	1457690	20327
水利管理业	78045	63445	61345	2100
生态保护和环境治理业	41318	41318	41318	
公共设施管理业	2059170	2059170	1355027	18227
(十五)居民服务、修理和其他服务业	46537	46537	1400	3000
居民服务业	28237	28237	1400	3000
其他服务业	18300	18300		
(十六)教育	225117	225117	214712	
(十七)卫生和社会工作	164080	164080	51612	
卫生	129673	129673	43352	
社会工作	34407	34407	8260	
(十八)文化、体育和娱乐业	103753	103753	27302	
广播、电视、电影和影视录音制作业	8014	8014	1914	
文化艺术业	33200	33200	2200	
体育	14388	14388	14388	
娱乐业	48151	48151	8800	
(十九)公共管理、社会保障和社会组织	432032	428032	332127	41302
国家机构	415280	411280	332127	24550
基层群众自治组织	16752	16752		16752

单位:万元

股份合作企业	联营企业	有限责任公司	股份有限公司	私营企业	其他企业	港、澳、台商投资企业	外商投资企业	个体经营
	4998	10400		43377				
	14764			64800				
2300				17950				
2300								
				17950				
8700	9851	845915	87957	587726			45993	14840
3800		680787	75925	438402				
4900	9851	165128	12032	149324			45993	14840
10250	2700	120342	79504	220039				
	2700	36670		55910				
10250		83672	79504	164129				
		65575		13480				
				7450				
		65575						
				6030				
	4988	431011	12300	196007	41610	1600	13000	
						1600	13000	
	4988	431011	12300	196007	41610			
		4097		31040	7000			
		4097		16740	3000			
				14300	4000			
		1600		8805				
	4896	18847	1100	87625				
	4896	9200	1100	71125				
		9647		16500				
	15805	8296		28150	24200			
				6100				
		50		6750	24200			
	15805	8246		15300				
	28306			18997	7300			4000
	28306			18997	7300			4000

4－5　分县(市、区)500万以上固定资产投资完成情况

单位:万元、%

县　市	2015年	2016年	增速
上　饶　市	15602263	17902920	14.7
信　州　区	1401768	1583105	12.9
广　丰　区	2085538	2407458	15.4
上　饶　县	2100828	2413543	14.9
玉　山　县	1465622	1675987	14.4
铅　山　县	1177416	1342444	14.0
横　峰　县	565170	648554	14.8
弋　阳　县	863717	969761	12.3
余　干　县	1238693	1424532	15.0
鄱　阳　县	1417774	1616476	14.0
万　年　县	1070996	1233389	15.2
婺　源　县	894882	1008414	12.7
德　兴　市	1319859	1491453	13.0

4－6 分县(市、区)500万以上工业固定资产投资完成情况

单位:万元、%

县　市	2015年	2016年	增速
上　饶　市	8894156	10020758	12.7
信　州　区	283797	61192	－78.4
广　丰　区	1091060	1459899	33.8
上　饶　县	1550630	1788333	15.3
玉　山　县	780221	965622	23.8
铅　山　县	838335	917903	9.5
横　峰　县	365460	471462	29.0
弋　阳　县	711680	744765	4.6
余　干　县	533906	528638	－1.0
鄱　阳　县	951508	1243527	30.7
万　年　县	798667	933157	16.8
婺　源　县	292915	298860	2.0
德　兴　市	695977	607400	－12.7

4－7 分县(市、区)分行业登记注册

县　市			本年合计	内资企业		
					国有企业	集体企业
上	饶	市	17902920	17098223	3341823	101483
信	州	区	1698364	1650771	823459	1600
广	丰	区	2407458	2310983	545277	
上	饶	县	2379088	1814959	60026	
玉	山	县	1675987	1636933	327302	
铅	山	县	1349444	1336444	182063	
横	峰	县	648554	641307	118134	
弋	阳	县	969761	969761	131510	17600
余	干	县	1424532	1424532	293602	
鄱	阳	县	1616476	1616476	215198	
万	年	县	1233389	1233389	185599	
婺	源	县	1008414	979774	136410	72744
德	兴	市	1491453	1482894	323243	9539

类型固定资产投资完成情况

单位:万元

股份合作企业	联营企业	有限责任公司	股份有限公司	私营企业	其他企业	港、澳、台商投资企业	外商投资企业	个体经营
99500	182444	4700003	353818	8073009	246143	680476	88334	35887
	7819	751150	6425	60318		1600	45993	
		355194	5050	1390942	14520	86205	10270	
69400		738549	51328	885656	10000	553617	10512	
2300		142317	91443	1073571		39054		
		50934	6251	973984	123212		13000	
		69284	3500	449109	1280			7247
		273326		547325				
	148015	102395	32699	847821				
	1500	1134861		241493	23424			
		158811	7500	881479				
27800	25110	298081	78632	307047	33950			28640
		625101	70990	414264	39757		8559	

4－8　房地开发企业房屋

（2016

指标名称	合计	去年同期	增幅（%）	住宅
房屋施工面积	11052642	10726284	3.0	8104809
其中:新开工面积	2530327	3036518	－16.7	1915203
房屋竣工面积	1673412	1583569	5.7	1282388
其中:不可销售面积	13691	47324	－71.1	457
住宅竣工套数				10936
房屋竣工价值	431017	400910	7.5	325745
房屋出租面积		4875	－100.0	
商品房销售面积	3807603	2789180	36.5	3399459
现房销售面积	1231733	769074	60.2	1101001
期房销售面积	2575870	2020106	27.5	2298458
商品房销售额	1861579	1369136	36.0	1526619
现房销售额	594644	362188	64.2	489650
期房销售额	1266935	1006948	25.8	1036969
商品住宅销售套数				28658
现房销售套数				8743
期房销售套数				19915
待售面积	1731403	1601799	8.1	1047537
其中:待售1－3年面积	1206761	833709	44.7	714456
其中:待售3年以上面积	87193	114107	－23.6	66642

施工、销售和空置情况

年）

单位：平方米、万元

去年同期	增幅（%）	90平米及以下住房	去年同期	增幅（%）	144平米及以上住房	去年同期	增幅（%）
8016323	1.1	1083240	1255064	-13.7	1006649	920170	9.4
2244499	-14.7	159741	342889	-53.4	300307	202236	48.5
1319009	-2.8	167363	137330	21.9	89738	132276	-32.2
41041	-98.9						
10324	5.9	2342	1816	29.0	578	699	-17.3
315144	3.4	48937	33368	46.7	19809	47278	-58.1
2491811	36.4	352665	405862	-13.1	358669	208185	72.3
699226	57.5	98729	116097	-15.0	175904	55016	219.7
1792585	28.2	253936	289765	-12.4	182765	153169	19.3
1127215	35.4	140385	167936	-16.4	178707	132185	35.2
312031	56.9	42007	48552	-13.5	74082	33305	122.4
815184	27.2	98378	119384	-17.6	104625	98880	5.8
21601	32.7	4429	4819	-8.1	1824	1103	65.4
6093	43.5	1156	1360	-15.0	989	268	269.0
15508	28.4	3273	3459	-5.4	835	835	0.0
1218270	-14.0	96430	75718	27.4	81908	141790	-42.2
608946	17.3	69607	43999	58.2	48359	56974	-15.1
73776	-9.7	2681	2681	0.0	21366	21954	-2.7

4-8 续表

指标名称	别墅、高档公寓	去年同期	增幅（%）	办公楼
房屋施工面积	387917	347719	11.6	214441
其中:新开工面积	157547	30748	412.4	21558
房屋竣工面积	12793	48693	-73.7	11685
其中:不可销售面积				3747
住宅竣工套数	42	234	-82.1	
房屋竣工价值	9806	25856	-62.1	4393
房屋出租面积				
商品房销售面积	90268	32845	174.8	37390
现房销售面积	66188	24058	175.1	8447
期房销售面积	24080	8787	174.0	28943
商品房销售额	49789	22238	123.9	20708
现房销售额	31775	14619	117.4	5541
期房销售额	18014	7619	136.4	15167
商品住宅销售套数	397	141	181.6	
现房销售套数	318	120	165.0	
期房销售套数	79	21	276.2	
待售面积	62793	113927	-44.9	79875
其中:待售1-3年面积	39821	51516	-22.7	77639
其中:待售3年以上面积	16033	16621	-3.5	

去年同期	增幅（%）	商业营业用房	去年同期	增幅（%）	其他房屋	去年同期	增幅（%）
198860	7.8	1788774	1709543	4.6	944618	801558	17.8
14891	44.8	385969	460421	-16.2	207597	316707	-34.5
8212	42.3	222967	202677	10.0	156372	53671	191.4
244	1435.7	4127			5360	6039	-11.2
1754	150.5	65646	67680	-3.0	35233	16332	115.7
4875	-100.0						
30615	22.1	281835	182363	54.5	88919	84391	5.4
		90396	39203	130.6	31889	30645	4.1
30615	-5.5	191439	143160	33.7	57030	53746	6.1
20966	-1.2	281067	190934	47.2	33185	30021	10.5
		86715	39912	117.3	12738	10245	24.3
20966	-27.7	194352	151022	28.7	20447	19776	3.4
643	12322.2	503962	324218	55.4	100029	58668	70.5
102	76016.7	367588	201634	82.3	47078	23027	104.4
		15095	25613	-41.1	5456	14718	-62.9

4－9 房地产企业财务状况

（2016 年）　　　　单位：万元

指标名称	总　计（按经济注册类型分）	国有企业	集体企业	股份有限公　司	私营及个体投资	港澳台商投资企业
计划总投资	7859804	7859804	10800	436362	2842103	
自开始建设累计完成投资	5577826	5577826	12873	411942	2294993	
完成投资	1198914	1198914		75925	438402	
按构成分：建筑工程	901065	901065		54105	355734	
安装工程	114466	114466		2978	20579	
设备工器具购置	42293	42293			6258	
其他费用	141090	141090		18842	55831	
其中：旧建筑物购置费	3820	3820		2247	1573	
土地购置费	84398	84398		15361	42504	
按工程用途分：商品住宅	847685	847685		50628	346300	
其中：90 平方米及以下	173969	173969		7763	43506	
90－144 平方米	530460	530460		39592	244840	
144 平方米及以上	143256	143256		3273	57954	
别墅、高档公寓	71404	71404		1313	24640	
按工程用途分：办公楼	47473	47473		347	2158	
商业营业用房	201897	201897		6685	40814	
其他	101859	101859		18265	49130	
新增固定资产	528644	528644		95489	232909	
一、实际到位资金合计	1934449	1934449	889	150189	756564	
1.上年末结余资金	393808	393808		18758	158047	
2.实际到位资金小计	1540641	1540641	889	131431	598517	
(1)国内贷款	86953	86953		17752	34222	
银行贷款	79723	79723		16493	30051	
非银行金融机构贷款	7230	7230		1259	4171	
(2)自筹资金	446750	446750		38371	157728	
其中：自有资金	159186	159186		22122	65680	
股东投入资金	69292	69292		5577	12643	
借入资金	49722	49722		1783	14934	
(3)其他资金来源	1006938	1006938	889	75308	406567	
其中：定金及预收款	485068	485068	267	37600	192369	
个人按揭贷款	503797	503797	622	34040	201793	
二、各项应付款合计	369347	369347		60069	138945	
其中：工程款	244663	244663		34344	96805	
待开发土地面积	551473	551473		17846	204404	40000
土地购置面积	233547	233547		29050	134485	
土地成交价款	45526	45526		9361	30789	
其中：拆迁补偿费	504	504		256	240	
土地使用权出让金	20115	20115		5253	9494	
契税	886	886		185	701	

4－10 房地产开发企业投资、资金和土地情况

(2016年)　　　　　　　　　　　　　　　　　　　　单位:万元

指标名称	总计 (按隶属关系分)	上年同期	增　幅 (%)
计划总投资	7859804	7554841	4.0
自开始建设累计完成投资	5577826	4648968	20.0
完成投资	1198914	1293855	－7.3
按构成分:建筑工程	901065	897285	0.4
安装工程	114466	126357	－9.4
设备工器具购置	42293	13359	216.6
其他费用	141090	256854	－45.1
其中:旧建筑物购置费	3820	3540	7.9
土地购置费	84398	205163	－58.9
按工程用途分:商品住宅	847685	971524	－12.7
其中:90平方米及以下	173969	213342	－18.5
90－144平方米	530460	662917	－20.0
144平方米及以上	143256	95265	50.4
别墅、高档公寓	71404	28517	150.4
按工程用途分:办公楼	47473	27243	74.3
商业营业用房	201897	172956	16.7
其他	101859	122132	－16.6
新增固定资产	528644	531402	－0.5
一、实际到位资金合计	1934449	1482112	30.5
1.上年末结余资金	393808	333013	18.3
2.实际到位资金小计	1540641	1149099	34.1
(1)国内贷款	86953	119769	－27.4
其中:银行贷款	79723	104219	－23.5
非银行金融机构贷款	7230	15550	－53.5
(2)自筹资金	446750	452588	－1.3
其中:自有资金	159186	223392	－28.7
股东投入资金	69292	56464	22.7
借入资金	49722	47603	4.5
(3)其他资金来源	1006938	576742	74.6
其中:定金及预收款	485068	254066	90.9
个人按揭贷款	503797	282336	78.4
二、各项应付款合计	369347	288095	28.2
其中:工程款	244663	223170	9.6
待开发土地面积	551473	730295	－24.5
土地购置面积	233547	328749	－29.0
土地成交价款	45526	93936	－51.5
其中:拆迁补偿费	504	506	－0.4
土地使用权出让金	20115	39353	－48.9
契税	886	1506	－41.2

4－11　分县(市、区)房地产开发投资

单位:万元

县　市	2015 年	2016 年	增　长（%）
上　饶　市	1293855	1198914	－7.3
信　州　区	145793	234741	61.0
广　丰　区	136151	163129	19.8
上　饶　县	149372	129922	－13.0
玉　山　县	147714	92076	－37.7
铅　山　县	53036	55859	5.3
横　峰　县	31929	16888	－47.1
弋　阳　县	39850	8475	－78.7
余　干　县	128557	116827	－9.1
鄱　阳　县	171977	176100	2.4
万　年　县	66165	39026	－41.0
婺　源　县	69723	48393	－30.6
德　兴　市	56103	57186	1.9
开　发　区	97485	60292	－38.2

主 要 统 计 指 标 解 释

全社会固定资产投资 以货币表现的在一定时期内全社会建造和购置固定资产活动的工作量以及与此有关的费用的总称，包括建设项目固定资产投资、房地产开发投资、农村农户固定资产投资。该指标是反映固定资产投资规模、结构和发展速度的综合性指标。全社会固定资产投资按登记注册类型可分为国有、集体、个体、联营、股份制、外商、港澳台商、其他等。

农村投资 包括在农村区域范围内进行固定资产投资活动的企业、事业、行政单位及农村个人投资。农村个人固定资产投资为农村抽样调查总队根据抽样调查资料推算。

房地产开发投资 包括各种经济类型的房地产开发公司、商品房建设公司及其他房地产开发单位统一开发的包括统代建、拆迁还建的住宅、厂房、仓库、饭店、宾馆、度假村、写字楼、办公楼等房屋建筑物和配套的服务设施、土地开发工程，如道路、给水、排水、供电、供热、通讯、平整场地等基础设施工程的投资。包括非房地产企业实际从事房地产开发或经营活动，不包括单纯的土地交易活动。

建设总规模 是指在报告期内所有施工项目的计划总投资。这个指标和施工项目相对应。

在建总规模 是指在报告期末所有在建项目的计划总投资。

在建净规模 是指报告期末所有在建项目建成投产尚需的投资总量。

在建净规模＝在建总规模－未投产项目（期末在建）累计完成投资。

固定资产投资资金来源 根据固定资产投资的资金来源不同，分为上年末结余资金、本年资金来源小计和各项应付款。其中本年资金来源小计又分为国家预算内资金、国内贷款、债券、利用外资、自筹资金和其他资金。

（1）国家预算内资金 分为财政拨款和财政安排的贷款两部分。包括中央财政的基本建设基金（分经营性基金和非经营性基金两部分）、专项支出（如煤代油专项等）、收回再贷、贴息资金，财政安排的挖潜改造和新产品试制支出、城建支出、商业部门简易建筑支出、不发达地区发展基金等资金中用于固定资产投资的资金；地方财政中由国家统筹安排的资金等。

（2）国内贷款 是指报告期固定资产投资单位向银行及非银行金融机构借入的用于固定资产投资的各种国内借款，包括银行利用自有资金及吸收的存款发放的贷款、上级主管部门拨入的国内贷款、国家专项贷款（包括煤代油贷款、劳改煤矿专项贷款等），地方财政专项资金安排的贷款、国内储备贷款、周转贷款等。

（3）债券 是指企业（公司）或金融机构通过发行各种债券，筹集的用于固定资产投资的资金。包括由银行代理国家专业投资公司发行的重点企业债券和基本建设债券。

（4）利用外资 是指报告期收到的用于固定资产建造和购置投资的境外资金（包括设备、材料、技术在内）。包括外商直接投资、对外借款（外国政府贷款、国际金融组织贷款、出口信贷、外国银行商业贷款、对外发行债券和股票）及外商其他投资（包括补偿贸易和加工装配由外商提供的设备价款、国际租赁）。不包括我国自有外汇资金（包括国家外汇、地方外汇、留成外汇、调济外汇和中国银行自有资金发行的外汇贷款等）。计算利用外资时，需要折算成人民币，折算中所使用的外汇汇率按现汇计算，即按使用外汇时的汇率计算。

（5）外商直接投资 是指外国投资商要与中国

企业(政府)合资、合作或独资中以外汇现金、设备(或实物)、技术、专利或其他方式投入的资金总量。

(6)自筹资金　指固定资产投资单位报告期收到的,由各地区、各部门及企业、事业单位筹集用于固定资产投资的预算外资金,包括中央各部门、各级地方和企业、事业单位的自有资金。

(7)其中资金来源　是指在报告期收到的除以上各种资金之外其他用于固定资产投资的资金。包括社会集资、个人资金、无偿捐赠的资金及其他单位拨入的资金等。

固定资产投资按国民经济行业分　国民经济行业分类按企、事业单位所从事的生产或其他经济活动的性质的同一性进行的分类。固定资产投资按国民经济行业分类,基本建设项目按建成投产后的主要产品的种类或主要用途及社会经济活动种类来划分。一般情况下,一个建设项目只能属于一种国民经济行业。为了更准确地反映国民经济各行业之间的比例关系,联合企业(总厂)所属分厂属于不同行业的,原则上按分厂划分行业。

固定资产投资按建设性质分　建设项目的性质一般分为新建、扩建、迁建、恢复。基本建设按建设项目划分建设性质,更新改造、国有经济单位其他固定资产投资及城镇集体投资按整个企业、事业单位的建设情况确定建设性质。目前基本建设和更新改造是根据我国现行的计划管理体制区分,所以基本建设和更新改造都可以分别按新建、扩建等划分。

(1)新建　一般是指从无到有、“平地起家”新开始建设的单位。有的单位原有的基础很小,经过建设后其新增加的固定资产价值超过原有固定资产价值(原值)三倍以上的也算新建。

(2)扩建　一般是指为扩大原有产品的生产能力,在厂内或其他地点增建主要生产车间(或主要工程)、独立的生产线或总厂之下的分厂的企业;事业单位和行政单位在原单位增建业务用房、行政机关增建办公楼等)也作为扩建。

(3)改建　一般是指现有企业、事业单位为了技术进步,提高产品质量,增加花色品种,促进产品升级换代、降低消耗和成本,加强资源综合利用和三废治理、劳保安全等,采用新技术、新工艺、新材料等对现有设施、工艺条件进行填平补齐而增建不增加本单位主要产品生产能力的车间等,也属于改建。

固定资产投资按用途分　固定资产投资按工程的经济用途分为用于第一产业、第二产业、第三产业和住宅四部分的建设。是研究不同用途的固定资产投资之间比例关系的重要指标。基本建设投资、国有经济单位其他固定资产投资及城镇集体投资的用途按单项工程确定,现有企业、事业单位更新改造的用途按更新改造项目确定。

固定资产投资按构成分　固定资产投资活动按其工作内容和实现方式分为建设安装工程,设备、工具、器具购置,其他费用三个部分。

(1)建筑安装工程(建筑工作量)　指各种房屋、建筑物的建造工程和各种设备、装置的安装工程。包括各种房屋建造工程,各种用途设备基础和各种工业窑炉的砌筑工程;为施工而进行的各种准备工作和临时工程以及完工后的清理工作等;铁路、道路的铺设,矿井的开凿及石油管道的架设等;水利工程;防空地下建筑等特殊工程;以及各种机械设备的安装工程;为测定安装工程质量,对设备进行的试行工作。在安装工程中,不包括被安装设备本身的价值。

(2)设备、工具、器具购置　指购置或自制达到固定资产标准的设备、工具、器具的价值,固定资产的标准按财务部门规定。新建单位、扩建单位的新建车间按照设计和计划要求购置或自制的全部设备、工具、器具,不论是否达到固定资产标准均计入“设备、工具、器具购置”中。

(3)其他费用　指除建筑安装工程和设备、工具、器具购置以外的投资完成额。它包括两种性质的费用,一种是属于增加固定资产的费用,主要有:建设单位管理费,土地、青苗等补偿费和安置费、各种经济林木的营造费、办公和生活家具、器具购置费、引进技术和进口设备项目的其他费用、联合试运转费;一种是属于不增加固定资产的费用,主要有:施工机械转移费、生产职工培训费、农业开荒费用及报废工程损失费等。

施工项目 指报告期内曾进行建筑或安装工程施工活动的建设项目。包括报告期内新开工项目、报告期以前开工跨入报告期继续施工的项目以及报告期施工过并在报告期内全部建设投产或停缓建的项目。

全部建成投产项目 工业项目指设计文件规定形成生产能力的主体工程及其相应配套的辅助设施全部建成,经负荷试运转,证明具备生产设计规定合格产品的条件,并经过验收鉴定合格或达到竣工验收标准,与生产性工程配套的生产配套工程全部建成,能够发挥设计规定的全部效益,经验收鉴定合格或达到竣工验收标准,正式移交使用的建设项目。

施工和竣工房屋建筑面积 房屋建筑面积是从房屋外墙线处起的各层平面面积的总和,包括房屋结构(如柱、墙)占用的面积和地下室面积。多层建筑按各自然面积总和计算,包括房屋内的楼隔层,突出墙面的眺望间、门斗、有柱雨罩的面积。不包括突出墙面结构的构件 、艺术装饰等所占的面积,如台阶等。凹阳台 、挑阳台按其水平投影面积一半计算建筑面积。

竣工面积 指在报告期内房屋建筑按照设计要求已全部完工,达到住人和使用条件,经验收鉴定合格,正式移交使用单位的建筑面积。

房屋建筑面积竣工率 指一定时期内房屋竣工面积占同期房屋施工面积的比率。它是从房屋建筑施工速度的角度反映投资效果和建筑业经济效益的指标。

新增固定资产 指通过投资活动所形成的新的固定资产价值。包括已经建成投入生产或交付使用的工程价值和达到固定资产标准的设备、工具、器具的价值及有关应摊入的费用。它是以价值形式表示的固定资产投资成果的综合性指标,可以综合反映不同时期、不同部门、不同地区的固定资产投资成果。

五、能源生产与消费

本篇资料整理、校对
丰何生

简要说明

●本篇资料反映我市工业企业能源生产与消费情况。

●本篇资料除全社会用电量、石油销售数据来源于市供电局、商务局以外，其余均由统计系统根据国家统计局制发的报表制度逐级汇总上报而来。

●能源数据统计范围：1997 年及以前年度统计范围为县及县以上工业、建筑业、运输邮电企业；1998 - 2000 年统计范围为乡及乡以上独立核算工业企业和年产品销售收入 500 万元及以上的村及村以下工业企业；2001 年 - 2010 年统计范围为规模以上工业企业（年主营业务收入 500 万元及以上的法人工业企业）。2011 年及以后统计范围为规模以上工业企业（年主营业务收入 2000 万元及以上的法人工业企业）

●2016 年全市全社会能源消耗量为 722.72 万吨标准煤，同比增长 6.24%；万元 GDP 能耗为 0.402 吨标准煤/万元，同比下降 2.52%；全社会用电量为 132.85 亿千瓦时，其中：工业用电量为 83.47 亿千瓦时；单位工业增加值能耗为 0.46 吨标准煤/万元，同比下降 12.39%。

5-1 规模以上工业企业

(2016

指　　标	计量单位	年初库存	全年购进量	购自省外
原煤	吨	270498	4558449	4121330
其中:1.无烟煤	吨	5742	172086	58578
2.炼焦烟煤	吨	3157	22811	7806
3.一般烟煤	吨	261599	4363552	4054946
其他洗煤	吨	793	21202	15720
煤制品	吨	2257	4827	879
焦炭	吨	2404	83684	32172
其它焦化产品	吨	18	849	849
天然气(气态)	万立方米	1	743	
液化天然气(液态)	吨	18	1018	869
汽油	吨	27	2540	
柴油	吨	588	26964	2471
燃料油	吨	1011	29228	15755
液化石油气	吨	17	179	
润滑油	吨	21	184	35
电力	万千瓦时		548082	
煤矸石用于燃料	吨		20602	
城市垃圾用于燃料	吨		1099	
生物质废料用于燃料	吨	29	97571	
余热余压	百万千焦		2202358	
其它工业废料用于燃料	吨		16344	
其他燃料	吨标准煤	44	921	395
能源合计	吨标准煤			

能源购进、消费与库存

年）

消费量				年末库存
消费合计	1.工业生产消费	2.非工业生产消费	合计中车辆用油	
4556377	4524547	31830	23	265610
160879	159025	1854		10575
22525	22525			3421
4372718	4342742	29975	23	251614
19455	19455			373
4952	4952			2132
84287	84287			1801
856	856			281
741	741			2
1021	1021			15
2264	1003	1261	931	4
26611	21113	5498	11403	730
29025	29005	20	9	905
179	119	60		15
167	167			16
630219	617181		13038	
20602	20602			
1099	1099			
97600	97610			
5785346	5785346			
16205	16205			
1358	1358			
4524907	4475427			

5－2　规模以上工业企业主要

(2016

分　　行　　业	原煤 (吨)	# 无烟煤 (吨)	# 炼焦烟煤 (吨)	# 一般烟煤 (吨)
全部规模以上工业企业	4556377	160879	22525	4372718
采矿业	53220	16030	5	37185
煤炭开采和洗选业				
黑色金属矿采选业				
有色金属矿采选业	15	10	5	
非金属矿采选业	53205	16020		37185
制造业	2157189	144849	22520	1989565
农副食品加工业	10822	41		10781
食品制造业	57243			57243
酒、饮料和精制茶制造业	4973	227		4746
纺织业	7909	610		7299
纺织服装、服饰业	1589	48		1541
皮革、毛皮、羽毛及其制品和制鞋业				
木材加工和木、竹、藤、棕、草制品业				
家具制造业	483			483
造纸和纸制品业	16130	87	14530	1513
印刷和记录媒介复制业	20			20
文教、工美、体育和娱乐用品制造业	532			532
石油加工、炼焦和核燃料加工业				
化学原料和化学制品制造业	139710	33460		106250
医药制造业	24844	4753		19836
化学纤维制造业				
橡胶和塑料制品业	2947			2947
非金属矿物制品业	1816796	95246	7990	1713560
黑色金属冶炼和压延加工业	130	130		
有色金属冶炼和压延加工业	66183	7862		58321
金属制品业	1255	1255		
通用设备制造业	580			580
专用设备制造业	1655			1655
汽车制造业	10			10
铁路、船舶、航空航天和其他运输设备制造业				
电气机械和器材制造业	3233	1132		2101
计算机、通信和其他电子设备制造业				
仪器仪表制造业				
其他制造业	114			114
废弃资源综合利用业	33			33
电力、热力、燃气及水生产和供应业	2345968			2345968
电力、热力生产和供应业	2345968			2345968
燃气生产和供应业				
水的生产和供应业				

能源按行业分组消费量(一)

年)

# 褐煤(吨)	其他洗煤(吨)	煤制品(吨)	焦炭(吨)	其它焦化产品(吨)	天然气(气态)(万立方米)	液化天然气(液态)(吨)	汽油(吨)
255	19455	4952	84287	856	741	1021	2264
							358
							108
							5
							223
							22
255	19455	4952	84287	856	741	1021	1771
							4
							17
							95
							25
							70
							40
							229
							41
					19		1
	16939				24		157
255							93
							4
							70
					48		16
	2516	4721	65324	856	483		99
			1304			149	47
			140				22
			17519		40	872	4
					127		2
							686
							13
							15
		231					15
							5
							136
							100
							20
							15

5－2 规模以上工业企业主要

(2016

分行业	柴油 (吨)	燃料油 (吨)	液化 石油气 (吨)	润滑油 (吨)
全部规模以上工业企业	26611	29025	179	167
采矿业	12245			12
煤炭开采和洗选业	153			
黑色金属矿采选业				
有色金属矿采选业	5635			12
非金属矿采选业	6457			
制造业	14322	29025	179	155
农副食品加工业				
食品制造业	192			
酒、饮料和精制茶制造业	4			
纺织业				
纺织服装、服饰业	42			
皮革、毛皮、羽毛及其制品和制鞋业				
木材加工和木、竹、藤、棕、草制品业	4			
家具制造业				
造纸和纸制品业				
印刷和记录媒介复制业				
文教、工美、体育和娱乐用品制造业				
石油加工、炼焦和核燃料加工业				
化学原料和化学制品制造业	472			47
医药制造业	40			
化学纤维制造业	14			
橡胶和塑料制品业				
非金属矿物制品业	12391			47
黑色金属冶炼和压延加工业	6			
有色金属冶炼和压延加工业	479	27385	179	55
金属制品业	162			
通用设备制造业	29	70		6
专用设备制造业	301	1571		
汽车制造业	4			
铁路、船舶、航空航天和其他运输设备制造业				
电气机械和器材制造业	169			
计算机、通信和其他电子设备制造业				
仪器仪表制造业				
其他制造业	5			
废弃资源综合利用业	7			
电力、热力、燃气及水生产和供应业	43			
电力、热力生产和供应业				
燃气生产和供应业	34			
水的生产和供应业	9			

能源按行业分组消费量(二)

年）

电力 （万千瓦时）	煤矸石 用于燃料 （吨）	城市垃圾 用于燃料 （吨）	生物质废料 用于燃料 （吨）	余热余压 （百万千焦）	其它工业废 料用于燃料 （吨）	其他燃料 （吨标准煤）	能源合计 （吨标准煤）
630219	20602	1099	97600	5785346	16205	1358	4524907
42665							109239
4877							6375
2303							2837
23525							37507
11960							62520
544727	20602	1099	46576	5785346	16205	1358	2612562
13703						22	24608
6091		34	1385				50075
2817			60				7270
13451							22357
7741							10823
2532							3172
6134		1065			4597		10141
1655							2379
14956	20602		5505				41794
983							1222
23599							29627
36							44
55154			32461	1164837	11608	1	268583
11138			2631				35410
4591							5667
3553							6471
154562				4489691		135	1605564
32414							40571
67804				130819		774	253651
13635							19774
14895						333	19372
3265							33048
7876							11220
141							174
66694			4534				90324
8130							10011
4263							5261
2259							3009
657						92	941
42827			51024				1803105
33049			51024				1790974
32							120
9745							12012

5－3　规模以上工业企业分县(市、区)能源消费量(一)

(2016 年)

能源名称	计量单位	上饶市	信州区	广丰区	上饶县	玉山县	铅山县
原煤	吨	4556377	10810	50975	18469	591432	41620
其中:1.无烟煤	吨	160879	187	3133	172	95478	5453
2.炼焦烟煤	吨	22525	7990	14530		5	
3.一般烟煤	吨	4372718	2633	33312	18042	495949	36167
4.褐煤	吨	255			255		
其他洗煤	吨	19455				2109	14830
煤制品	吨	4952			3254	1467	
焦炭	吨	84287	7962	590	17670	9865	24422
其它焦化产品	吨	856			26		830
天然气(气态)	万立方米	741			127	38	91
液化天然气(液态)	吨	1021		149	0	872	
汽油	吨	2264	87	110	791	124	41
柴油	吨	26611	537	3515	1624	6033	1274
燃料油	吨	29025	308		4138	4148	13941
液化石油气	吨	179				179	
润滑油	吨	167				64	
电力	万千瓦时	630219	15826	70153	87991	99123	26591
煤矸石用于燃料	吨	20602					
城市垃圾用于燃料	吨	1099					
生物质废料用于燃料	吨	97600					
余热余压	百万千焦	5785346				1305572	
其它工业废料用于燃料	吨	16205					
其他燃料	吨标准煤	1358				791	
能源合计	吨标准煤	4524906.98	37783.87	129879.10	151185.67	644792.70	121073.45

5－3　规模以上工业企业分县(市、区)能源消费量(二)

(2016年)

能源名称	计量单位	横峰县	弋阳县	余干县	鄱阳县	万年县	婺源县	德兴市
原煤	吨	8405	611239	2345968	2398	691644	2728	180690
其中:1.无烟煤	吨	227				3621		52608
2.炼焦烟煤	吨							
3.一般烟煤	吨	8178	611239	2345968	2398	688024	2728	128081
4.褐煤	吨							
其他洗煤	吨	2516						
煤制品	吨							231
焦炭	吨	2974				15087		5717
其它焦化产品	吨							
天然气(气态)	万立方米		1				2	482
液化天然气(液态)	吨							
汽油	吨	34	108	96	117	90	133	533
柴油	吨	58	2128	1735		1663	7	8036
燃料油	吨	4985		1478		26		
液化石油气	吨							
润滑油	吨							103
电力	万千瓦时	16161	67723	75978	29086	70086	2492	69009
煤矸石用于燃料	吨		20602					
城市垃圾用于燃料	吨					34		1065
生物质废料用于燃料	吨		37875	1826	51024	4534	60	2281
余热余压	百万千焦		1517842			1666277		1295656
其它工业废料用于燃料	吨							16205
其他燃料	吨标准煤				333	92		142
能源合计	吨标准煤	38325.81	526093.49	1799167.25	88988.10	678648.96	5304.97	303663.61

5-4 规模以上工业企业水消费按行业分组消费量

（2016年） 单位：万立方米

项目	工业取水总量						重复用水	净取水量
	取水合计	地表水	地下水	自来水	雨水收集利用	其他水		
总计	18006	14840	567	2580	4	14	113860	6934
煤炭开采和洗选业	30		30					30
黑色金属矿采选业	1		1					1
有色金属矿采选业	690	487	198	4	1		810	690
非金属矿采选业	235	78	81	75			5	235
农副食品加工业	89	2	1	87			21	89
食品制造业	96	53	3	40			107	96
酒、饮料和精制茶制造业	34	1		33				34
纺织业	132	1	30	101			22	132
纺织服装、鞋、帽制造业	101	6	1	94			6	101
皮革、毛皮、羽毛(绒)等	36	1		35				36
木材加工及木、竹、藤等	49		5	44			8	49
家具制造业	71			71				71
造纸及纸制品业	321	151		170			205	321
印刷业和记录媒介的复制	27			27				27
文教、工美、体育和娱乐用品制造业	52		6	46			2	52
化学原料及化学制品制造	271	52	10	207		2	114	271
医药制造业	165	46	23	97			86	165
化学纤维制造业	2			1		1		2
橡胶和塑料制品业	36			36			7	36
非金属矿物制品业	821	500	154	160		6	531	821
黑色金属冶炼及压延	37		1	35			2	37
有色金属冶炼及压延	819	553	13	250	3		1308	819
金属制品业	182	88	2	92			86	182
通用设备制造业	156	3		153			21	156
专用设备制造业	32	2	1	29				32
汽车制造业	103	18	1	80		3		103
电气机械及器材制造业	464	4	4	454		2	38	464
通信设备、计算机及其他	62	1		61				62
仪器仪表制造业	50			50				50
其他制造业	17			17				17
废弃资源综合利用业	12	3		9			13	12
电力、热力生产和供应业	1258	1239		18			110468	1258
燃气生产和供应业	1			1				1
水的生产和供应业	11551	11551						480

5－5　规模以上工业企业平均每天主要能源消费量

品　　名	2011 年	2012 年	2013 年	2014 年	2015 年	2016 年
原　　煤（吨）	14446.59	13497.81	13793.77	13802.02	14211.56	12449.12
焦　　炭（吨）	151.69	229.01	288.23	335.48	255.41	230.29
汽　　油（吨）	4.38	6.08	7.54	7.10	7.97	6.19
柴　　油（吨）	38.87	49.48	60.92	62.89	60.32	72.71
燃 料 油（吨）	49.81	68.43	70.14	76.92	111.78	79.30
电力(万千瓦小时)	1155.49	1328.68	1449.78	1511.60	1653.06	1721.91

注:能源消耗数据统计范围为年主营业务收入 2000 万元以上法人工业企业。

5－6　分县(市、区)石油商品销售量

单位:吨

县(市、区)	汽　油	柴　油
全　市	331835	304721
信 州 区	45787	10773
广 丰 区	29675	18534
上 饶 县	32577	21115
玉 山 县	30400	74066
铅 山 县	26134	29592
横 峰 县	8955	20399
弋 阳 县	13506	24140
余 干 县	32896	33850
鄱 阳 县	36802	31571
万 年 县	21633	17111
婺 源 县	30223	11233
德 兴 市	23247	12337

5-7 分县(市、区)用电量

(2016年)　　单位:万千瓦时

县(市、区)	总售电量(总用电量)		工业用电量	
	总　计	增长(%)	总　计	增长(%)
全　　市	1328496	11.41	834685	7.72
信州区	105246	12.30	12744	-28.00
广丰区	134549	22.51	91621	25.42
上饶县	170340	19.90	121778	17.57
玉山县	117146	14.72	76244	12.91
铅山县	72503	7.13	47584	1.83
横峰县	31460	12.90	12579	0.15
弋阳县	84296	5.22	59332	1.06
余干县	119487	1.32	71100	-6.99
鄱阳县	107224	14.95	31842	9.95
万年县	97146	10.44	74097	10.02
婺源县	51430	15.79	21888	23.96
德兴市	237668	5.42	213873	3.77

5－8　分县(市、区)单位

县　　市	单位 GDP 能耗下降率				
	2012 年	2013 年	2014 年	2015 年	2016 年
上饶市	6.082	3.74	3.94	3.25	2.52
信州区	6.936	5.65	3.72	3.09	2.25
广丰区	6.780	4.12	3.64	4.10	3.03
上饶县	7.135	4.46	4.68	3.21	2.57
玉山县	5.518	4.73	4.92	3.30	3.13
铅山县	4.297	3.66	4.87	4.74	3.14
横峰县	4.504	3.44	4.99	2.22	3.69
弋阳县	13.037	3.71	4.86	4.72	2.66
余干县	3.712	3.47	3.86	3.24	2.72
鄱阳县	4.715	4.70	3.41	2.79	1.68
万年县	14.500	4.73	4.89	4.74	3.06
婺源县	3.329	4.70	2.51	2.15	2.71
德兴市	5.132	3.58	3.88	3.28	2.65

GDP 能耗等完成情况表

单位：%

单位工业增加值能耗下降率					单位 GDP 电耗下降率				
2012 年	2013 年	2014 年	2015 年	2016 年	2012 年	2013 年	2014 年	2015 年	2016 年
12.59	4.85	8.68	7.33	12.39	9.62	0.48	3.38	1.10	-2.21
21.92	5.39	6.53	5.56	-0.75	5.71	-5.74	6.29	-4.60	-3.13
5.21	12.19	4.12	9.84	15.38	6.07	6.61	-4.76	11.38	-11.47
10.13	6.21	13.32	7.66	26.09	16.95	1.90	0.10	-0.72	-10.23
10.21	15.34	10.05	9.50	14.75	11.56	-1.87	11.03	5.80	-4.85
5.13	8.71	8.71	9.85	19.41	13.51	7.73	2.24	7.96	2.30
5.10	10.35	15.60	4.76	20.62	8.01	1.71	12.79	-1.74	-3.61
16.94	4.22	6.12	7.45	9.60	22.18	-7.22	11.33	1.44	2.98
21.98	4.64	8.54	7.50	21.80	8.37	-0.33	-1.71	-14.90	7.14
4.97	10.78	10.72	4.85	-20.08	-2.01	-0.25	4.52	-1.54	-6.38
5.11	10.79	6.21	10.10	4.96	11.97	-2.37	2.20	5.73	-1.06
2.35	8.07	10.95	4.93	21.67	13.77	7.18	-23.70	-1.74	-6.72
5.21	8.16	8.95	5.59	9.76	6.11	3.88	6.84	2.46	2.58

主 要 统 计 指 标 解 释

能源生产总量 指一定时期内地区一次能源生产量的总和，是观察地区能源生产水平、规模、构成和发展速度的总量指标。一次能源生产量包括原煤、原油、天然气、水电及其他动力能（如风能、地热能等）发电量。不包括低热值燃料生产量、生物质能、太阳能等的利用和由一次能源加工转换而成的二次能源产量。

能源消费总量 指一定时期内地区物质生产部门、非物质生产部门和生活消费的各种能源的总和。是观察能源消费水平、构成和增长速度的总量指标。能源消费总量包括原煤和原油及其制品、天然气、电力。不包括低热值燃料、生物质能和太阳能等的利用。能源消费总量分为三部分，即终端能源消费量、能源加工转换损失量和损失量。

(1)终端能源消费量 指一定时期内地区物质生产部门，非物质生产部门和生活消费的各种能源在扣除了用于加工转换二次能源消费量和损失量以后的数量。

(2)能源加工转换损失量 指能源在加工转换过程中的各种损失量，等于投入加工转换的各种能源数量之和与产出能源产品之和的差额。它是观察能源在加工转换过程中损失量变化的指标。

(3)能源损失量 指一定时期内能源在输送、分配、储存过程中发生的损失和由于客观原因造成的各种损失量。不包括各种气体能源放空、放散量。

能源生产弹性系数 是研究能源生产量的增长与国民经济增长之间关系的指标。计算公式为：

$$\text{能源生产弹性系数} = \frac{\text{能源生产总量年平均增长速度}}{\text{国民经济年平均增长速度}}$$

电力生产弹性系数 是研究电力生产量的增长与国民经济增长之间关系的指标。一般来说，电力的发展应快于国民经济的发展，也就是说电力应超前发展。其计算公式为：

$$\text{电力生产弹性系数} = \frac{\text{电力生产总量年平均增长速度}}{\text{国民经济年平均增长速度}}$$

能源消费弹性系数 是反映能源消费增长速度与国民经济增长速度之间比例关系的指标。其计算公式为：

$$\text{能源消费弹性系数} = \frac{\text{能源消费量年平均增长速度}}{\text{国民经济年平均增长速度}}$$

电力消费弹性系数 是反映电力消费增长速度与国民经济增长速度之间比例关系的指标。其计算公式为：

$$\text{电力消费弹性系数} = \frac{\text{电力消费量年平均增长速度}}{\text{国民经济年平均增长速度}}$$

六、物　　价

本篇资料整理、校对

王煌、郑丽萍

简要说明

●本篇价格指数资料，主要反映流通、消费等环节的价格变动趋势和变动幅度。

●价格指数统计由国家统计局上饶调查队组织实施。我市信州区和铅山县分别被省和国家抽选为调查县（区），他们依照国家统计局统一制定的价格统计调查制度向基层采集原始数据汇总后上报。

●消费、零售价格指数都是采用分层抽样调查方法编制的，然后以样本推断总体。编制过程有五大要素：1.在市区或镇辖区内选定经营规模大、商品种类多的商场（集市）作为调查点；2.选定消费量大、价格变动有代表性的商品，再确定每个商品的代表规格品。其代表规格品的筛选原则是：与社会生产和人民生活关系密切、销售数量（金额）大、市场供应保持稳定、价格变动趋势有代表性、所选的代表规格品之间差异大；3.采用派员直到调查点登记调查，同时聘请辅助调查 员协助登记调查；4.每年确定一次权数；5.采用国际通行的“链式拉斯贝尔公式”编制指数。

内容提要

●2016 年上饶市市区居民消费价格总指数为 101.7%，铅山县为 102.2%。

●2016 年上饶市市区商品零售价格总指数为 100.6%，铅山县为 100.5%。

6－1 商品零售价格分类指数

（2016 年）（上年＝100）

项目	市区	铅山县	项目	市区	铅山县
商品零售价格总指数	100.6	100.5	3、专业音像器材	100.0	100.0
一、食品	103.4	106.8	六、文化办公用品	98.1	100.1
1、粮食	101.6	100.5	七、日用品	100.3	99.9
2、薯类	107.3	118.4	1、日用百货	101.4	99.7
3、豆类	100.2	106.0	2、厨具餐具茶具	100.7	100.0
4、食用油	100.8	100.8	3、清洗用品	98.5	100.0
5、菜	107.0	106.5	4、其他日用品	100.1	100.0
6、畜肉类	106.9	114.8	八、体育娱乐用品	103.0	100.1
7、禽肉类	97.8	100.8	1、体育户外用品	100.0	100.0
8、水产品	104.8	117.8	2、娱乐用品	104.7	100.1
9、蛋类	95.9	98.3	九、交通、通信用品	99.0	96.0
10、奶类	98.4	103.5	1、交通运输机械	99.8	99.6
11、干鲜瓜果类	101.9	97.8	2、通信器材	96.2	86.6
12、糖果糕点类	102.1	100.5	十、家具	101.5	100.0
13、调味品	106.0	104.9	十一、化妆品	104.2	100.2
14、其他食品类	100.0	103.3	十二、金银饰品	112.8	102.2
15、在外餐饮	103.9	106.9	十三、中西药品及医疗保健用品	103.9	99.7
二、饮料、烟酒	101.7	100.9	1、医疗卫生器具	107.2	98.5
1、茶及饮料	97.6	100.0	2、中药	102.3	100.4
2、烟草	103.3	101.8	3、西药	107.6	99.3
3、酒类	101.7	100.0	4、保健器具及用品	93.9	100.6
三、服装、鞋帽	100.6	100.5	十四、书报杂志及电子出版物	101.1	103.6
1、服装	100.8	99.7	1、教材及参考书	102.7	99.6
2、鞋帽袜	99.9	102.8	2、书报杂志	100.0	109.7
3、其他衣着配件	100.0	100.0	3、计算机办公软件	100.0	100.0
四、纺织品	100.0	99.9	十五、燃料	89.2	93.0
1、服装材料	100.0	100.0	1、煤炭及制品	94.6	98.4
2、床上用品	100.0	99.8	2、石油及制品	88.3	91.9
五、家用电器和音像器材	99.7	100.0	十六、建筑材料及五金电料	100.0	98.9
1、家庭设备	99.8	100.0	1、建筑装潢材料	99.3	99.5
2、文娱用耐用消费品	99.6	100.0	2、五金水暖	101.8	97.4

6－2 居民消费价格分类指数

（2016 年）（上年＝100）

项目	市区	铅山县	项目	市区	铅山县
居民消费价格总指数	101.7	102.2	5、鞋类	99.9	103.8
一、食品烟酒	103.3	105.9	三、居住	102.5	100.2
1、食品	103.4	107.0	1、租赁房房租	104.9	102.5
（1）粮食	101.6	100.5	2.住房保养维修及管理	99.9	99.8
（2）薯类	107.3	118.4	3、水电燃料	94.2	97.1
（3）豆类	100.2	105.9	4、自有住房	107.9	102.7
（4）食用油	100.8	100.7	四、生活用品及服务	100.9	100.0
（5）菜	107.0	106.5	1、家具及室内装饰品	101.3	100.5
（6）畜肉类	106.9	114.9	2、家用器具	99.5	100.0
（7）禽肉类	97.8	100.8	3、家用纺织品	100.2	99.8
（8）水产品	104.8	118.3	4、家庭日用杂品	99.6	99.5
（9）蛋类	95.9	98.3	5、个人护理用品	104.9	100.2
（10）奶类	98.4	103.5	6、家庭服务	101.8	101.0
（11）干鲜瓜果类	101.9	97.8	五、交通和通信	99.2	98.0
（12）糖果糕点类	102.1	100.5	1、交通	99.4	98.6
（13）调味品	106.0	104.9	2、通信	99.0	96.9
（14）其他食品类	100.0	103.3	六、教育文化和娱乐	100.4	102.5
2、茶及饮料	97.6	100.0	1、教育	101.4	103.1
3、烟酒	102.7	101.2	2、文化娱乐	99.2	100.4
4、在外餐饮	103.9	106.9	七、医疗保健	101.0	101.7
二、衣着	100.5	100.7	1、药品及医疗器具	103.2	99.6
1、服装	100.7	99.8	2、医疗服务	99.5	102.5
2、服装材料	100.0	100.0	八、其他用品和服务	103.3	101.1
3、其他衣着及配件	100.0	100.0	1、其他用品类	108.0	101.2
4、衣着加工服务费	99.2	100.0	2、其他服务类	99.1	101.1

主 要 统 计 指 标 解 释

居民消费价格指数　是反映一定时期内城乡居民支付所购买生活消费品和获得服务项目的价格变动趋势和程度的相对数。编制居民消费价格指数，可以观察居民生活消费品及服务项目价格的变动对城乡居民生活的影响，为各级党政领导掌握居民消费价格状况，研究和制定居民消费价格政策、工资政策等提供科学依据。居民消费价格指数还是反映通货膨胀的重要指标。

商品零售价格指数　是反映工业、商业、餐饮业和其他零售企业向城乡居民、机关团体出售生活消费品和办公用品的价格变动趋势和程度的相对数。通过它，可以观察市场商品零售价格总升降水平，说明货币购买力的强弱，分析市场供求关系。同时，还可在此基础上编制其它各种派生价格指数，为研究城乡市场流通和新国民经济核算提供科学依据。

七、人民生活

简要说明

●本篇资料反映我市人民生活状况，包括居民收支及消费情况。

●本篇中有关城镇居民和农村居民生活状况的数据来源于城乡居民住户收支与生活状况抽样调查资料，是城乡住户调查一体化改革后，统一城乡居民调查指标，按照统一抽样方法，统一调查过程，抽样调查了全市各县(市、区)1180户调查户，经统一数据处理汇总的结果。

内容提要

●2016年，全市城镇居民人均可支配收入为29153元，比2015年增长8.3%；全市农村居民人均可支配收入11103元，比2015年增长9.8%(城乡一体化调查指标新口径对比)。

●2016年，全市城镇居民人均住房建筑面积为46平方米；全市农村居民人均住房建筑面积57平方米。

本篇资料整理、校对

邱　兰、王　威

7-1 城镇住户基本情况

指　　标	单位	2015年	2016年	增幅%
调查户数	户	440	440	—
城镇人均住房建筑面积	平方米/人	43	46	5.3
全年人均可支配收入	元	26924	29153	8.3
(一)工资性收入	元	13912	14392	3.5
(二)家庭经营净收入	元	6362	7056	10.9
(三)财产性净收入	元	2281	2282	0.0
(四)转移性净收入	元	4369	5423	24.1
全年人均生活消费支出	元	15137	15855	4.7
(一)食品消费支出	元	5194	5262	1.3
(二)衣着	元	1241	1253	0.9
(三)居住	元	3372	3547	5.2
(四)家庭设备、用品及服务	元	968	1106	14.2
(五)医疗保健	元	725	780	7.6
(六)交通和通讯	元	1588	1536	-3.3
(七)文化教育、娱乐用品及服务	元	1539	1855	20.5
(八)其他商品和服务	元	510	516	1.2

7－2　城镇居民平均每人主要实物消费量

单位：公斤

品　　名	2015 年	2016 年
粮　　食	135	134
# 稻谷、小麦	125	125
蔬　　菜	123	111
食　　油	15	12
猪　　肉	18	17
家　　禽	7	7
蛋　　类	6	5
奶及奶制品	10	7
食　　糖	1	1
酒	6	7
水　　果	26	26

7-3 农村住户基本情况

指　　标	单位	2015年	2016年	增幅%
调查户数	户	740	740	—
农村居民人均住房建筑面积	平方米/人	55	57	3.6
全年人均可支配收入	元	10112	11103	9.8
(一)工资性收入	元	4835	5472	13.2
(二)经营净收入	元	3196	3437	7.5
1.第一产业净收入	元	2181	2294	5.2
2.第二产业净收入	元	231	245	6.1
3.第三产业净收入	元	783	898	14.7
(三)财产性净收入	元	76	76	0.0
(四)转移性净收入	元	2005	2118	5.6
全年人均消费支出	元	7198	7772	8.0
(一)食品消费支出	元	2509	2575	2.6
(二)衣着	元	426	443	4.0
(三)居住	元	2004	2267	13.1
(四)家庭设备、用品及服务	元	507	542	6.9
(五)医疗保健	元	464	411	-11.4
(六)交通和通讯	元	508	673	32.5
(七)文化教育、娱乐用品及服务	元	614	685	11.6
(八)其他商品和服务	元	166	176	6.0

7-4　农村居民人均可支配收入及构成

（2016年）

指　标	平均每人(元)	构成(%)
全年人均可支配收入	11103	——
(一)工资性收入	5472	49.3
(二)家庭经营净收入	3437	31.0
1.第一产业净收入	2294	20.7
(1)农业收入	1949	17.6
(2)林业收入	124	1.1
(3)牧业收入	207	1.9
(4)渔业收入	14	0.1
2.第二产业净收入	245	2.2
(1)工业收入	65	0.6
(2)建筑业收入	180	1.6
3.第三产业净收入	898	8.1
(1)交通、运输、邮电业收入	269	2.4
(2)批零贸易业、饮食业收入	480	4.3
(3)社会服务业收入	110	1.0
(4)其他行业收入	39	0.4
(三)财产性净收入	76	0.7
(四)转移性净收入	2118	19.1

7－5　农村住户总支出及构成

（2016 年）

指　标	平均每人(元)	构成(%)
全 年 总 支 出	10049	——
一、生产经营费用支出	1201	12.0
1.第一产业经营费用支出	607	6.0
农业	459	4.6
林业	6	0.1
牧业	140	1.4
渔业	2	0.0
2.第二产业经营费用支出	70	0.7
工业	21	0.2
建筑业	49	0.5
3.第三产业经营费用支出	524	5.2
交通运输	167	1.7
批发和零售贸易、餐饮业	318	3.2
社会服务业	36	0.4
其他行业生产费用	3	0.0
二、财产性支出	4	0.0
三、转移性支出	128	1.3
其中:社会保障支出	90	0.9
四、部分商业保险支出	3	0.0
五、购置资产及非经常性转移支出	695	6.9
1、购置资产支出	192	1.9
2、非经常性转移支出	503	5.0
六、借贷性支出	246	2.4
七、生活消费支出	7772	77.3
1、食品烟酒	2575	25.6
2、衣着	443	4.4
3、居住	2267	22.6
4、家庭设备、用品及服务	542	5.4
5、交通和通讯	673	6.7
6、文化教育、娱乐用品及服务	685	6.8
7、医疗保健	411	4.1
8、其他商品和服务	176	1.8

7-6 农村居民平均每人主要实物消费量

单位:公斤

品　　名	2015 年	2016 年
粮　　食	134	103
# 稻谷、小麦	128	97
蔬　　菜	78	77
食　　油	11	11
猪　　肉	14	14
家　　禽	4	4
蛋　　类	5	4
奶及奶制品	5	5
食　　糖	1	1
酒	13	10
水　　果	6	15

7-7 各县(市、区)城乡居民人均可支配收入(新口径)

(2016 年)

单位:元

地　　区	城镇居民	农村居民
上　饶　市	29153	11103
信　州　区	31656	14358
广　丰　区	30989	13760
上　饶　县	23940	8535
玉　山　县	26579	12788
铅　山　县	22491	10927
横　峰　县	21277	8423
弋　阳　县	26631	11532
余　干　县	21255	8577
鄱　阳　县	20466	8574
万　年　县	26845	11403
婺　源　县	21676	10750
德　兴　市	28755	12873

主要统计指标解释

城乡居民可支配收入 指居民家庭在调查期内获得的、可用于最终消费支出和储蓄的总和，即居民家庭可以用来自由支配的收入。可支配收入既包括现金，也包括实物收入。按照收入来源，包含四项，即：

可支配收入＝工资性收入＋经营净收入＋财产净收入＋转移净收入

其中：经营净收入＝经营收入－经营费用－生产性固定资产折旧－生产税

财产净收入＝财产性收入－财产性支出

转移净收入＝转移性收入－转移性支出

城乡居民家庭总支出 指家庭全部实际支出。包括消费性支出、生产经营费用支出、转移性支出、财产性支出、购置资产及非经常性转移支出、商业保险支出、借贷性支出。

城乡居民消费支出 指调查户用于本家庭日常生活消费需要的全部支出，包括用于消费品的支出和用于服务性消费的支出。根据用途不同，消费支出可划分为食品烟酒、衣着、居住、生活用品及服务、医疗保健、交通和通讯、娱乐教育文化服务、其它用品和服务八大类。根据来源不同，消费支出可划分为现金消费支出、实物消费支出（含自产自用、来自单位、来自政府和其他社会组织）。

城乡居民年末住房面积 是指调查户家庭成员在年末调查时点实际居住的建筑面积，以房屋产权证或租赁证为准。

八、农　　业

简要说明

●本篇资料反映我市农业生产基本情况。

●本篇资料来源:除林业、渔业、农业机械拥有情况、水利情况分别取自市林业局、市农业局、市水利局统计报表外,其余资料均来源于统计部门农林牧渔业综合统计报表。农林牧渔业统计报表是按照国家统计局统一要求逐级汇总上报的。

内容提要

●2016 年,农业总产值 3779986 万元,按可比价计算,比上年增长 3.85%。

●2016 年,粮食总产量 3513111 吨,棉花产量 6183 吨,肉类总产量 310501 吨,水产品产量 536783 吨。

本篇资料整理、校对

吴凯华、杨晓东、王欣

8－1 农村乡(镇)基本情况

项　目	单　位	2015年	2016年
一、乡镇政府	个	187	185
镇政府	个	101	101
乡政府	个	86	84
二、村民委员会	个	2304	2305
三、村民小组	个	25859	25704
四、自来水受益村委会个数	个	1316	1434
占村委会总个数比重	%	57.1	62.2
五、通有线电视的村委会个数	个	2258	2268
占村委会总个数比重	%	98	98.4
六、通宽带的村委会个数	个	2063	2078
占村委会总个数比重	%	89.5	90.2

8－2 各县(市、区)乡(镇)组织情况

(2016 年)

县 市	乡(镇)政府个数(个)	# 镇政府(个)	村民委员会(个)	村民小组(个)
全 市	185	101	2305	25704
信州区	3	3	63	795
广丰区	18	15	167	2996
上饶县	21	11	224	3510
玉山县	14	9	191	1754
铅山县	17	7	162	2280
横峰县	8	2	69	899
弋阳县	15	10	129	1764
余干县	20	9	369	3130
鄱阳县	29	14	538	4286
万年县	12	6	130	1380
婺源县	16	10	172	1773
德兴市	11	5	76	1001
三管委	1		15	136

8－3 各县(市、区)农林牧渔业总产值

(2016 年按当年价格计算,新口径)　　单位:万元

县 市	农林牧渔业总产值	农 业	林 业	牧 业	渔 业	服务业
全 市	3779986	1604505	447707	696382	868719	162673
信州区	105509	48554	8000	16144	22781	10030
广丰区	325415	136463	35386	100847	42558	10161
上饶县	257570	120049	56707	40409	30362	10043
玉山县	240706	80112	50967	56548	43256	9824
铅山县	279633	121685	42469	45738	65184	4556
横峰县	130784	61543	11749	39598	12348	5547
弋阳县	239312	98935	42739	54101	31326	12211
余干县	587004	161070	26743	87766	268510	42916
鄱阳县	937400	511912	34454	90713	266544	33778
万年县	318831	130392	42846	9087	40117	14606
婺源县	169322	73300	34608	42895	15235	3284
德兴市	188500	60490	61040	30754	30500	5716

8－4　各县(市、区)农林牧渔业商品值

(2016年按当年价格计算,新口径)　　单位:万元

县　市	农林牧渔业增加值	农　业	林　业	牧　业	渔　业	服务业
全　市	2690990	1064570	289671	561880	647982	126887
信州区	94104	46177	7593	15905	19373	5056
广丰区	245634	100590	24815	78240	33217	8772
上饶县	177262	81619	30265	39023	22669	3686
玉山县	123976	21219	30329	36582	28038	7808
铅山县	196702	87139	25477	34224	46457	3405
横峰县	79823	28698	7976	32850	7303	2996
弋阳县	175872	60838	34459	42224	26241	12110
余干县	529910	150049	24591	78519	233919	42832
鄱阳县	636278	339604	6266	105094	164733	20581
万年县	175872	60838	34459	42224	26241	12110
婺源县	122682	45850	24952	34031	14565	3284
德兴市	132875	41949	38489	22964	25226	4247

8－5　各县(市、区)农林牧渔业中间消耗

(2016年按当年价格计算,新口径)　　单位:万元

县　市	农林牧渔业增加值	农　业	林　业	牧　业	渔　业	服务业
全　市	2453947	1055482	313873	405776	600498	78319
信州区	72532	31940	7608	12407	15747	4829
广丰区	227649	89769	27808	75762	29418	4892
上饶县	174596	90471	34756	23546	20987	4835
玉山县	157011	53700	35731	32950	29900	4730
铅山县	183724	80047	239773	26651	45058	2194
横峰县	78000	40485	8237	18073	8535	2670
弋阳县	154102	65082	29963	31524	21654	5879
余干县	412112	121955	18748	61140	185606	24662
鄱阳县	610269	331748	24154	57858	184247	12263
万年县	143525	55775	30038	22949	27731	7032
婺源县	121088	59719	24263	24995	10531	1581
德兴市	119340	34792	42793	17920	21083	2752

8－6 各县(市、区)农林牧渔业中间消耗

(2016年按当年价格计算、新口径)　　单位:万元

县　市	农林牧渔业中间消耗	农　业	林　业	牧　业	渔　业	服务业
全　市	1326038	549023	133834	290606	268221	84354
信州区	32977	16614	391	3737	7034	5201
广丰区	97766	46695	7578	25084	13140	5269
上饶县	82975	29578	21952	16863	9374	5208
玉山县	83696	26412	15236	23598	13355	5094
铅山县	95908	41638	12695	19087	20126	2363
横峰县	52784	21059	3512	21525	3812	2876
弋阳县	85210	33853	12776	22577	9672	6332
余干县	174892	39114	7994	26625	82904	18254
鄱阳县	327131	180164	10299	32855	82297	21516
万年县	175306	74617	12808	67921	12386	7574
婺源县	48234	13582	10345	17901	4704	1703
德兴市	69160	25698	18247	12834	9417	2964

8－7 各县(市、区)农林牧渔业总产值、中间消耗、增加值

(2016年按当年价格计算、新口径)　　单位:万元

县　市	农牧渔总产值	农牧渔中间消耗	农牧渔增加值	占农业总产值比重(%)	
				中间消耗	增加值
全　市	3779986	1326038	2453947	35.08	64.92
信州区	105509	32977	72532	31.26	68.74
广丰区	325415	97766	227649	30.04	69.96
上饶县	257570	82975	174596	32.21	67.79
玉山县	240706	83696	157011	34.77	65.23
铅山县	279633	95908	183724	34.30	65.70
横峰县	130784	52784	78000	40.36	59.64
弋阳县	239312	85210	154102	35.61	64.39
余干县	587004	174892	412112	29.79	70.21
鄱阳县	937400	327131	610269	34.90	65.10
万年县	318831	175306	143525	54.98	45.02
婺源县	169322	48234	121088	28.49	71.51
德兴市	188500	69160	119340	36.69	63.31

8－8　各县(市、区)主要农业机械年末拥有量

(2016年)

县　　市	农业机械总动力(千瓦)	大中型农用拖拉机		小型农用拖拉机	
		混合台	千瓦	台	千瓦
全　　市	2732100	4075	158457	61088	769660
信 州 区	51640	58	2507	114	1257
广 丰 区	141100	55	2310	500	6000
上 饶 县	176600	105	4210	218	1770
玉 山 县	193484	104	4353	390	3963
铅 山 县	239200	275	12465	2550	28050
横 峰 县	70282	201	10756	730	4606
弋 阳 县	156403	262	6389	5321	61191
余 干 县	549464	566	25142	29720	409734
鄱 阳 县	663323	2068	73247	15271	190689
万 年 县	115749	237	13798	2820	31050
婺 源 县	215500	10	400	1420	12000
德 兴 市	159355	134	2880	2034	19350

8－8　续表

县　　市	联合收割机		机动水稻插秧机	
	台数	千瓦	台数	千瓦
全　　市	11318	326940	1451	7653
信州区	59	2273	10	208
广丰区	110	4400	8	86
上饶县	120	3640	20	70
玉山县	86	2712	12	72
铅山县	655	30130	65	390
横峰县	257	11565		
弋阳县	793	22056	31	88
余干县	4627	110535	205	2060
鄱阳县	3200	81800	997	4237
万年县	678	33471	58	202
婺源县	315	11400	15	60
德兴市	418	12958	30	180

8-9 各县(市、区)农业化肥施用及水利情况

(2016年)

县　　市	农用化肥施用量(吨)		农村用电量(万千瓦小时)	有效灌溉面积(千公顷)
	实物量	折纯量		
全　　市	563353	147644	228290	300.11
信 州 区	6116	1359	20729	3.38
广 丰 区	32734	7063	16209	23.88
上 饶 县	24558	9580	52252	29.73
玉 山 县	31227	8200	13669	20.17
铅 山 县	31378	12828	16204	18.84
横 峰 县	7796	2033	4653	7.86
弋 阳 县	30308	11637	10712	22.91
余 干 县	171486	37729	12795	41.33
鄱 阳 县	159923	39117	45734	78.78
万 年 县	32558	8157	9297	22.16
婺 源 县	18668	4701	8686	20.79
德 兴 市	16225	5117	15769	10.28
三 管 委	376	123	1581	

注:三管委的有效灌溉面积没有单独统计,包含在玉山县的统计数据内

8-10 农作物播种面积和产量

项目	播种面积（公顷）			总产量（吨）		
	2015年	2016年	增减(%)	2015年	2016年	增减(%)
总计	803473	806887	0.42	5919135	6031611	1.90
粮食作物	598493	597742	-0.13	3528395	3513111	-0.43
谷物	564556	564298	-0.05	3409853	3394824	-0.44
稻谷	558695	558509	-0.03	3390462	3380701	-0.29
早稻	232893	232523	-0.16	1315795	1298819	-1.29
中稻及一季晚稻	71183	72900	2.41	483542	500864	3.58
二季晚稻	254619	253086	-0.60	1591125	1581018	-0.64
玉米	2470	2341	-5.22	11343	10774	-5.02
豆类合计	20262	19740	-2.58	40021	39959	-0.15
# 大豆	12781	12784	0.02	26733	27524	2.96
薯类(折粮计算)	13676	13704	0.20	78521	78328	-0.25
经济作物	204980	209145	2.03	2390740	2518500	5.34
油料合计	114963	113101	-1.62	197778	195811	-0.99
花生	14645	14297	-2.38	49093	48621	-0.96
油菜籽	92762	91191	-1.69	139001	137355	-1.18
芝麻	7544	7589	0.60	9641	9762	1.26
棉花	3976	3953	-0.58	5650	6183	9.43
麻类合计	98	99	1.02	309	318	2.91
黄红麻	14	14	0.00	47	45	-4.26
苎麻	84	85	1.19	262	273	4.20
甘蔗	3239	3290	1.57	120855	128345	6.20
烟叶	137	139	1.46	394	412	4.57
中药材	912	798	-12.50	1304	2368	81.60
蔬菜及食用菌	56463	61593	9.09	1407020	1530981	8.81
其他农作物	18984	19815	4.38	466456	473751	1.56

8-11 各县(市、区)粮食作物播种面积和产量

县市	播种面积(公顷)		总产量(吨)	
	2015年	2016年	2015年	2016年
合计	598493	597742	3528395	3513111
信州区	8684	8628	49607	49474
广丰区	39666	29536	191054	190592
上饶县	29486	39582	163360	162820
玉山县	36741	36890	207032	204144
铅山县	28933	27904	176684	175854
横峰县	13479	13479	78772	78530
弋阳县	37237	37685	224511	224615
鄱阳县	142240	142952	1108133	1098931
余干县	180489	180848	860218	862030
万年县	43816	43659	250226	250240
婺源县	18182	17681	104385	102419
德兴市	18976	18333	110998	110036
三管委	564	565	3415	3426

8－12　各县(市、区)茶叶、水果生产情况

(2016 年)　　　　产量单位:吨;面积单位:公顷

县　　市	茶叶总产量	园林水果总产量		年末茶园面积	年末果园面积	
		总计	# 柑桔类		总计	# 柑桔园
全　市	19413	67107	31459	20992	28220	16539
信州区	81	1078	802	30	153	98
广丰区	128	12795	9275	1049	10270	9368
上饶县	512	2793	1175	947	2814	594
玉山县	651	8469	3759	2500	4245	2021
铅山县	425	1579	714	1815	399	120
横峰县	46	7885	1026	136	551	159
弋阳县	256	12653	9420	114	874	624
余干县	5	3789	1880	546	2758	1344
鄱阳县	310	12144	1678	450	1828	173
万年县	87	1640	630	688	3059	1543
婺源县	16100	1159	493	12000	945	351
德兴市	805	1118	607	695	319	144
三管委	7	5		22	5	

8－13　各县(市、区)造林面积和主要林产品产量

(2016 年)

县　　市	人工造林面积(公顷)	年末实有封山(沙)育林面积(公顷)	森林抚育面积(公顷)	四旁(零星)植树(株)	当年苗木产量(株)	育苗面积(公顷)
上饶市	9191	25199	50268	6592990	116390000	18923
市辖区	67	667	1000		292049	47
信州区	67	80	667		2351192	373
广丰区	933	1766	4331	390	6325547	1004
上饶县	1600	3454	3467	1900000	30229613	4800
玉山县	440	1453	3200	145600	8691014	1380
铅山县	467	3033	4400	20000	7557403	1200
横峰县	534	1533	2000	500000	7935274	1260
弋阳县	267	2000	4000		7683360	1220
余干县	1334	1780	3000		8632234	1370
鄱阳县	1334	1600	5134	2800000	5911850	1380
万年县	934	1500	1200	77000	10748307	1706
婺源县	667	5233	11073	750000	12133831	1926
德兴市	547	1100	6796	400000	7898326	1257

8－14 各县(市、区)主要畜产品和蜂蜜产量

（2016 年）　　　　单位：吨

县　市	肉类总产量	#猪　肉	#牛　肉	#羊　肉	禽　蛋	牛　奶	蜂　蜜
全　　市	310501	228140	14148	2003	67046	223	3974
信 州 区	4698	4536	213	16	650	88	8
广 丰 区	54680	27736	1739	1305	23045	30	200
上 饶 县	11202	8510	359	80	1662	27	844
玉 山 县	18082	15915	265	82	3387		1068
铅 山 县	14871	11506	1270	140	3123		67
横 峰 县	16008	14870	286	22	922		20
弋 阳 县	21379	16782	1583	43	7320		200
余 干 县	38293	22403	3563	20	3367		32
鄱 阳 县	41295	23217	3834	94	14307	78	176
万 年 县	65032	62316	746	110	5867		158
婺 源 县	14625	11877	229	47	2491		1018
德 兴 市	10220	8377	57	31	905		155
三 管 委	116	95	4	13			28

8－15 牧 业 生 产 情 况

指　　标	2015 年	2016 年
当年出栏肉猪数　(头)	2885393	2758208
猪年末存栏　(头)	2027454	1939789
当年出售和自宰肉用牛　(头)	116879	121360
牛年末存栏　(头)	288352	265659
当年出售和自宰肉用羊　(只)	122771	128101
年末羊只数　(只)	64382	65814
当年肉类总产量　(吨)	314065	310501
猪肉产量	237111	228140
牛肉产量	13751	14148
羊肉产量	1958	2003
兔肉产量	111	111
禽肉产量	60799	65799
牛奶产量　(吨)	203	223
年末家禽只数　(百只)	243178	265135
当年家禽产蛋量　(吨)	63040	67046
当年蜂蜜产量　(吨)	2802	3974

8－16 各县(市、区)畜禽年末数

(2016 年)

县　　市	猪 (头)	牛 (头)	奶　牛 (头)	其中： 能繁母猪 (头)	羊 (头)	兔 (只)	家　禽 (百只)
全　　市	1939789	265659	89	157126	65814	46621	265135
信 州 区	32660	3051	27	2213	740		2721
广 丰 区	188313	35707	8	12569	30295	12274	58085
上 饶 县	82000	10756	8	9524	4285	160	8323
玉 山 县	110417	13164		10750	2708	18091	11379
铅 山 县	114457	28363	18	6618	4602	1976	8027
横 峰 县	174918	8517		8013	1211	2200	9043
弋 阳 县	153130	20065		10606	1900	3200	14572
余 干 县	214530	26350		17400	2760	1021	42042
鄱 阳 县	248748	96284	28	17506	5071	2898	87943
万 年 县	453847	13272		50368	4933		4119
婺 源 县	87909	5896		6493	4575	3016	9075
德 兴 市	77340	4106		5031	1914	1448	9740
三 管 委	1520	128		35	820	337	66

8－17 各县(市、区)畜禽出栏(笼)数和自宰数

(2016 年)

县　　市	猪 (头)	牛 (头)	羊 (头)	兔 (只)	家　禽 (百只)
全　　市	2758208	121360	128101	51664	427355
信 州 区	56842	1747	1053		6566
广 丰 区	328023	14657	84255	18320	148135
上 饶 县	100091	2881	5273	240	14811
玉 山 县	190354	2245	4829	17880	11810
铅 山 县	133391	11086	8689	735	12757
横 峰 县	182766	2457	1487	962	5472
弋 阳 县	197440	14349	2800	2250	19463
余 干 县	270600	30988	1280	1352	81427
鄱 阳 县	292843	32017	5962	6567	94315
万 年 县	763640	6397	6880		4393
婺 源 县	140399	2020	2911	2405	15580
德 兴 市	100449	481	1952	725	12598
三 管 委	1370	35	730	228	28

8－18 渔业生产情况

指　　标	2015 年	2016 年
渔业村 （个）	77	77
渔业户数 （户）	95544	95270
渔业人口 （人）	398209	377286
渔业劳动力 （人）	182265	178046
# 专业劳动力 （人）	98096	97994
养殖面积(亩)	1259198	1260213
池塘(亩)	310910	311443
水库(亩)	321803	322265
水产品总产量(吨)	521283	536783
# 养殖产量(吨)	464981	477781
鱼　类(吨)	467865	440210
甲壳类(吨)	19055	19834
贝　类(吨)	8526	8703
全年珍珠产量 （公斤）	111000	112000
全年鱼苗产量 （亿尾）	43.57	44.21

8－19 各县(市、区)水产品产量及养殖面积

(2016 年)　　产量单位:吨;面积单位:亩

县　市	水产品总产量	# 养殖产量	鱼类	甲壳类	贝类	养殖面积
全　市	536783	477781	440210	19834	8703	1260213
信州区	11269	10633	9712	211	103	13800
广丰区	32067	28261	26985	349	648	41143
上饶县	23000	21191	20839	212	128	48600
玉山县	32544	31225	25860	1454	2521	54900
铅山县	26868	22626	21185	1209		41991
横峰县	5950	5276	4366	384	182	13371
弋阳县	27015	24122	20475	29	255	44560
余干县	153731	137317	130677	5740	414	412620
鄱阳县	177800	154342	139201	9445	4295	472330
万年县	26855	25887	24794	555		66809
婺源县	9424	7034	6855	109		25005
德兴市	10260	9867	9261	137	157	25084

主 要 统 计 指 标 解 释

农林牧渔业总产值包括：

(1)农业产值，包括谷物及其他作物产值（如谷物、豆类、薯类、油料、棉花、麻类、糖料、烟草及其他作物）、蔬菜园艺作物（如蔬菜、花卉及其他园艺作物）、水果、坚果、饮料和香料作物以及中药材产值。

(2)林业产值，包括林木培育和种植产值、竹木采运产值以及林产品产值。

(3)牧业产值，包括大牧畜饲养、猪的饲养、畜禽饲养、狩猎和捕捉动物以及其他畜牧业产值。

(4)渔业产值，包括海水产品和内陆水域水产品养殖、捕捞产值，如鱼类、虾蟹类、贝类等产值。

(5)服务业产值，包括农林牧渔服务业营业收入。

从2004年开始农业总产值采用新口径计算方法

农林牧渔业中间消耗 指各种经济类型的农业生产单位和农户，在农业生产经营过程中投入（或消耗）的各种物质产品和劳务价值的总和。包括中间物质消耗和中间劳务消耗两个部分。计入中间消耗必须具备以下两个条件：一是与总产出相对应的生产过程中消耗的物质产品和劳务活动；二是本期投入并一次性消耗的不属于固定资产的非耐用品。

农林牧渔业增加值 指各种经济类型的农业生产和农户从事农业生产经营活动所提供的社会最终产品的货币表现。增加值的计算方法有两种，一是生产法：农林牧渔业增加值＝农村牧渔业－中间消耗；二是分配法：农林牧渔业增加值＝固定资产折旧＋劳动者报酬＋生产税净额（生产税－生产补贴）＋营业盈余。

粮食产量 指全社会的产量，包括国营农场等全民所有制经济的，集体统一和农民家庭经营的产量，还包括工矿企业家属办的农场和其他生产单位的产量，粮食除包括稻谷、小麦、玉米、高粱、谷子及其他杂粮外，还包括薯类和大豆。其产量计算方法，豆类按去豆荚后的干豆计算；薯类（包括甘薯和马铃薯，不包括芋头和木薯），1963年以前按每4公斤鲜薯折1公斤粮食计算，从1964年以后按5公斤鲜薯折1公斤粮食计算，其他粮食一律按脱粒后的原粮计算。

谷物 指稻谷、小麦、玉米、谷子、高粱和其他谷物，不包括薯类和大豆。早稻是指从播种到成熟约120天以内，中稻为120－150天，晚稻为150－180天。其他谷物指除稻谷、小麦、玉米、谷子、高粱以外的一些子实主要用作粮食的作物，包括大麦、元麦（青稞）、莜麦、荞麦、糜子、黍子等。

造林面积 是指本年度内在荒山、荒地、沙丘等一切可以造林的土地上，采用人工播种、植苗、飞机播种等方法新植的集中连片的乔木林和灌木林，经过检查验收，符合“造林技术规程”要求的株数，成活率达85%以上的年末实测面积。

工程造林 是指(1)有资金保证；(2)按工程项目进行管理；(3)经过严格的检查验收并记入技术档案。这三个条件要同时具备才属工程造林。

水产品产量 指人工养殖的水产品和天然生长水产品的捕捞产量。包括海水的鱼类、虾蟹类、贝类和藻类以及淡水的鱼类、虾蟹类和贝类，不包括淡水水生植物。

猪、牛、羊肉产量 指当年出栏并已屠宰的猪、牛、羊的肉产量。即屠宰后除去头蹄下水后带骨肉(即胴体重)的重量。

灌溉面积 指有效灌溉面积即具有一定的水源,地块比较平整,灌溉中设备已经配套,在一般年景下当年能够进行正常灌溉的面积。

农业机械总动力 指主要用于农、林、牧、渔业的各种动力机械的动力总和,包括耕作机械,排灌机械、收获机械、农产品加工机械、运输机械、植物保护机械、牧业机械、林业机械、渔业机械和其他农业机械(内燃机按引擎功率折成瓦(特)计算,电动机按功率折成瓦(特)计算)。不包括专门用于乡办工业、基本建设、非农业运输、科学试验和教学等非农业生产方面用的动力与作业机械。

九、工　　业

本篇资料整理、校对：

童　慧、黄龙龙

简要说明

一、本篇资料的主要内容

本篇资料反映全市规模以上工业经济方面的基本情况，包括12个县(市、区)及上饶经济技术开发区(简称经开区)的主要工业经济统计数据。其中，信州区直属是信州区的其中数；上饶县直属是上饶县的其中数：

1. 规模以上工业企业单位数，以及按企业登记注册类型、轻重工业、企业规模、工业行业大类和按地区分组的主要经济指标；

2. 近五年规模以上工业增加值和主营业务收入；

3. 规模以上国有及国有控股、外商投资、港澳台商投资和私营工业企业主要经济指标和经济效益指标；

4. 规模以上主要工业产品产量；

5. 工业园区经开区主要经济指标。

二、本篇资料的统计范围

本篇资料中的统计范围为年主营业务收入2000万元及以上工业法人企业。

本篇资料中工业行业分类按2011年《国民经济行业分类》(GB/T4754－2011)划分；企业大中小微型划分按2011年《统计上大中小微型企业划分办法》(国统字[2011]75号)标准执行。

三、本篇的资料来源和统计调查方法

本篇工业企业统计数据主要是根据工业统计月度及年度报表中有关资料整理汇总的。

内容提要

●2016年，全市规模以上工业企业1162个，主营业务收入3340亿元，实现利润279亿元。

●2016年，全市规模以上工业原煤119万吨，发电量70.6亿千瓦时；汽车15584辆，其中运动型多用途乘用车(SUV)14218辆，新能源汽车1366辆，水泥1632万吨，太阳能电池469万千瓦。

（2016

指 标 名 称	企业单位数	亏损企业	工业销售产值（当年价格）
总　　计	1162	92	32001602
一、按登记注册类型分组：			
内资企业	1128	89	26968508
国有企业	7	3	24901
地方企业	7	3	24901
集体企业	2		10527
股份合作企业	3		39502
有限责任公司	395	45	9219555
国有独资公司	11	2	1085541
其他有限责任公司	384	43	8134014
股份有限公司	32	3	1697555
私营企业	685	38	15944026
私营独资企业	22	2	88060
私营合伙企业	4		30479
私营有限责任公司	627	34	15237149
私营股份有限公司	32	2	588337
其他企业	4		32443
港、澳、台商投资企业	23	2	4823384
合资经营企业(港或澳、台资)	4		153671
合作经营企业(港或澳、台资)	1	1	14364
港澳台商独资经营企业	15	1	4236844
港澳台商投资股份有限公司	2		404120
其他港澳台商投资企业	1		14386
外商投资企业	11	1	209710
中外合资经营企业	6		89892
外资企业	4		65187
其他外商投资企业	1	1	54631
二、按经济组织类型分组			
独资企业	50	6	4425519
国有企业	7	3	24901
集体企业	2		10527
私营独资企业	22	2	88060
港澳台商独资经营企业	15	1	4236844
外资企业	4		65187
合作、合伙企业	14	2	185805
股份合作企业	3		39502
私营合伙企业	4		30479
合作经营企业(港或澳、台资)	1	1	14364
其他企业(内资)	4		32443
其他港澳台商投资企业	1		14386
其他外商投资企业	1	1	54631
股份有限公司	66	5	2690012
股份有限公司(内资)	32	3	1697555
私营股份有限公司	32	2	588337
港澳台商投资股份有限公司	2		404120
有限责任公司	1032	79	24700267
国有独资公司	11	2	1085541
私营有限责任公司	627	34	15237149
合资经营企业(港或澳、台资)	4		153671
中外合资经营企业	6		89892
其他有限责任公司	384	43	8134014
三、在总计中：亏损企业	92	92	1012226
在总计中：国有控股企业	43	8	1934129
在总计中：农村工业	8	1	27591
在总计中：轻工业	487	23	8824469
重工业	675	69	23177133

主要经济指标(一)

年）　　　　　　　　　　　　　　　　　　　　　　单位:万元、个

出口交货值	资产总计	流动资产合计	产成品	固定资产合计	固定资产原价	累计折旧
2524899	18659177	8365358	769713	6293428	8459114	2390865
738380	15786619	6810318	664634	5118369	6603784	1697635
	59901	19179	928	34668	43089	12679
	59901	19179	928	34668	43089	12679
	2499	1094		1215	1641	426
	12600	5994	728	6203	6425	2299
119442	6496350	2786787	268382	2197620	2939823	804128
16463	1347262	386576	21926	496735	781236	300795
102978	5149087	2400210	246456	1700885	2158587	503333
15457	842616	490349	46229	284157	452101	179097
603482	8350149	3494614	348247	2590496	3152717	696417
	66229	32006	1513	29463	43791	17599
	9976	4991	330	4986	3961	1680
537033	7927099	3326128	332728	2437797	2959924	636274
66448	346844	131489	13677	118250	145042	40864
	22505	12302	120	4011	7987	2589
1779399	2609531	1480112	94702	1048145	1687811	651396
	177807	54298	793	86966	98932	15499
1340	33651	13264	3575	16788	22756	5968
1385321	2266477	1326292	83072	903249	1522115	619728
384847	108906	77228	5963	29923	30097	7874
7892	22690	9030	1300	11220	13912	2327
7120	263027	74928	10376	126914	167519	41834
7120	86751	33511	2868	52171	67646	15700
	30616	20526	2312	4021	5652	2635
	145660	20891	5197	70722	94221	23500
1385321	2425723	1399097	87824	972616	1616287	653067
	59901	19179	928	34668	43089	12679
	2499	1094		1215	1641	426
	66229	32006	1513	29463	43791	17599
1385321	2266477	1326292	83072	903249	1522115	619728
	30616	20526	2312	4021	5652	2635
9231	247082	66471	11249	113928	149262	38363
	12600	5994	728	6203	6425	2299
	9976	4991	330	4986	3961	1680
1340	33651	13264	3575	16788	22756	5968
	22505	12302	120	4011	7987	2589
7892	22690	9030	1300	11220	13912	2327
	145660	20891	5197	70722	94221	23500
466752	1298365	699066	65868	432330	627240	227835
15457	842616	490349	46229	284157	452101	179097
66448	346844	131489	13677	118250	145042	40864
384847	108906	77228	5963	29923	30097	7874
663595	14688007	6200724	604771	4774554	6066324	1471600
16463	1347262	386576	21926	496735	781236	300795
537033	7927099	3326128	332728	2437797	2959924	636274
	177807	54298	793	86966	98932	15499
7120	86751	33511	2868	52171	67646	15700
102978	5149087	2400210	246456	1700885	2158587	503333
44142	1490690	612535	60220	546446	707971	201800
16484	2997919	967917	43889	1049717	1584029	556309
	28509	18265	400	7477	10318	2868
970069	4991316	1868258	215149	1921855	2270948	436072
1554831	13667861	6497100	554564	4371573	6188166	1954794

9-1 续表1

指标名称	企业单位数	亏损企业	工业销售产值（当年价格）
在总计中:大型企业	13	3	5988085
中型企业	172	10	12468861
小型企业	947	78	13339393
微型企业	30	1	205264
四、按行业分			
煤炭开采和洗选业	14	2	65323
黑色金属矿采选业	2		110968
有色金属矿采选业	25	4	386716
非金属矿采选业	42	3	683399
农副食品加工业	49	1	1350307
食品制造业	15	1	544218
酒、饮料和精制茶制造业	16		119997
纺织业	69	4	1077987
纺织服装、服饰业	79	5	1060938
皮革、毛皮、羽毛及其制品和制鞋业	30	1	352575
木材加工和木、竹、藤、棕、草制品业	28	1	406906
家具制造业	23		327723
造纸和纸制品业	21	2	316991
印刷和记录媒介复制业	10		180429
文教、工美、体育和娱乐用品制造业	40		880486
石油加工、炼焦和核燃料加工业	2		11505
化学原料和化学制品制造业	122	11	1427449
医药制造业	35	3	525318
化学纤维制造业	4		117372
橡胶和塑料制品业	27	4	320370
非金属矿物制品业	113	16	1286496
黑色金属冶炼和压延加工业	13		605697
有色金属冶炼和压延加工业	101	11	9657891
金属制品业	43	1	667862
通用设备制造业	64	4	922915
专用设备制造业	21	2	308772
汽车制造业	23	4	753027
铁路、船舶、航空航天和其他运输设备制造业	1		2352
电气机械和器材制造业	50	1	6330415
计算机、通信和其他电子设备制造业	17	1	632977
仪器仪表制造业	20	5	124087
其他制造业	13		109762
废弃资源综合利用业	12	1	64955
电力、热力生产和供应业	12		243229
燃气生产和供应业	2	2	9595
水的生产和供应业	4	2	14594
五、按地区分			
信州区	56	14	1067963
其中:直属	27	9	236414
广丰区	188	4	6238237
上饶县	119	21	6846950
其中:直属	51	9	1032513
玉山县	166	9	3348113
铅山县	71	8	1726355
横峰县	57	4	2115083
弋阳县	95	7	1681600
余干县	77	4	1659264
鄱阳县	100	6	2833525
万年县	97	6	2519108
婺源县	34	2	475494
德兴市	102	7	1489909
经开区	97	17	6645985

单位:万元、个

出口交货值	资产总计	流动资产合计	产成品	固定资产合计	固定资产原价	累计折旧
1654288	3831507	2012514	131780	1513871	2376794	877991
291514	6459693	2655678	288094	2221507	2808615	654852
579098	8201946	3653205	347812	2485659	3195759	851208
	166030	43961	2027	72391	77945	6815
	51145	20007	1512	23647	35905	16893
	62733	46044	61	7378	14494	7116
	530094	141743	16545	127900	193061	71247
	755655	247836	9962	93765	127623	39348
94666	593096	277427	39389	197751	222235	43834
221628	179485	78177	6707	77338	105581	28737
21651	130006	67004	13135	38834	64101	14136
234630	546244	215542	26249	142111	184074	39356
155481	435773	175754	16893	164656	181499	20135
52096	171385	68235	5473	62138	67436	10012
107604	247178	85680	7959	124738	142849	24198
	139559	61701	4261	67622	70128	3092
	250791	83640	11030	143946	116661	14514
	194569	51812	2568	101393	114211	13355
32349	396540	119658	29713	144007	172877	44347
	7335	5451		602		
6503	1046134	415974	41184	332228	447503	123649
	330815	151703	23393	104651	139670	37721
	81483	56981	1757	18846	19783	4205
33996	157931	83013	3293	64642	79143	15417
	1448704	702614	31069	503925	782897	302605
	178298	52329	7691	114963	129605	24861
418	3698248	1730616	232428	977932	1223435	303315
48085	388771	219450	21590	132242	157947	26578
18497	687592	359802	24049	276123	346053	80144
	173022	83781	11452	64344	91486	32145
	1089229	592791	22083	179071	199600	22621
	4069	1985		1888	3262	1374
1096843	3192677	1809581	141992	1245801	1989364	732747
388798	233287	138059	7382	77502	90966	19816
5991	90697	49536	5971	34891	54319	24957
5662	38561	22655	2235	12549	14684	2695
4	29606	13818	512	6755	10355	3605
	667128	99474	14	497985	721024	223039
	30387	3458	9	24146	32115	7970
	400952	32034	152	105120	113170	11084
71935	1018441	740832	57554	200094	309011	116154
55471	174327	98217	11923	63746	86222	22480
622446	3415249	922087	82698	966694	1156034	282086
1113554	4508686	2441454	202217	1387341	2191082	836590
11828	556009	319540	22093	133770	168996	51811
97195	1519007	845478	88211	470345	589953	182309
5163	1033526	533199	81998	253495	290138	59970
22031	782441	296864	68182	356145	466430	92900
	1030801	685152	11539	281332	381241	99909
5417	1291953	293004	18782	621724	914532	295251
150901	1440752	344930	23290	1023458	1099861	75795
293033	1290537	690056	51893	347865	492200	158106
123593	263276	133180	18684	80484	120527	34721
19632	1064507	439123	64667	304452	448106	157074
1118190	4796790	2764530	225756	1389919	2244874	878453

9－1 规模以上工业企业

（2016

指标名称	负债合计	流动负债合计	非流动负债合计
总计	9742706	7295234	2447472
一、按登记注册类型分组：			
内资企业	8023128	5871895	2151233
国有企业	25847	20228	5619
地方企业	25847	20228	5619
集体企业	862	425	437
股份合作企业	5679	5175	504
有限责任公司	3454172	2597027	857145
国有独资公司	571627	287252	284375
其他有限责任公司	2882545	2309776	572769
股份有限公司	368936	312716	56221
私营企业	4153802	2927250	1226553
私营独资企业	20168	18365	1803
私营合伙企业	1700	1312	388
私营有限责任公司	4003889	2826491	1177398
私营股份有限公司	128046	81081	46964
其他企业	13831	9075	4756
港、澳、台商投资企业	1592364	1331455	260910
合资经营企业(港或澳、台资)	32985	4124	28861
合作经营企业(港或澳、台资)	33716	33716	
港澳台商独资经营企业	1478542	1264450	214092
港澳台商投资股份有限公司	29610	11654	17956
其他港澳台商投资企业	17511	17511	
外商投资企业	127214	91885	35329
中外合资经营企业	28588	13168	15420
外资企业	15940	15940	
其他外商投资企业	82686	62777	19909
二、按经济组织类型分组			
独资企业	1541359	1319409	221950
国有企业	25847	20228	5619
集体企业	862	425	437
私营独资企业	20168	18365	1803
港澳台商独资经营企业	1478542	1264450	214092
外资企业	15940	15940	
合作、合伙企业	155121	129565	25556
股份合作企业	5679	5175	504
私营合伙企业	1700	1312	388
合作经营企业(港或澳、台资)	33716	33716	
其他企业(内资)	13831	9075	4756
其他港澳台商投资企业	17511	17511	
其他外商投资企业	82686	62777	19909
股份有限公司	526592	405451	121141
股份有限公司(内资)	368936	312716	56221
私营股份有限公司	128046	81081	46964
港澳台商投资股份有限公司	29610	11654	17956
有限责任公司	7519634	5440810	2078824
国有独资公司	571627	287252	284375
私营有限责任公司	4003889	2826491	1177398
合资经营企业(港或澳、台资)	32985	4124	28861
中外合资经营企业	28588	13168	15420
其他有限责任公司	2882545	2309776	572769
三、在总计中：亏损企业	962725	882497	80228
在总计中：国有控股企业	1382404	862177	520226
在总计中：农村工业	14549	9764	4785
在总计中：轻工业	2255454	1573193	682262
重工业	7487252	5722042	1765210

主要经济指标(二)

年)　　　　单位:万元、人

所有者权益合计	主营业务收入	主营业务成本	利润总额	亏损企业亏损总额	从业人员年平均人数
8879877	33401688	29084274	2792638	65072	234425
7726898	27417272	23888219	2236344	58065	196186
34054	24774	22609	-223	948	1228
34054	24774	22609	-223	948	1228
1638	10528	7741	565		117
6922	39502	34626	3683		480
3015324	9459720	8271105	730459	32504	75018
775635	1096628	936853	103020	17764	7524
2239689	8363092	7334252	627439	14741	67494
473679	1698782	1442537	162122	727	12989
4186608	16152019	14081508	1337873	23886	105445
46061	88495	74090	6260	149	2125
8276	30928	27519	1779		380
3913472	15438333	13484864	1268373	23735	98498
218798	594263	495035	61462	2	4442
8674	31947	28094	1863		909
1017167	5774935	5004708	549882	1083	35451
144822	154510	131487	15977		1097
-65	15536	13925	-623	623	145
787935	5187416	4486241	495899	460	28374
79295	404120	360164	38379		4625
5179	13354	12891	250		1210
135812	209482	191346	6412	5923	2788
58163	89793	79376	5400		948
14676	65057	56843	6935		710
62974	54631	55127	-5923	5923	1130
884364	5376270	4647524	509436	1557	32554
34054	24774	22609	-223	948	1228
1638	10528	7741	565		117
46061	88495	74090	6260	149	2125
787935	5187416	4486241	495899	460	28374
14676	65057	56843	6935		710
91960	185898	172183	1029	6546	4254
6922	39502	34626	3683		480
8276	30928	27519	1779		380
-65	15536	13925	-623	623	145
8674	31947	28094	1863		909
5179	13354	12891	250		1210
62974	54631	55127	-5923	5923	1130
771772	2697164	2297736	261963	730	22056
473679	1698782	1442537	162122	727	12989
218798	594263	495035	61462	2	4442
79295	404120	360164	38379		4625
7131781	25142356	21966831	2020209	56239	175561
775635	1096628	936853	103020	17764	7524
3913472	15438333	13484864	1268373	23735	98498
144822	154510	131487	15977		1097
58163	89793	79376	5400		948
2239689	8363092	7334252	627439	14741	67494
527964	1005799	971531	-65072	65072	21455
1615515	1954564	1651705	155486	25004	16651
13960	29764	24695	995	16	694
2726303	8925556	7673917	711351	19463	92733
6153575	24476132	21410357	2081286	45609	141692

9－1 续表2

指标名称	负债合计	流动负债合计	非流动负债合计
在总计中:大型企业	2206349	1900660	305689
中型企业	3221180	2208221	1012959
小型企业	4211400	3151123	1060278
微型企业	103778	35231	68547
四、按行业分			
煤炭开采和洗选业	22637	21446	1192
黑色金属矿采选业	20761	12968	7793
有色金属矿采选业	256751	202315	54437
非金属矿采选业	200189	88019	112170
农副食品加工业	261710	193372	68338
食品制造业	85070	66117	18954
酒、饮料和精制茶制造业	63422	54132	9290
纺织业	262274	174304	87969
纺织服装、服饰业	207205	170078	37127
皮革、毛皮、羽毛及其制品和制鞋业	84193	54205	29988
木材加工和木、竹、藤、棕、草制品业	133656	126676	6980
家具制造业	39600	29040	10561
造纸和纸制品业	130441	74744	55697
印刷和记录媒介复制业	43334	14373	28961
文教、工美、体育和娱乐用品制造业	163648	58062	105587
石油加工、炼焦和核燃料加工业	5091	4549	542
化学原料和化学制品制造业	431157	236855	194302
医药制造业	165625	131782	33843
化学纤维制造业	20022	14295	5728
橡胶和塑料制品业	71511	56559	14951
非金属矿物制品业	561428	427529	133899
黑色金属冶炼和压延加工业	48136	38135	10001
有色金属冶炼和压延加工业	2252232	1541070	711162
金属制品业	136818	120987	15831
通用设备制造业	330039	254097	75942
专用设备制造业	101870	78758	23111
汽车制造业	767775	753131	14644
铁路、船舶、航空航天和其他运输设备制造业	780	780	
电气机械和器材制造业	1916824	1621800	295025
计算机、通信和其他电子设备制造业	86306	56904	29402
仪器仪表制造业	65363	60546	4817
其他制造业	24261	17656	6605
废弃资源综合利用业	11245	7550	3695
电力、热力生产和供应业	465727	281657	184070
燃气生产和供应业	14455	13384	1071
水的生产和供应业	291149	237360	53789
五、按地区分			
信州区	728962	682010	46952
其中:直属	109518	106726	2792
广丰区	1128121	232943	895179
上饶县	3065764	2591859	473905
其中:直属	365186	260030	105157
玉山县	787019	590973	196047
铅山县	516659	316279	200380
横峰县	517174	485645	31528
弋阳县	319487	210552	108935
余干县	789939	573348	216591
鄱阳县	619920	587466	32454
万年县	556441	435857	120584
婺源县	126977	109366	17611
德兴市	586244	478937	107307
经开区	3320021	2907114	412908

单位:万元、人

所有者权益合计	主营业务收入	主营业务成本	利润总额	亏损企业亏损总额	从业人员年平均人数
1625158	6943557	5999355	617752	37270	50614
3238513	12678285	10921984	1255784	11560	81847
3981073	13646559	12054985	908819	15941	101525
35134	133288	107950	10283	301	439
28508	65974	55566	4628	635	1898
41972	110968	92165	9468		461
273342	384590	331702	6648	7708	5162
555466	684714	570116	68802	82	4176
328146	1368124	1155633	133550	83	6942
94415	545785	460285	49408	2449	2956
66584	119474	96805	5922		1508
277653	1088446	948745	87965	134	12632
228568	1029862	889257	70971	714	16776
87191	351143	295986	28148	17	8682
113522	413223	357007	24198	1011	8501
99959	331088	293895	17765		2164
120349	359444	295642	31508	556	2694
151235	180295	148657	21358		1784
232892	881618	762503	90682		6263
2244	11451	5291	85		64
603263	1464539	1271343	92902	5382	13934
165189	526398	454588	28382	907	4703
61461	119376	106331	11315		559
86420	346650	309545	21691	245	3736
887275	1315192	1097088	121357	1596	14692
130162	642218	535772	92612		2552
1436546	9878660	8890219	828865	2980	22556
251953	657188	531771	73488	90	7985
357220	952496	810134	63976	14292	14325
71152	371186	316416	30581	72	3015
321454	717021	651124	18434	17388	7122
3289	2352	1962	3		67
1275853	7272690	6309614	659934	93	37093
146980	637970	549201	59694	157	9093
25334	121654	116714	-5290	6784	5707
14300	109297	98358	6569		1274
18361	72347	64860	2852	41	631
195885	241482	185574	33909		1979
15932	10073	9175	-1215	1215	188
109803	16701	15232	1473	439	551
289479	1110519	1026351	12665	18763	14240
64809	227801	221591	-946	3457	4271
2287128	6330363	5422803	643075	339	33389
1422385	7891956	6882562	687662	26811	46281
170287	1062871	937730	88526	1314	5630
731987	3408185	2964371	297623	269	20081
516867	1808624	1584155	182703	1070	7630
265267	2111936	1894821	174915	885	10885
711314	1675473	1491910	107107	1364	13514
502014	1674310	1491490	137234	674	9849
804779	2890469	2391713	287019	663	37797
734096	2534822	2166712	202083	1166	18346
136299	477321	424078	24128	171	7550
478263	1487711	1343307	36424	12896	14863
1476768	7711803	6749592	612747	40804	50620

9-2 规模以上地方(市县属)

(2016

指标名称	企业单位数	亏损企业	工业销售产值(当年价格)
总　　计	1158	92	31711752
一、按登记注册类型分组:			
内资企业	1124	89	26678658
国有企业	7	3	24901
地方企业	7	3	24901
集体企业	2		10527
股份合作企业	3		39502
有限责任公司	391	45	8929705
国有独资公司	9	2	811868
其他有限责任公司	382	43	8117838
股份有限公司	32	3	1697555
私营企业	685	38	15944026
私营独资企业	22	2	88060
私营合伙企业	4		30479
私营有限责任公司	627	34	15237149
私营股份有限公司	32	2	588337
其他企业	4		32443
港、澳、台商投资企业	23	2	4823384
合资经营企业(港或澳、台资)	4		153671
合作经营企业(港或澳、台资)	1	1	14364
港澳台商独资经营企业	15	1	4236844
港澳台商投资股份有限公司	2		404120
其他港澳台商投资企业	1		14386
外商投资企业	11	1	209710
中外合资经营企业	6		89892
外资企业	4		65187
其他外商投资企业	1	1	54631
二、按经济组织类型分组			
独资企业	50	6	4425519
国有企业	7	3	24901
集体企业	2		10527
私营独资企业	22	2	88060
港澳台商独资经营企业	15	1	4236844
外资企业	4		65187
合作、合伙企业	14	2	185805
股份合作企业	3		39502
私营合伙企业	4		30479
合作经营企业(港或澳、台资)	1	1	14364
其他企业(内资)	4		32443
其他港澳台商投资企业	1		14386
其他外商投资企业	1	1	54631
股份有限公司	66	5	2690012
股份有限公司(内资)	32	3	1697555
私营股份有限公司	32	2	588337
港澳台商投资股份有限公司	2		404120
有限责任公司	1028	79	24410417
国有独资公司	9	2	811868
私营有限责任公司	627	34	15237149
合资经营企业(港或澳、台资)	4		153671
中外合资经营企业	6		89892
其他有限责任公司	382	43	8117838
三、在总计中:亏损企业	92	92	1012226
在总计中:国有控股企业	39	8	1644280
在总计中:农村工业	8	1	27591
在总计中:轻工业	487	23	8824469
重工业	671	69	22887283

工业企业主要经济指标(一)

年)　　　　单位:万元、个、人

出口交货值	资产总计	流动资产合计	产成品	固定资产合计	固定资产原价	累计折旧
2524879	18176354	8246951	768784	5958223	7922554	2186745
738360	15303796	6691911	663705	4783164	6067224	1493514
	59901	19179	928	34668	43089	12679
	59901	19179	928	34668	43089	12679
	2499	1094		1215	1641	426
	12600	5994	728	6203	6425	2299
119421	6013527	2668380	267453	1862415	2403263	600007
16463	902426	290181	21447	172038	259533	101022
102958	5111101	2378198	246007	1690377	2143731	498985
15457	842616	490349	46229	284157	452101	179097
603482	8350149	3494614	348247	2590496	3152717	696417
	66229	32006	1513	29463	43791	17599
	9976	4991	330	4986	3961	1680
537033	7927099	3326128	332728	2437797	2959924	636274
66448	346844	131489	13677	118250	145042	40864
	22505	12302	120	4011	7987	2589
1779399	2609531	1480112	94702	1048145	1687811	651396
	177807	54298	793	86966	98932	15499
1340	33651	13264	3575	16788	22756	5968
1385321	2266477	1326292	83072	903249	1522115	619728
384847	108906	77228	5963	29923	30097	7874
7892	22690	9030	1300	11220	13912	2327
7120	263027	74928	10376	126914	167519	41834
7120	86751	33511	2868	52171	67646	15700
	30616	20526	2312	4021	5652	2635
	145660	20891	5197	70722	94221	23500
1385321	2425723	1399097	87824	972616	1616287	653067
	59901	19179	928	34668	43089	12679
	2499	1094		1215	1641	426
	66229	32006	1513	29463	43791	17599
1385321	2266477	1326292	83072	903249	1522115	619728
	30616	20526	2312	4021	5652	2635
9231	247082	66471	11249	113928	149262	38363
	12600	5994	728	6203	6425	2299
	9976	4991	330	4986	3961	1680
1340	33651	13264	3575	16788	22756	5968
	22505	12302	120	4011	7987	2589
7892	22690	9030	1300	11220	13912	2327
	145660	20891	5197	70722	94221	23500
466752	1298365	699066	65868	432330	627240	227835
15457	842616	490349	46229	284157	452101	179097
66448	346844	131489	13677	118250	145042	40864
384847	108906	77228	5963	29923	30097	7874
663574	14205185	6082317	603842	4439349	5529765	1267479
16463	902426	290181	21447	172038	259533	101022
537033	7927099	3326128	332728	2437797	2959924	636274
	177807	54298	793	86966	98932	15499
7120	86751	33511	2868	52171	67646	15700
102958	5111101	2378198	246007	1690377	2143731	498985
44142	1490690	612535	60220	546446	707971	201800
16463	2515096	849510	42961	714512	1047469	352188
	28509	18265	400	7477	10318	2868
970069	4991316	1868258	215149	1921855	2270948	436072
1554810	13185039	6378693	553635	4036368	5651607	1750673

9－2 续表1

指标名称	企业单位数	亏损企业	工业销售产值（当年价格）
在总计中：大型企业	13	3	5988085
中型企业	171	10	12376784
小型企业	944	78	13141620
微型企业	30	1	205264
四、按行业分			
煤炭开采和洗选业	14	2	65323
黑色金属矿采选业	2		110968
有色金属矿采选业	25	4	386716
非金属矿采选业	42	3	683399
农副食品加工业	49	1	1350307
食品制造业	15	1	544218
酒、饮料和精制茶制造业	16		119997
纺织业	69	4	1077987
纺织服装、服饰业	79	5	1060938
皮革、毛皮、羽毛及其制品和制鞋业	30	1	352575
木材加工和木、竹、藤、棕、草制品业	28	1	406906
家具制造业	23		327723
造纸和纸制品业	21	2	316991
印刷和记录媒介复制业	10		180429
文教、工美、体育和娱乐用品制造业	40		880486
石油加工、炼焦和核燃料加工业	2		11505
化学原料和化学制品制造业	122	11	1427449
医药制造业	35	3	525318
化学纤维制造业	4		117372
橡胶和塑料制品业	27	4	320370
非金属矿物制品业	111	16	1191353
黑色金属冶炼和压延加工业	13		605697
有色金属冶炼和压延加工业	101	11	9657891
金属制品业	43	1	667862
通用设备制造业	63	4	909805
专用设备制造业	21	2	308772
汽车制造业	23	4	753027
铁路、船舶、航空航天和其他运输设备制造业	1		2352
电气机械和器材制造业	50	1	6330415
计算机、通信和其他电子设备制造业	17	1	632977
仪器仪表制造业	20	5	124087
其他制造业	13		109762
废弃资源综合利用业	12	1	64955
电力、热力生产和供应业	11		61633
燃气生产和供应业	2	2	9595
水的生产和供应业	4	2	14594
五、按地区分			
信州区	56	14	1067963
其中：直属	27	9	236414
广丰区	188	4	6238237
上饶县	118	21	6833840
其中：直属	51	9	1032513
玉山县	164	9	3252970
铅山县	71	8	1726355
横峰县	57	4	2115083
弋阳县	95	7	1681600
余干县	76	4	1477668
鄱阳县	100	6	2833525
万年县	97	6	2519108
婺源县	34	2	475494
德兴市	102	7	1489909
经开区	96	17	6632875

单位:万元、个、人

出口交货值	资产总计	流动资产合计	产成品	固定资产合计	固定资产原价	累计折旧
1654288	3831507	2012514	131780	1513871	2376794	877991
291514	6339744	2596739	287615	2168560	2755831	652248
579077	7839073	3593736	347363	2203402	2711984	649691
	166030	43961	2027	72391	77945	6815
	51145	20007	1512	23647	35905	16893
	62733	46044	61	7378	14494	7116
	530094	141743	16545	127900	193061	71247
	755655	247836	9962	93765	127623	39348
94666	593096	277427	39389	197751	222235	43834
221628	179485	78177	6707	77338	105581	28737
21651	130006	67004	13135	38834	64101	14136
234630	546244	215542	26249	142111	184074	39356
155481	435773	175754	16893	164656	181499	20135
52096	171385	68235	5473	62138	67436	10012
107604	247178	85680	7959	124738	142849	24198
	139559	61701	4261	67622	70128	3092
	250791	83640	11030	143946	116661	14514
	194569	51812	2568	101393	114211	13355
32349	396540	119658	29713	144007	172877	44347
	7335	5451		602		
6503	1046134	415974	41184	332228	447503	123649
	330815	151703	23393	104651	139670	37721
	81483	56981	1757	18846	19783	4205
33996	157931	83013	3293	64642	79143	15417
	1327685	642667	30559	450918	729370	299319
	178298	52329	7691	114963	129605	24861
418	3698248	1730616	232428	977932	1223435	303315
48085	388771	219450	21590	132242	157947	26578
18476	650675	338799	23630	265675	331939	76478
	173022	83781	11452	64344	91486	32145
	1089229	592791	22083	179071	199600	22621
	4069	1985		1888	3262	1374
1096843	3192677	1809581	141992	1245801	1989364	732747
388798	233287	138059	7382	77502	90966	19816
5991	90697	49536	5971	34891	54319	24957
5662	38561	22655	2235	12549	14684	2695
4	29606	13818	512	6755	10355	3605
	342241	62017	14	226236	252106	25870
	30387	3458	9	24146	32115	7970
	400952	32034	152	105120	113170	11084
71935	1018441	740832	57554	200094	309011	116154
55471	174327	98217	11923	63746	86222	22480
622446	3415249	922087	82698	966694	1156034	282086
1113533	4471769	2420451	201798	1376893	2176968	832925
11828	556009	319540	22093	133770	168996	51811
97195	1397988	785530	87701	417338	536426	179023
5163	1033526	533199	81998	253495	290138	59970
22031	782441	296864	68182	356145	466430	92900
	1030801	685152	11539	281332	381241	99909
5417	967067	255547	18782	349975	445613	98082
150901	1440752	344930	23290	1023458	1099861	75795
293033	1290537	690056	51893	347865	492200	158106
123593	263276	133180	18684	80484	120527	34721
19632	1064507	439123	64667	304452	448106	157074
1118169	4759873	2743527	225337	1379471	2230760	874787

9－2 规模以上地方(市县属)

(2016

指 标 名 称	负债合计	流动负债合 计	非流动负债合计
总 计	9415633	7105347	2310286
一、按登记注册类型分组：			
内资企业	7696054	5682007	2014047
国有企业	25847	20228	5619
地方企业	25847	20228	5619
集体企业	862	425	437
股份合作企业	5679	5175	504
有限责任公司	3127098	2407140	719959
国有独资公司	272176	102934	169243
其他有限责任公司	2854922	2304206	550716
股份有限公司	368936	312716	56221
私营企业	4153802	2927250	1226553
私营独资企业	20168	18365	1803
私营合伙企业	1700	1312	388
私营有限责任公司	4003889	2826491	1177398
私营股份有限公司	128046	81081	46964
其他企业	13831	9075	4756
港、澳、台商投资企业	1592364	1331455	260910
合资经营企业(港或澳、台资)	32985	4124	28861
合作经营企业(港或澳、台资)	33716	33716	
港澳台商独资经营企业	1478542	1264450	214092
港澳台商投资股份有限公司	29610	11654	17956
其他港澳台商投资企业	17511	17511	
外商投资企业	127214	91885	35329
中外合资经营企业	28588	13168	15420
外资企业	15940	15940	
其他外商投资企业	82686	62777	19909
二、按经济组织类型分组			
独资企业	1541359	1319409	221950
国有企业	25847	20228	5619
集体企业	862	425	437
私营独资企业	20168	18365	1803
港澳台商独资经营企业	1478542	1264450	214092
外资企业	15940	15940	
合作、合伙企业	155121	129565	25556
股份合作企业	5679	5175	504
私营合伙企业	1700	1312	388
合作经营企业(港或澳、台资)	33716	33716	
其他企业(内资)	13831	9075	4756
其他港澳台商投资企业	17511	17511	
其他外商投资企业	82686	62777	19909
股份有限公司	526592	405451	121141
股份有限公司(内资)	368936	312716	56221
私营股份有限公司	128046	81081	46964
港澳台商投资股份有限公司	29610	11654	17956
有限责任公司	7192560	5250922	1941639
国有独资公司	272176	102934	169243
私营有限责任公司	4003889	2826491	1177398
合资经营企业(港或澳、台资)	32985	4124	28861
中外合资经营企业	28588	13168	15420
其他有限责任公司	2854922	2304206	550716
三、在总计中：亏损企业	962725	882497	80228
在总计中：国有控股企业	1055330	672290	383041
在总计中：农村工业	14549	9764	4785
在总计中：轻工业	2255454	1573193	682262
重工业	7160178	5532154	1628024

工业企业主要经济指标(二)

年)　　　　单位:万元、个、人

所有者 权益合计	主营业务 收　　入	主营业务 成　　本	利润总额	亏损企业 亏损总额	从业人员 平均人数
8724128	33114749	28844743	2760401	65072	233413
7571149	27130332	23648688	2204107	58065	195174
34054	24774	22609	-223	948	1228
34054	24774	22609	-223	948	1228
1638	10528	7741	565		117
6922	39502	34626	3683		480
2859575	9172780	8031574	698223	32504	74006
630250	824836	710061	71255	17764	6782
2229325	8347944	7321512	626968	14741	67224
473679	1698782	1442537	162122	727	12989
4186608	16152019	14081508	1337873	23886	105445
46061	88495	74090	6260	149	2125
8276	30928	27519	1779		380
3913472	15438333	13484864	1268373	23735	98498
218798	594263	495035	61462	2	4442
8674	31947	28094	1863		909
1017167	5774935	5004708	549882	1083	35451
144822	154510	131487	15977		1097
-65	15536	13925	-623	623	145
787935	5187416	4486241	495899	460	28374
79295	404120	360164	38379		4625
5179	13354	12891	250		1210
135812	209482	191346	6412	5923	2788
58163	89793	79376	5400		948
14676	65057	56843	6935		710
62974	54631	55127	-5923	5923	1130
884364	5376270	4647524	509436	1557	32554
34054	24774	22609	-223	948	1228
1638	10528	7741	565		117
46061	88495	74090	6260	149	2125
787935	5187416	4486241	495899	460	28374
14676	65057	56843	6935		710
91960	185898	172183	1029	6546	4254
6922	39502	34626	3683		480
8276	30928	27519	1779		380
-65	15536	13925	-623	623	145
8674	31947	28094	1863		909
5179	13354	12891	250		1210
62974	54631	55127	-5923	5923	1130
771772	2697164	2297736	261963	730	22056
473679	1698782	1442537	162122	727	12989
218798	594263	495035	61462	2	4442
79295	404120	360164	38379		4625
6976032	24855417	21727300	1987973	56239	174549
630250	824836	710061	71255	17764	6782
3913472	15438333	13484864	1268373	23735	98498
144822	154510	131487	15977		1097
58163	89793	79376	5400		948
2229325	8347944	7321512	626968	14741	67224
527964	1005799	971531	-65072	65072	21455
1459766	1667625	1412174	123250	25004	15639
13960	29764	24695	995	16	694
2726303	8925556	7673917	711351	19463	92733
5997826	24189192	21170826	2049050	45609	140680

9-2 续表2

指标名称	负债合计	流动负债合计	非流动负债合计
在总计中:大型企业	2206349	1900660	305689
中型企业	3133267	2199381	933886
小型企业	3972240	2970076	1002165
微型企业	103778	35231	68547
四、按行业分			
煤炭开采和洗选业	22637	21446	1192
黑色金属矿采选业	20761	12968	7793
有色金属矿采选业	256751	202315	54437
非金属矿采选业	200189	88019	112170
农副食品加工业	261710	193372	68338
食品制造业	85070	66117	18954
酒、饮料和精制茶制造业	63422	54132	9290
纺织业	262274	174304	87969
纺织服装、服饰业	207205	170078	37127
皮革、毛皮、羽毛及其制品和制鞋业	84193	54205	29988
木材加工和木、竹、藤、棕、草制品业	133656	126676	6980
家具制造业	39600	29040	10561
造纸和纸制品业	130441	74744	55697
印刷和记录媒介复制业	43334	14373	28961
文教、工美、体育和娱乐用品制造业	163648	58062	105587
石油加工、炼焦和核燃料加工业	5091	4549	542
化学原料和化学制品制造业	431157	236855	194302
医药制造业	165625	131782	33843
化学纤维制造业	20022	14295	5728
橡胶和塑料制品业	71511	56559	14951
非金属矿物制品业	472699	417873	54826
黑色金属冶炼和压延加工业	48136	38135	10001
有色金属冶炼和压延加工业	2252232	1541070	711162
金属制品业	136818	120987	15831
通用设备制造业	303232	249343	53889
专用设备制造业	101870	78758	23111
汽车制造业	767775	753131	14644
铁路、船舶、航空航天和其他运输设备制造业	780	780	
电气机械和器材制造业	1916824	1621800	295025
计算机、通信和其他电子设备制造业	86306	56904	29402
仪器仪表制造业	65363	60546	4817
其他制造业	24261	17656	6605
废弃资源综合利用业	11245	7550	3695
电力、热力生产和供应业	254190	106179	148010
燃气生产和供应业	14455	13384	1071
水的生产和供应业	291149	237360	53789
五、按地区分			
信 州 区	728962	682010	46952
其中:直属	109518	106726	2792
广 丰 区	1128121	232943	895179
上 饶 县	3038957	2587105	451852
其中:直属	365186	260030	105157
玉 山 县	698290	581316	116974
铅 山 县	516659	316279	200380
横 峰 县	517174	485645	31528
弋 阳 县	319487	210552	108935
余 干 县	578402	397871	180531
鄱 阳 县	619920	587466	32454
万 年 县	556441	435857	120584
婺 源 县	126977	109366	17611
德 兴 市	586244	478937	107307
经 开 区	3293214	2902360	390855

单位:万元、个、人

所有者权益合计	主营业务收　入	主营业务成　本	利润总额	亏损企业亏损总额	从业人员平均人数
1625158	6943557	5999355	617752	37270	50614
3206477	12586201	10843361	1246085	11560	81427
3857360	13451703	11894077	886282	15941	100933
35134	133288	107950	10283	301	439
28508	65974	55566	4628	635	1898
41972	110968	92165	9468		461
273342	384590	331702	6648	7708	5162
555466	684714	570116	68802	82	4176
328146	1368124	1155633	133550	83	6942
94415	545785	460285	49408	2449	2956
66584	119474	96805	5922		1508
277653	1088446	948745	87965	134	12632
228568	1029862	889257	70971	714	16776
87191	351143	295986	28148	17	8682
113522	413223	357007	24198	1011	8501
99959	331088	293895	17765		2164
120349	359444	295642	31508	556	2694
151235	180295	148657	21358		1784
232892	881618	762503	90682		6263
2244	11451	5291	85		64
603263	1464539	1271343	92902	5382	13934
165189	526398	454588	28382	907	4703
61461	119376	106331	11315		559
86420	346650	309545	21691	245	3736
854985	1220042	1015995	111650	1596	14230
130162	642218	535772	92612		2552
1436546	9878660	8890219	828865	2980	22556
251953	657188	531771	73488	90	7985
347110	940414	799864	63513	14292	14097
71152	371186	316416	30581	72	3015
321454	717021	651124	18434	17388	7122
3289	2352	1962	3		67
1275853	7272690	6309614	659934	93	37093
146980	637970	549201	59694	157	9093
25334	121654	116714	- 5290	6784	5707
14300	109297	98358	6569		1274
18361	72347	64860	2852	41	631
82536	61775	37405	11843		1657
15932	10073	9175	- 1215	1215	188
109803	16701	15232	1473	439	551
289479	1110519	1026351	12665	18763	14240
64809	227801	221591	- 946	3457	4271
2287128	6330363	5422803	643075	339	33389
1412275	7879874	6872292	687199	26811	46053
170287	1062871	937730	88526	1314	5630
699697	3313035	2883278	287916	269	19619
516867	1808624	1584155	182703	1070	7630
265267	2111936	1894821	174915	885	10885
711314	1675473	1491910	107107	1364	13514
388664	1494602	1343322	115168	674	9527
804779	2890469	2391713	287019	663	37797
734096	2534822	2166712	202083	1166	18346
136299	477321	424078	24128	171	7550
478263	1487711	1343307	36424	12896	14863
1466658	7699721	6739322	612284	40804	50392

9－3 规模以上工业增加值

（快报数） 单位：万元

指标名称	2012年	2013年	2014年	2015年	2016年
总 计	3897500	5070000	6530000	6905428	7512259
一、按登记注册类型分组：					
国有企业	194601	241789	94879	12196	10863
集体企业	16981	30316	21976	1828	1942
股份合作企业	60391	64106	11933	8602	9726
股份制企业	909696	1119178	2019658	2149720	2493348
外商和港澳台商投资企业	865610	1096711	1292932	1379901	1349142
其他经济类型企业	20517	117868	34352	37740	38062
私营企业	1829705	2400033	3054270	3315441	3609176
二、按轻、重工业分					
轻工业	767060	1115596	1579297	1787010	2036210
重工业	3130440	3954404	4950703	5118418	5476049
三、在总计中：国有控股企业	437663	531978	667475	698037	527303
非公有工业	3409690	4460844	5798282	6168217	6941220
在总计中：大型企业	752074	978155	1225398	1343891	1580282
中型企业	1201578	1721427	2418640	2728305	2747800
小型企业	1925895	2368075	2864511	2819938	3162013
微型企业	17954	2343	21451	13293	22163
四、按工业行业分					
煤炭开采和洗选业	16978	11246	19199	19056	11919
黑色金属矿采选业	16010	20199	28841	18389	23857
有色金属矿采选业	158202	116411	90205	249631	260667
非金属矿采选业	34640	116730	172639	181986	242924
农副食品加工业	118096	172198	250864	255591	242713
食品制造业	63402	81178	111966	138459	144725
酒、饮料和精制茶制造业	21080	19836	28412	34232	31944
纺织业	88519	114023	169791	224614	287067
纺织服装、服饰业	110599	189608	227408	240520	313143
皮革、毛皮、羽毛及其制品和制鞋业	60847	73310	106264	129039	161404
木材加工和木、竹、藤、棕、草制品业	33673	29123	61462	59440	77907
家具制造业	36280	52855	78571	59901	89776
造纸和纸制品业	18977	21418	43920	58466	79107
印刷和记录媒介复制业	20878	64281	61313	43376	42370
文教、工美、体育和娱乐用品制造业	17298	91974	149657	173725	176271
化学原料和化学制品制造业	399755	327080	493455	368137	546837

9－3 续表

单位:万元

指标名称	2012 年	2013 年	2014 年	2015 年	2016 年
医药制造业	72792	81464	101412	123140	118726
化学纤维制造业	6991	12629	15573	18461	24582
橡胶和塑料制品业	33777	36905	39255	32795	54436
非金属矿物制品业	252927	255221	319543	348081	400007
黑色金属冶炼和压延加工业	85309	120549	213363	228738	186328
有色金属冶炼和压延加工业	1228762	1773454	2113666	1896226	1822970
金属制品业	51346	45261	102276	122888	129223
通用设备制造业	57323	101295	129189	158790	175891
专用设备制造业	39409	43023	63449	80839	102938
汽车制造业	26489	21690	36709	47446	98547
铁路、船舶、航空航天和其他运输设备制造业	759	548	998	448	280
电气机械和器材制造业	580762	764081	869507	1109827	1247238
计算机、通信和其他电子设备制造业	79813	154263	215701	238345	251734
仪器仪表制造业	7503	7859	10866	19684	37970
其他制造业	13698	10234	21570	19793	19786
废弃资源综合利用业	818	683	1541	1849	3720
电力、热力生产和供应业	141166	135198	176771	196477	94923
燃气生产和供应业	1080	1137	1197	1236	2408
水的生产和供应业	1541	3036	3446	5803	7919
五、按地区分					
信 州 区	157155	163001	209859	213425	230137
其中:直属	－	－	－	75936	58338
广 丰 区	602311	1014121	1259500	1480073	1542230
上 饶 县	936577	1067897	1298972	1249781	1682591
其中:直属	－	－	－	148177	211680
玉山县	378227	500906	682196	763328	875246
铅山县	240737	281844	356901	367753	324046
横峰县	320275	404119	498888	403496	403612
弋阳县	229090	279157	348274	334649	342519
余干县	177044	245967	327764	400110	388356
鄱阳县	264754	401147	535166	604680	647555
万年县	324676	419764	579797	660426	605370
婺源县	76787	101065	130434	128950	126886
德兴市	189866	191011	274957	298757	343711
经开区	925976	1043191	1165918	1239094	1642711

9-4 规模以上工业主营业务收入

单位:万元

指标名称	2012年	2013年	2014年	2015年	2016年
总计	19323336	23489977	26337067	29649112	33401688
一、按登记注册类型分组:					
内资企业	15456039	18813588	21553553	24802700	27417272
国有企业	1125227	329262	41905	42662	24774
地方企业	871354	72341	41905	42662	24774
集体企业	111225	144612	87165	5726	10528
股份合作企业	186906	21245	35410	34700	39502
有限责任公司	3546517	6312440	7811031	8799614	9459720
国有独资公司	9853	877930	1140945	1234735	1096628
其他有限责任公司	3536664	5434510	6670086	7564879	8363092
股份有限公司	747738	733676	805452	1620158	1698782
私营企业	9343762	11170968	12639858	14163211	16152019
私营独资企业	776143	255502	247182	297202	88495
私营合伙企业	45639	44579	22350	23062	30928
私营有限责任公司	8220424	10501156	11933638	13327512	15438333
私营股份有限公司	301556	369731	436688	515435	594263
其他企业	394665	101386	132732	136629	31947
港、澳、台商投资企业	3664961	4385034	4474218	4657570	5774935
合资经营企业(港或澳、台资)	233004	276281	176166	122188	154510
合作经营企业(港或澳、台资)	44862	21321	19605	17787	15536
港澳台商独资经营企业	3097863	3816423	3953592	4144722	5187416
港澳台商投资股份有限公司	289232	271009	324855	362181	404120
其他港澳台商投资企业				10693	13354
外商投资企业	202335	291355	309295	188842	209482
中外合资经营企业	139746	169785	189380	88007	89793
外资企业	58801	57888	59118	57791	65057
其他外商投资企业	3789	63682	60798	43045	54631
二、按经济组织类型分组					
独资企业	5169259	4603686	4388962	4548102	5376270
国有企业	1125227	329262	41905	42662	24774
集体企业	111225	144612	87165	5726	10528
私营独资企业	776143	255502	247182	297202	88495
港澳台商独资经营企业	3097863	3816423	3953592	4144722	5187416
外资企业	58801	57888	59118	57791	65057
合作、合伙企业	672071	252213	270895	265916	185898
股份合作企业	186906	21245	35410	34700	39502
私营合伙企业	45639	44579	22350	23062	30928
合作经营企业(港或澳、台资)	44862	21321	19605	17787	15536
其他企业(内资)	394665	101386	132732	136629	31947
其他港澳台商投资企业		63682	60798	10693	13354
其他外商投资企业				43045	54631
股份有限公司	1342315	1374416	1566995	2497773	2697164
股份有限公司(内资)	747738	733676	805452	1620158	1698782
私营股份有限公司	301556	369731	436688	515435	594263
港澳台商投资股份有限公司	293021	271009	324855	362181	404120
有限责任公司	12139691	17259662	20110215	22337321	25142356
国有独资公司	9853	877930	1140945	1234735	1096628
私营有限责任公司	8220424	10501156	11933638	13327512	15438333
合资经营企业(港或澳、台资)	233004	276281	176166	122188	154510
中外合资经营企业	139746	169785	189380	88007	89793
其他有限责任公司	3536664	5434510	6670086	7564879	8363092
三、在总计中:亏损企业	881556	1665901	1068924	1405187	1005799
在总计中:国有控股企业	1973628	2402680	2421863	2557660	1954564
在总计中:农村工业	6763	20847	45860	23177	29764
在总计中:轻工业	4161629	5382813	6485980	7296565	8925556
重工业	15161707	18107164	19851086	22352547	24476132
在总计中:大型企业	3770259	4484481	4572839	5780029	6943557
中型企业	7167189	9285476	11271205	11923913	12678285
小型企业	8239576	9406043	10294357	11821269	13646559
微型企业	146313	313978	198666	123902	133288

9-4 续表

单位:万元

指标名称	2012年	2013年	2014年	2015年	2016年
四、按行业分					
煤炭开采和洗选业	35690	47571	54800	62722	65974
黑色金属矿采选业	3525	2924	83062	99111	110968
有色金属矿采选业	564742	528706	310176	327435	384590
非金属矿采选业	153879	325642	469554	544602	684714
农副食品加工业	661100	954922	1068722	1221934	1368124
食品制造业	266052	327170	422089	493990	545785
酒、饮料和精制茶制造业	83623	90932	97614	104977	119474
纺织业	495346	586876	731381	908812	1088446
纺织服装、服饰业	431397	573066	721944	829178	1029862
皮革、毛皮、羽毛及其制品和制鞋业	174675	213101	279783	281924	351143
木材加工和木、竹、藤、棕、草制品业	278995	297833	384575	362029	413223
家具制造业	70819	78295	96728	123030	331088
造纸和纸制品业	83673	145460	183131	200575	359444
印刷和记录媒介复制业	57826	86862	123292	161409	180295
文教、工美、体育和娱乐用品制造业	148943	456506	630775	662325	881618
石油加工、炼焦和核燃料加工业				3544	11451
化学原料和化学制品制造业	1007401	892122	1055659	1218585	1464539
医药制造业	285057	334381	410380	502009	526398
化学纤维制造业	59340	77095	87992	100637	119376
橡胶和塑料制品业	124342	146435	164370	188878	346650
非金属矿物制品业	717855	872626	970361	1051368	1315192
黑色金属冶炼和压延加工业	505675	587802	703093	730426	642218
有色金属冶炼和压延加工业	7179901	8691128	9356059	9751440	9878660
金属制品业	240200	404159	546318	602817	657188
通用设备制造业	723298	784837	738448	864098	952496
专用设备制造业	221885	211003	264088	319639	371186
汽车制造业	100546	194949	245003	521795	717021
铁路、船舶、航空航天和其他运输设备制造业	2937	2257	4045	2264	2352
电气机械和器材制造业	3672140	4406723	4813600	5911446	7272690
计算机、通信和其他电子设备制造业	281890	364425	439972	506521	637970
仪器仪表制造业	5041	16227	43149	75365	121654
其他制造业	50252	45455	92784	92555	109297
废弃资源综合利用业	3661	8480	17879	73697	72347
电力、热力生产和供应业	619523	721728	710885	726643	241482
燃气生产和供应业	7297	7062	7292	10517	10073
水的生产和供应业	4813	5223	8064	10818	16701
五、按地区分					
信州区	1022054	1037246	918997	976399	1110519
其中:直属	-	-	-	255849	227801
广丰区	3689876	4815286	5226529	5948842	6330363
上饶县	4246792	4799410	5186789	6398513	7891956
其中:直属	-	-	-	949949	1062871
玉山县	1630722	2131780	2502102	2996757	3408185
铅山县	1102831	1299422	1556371	1821029	1808624
横峰县	1648430	1995765	2134368	1771214	2111936
弋阳县	1011385	1228579	1377987	1464452	1675473
余干县	1015481	1267445	1422429	1694243	1674310
鄱阳县	1252857	1724559	2311395	2542779	2890469
万年县	1542440	1892192	2138242	2304554	2534822
婺源县	341051	455252	499450	478219	477321
德兴市	819417	843040	1062409	1252112	1487711
经开区	4483053	4961457	4924690	6169114	7711803

9－5 规模以上国有控股

（2016

指标名称	企业单位数	亏损企业	工业销售产值（当年价格）
总计	43	8	1934129
一、按登记注册类型分组：			
内资企业	40	7	1784992
国有企业	7	3	24901
地方企业	7	3	24901
有限责任公司	28	3	1428728
国有独资公司	11	2	1085541
其他有限责任公司	17	1	343187
股份有限公司	5	1	331363
港、澳、台商投资企业	1		56046
合资经营企业(港或澳、台资)	1		56046
外商投资企业	2	1	93091
中外合资经营企业	1		38460
其他外商投资企业	1	1	54631
二、按经济组织类型分组			
独资企业	7	3	24901
国有企业	7	3	24901
合作、合伙企业	1	1	54631
其他外商投资企业	1	1	54631
股份有限公司	5	1	331363
股份有限公司(内资)	5	1	331363
有限责任公司	30	3	1523234
国有独资公司	11	2	1085541
合资经营企业(港或澳、台资)	1		56046
中外合资经营企业	1		38460
其他有限责任公司	17	1	343187
三、在总计中：亏损企业	8	8	201797
在总计中：国有控股企业	43	8	1934129
在总计中：轻工业	10	3	524807
重工业	33	5	1409322
在总计中：大型企业	3	2	250891
中型企业	12	1	1200848
小型企业	26	5	472574
微型企业	2		9816

工业企业主要经济指标(一)

年)　　　　　　　　　　　　　　　　　　　　　　　　单位:万元、个

出口交货值	资产总计	流动资产合计		固定资产合计	固定资产原价	累计折旧
			产成品			
16484	2997919	967917	43889	1049717	1584029	556309
16484	2705349	906037	38457	873075	1372410	521332
	59901	19179	928	34668	43089	12679
	59901	19179	928	34668	43089	12679
16484	2189839	582961	26987	706488	1084391	395643
16463	1347262	386576	21926	496735	781236	300795
21	842577	196385	5061	209753	303155	94848
	455608	303897	10542	131920	244930	113011
	106413	28232	8	78181	87643	9463
	106413	28232	8	78181	87643	9463
	186157	33649	5424	98461	123976	25515
	40498	12758	227	27739	29754	2015
	145660	20891	5197	70722	94221	23500
	59901	19179	928	34668	43089	12679
	59901	19179	928	34668	43089	12679
	145660	20891	5197	70722	94221	23500
	145660	20891	5197	70722	94221	23500
	455608	303897	10542	131920	244930	113011
	455608	303897	10542	131920	244930	113011
16484	2336750	623951	27223	812408	1201788	407120
16463	1347262	386576	21926	496735	781236	300795
	106413	28232	8	78181	87643	9463
	40498	12758	227	27739	29754	2015
21	842577	196385	5061	209753	303155	94848
16463	436792	160858	15451	202575	299703	101433
16484	2997919	967917	43889	1049717	1584029	556309
16463	825372	192911	10613	304677	380390	87455
21	2172547	775006	33277	745040	1203639	468854
16463	653743	367212	15712	200591	354624	154033
	1248740	361077	23214	302695	432342	146957
21	1087369	233853	4963	545719	796922	255289
	8067	5775		713	141	30

9-5 续表

指标名称	企业单位数	亏损企业	工业销售产值（当年价格）
四、按行业分			
煤炭开采和洗选业	2	1	4505
有色金属矿采选业	2	1	168479
非金属矿采选业	4		295205
食品制造业	1		7236
造纸和纸制品业	1		38460
印刷和记录媒介复制业	1		56046
文教、工美、体育和娱乐用品制造业	1		332254
石油加工、炼焦和核燃料加工业	1		5798
化学原料和化学制品制造业	2	1	44230
橡胶和塑料制品业	1		8176
非金属矿物制品业	8	1	290818
有色金属冶炼和压延加工业	2		302784
金属制品业	2		45910
通用设备制造业	2	1	87247
汽车制造业	1		2361
电气机械和器材制造业	1		22916
废弃资源综合利用业	1		5134
电力、热力生产和供应业	5		199494
燃气生产和供应业	1	1	2482
水的生产和供应业	4	2	14594
五、按地区分			
信州区	3	2	79890
其中:直属	2	1	5753
广丰区	5		713300
上饶县	5		29581
其中:直属	3		16471
玉山县	5	1	155174
铅山县	3		9083
横峰县	1	1	2490
弋阳县	3		118044
余干县	4	1	203426
万年县	4		138292
德兴市	10	3	484849
经开区	3	1	87247

单位:万元、个

出口交货值	资产总计	流动资产合计	产成品	固定资产合计	固定资产原价	累计折旧
	9132	1625	872	5866	7387	2878
	277098	34246	7618	85366	125481	40115
	570046	157336	6	36895	44309	11408
	1999	1047	745	919	1314	395
	40498	12758	227	27739	29754	2015
	106413	28232	8	78181	87643	9463
	112145	12106	945	49009	62106	21806
	4784	4183		602		
	63697	23201	611	40496	59474	19025
	2646	2387	4	129	620	491
	605763	350095	3634	182071	324514	145919
	130651	83149	8536	44549	70033	25484
	31066	21623	7118	8964	15776	7106
16484	197616	125183	8944	54045	100404	46359
	2789	1692	784	602	1326	724
	18608	15363	3514	3245	6310	3549
	5178	1057	163	3777	5973	2196
	410368	59630	0	317076	523018	205942
	6472	972	9	5065	5417	351
	400952	32034	152	105120	113170	11084
16463	195893	110443	9309	67877	117915	50039
	35195	6263	784	24280	31626	7346
	776422	169195	1180	180616	213364	45451
21	376922	53122	422	85934	91762	6562
	11923	10179	2	1684	2210	1128
	244746	105460	1294	85216	132057	52507
	79804	16514	113	45276	47547	2271
	6422	836	759	3996	4527	1889
	45039	36867	11	5292	7910	2618
	348705	45921	1605	286762	490749	204280
	401103	280967	2827	100863	193969	93817
	522863	148593	26370	187884	284230	96876
16484	525698	147122	8944	127847	175841	48127

9-5 规模以上国有控股

（2016

指标名称	负债合计	流动负债合计	非流动负债合计
总计	1382404	862177	520226
一、按登记注册类型分组：			
内资企业	1271917	799401	472516
国有企业	25847	20228	5619
地方企业	25847	20228	5619
有限责任公司	1081436	654124	427312
国有独资公司	571627	287252	284375
其他有限责任公司	509809	366872	142937
股份有限公司	164634	125049	39585
港、澳、台商投资企业	24715		24715
合资经营企业(港或澳、台资)	24715		24715
外商投资企业	85771	62777	22995
中外合资经营企业	3086		3086
其他外商投资企业	82686	62777	19909
二、按经济组织类型分组			
独资企业	25847	20228	5619
国有企业	25847	20228	5619
合作、合伙企业	82686	62777	19909
其他外商投资企业	82686	62777	19909
股份有限公司	164634	125049	39585
股份有限公司(内资)	164634	125049	39585
有限责任公司	1109237	654124	455113
国有独资公司	571627	287252	284375
合资经营企业(港或澳、台资)	24715		24715
中外合资经营企业	3086		3086
其他有限责任公司	509809	366872	142937
三、在总计中：亏损企业	207513	167786	39727
在总计中：国有控股企业	1382404	862177	520226
在总计中：轻工业	454878	297387	157490
重工业	927526	564790	362736
在总计中：大型企业	221271	185307	35964
中型企业	452315	128828	323487
小型企业	704150	543375	160775
微型企业	4668	4668	

工业企业主要经济指标(二)

年）

单位:万元、人

所有者权益合计	主营业务收　入	主营业务成　本	利润总额	亏损企业亏损总额	从业人员平均人数
1615515	1954564	1651705	155486	25004	16651
1433432	1805127	1521551	148304	19081	14800
34054	24774	22609	－223	948	1228
34054	24774	22609	－223	948	1228
1108403	1444253	1212780	126249	17901	10906
775635	1096628	936853	103020	17764	7524
332768	347625	275928	23229	138	3382
290974	336100	286161	22277	232	2666
81697	56046	42025	9904		450
81697	56046	42025	9904		450
100386	93391	88129	－2722	5923	1401
37412	38760	33001	3201		271
62974	54631	55127	－5923	5923	1130
34054	24774	22609	－223	948	1228
34054	24774	22609	－223	948	1228
62974	54631	55127	－5923	5923	1130
62974	54631	55127	－5923	5923	1130
290974	336100	286161	22277	232	2666
290974	336100	286161	22277	232	2666
1227513	1539059	1287807	139355	17901	11627
775635	1096628	936853	103020	17764	7524
81697	56046	42025	9904		450
37412	38760	33001	3201		271
332768	347625	275928	23229	138	3382
229279	223635	221755	－25004	25004	5995
1615515	1954564	1651705	155486	25004	16651
370494	549227	479485	40820	14565	5559
1245021	1405337	1172219	114666	10438	11092
432472	272072	237706	174	20049	6024
796425	1200980	998237	120822	508	7429
383219	471758	412579	34301	4446	3163
3399	9755	3183	189		35

9-5 续表2

指标名称	负债合计	流动负债合计	非流动负债合计
四、按行业分			
煤炭开采和洗选业	5249	4168	1081
有色金属矿采选业	123235	85179	38056
非金属矿采选业	139841	44020	95821
食品制造业	993		993
造纸和纸制品业	3086		3086
印刷和记录媒介复制业	24715		24715
文教、工美、体育和娱乐用品制造业	66165	7234	58932
石油加工、炼焦和核燃料加工业	4549	4549	
化学原料和化学制品制造业	20278	20134	144
橡胶和塑料制品业	709	439	270
非金属矿物制品业	202889	113657	89232
有色金属冶炼和压延加工业	93992	51348	42644
金属制品业	11404	11201	203
通用设备制造业	94974	56945	38029
汽车制造业	1123	1011	111
电气机械和器材制造业	9683	9534	149
废弃资源综合利用业	1061	1061	
电力、热力生产和供应业	282142	210240	71902
燃气生产和供应业	5169	4098	1071
水的生产和供应业	291149	237360	53789
五、按地区分			
信州区	79416	61778	17638
其中:直属	11249	9588	1661
广丰区	187024	7459	179565
上饶县	284788	208696	76092
其中:直属	10473	8673	1800
玉山县	119952	30834	89118
铅山县	66731	30865	35867
横峰县	5074	4018	1056
弋阳县	13191	7525	5666
余干县	227701	191505	36196
万年县	115358	114286	1072
德兴市	283169	205212	77957
经开区	342481	252213	90268

单位:万元、人

所有者权益合计	主营业务收入	主营业务成本	利润总额	亏损企业亏损总额	从业人员平均人数
3883	4603	4171	-110	508	631
153863	172463	139323	-1671	5923	1876
430205	295205	233527	46873		854
1006	7275	7004	20		80
37412	38760	33001	3201		271
81697	56046	42025	9904		450
45979	332998	288299	40223		478
235	5737		79		16
43419	44933	47117	-3514	3638	258
1938	8176	7330	270		182
402873	289575	230405	36138	138	2757
36660	307567	283463	8928		1213
19663	35554	30214	1753		1003
102642	107400	102349	-13663	14126	3907
1666	2384	2167	136		96
8924	23609	20561	807		762
4118	4320	3104	591		49
128226	198871	159960	24278		1179
1303	2387	2453	-232	232	38
109803	16701	15232	1473	439	551
116477	101094	98218	-14422	14558	3978
23946	5776	6139	-296	432	299
589398	715835	589118	100968		2096
92134	30589	20156	2615		739
1450	16410	8485	405		470
124794	153918	128814	15399	7	1490
13073	8858	5179	774		227
1348	2589	2610	-508	508	510
31848	118044	108949	7222		558
121004	201601	166353	22892	138	530
285745	138329	104883	21329		1470
239693	483708	427423	-783	9793	5053
183217	109498	103750	-11916	14126	3948

9－6 规模以上集体控股

（2016

指标名称	企业单位数	工业销售产值（当年价格）	资产总计	流动资产合计	固定资产合计	固定资产原价
总　　计	2	10527	2499	1094	1215	1641
一、按登记注册类型分组：						
内资企业	2	10527	2499	1094	1215	1641
集体企业	2	10527	2499	1094	1215	1641
二、按经济组织类型分组						
独资企业	2	10527	2499	1094	1215	1641
集体企业	2	10527	2499	1094	1215	1641
三、在总计中：农村工业	1	2426	1878	663	1215	1641
在总计中：重工业	2	10527	2499	1094	1215	1641
在总计中：小型企业	2	10527	2499	1094	1215	1641
四、按行业分						
煤炭开采和洗选业	1	2426	1878	663	1215	1641
黑色金属冶炼和压延加工业	1	8101	622	431		
五、按地区分						
铅 山 县	1	2426	1878	663	1215	1641
德 兴 市	1	8101	622	431		

工业企业主要经济指标

年)　　　　　　　　　　　　　　　　　　　　　　　　　　　　　　单位:万元、个、人

累计折旧	负债合计	流动负债合计	非流动负债合计	所有者权益合计	主营业务收入	主营业务成本	利润总额	从业人员年平均人数
426	862	425	437	1638	10528	7741	565	117
426	862	425	437	1638	10528	7741	565	117
426	862	425	437	1638	10528	7741	565	117
426	862	425	437	1638	10528	7741	565	117
426	862	425	437	1638	10528	7741	565	117
426	425	425		1453	2426	2070	179	67
426	862	425	437	1638	10528	7741	565	117
426	862	425	437	1638	10528	7741	565	117
426	425	425		1453	2426	2070	179	67
	437		437	185	8102	5671	387	50
426	425	425		1453	2426	2070	179	67
	437		437	185	8102	5671	387	50

9-7 规模以上私人控股

(2016

指标名称	企业单位数	亏损企业	工业销售产值（当年价格）
总计	685	38	15944026
一、按登记注册类型分组：			
内资企业	685	38	15944026
私营企业	685	38	15944026
私营独资企业	22	2	88060
私营合伙企业	4		30479
私营有限责任公司	627	34	15237149
私营股份有限公司	32	2	588337
二、按经济组织类型分组			
独资企业	22	2	88060
私营独资企业	22	2	88060
合作、合伙企业	4		30479
私营合伙企业	4		30479
股份有限公司	32	2	588337
私营股份有限公司	32	2	588337
有限责任公司	627	34	15237149
私营有限责任公司	627	34	15237149
三、在总计中：亏损企业	38	38	380222
在总计中：轻工业	297	12	5377882
重工业	388	26	10566144
在总计中：大型企业	4	1	503891
中型企业	89	1	7463119
小型企业	574	35	7827136
微型企业	18	1	149881
四、按行业分			
煤炭开采和洗选业	11	1	58393
黑色金属矿采选业	2		110968
有色金属矿采选业	16	1	167723
非金属矿采选业	27	3	267566
农副食品加工业	22		781449
食品制造业	13	1	327265
酒、饮料和精制茶制造业	8		68206
纺织业	49	3	804035
纺织服装、服饰业	52	3	754680
皮革、毛皮、羽毛及其制品和制鞋业	19		140495
木材加工和木、竹、藤、棕、草制品业	17		202780
家具制造业	18		231611
造纸和纸制品业	9	1	179618

工业企业主要经济指标(一)

年)　　　　单位:万元、个

出口交货值	资产总计	流动资产合计	产成品	固定资产合计	固定资产原价	累计折旧
603482	8350149	3494614	348247	2590496	3152717	696417
603482	8350149	3494614	348247	2590496	3152717	696417
603482	8350149	3494614	348247	2590496	3152717	696417
	66229	32006	1513	29463	43791	17599
	9976	4991	330	4986	3961	1680
537033	7927099	3326128	332728	2437797	2959924	636274
66448	346844	131489	13677	118250	145042	40864
	66229	32006	1513	29463	43791	17599
	66229	32006	1513	29463	43791	17599
	9976	4991	330	4986	3961	1680
	9976	4991	330	4986	3961	1680
66448	346844	131489	13677	118250	145042	40864
66448	346844	131489	13677	118250	145042	40864
537033	7927099	3326128	332728	2437797	2959924	636274
537033	7927099	3326128	332728	2437797	2959924	636274
12076	654123	240425	13785	185711	184286	30005
537918	2627024	1044636	126346	958294	1148359	229111
65564	5723124	2449978	221901	1632202	2004359	467306
62495	801605	201197	4978	381227	449256	73101
229960	3319243	1335553	175062	1194286	1502443	346285
311028	4107840	1931359	166966	944541	1126970	272157
	121461	26505	1241	70442	74049	4875
	40136	17719	641	16566	26877	13588
	62733	46044	61	7378	14494	7116
	98111	37660	1827	16376	20377	7554
	153328	67407	7921	50465	73928	24713
94666	334331	164667	22252	84477	94753	29129
11911	139571	71368	5754	44266	64859	21086
3457	91671	42123	6777	26114	51872	11609
210265	406162	146746	12883	112386	147768	32423
150762	287532	105023	11571	111297	122951	14825
18051	75128	33858	1728	11755	12715	2159
3500	89617	40589	5411	39718	43371	8664
	102673	44641	3411	49386	50962	2161
	96953	29606	7714	53072	33612	5916

指标名称	企业单位数	亏损企业	工业销售产值（当年价格）
印刷和记录媒介复制业	3		48946
文教、工美、体育和娱乐用品制造业	24		307231
石油加工、炼焦和核燃料加工业	1		5706
化学原料和化学制品制造业	83	5	890076
医药制造业	16	2	194792
化学纤维制造业	3		112809
橡胶和塑料制品业	15	1	221323
非金属矿物制品业	52	7	592720
黑色金属冶炼和压延加工业	4		49037
有色金属冶炼和压延加工业	66	5	6540469
金属制品业	29		375040
通用设备制造业	37		410669
专用设备制造业	6	1	58869
汽车制造业	14	3	475257
铁路、船舶、航空航天和其他运输设备制造业	1		2352
电气机械和器材制造业	29		1213749
计算机、通信和其他电子设备制造业	12		189870
仪器仪表制造业	9	1	23924
其他制造业	8		75430
废弃资源综合利用业	7		46908
电力、热力生产和供应业	3		14064
五、按地区分			
信州区	9	1	85465
其中：直属	8	1	73059
广丰区	153	3	4003306
上饶县	39	6	545915
其中：直属	7	2	41078
玉山县	129	7	2481739
铅山县	55	6	1341216
横峰县	51	3	2036221
弋阳县	62	3	1138657
余干县	29		769210
鄱阳县	31		1079526
万年县	73	5	1892431
婺源县	19	2	271281
德兴市	35	2	299059
经开区	33	4	517243

单位:万元、个

出口交货值	资产总计	流动资产合计		固定资产合计	固定资产原价	累计折旧
			产成品			
	49263	7290	622	3471	3740	805
32349	152655	66001	22801	26439	31666	6168
	2550	1268				
2848	622438	229822	11972	130579	166688	44668
	122021	60872	12194	35757	43778	10188
	79129	55508	316	17965	18902	4205
33996	99672	57725	2366	33909	46435	10626
	553334	239623	15359	215620	295003	96915
	28308	12656	1293	11591	13005	1496
418	2419624	946135	130860	689960	841956	206196
22060	243458	147691	7539	64251	70648	6976
1712	261549	133165	8495	105028	108729	13801
	32441	15546	3689	8532	8754	1498
	819897	382763	15125	144714	148323	7214
	4069	1985		1888	3262	1374
11309	619065	185918	22379	356849	461930	85893
3030	111922	55454	2917	42356	45849	9845
192	20471	11788	1444	5422	6222	967
2957	22161	12570	780	7608	8957	1606
	11622	7805	135	1149	2424	1277
	96557	15582	14	64154	67911	3758
23513	32349	21290	1397	7299	8486	1187
23513	24672	19205	807	4375	4939	563
27883	2118370	550511	57342	572078	679944	174313
21499	971963	495387	27696	172469	196875	29317
3936	54149	28666	4738	12927	18898	6139
94230	1054407	594006	68711	344311	386801	96085
2848	660253	343689	51417	173355	201415	47672
22031	749531	283636	64861	347966	456003	89295
	754636	486556	4998	217420	295352	77932
5417	469521	130384	7437	120591	170643	50239
22742	502541	119567	10618	347975	384952	36978
291689	673878	301086	31168	197484	228867	44181
79445	160515	71887	10117	50693	86871	25099
12185	202186	96615	12486	38854	56507	24120
17564	925492	468806	23547	162466	181524	23802

9－7 规模以上私人控股

（2016

指标名称	负债合计	流动负债合计	非流动负债合计
总计	4153802	2927250	1226553
一、按登记注册类型分组：			
内资企业	4153802	2927250	1226553
私营企业	4153802	2927250	1226553
私营独资企业	20168	18365	1803
私营合伙企业	1700	1312	388
私营有限责任公司	4003889	2826491	1177398
私营股份有限公司	128046	81081	46964
二、按经济组织类型分组			
独资企业	20168	18365	1803
私营独资企业	20168	18365	1803
合作、合伙企业	1700	1312	388
私营合伙企业	1700	1312	388
股份有限公司	128046	81081	46964
私营股份有限公司	128046	81081	46964
有限责任公司	4003889	2826491	1177398
私营有限责任公司	4003889	2826491	1177398
三、在总计中：亏损企业	475376	455526	19851
在总计中：轻工业	1100963	705615	395348
重工业	3052840	2221635	831205
在总计中：大型企业	434234	383201	51033
中型企业	1787705	1175565	612140
小型企业	1847089	1339907	507182
微型企业	84774	28576	56198
四、按行业分			
煤炭开采和洗选业	16963	16852	111
黑色金属矿采选业	20761	12968	7793
有色金属矿采选业	52500	50350	2151
非金属矿采选业	47438	34541	12897
农副食品加工业	154873	93283	61590
食品制造业	77666	66117	11550
酒、饮料和精制茶制造业	37818	33326	4492
纺织业	204116	123264	80852
纺织服装、服饰业	143277	117204	26073
皮革、毛皮、羽毛及其制品和制鞋业	33689	18882	14807
木材加工和木、竹、藤、棕、草制品业	38183	32090	6093
家具制造业	30970	20852	10119
造纸和纸制品业	62014	37268	24746

工业企业主要经济指标(二)

年）　　　　单位:万元、人

所有者权益合计	主营业务收　入	主营业务成　本	利润总额	亏损企业亏损总额	从业人员年平均人数
4186608	16152019	14081508	1337873	23886	105445
4186608	16152019	14081508	1337873	23886	105445
4186608	16152019	14081508	1337873	23886	105445
46061	88495	74090	6260	149	2125
8276	30928	27519	1779		380
3913472	15438333	13484864	1268373	23735	98498
218798	594263	495035	61462	2	4442
46061	88495	74090	6260	149	2125
46061	88495	74090	6260	149	2125
8276	30928	27519	1779		380
8276	30928	27519	1779		380
218798	594263	495035	61462	2	4442
218798	594263	495035	61462	2	4442
3913472	15438333	13484864	1268373	23735	98498
3913472	15438333	13484864	1268373	23735	98498
178747	367085	353614	－23886	23886	6419
1526061	5441924	4657991	441931	3321	48351
2660547	10710095	9423518	895943	20565	57094
367371	487856	427425	12207	17221	6699
1531537	7556158	6536214	753051	2449	40496
2260748	8029962	7051507	566573	3916	57928
26951	78044	66363	6043	301	322
23173	58945	49326	4559	127	1200
41972	110968	92165	9468		461
45611	168120	157269	6708	520	1473
105890	268478	229958	16112	82	2367
179458	791765	654601	87635		3064
61904	328308	268353	26707	2449	2646
53853	67832	49736	3910		1019
202046	816562	709292	64703	134	7802
144255	711862	612909	49435	228	10776
41439	139966	117819	12038		3090
51434	204551	178644	7538		2502
71703	234861	210824	10274		1426
34939	223303	178088	23901	62	1405

9－7 续表2

指标名称	负债合计	流动负债合计	非流动负债合计
印刷和记录媒介复制业	2376	1611	765
文教、工美、体育和娱乐用品制造业	53502	16277	37226
石油加工、炼焦和核燃料加工业	542		542
化学原料和化学制品制造业	216119	116948	99171
医药制造业	57625	45772	11854
化学纤维制造业	18758	13031	5728
橡胶和塑料制品业	39639	31041	8599
非金属矿物制品业	219598	188558	31041
黑色金属冶炼和压延加工业	13458	11055	2403
有色金属冶炼和压延加工业	1429356	878418	550937
金属制品业	74549	60927	13621
通用设备制造业	124161	95055	29107
专用设备制造业	14099	12961	1138
汽车制造业	595211	592415	2796
铁路、船舶、航空航天和其他运输设备制造业	780	780	
电气机械和器材制造业	212149	111484	100665
计算机、通信和其他电子设备制造业	58467	47021	11446
仪器仪表制造业	14252	13180	1072
其他制造业	13321	11853	1468
废弃资源综合利用业	5282	3568	1715
电力、热力生产和供应业	70290	18300	51990
五、按地区分			
信州区	29635	29009	626
其中:直属	28237	27612	626
广丰区	813511	155525	657986
上饶县	681532	661331	20201
其中:直属	26153	12451	13702
玉山县	583345	485227	98118
铅山县	364203	230135	134068
横峰县	499826	469625	30202
弋阳县	230075	153923	76152
余干县	273422	210857	62565
鄱阳县	191122	173420	17702
万年县	310077	198620	111458
婺源县	66368	60586	5782
德兴市	110687	98993	11694
经开区	656777	650278	6499

单位:万元、人

所有者权益合计	主营业务收入	主营业务成本	利润总额	亏损企业亏损总额	从业人员年平均人数
46887	48594	42527	4631		446
99153	305416	259113	35316		3102
2008	5714	5291	7		48
396582	891690	770706	51806	153	9332
64395	199566	179911	4111	437	1637
60371	114813	101878	11308		535
60032	244148	210886	18811	22	2128
333735	601434	501968	57001	768	6000
14850	46837	39380	5004		633
990268	6682241	5974469	610973	1556	13868
168909	374761	304708	42631		3949
137388	415234	349600	38209		4514
18342	58919	46265	4645	39	621
224686	447958	417235	-1505	17302	4666
3289	2352	1962	3		67
406915	1223980	1067234	100664		7918
53455	194710	154407	19149		4060
6218	25456	23550	651	8	1276
8840	75530	68050	4681		739
6340	54300	48571	2166		392
26267	12844	4814	4625		283
2714	82636	76804	382	1167	1344
-3565	70230	65080	215	1167	1214
1304859	4059099	3511104	352954	183	21353
290430	534530	486046	4308	17944	7465
27996	41085	35918	2862	106	501
471061	2527563	2181118	232385	230	13806
296050	1407093	1237792	137743	271	5864
249704	2043196	1832545	173062	377	9495
524561	1138451	1012571	79749	32	8518
196099	785512	701463	70427		3921
301683	1097241	901143	114961		12845
363800	1907011	1625993	149640	543	13285
94146	274553	248370	12081	171	3648
91500	295135	266559	10180	2969	3901
268714	505851	461852	1614	17838	7094

9－8 规模以上港澳台商控股

（2016

指标名称	企业单位数	亏损企业	工业销售产值（当年价格）
总　计	23	2	4823384
一、按登记注册类型分组：			
港、澳、台商投资企业	23	2	4823384
合资经营企业(港或澳、台资)	4		153671
合作经营企业(港或澳、台资)	1	1	14364
港澳台商独资经营企业	15	1	4236844
港澳台商投资股份有限公司	2		404120
其他港澳台商投资企业	1		14386
二、按经济组织类型分组			
独资企业	15	1	4236844
港澳台商独资经营企业	15	1	4236844
合作、合伙企业	2	1	28750
合作经营企业(港或澳、台资)	1	1	14364
其他港澳台商投资企业	1		14386
股份有限公司	2		404120
港澳台商投资股份有限公司	2		404120
有限责任公司	4		153671
合资经营企业(港或澳、台资)	4		153671
三、在总计中：亏损企业	2	2	19083
在总计中：国有控股企业	1		56046
在总计中：轻工业	14	1	654839
重工业	9	1	4168545
在总计中：大型企业	4		4207592
中型企业	6	1	218718
小型企业	13	1	397074
四、按行业分			
食品制造业	1		209717
纺织服装、服饰业	3	1	119824
皮革、毛皮、羽毛及其制品和制鞋业	3		30372
木材加工和木、竹、藤、棕、草制品业	2		123581
造纸和纸制品业	1		6873
印刷和记录媒介复制业	1		56046
文教、工美、体育和娱乐用品制造业	1		16835
化学原料和化学制品制造业	3	1	97471
医药制造业	1		96243
黑色金属冶炼和压延加工业	1		19273
有色金属冶炼和压延加工业	1		3268
电气机械和器材制造业	3		3644833
计算机、通信和其他电子设备制造业	1		384847
其他制造业	1		14202
五、按地区分			
信州区	1		21322
广丰区	8		704644
上饶县	5	1	3666256
其中：直属	1		14386
玉山县	3		99923
铅山县	1		3268
弋阳县	1		30488
余干县	1		96243
鄱阳县	2		186875
万年县	1	1	14364
经开区	5	1	3673192

工业企业主要经济指标

年)　　　　　　　　　　　　　　　　　　　　　　　　　　　　　　　　　　单位:万元、个

出口交货值	资产总计	流动资产合计	产成品	固定资产合计	固定资产原价	累计折旧
1779399	2609531	1480112	94702	1048145	1687811	651396
1779399	2609531	1480112	94702	1048145	1687811	651396
	177807	54298	793	86966	98932	15499
1340	33651	13264	3575	16788	22756	5968
1385321	2266477	1326292	83072	903249	1522115	619728
384847	108906	77228	5963	29923	30097	7874
7892	22690	9030	1300	11220	13912	2327
1385321	2266477	1326292	83072	903249	1522115	619728
1385321	2266477	1326292	83072	903249	1522115	619728
9231	56341	22294	4875	28008	36668	8295
1340	33651	13264	3575	16788	22756	5968
7892	22690	9030	1300	11220	13912	2327
384847	108906	77228	5963	29923	30097	7874
384847	108906	77228	5963	29923	30097	7874
	177807	54298	793	86966	98932	15499
	177807	54298	793	86966	98932	15499
6059	41694	20922	3575	17172	23907	6735
	106413	28232	8	78181	87643	9463
327552	392200	96599	2739	231303	268710	40651
1451847	2217331	1383512	91963	816842	1419101	610745
1552142	2183071	1343118	84898	839952	1442450	602498
12611	204334	56500	1511	116505	136217	22880
214647	222127	80494	8294	91688	109144	26018
209717	37915	5762	208	32153	39409	7256
4719	34598	20550	279	13745	15392	1647
10857	27719	11241	1351	12401	15364	2598
102259	97807	25864	423	69449	81160	12117
	17564	4311	129	13253	16037	2784
	106413	28232	8	78181	87643	9463
	8488	1558	86	6845	7532	4220
1340	66328	36654	5377	20949	30727	9778
	49129	2059	113	18569	24489	5920
	14549	5094	1825	7701		
	8034	2566	500	2449	2449	379
1065661	2043786	1261383	80123	750087	1337371	587284
384847	94356	72133	4138	22223	30097	7874
	2847	2705	143	142	142	76
	26239	10311		13434	18458	5430
594564	318259	122730	6400	160720	181107	31621
1078272	2044289	1276953	82527	763912	1356649	592372
7892	22690	9030	1300	11220	13912	2327
2965	31809	23784	886	2898	4961	2139
	8034	2566	500	2449	2449	379
	9572	7963	4	1306	1489	183
	49129	2059	113	18569	24489	5920
102259	88551	20482	698	68069	75454	7384
1340	33651	13264	3575	16788	22756	5968
1070380	2047838	1278234	81227	766126	1361195	595475

9－9 规模以上外商控股

(2016

指标名称	企业单位数	亏损企业	工业销售产值（当年价格）	出口交货值	资产总计	流动资产合计	产成品	固定资产合计
总　　计	11	1	209710	7120	263027	74928	10376	126914
一、按登记注册类型分组：								
外商投资企业	11	1	209710	7120	263027	74928	10376	126914
中外合资经营企业	6		89892	7120	86751	33511	2868	52171
外资企业	4		65187		30616	20526	2312	4021
其他外商投资企业	1	1	54631		145660	20891	5197	70722
二、按经济组织类型分组								
独资企业	4		65187		30616	20526	2312	4021
外资企业	4		65187		30616	20526	2312	4021
合作、合伙企业	1	1	54631		145660	20891	5197	70722
其他外商投资企业	1	1	54631		145660	20891	5197	70722
有限责任公司	6		89892	7120	86751	33511	2868	52171
中外合资经营企业	6		89892	7120	86751	33511	2868	52171
三、在总计中：亏损企业	1	1	54631		145660	20891	5197	70722
在总计中：国有控股企业	2	1	93091		186157	33649	5424	98461
在总计中：轻工业	8		143926	7120	85079	42759	4814	35950
重工业	3	1	65785		177948	32169	5563	90963
在总计中：大型企业	1	1	54631		145660	20891	5197	70722
小型企业	10		155079	7120	117367	54038	5180	56192
四、按行业分								
有色金属矿采选业	1	1	54631		145660	20891	5197	70722
农副食品加工业	1		30916		6772	5459	302	1019
纺织业	4		69416	7120	20184	12670	3366	3663
造纸和纸制品业	1		38460		40498	12758	227	27739
医药制造业	1		2891		14443	11256	418	963
金属制品业	1		5044		10240	4478	366	4994
其他制造业	1		2243		3183	616	500	2566
电力、热力生产和供应业	1		6110		22048	6801		15248
五、按地区分								
信 州 区	1		7120	7120	4011	3400	1473	605
其中：直属	1		7120	7120	4011	3400	1473	605
广 丰 区	1		38460		40498	12758	227	27739
上 饶 县	3		11244		39674	18673	918	18777
其中：直属	2		9001		36491	18057	418	16211
万 年 县	4		93212		22945	14729	2196	4077
德 兴 市	2	1	59675		155900	25369	5563	75715
经 开 区	1		2243		3183	616	500	2566

工业企业主要经济指标

年）　　　　单位:万元、个、人

固定资产原价	累计折旧	负债合计	流动负债合计	非流动负债合计	所有者权益合计	主营业务收入	主营业务成本	利润总额	亏损企业亏损总额	从业人员年平均人数
167519	41834	127214	91885	35329	135812	209482	191346	6412	5923	2788
167519	41834	127214	91885	35329	135812	209482	191346	6412	5923	2788
67646	15700	28588	13168	15420	58163	89793	79376	5400		948
5652	2635	15940	15940		14676	65057	56843	6935		710
94221	23500	82686	62777	19909	62974	54631	55127	－5923	5923	1130
5652	2635	15940	15940		14676	65057	56843	6935		710
5652	2635	15940	15940		14676	65057	56843	6935		710
94221	23500	82686	62777	19909	62974	54631	55127	－5923	5923	1130
94221	23500	82686	62777	19909	62974	54631	55127	－5923	5923	1130
67646	15700	28588	13168	15420	58163	89793	79376	5400		948
67646	15700	28588	13168	15420	58163	89793	79376	5400		948
94221	23500	82686	62777	19909	62974	54631	55127	－5923	5923	1130
123976	25515	85771	62777	22995	100386	93391	88129	－2722	5923	1401
40802	6080	28494	24350	4144	56585	143697	128082	10987		1367
126717	35754	98720	67535	31186	79228	65785	63265	－4575	5923	1421
94221	23500	82686	62777	19909	62974	54631	55127	－5923	5923	1130
73298	18334	44529	29108	15420	72838	154850	136219	12335		1658
94221	23500	82686	62777	19909	62974	54631	55127	－5923	5923	1130
2206	1186	4531	4531		2241	30562	29285	691		66
3682	1023	7373	7373		12810	69448	61715	6881		765
29754	2015	3086		3086	37412	38760	33001	3201		271
2594	1631	11327	11327		3116	2729	2001	197		125
5491	497	4570	4570		5670	5044	3701	957		215
2566	225	2177	1119	1058	1005	2198	2080	17		140
27005	11758	11464	188	11277	10584	6110	4436	390		76
624	19	2760	2760		1250	7120	6872	143		180
624	19	2760	2760		1250	7120	6872	143		180
29754	2015	3086		3086	37412	38760	33001	3201		271
32166	13614	24969	12634	12335	14705	11037	8517	605		341
29599	13389	22792	11515	11277	13700	8839	6437	587		201
5263	2190	9144	9144		13801	92890	84127	7429		651
99712	23997	87256	67347	19909	68644	59675	58828	－4966	5923	1345
2566	225	2177	1119	1058	1005	2198	2080	17		140

9－10 规模以上其他控股

（2016

指标名称	企业单位数	工业销售产值（当年价格）	资产总计	流动资产合计	产成品	固定资产合计
总计	4	32443	22505	12302	120	4011
一、按登记注册类型分组：						
内资企业	4	32443	22505	12302	120	4011
其他企业	4	32443	22505	12302	120	4011
二、按经济组织类型分组						
合作、合伙企业	4	32443	22505	12302	120	4011
其他企业(内资)	4	32443	22505	12302	120	4011
三、在总计中：轻工业	1	2851	1426	1376		
重工业	3	29592	21079	10926	120	4011
在总计中：中型企业	1	10325	12211	8744		2011
小型企业	3	22118	10294	3558	120	2000
四、按行业分						
非金属矿采选业	1	3425	3000	1000		2000
皮革、毛皮、羽毛及其制品和制鞋业	1	2851	1426	1376		
木材加工和木、竹、藤、棕、草制品业	1	10325	12211	8744		2011
专用设备制造业	1	15842	5868	1182	120	
五、按地区分						
广丰区	1	15842	5868	1182	120	
上饶县	1	3425	3000	1000		2000
其中：直属	1	3425	3000	1000		2000
万年县	1	2851	1426	1376		
德兴市	1	10325	12211	8744		2011

工业企业主要经济指标

年）

单位:万元、个、人

固定资产原价	累计折旧	负债合计	流动负债合计	非流动负债合计	所有者权益合计	主营业务收入	主营业务成本	利润总额	从业人员年平均人数
7987	2589	13831	9075	4756	8674	31947	28094	1863	909
7987	2589	13831	9075	4756	8674	31947	28094	1863	909
7987	2589	13831	9075	4756	8674	31947	28094	1863	909
7987	2589	13831	9075	4756	8674	31947	28094	1863	909
7987	2589	13831	9075	4756	8674	31947	28094	1863	909
		1417		1417	9	2851	2824		20
7987	2589	12414	9075	3339	8665	29096	25270	1863	889
3554	2150	8088	8075	13	4123	9829	9441	104	692
4433	439	5743	1000	4743	4551	22118	18654	1760	217
2200	200	1500	1000	500	1500	3425	2459	806	50
		1417		1417	9	2851	2824		20
3554	2150	8088	8075	13	4123	9829	9441	104	692
2233	239	2826		2826	3042	15842	13371	953	147
2233	239	2826		2826	3042	15842	13371	953	147
2200	200	1500	1000	500	1500	3425	2459	806	50
2200	200	1500	1000	500	1500	3425	2459	806	50
		1417		1417	9	2851	2824		20
3554	2150	8088	8075	13	4123	9829	9441	104	692

9-11 大中型工业企业

（2016

指标名称	企业单位数	亏损企业	工业销售产值（当年价格）
总　　计	185	13	18456945
一、按登记注册类型分组：			
内资企业	174	11	13976004
国有企业	1	1	2490
地方企业	1	1	2490
有限责任公司	68	8	4496293
国有独资公司	6	1	847291
其他有限责任公司	62	7	3649002
股份有限公司	11		1499887
私营企业	93	2	7967009
私营有限责任公司	89	2	7867516
私营股份有限公司	4		99493
其他企业	1		10325
港、澳、台商投资企业	10	1	4426310
合资经营企业(港或澳、台资)	2		72881
港澳台商独资经营企业	6	1	3954196
港澳台商投资股份有限公司	1		384847
其他港澳台商投资企业	1		14386
外商投资企业	1	1	54631
其他外商投资企业	1	1	54631
二、按经济组织类型分组			
独资企业	7	2	3956686
国有企业	1	1	2490
港澳台商独资经营企业	6	1	3954196
合作、合伙企业	3	1	79342
其他企业(内资)	1		10325
其他港澳台商投资企业	1		14386
其他外商投资企业	1	1	54631
股份有限公司	16		1984227
股份有限公司(内资)	11		1499887
私营股份有限公司	4		99493
港澳台商投资股份有限公司	1		384847
有限责任公司	159	10	12436690
国有独资公司	6	1	847291
私营有限责任公司	89	2	7867516
合资经营企业(港或澳、台资)	2		72881
其他有限责任公司	62	7	3649002
三、在总计中:亏损企业	13	13	374674
在总计中:国有控股企业	15	3	1451739
在总计中:轻工业	76	4	3881641
重工业	109	9	14575304
在总计中:大型企业	13	3	5988085
中型企业	172	10	12468861

主要经济指标(一)

年)　　　　　　　　　　　　　　　　　　　　　　　　　　单位:万元、个

出口交货值	资产总计	流动资产合计	产成品	固定资产合计	固定资产原价	累计折旧
1945802	10291201	4668192	419874	3735378	5185410	1532843
381049	7758137	3247684	328268	2708199	3512521	883965
	6422	836	759	3996	4527	1889
	6422	836	759	3996	4527	1889
80534	2894886	1267234	108470	869531	1132258	290012
16463	950745	322980	19286	179690	246416	82679
64071	1944140	944254	89184	689841	885841	207333
8061	723771	434120	38999	257149	420483	170529
292454	4120848	1536750	180040	1575513	1951699	419386
283392	4048055	1495997	176800	1550029	1917779	410745
9062	72793	40753	3240	25484	33920	8641
	12211	8744		2011	3554	2150
1564753	2387404	1399618	86409	956457	1578668	625378
	114901	29790	94	85026	95175	13683
1172014	2155457	1288665	80876	837989	1439483	601494
384847	94356	72133	4138	22223	30097	7874
7892	22690	9030	1300	11220	13912	2327
	145660	20891	5197	70722	94221	23500
	145660	20891	5197	70722	94221	23500
1172014	2161879	1289500	81635	841985	1444010	603383
	6422	836	759	3996	4527	1889
1172014	2155457	1288665	80876	837989	1439483	601494
7892	180560	38664	6497	83952	111688	27977
	12211	8744		2011	3554	2150
7892	22690	9030	1300	11220	13912	2327
	145660	20891	5197	70722	94221	23500
401970	890921	547007	46378	304856	484500	187044
8061	723771	434120	38999	257149	420483	170529
9062	72793	40753	3240	25484	33920	8641
384847	94356	72133	4138	22223	30097	7874
363926	7057841	2793021	285364	2504585	3145212	714439
16463	950745	322980	19286	179690	246416	82679
283392	4048055	1495997	176800	1550029	1917779	410745
	114901	29790	94	85026	95175	13683
64071	1944140	944254	89184	689841	885841	207333
36210	882822	321927	27577	277614	379760	111236
16463	1902483	728289	38927	503285	786966	300990
424974	2107214	710292	92241	1083926	1336290	273086
1520828	8183987	3957900	327633	2651452	3849120	1259757
1654288	3831507	2012514	131780	1513871	2376794	877991
291514	6459693	2655678	288094	2221507	2808615	654852

9－11 续表1

指标名称	企业单位数	亏损企业	工业销售产值（当年价格）
四、按行业分			
煤炭开采和洗选业	1	1	2490
黑色金属矿采选业	1		108555
有色金属矿采选业	4	2	197783
非金属矿采选业	2		300616
农副食品加工业	7		613804
食品制造业	3	1	117819
酒、饮料和精制茶制造业	1		32279
纺织业	12		370730
纺织服装、服饰业	14	1	472104
皮革、毛皮、羽毛及其制品和制鞋业	7	1	179533
木材加工和木、竹、藤、棕、草制品业	4		175170
家具制造业	2		62324
造纸和纸制品业	2		39714
印刷和记录媒介复制业	2		91208
文教、工美、体育和娱乐用品制造业	7		475478
化学原料和化学制品制造业	7	1	143818
医药制造业	3		133912
化学纤维制造业	1		104633
橡胶和塑料制品业	4		119495
非金属矿物制品业	12	1	597241
黑色金属冶炼和压延加工业	3		539311
有色金属冶炼和压延加工业	29	1	5934773
金属制品业	8		384813
通用设备制造业	11	1	515752
专用设备制造业	1		90814
汽车制造业	7	1	423338
电气机械和器材制造业	14		5583566
计算机、通信和其他电子设备制造业	8		553388
仪器仪表制造业	5	2	64390
电力、热力生产和供应业	3		28093
五、按地区分			
信州区	12	3	469886
其中:直属	5	1	37553
广丰区	24		2913862
上饶县	14	3	5307484
其中:直属	3		419925
玉山县	14		1678240
铅山县	4		1133433
横峰县	15	1	1676316
弋阳县	10	2	714791
余干县	7	1	372258
鄱阳县	51	1	2161694
万年县	20		1181682
婺源县	4		247119
德兴市	10	2	600179
经开区	18	5	5319893

单位:万元、个

出口交货值	资产总计	流动资产合计	产成品	固定资产合计	固定资产原价	累计折旧
	6422	836	759	3996	4527	1889
	60781	45112	5	6457	12617	6160
	288811	38832	9106	92185	136460	44275
	530111	128210		24549	26001	5445
	181182	77687	13096	82892	96083	13191
9228	54588	24645	3989	22411	36143	13933
	36256	12055	3165	18151	24201	6050
132159	207607	70514	11201	91904	123291	31838
75510	215203	61268	5520	126801	138176	12761
38657	95696	36497	3405	40000	43570	6603
102259	113363	37264	2521	69808	79183	12191
	20419	5393	1013	13242	14022	779
	19148	5591	2192	13018	14744	1726
	117291	30797	252	86367	96313	9946
21549	249139	55191	24144	95522	115439	32603
	109261	36712	2354	41118	54677	12021
	80451	16093	2483	32424	39681	7256
	63321	51287	4	9827	12365	2538
31804	80290	40462	2231	36150	43855	9855
	869739	421185	11103	332947	541480	211336
	128836	21810	722	102463	119122	18754
	2456805	1157401	159214	691031	874192	211176
39899	209194	120931	9039	73230	90637	17407
16463	339853	160504	11144	157629	215202	57573
	23520	7289	150	16231	20178	3947
	736644	345680	6586	165000	178664	18972
1084406	2710857	1500195	123829	1173478	1880710	714574
387876	186360	117228	6042	59428	71725	17484
5991	48902	28502	4607	19459	36512	22582
	51153	13025		37662	45641	7979
45470	523968	415787	29212	76761	131782	55444
29007	27349	21210	2121	4293	4861	572
384847	1991654	513235	37658	632297	810177	200265
1095730	2962302	1695578	121062	1037242	1721877	699145
7892	172799	118947	5855	37522	51771	13884
	716085	377472	30652	247124	334086	113707
	401263	247500	44208	54694	57060	6688
21613	551894	230715	64803	261073	335247	75531
	520735	307834	10500	177413	244361	66949
	253338	40123	6067	69985	99977	30226
150901	991827	221357	12671	741237	795495	54258
152331	735452	385623	24740	221118	333879	117387
85683	109063	38202	5819	53722	65509	16810
9228	533619	194767	32484	162713	255960	96432
1104301	3286122	1971209	142298	1072189	1797027	740132

9－11 大中型工业企业

（2016

指标名称	负债合计	流动负债合计	非流动负债合计
总计	5427529	4108881	1318648
一、按登记注册类型分组：			
内资企业	3845100	2793512	1051588
国有企业	5074	4018	1056
地方企业	5074	4018	1056
有限责任公司	1293244	949517	343726
国有独资公司	335122	88058	247064
其他有限责任公司	958122	861459	96663
股份有限公司	316756	273136	43620
私营企业	2221939	1558766	663173
私营有限责任公司	2201738	1540814	660925
私营股份有限公司	20201	17952	2249
其他企业	8088	8075	13
港、澳、台商投资企业	1499743	1252592	247151
合资经营企业(港或澳、台资)	28815		28815
港澳台商独资经营企业	1435461	1235081	200380
港澳台商投资股份有限公司	17956		17956
其他港澳台商投资企业	17511	17511	
外商投资企业	82686	62777	19909
其他外商投资企业	82686	62777	19909
二、按经济组织类型分组			
独资企业	1440535	1239100	201436
国有企业	5074	4018	1056
港澳台商独资经营企业	1435461	1235081	200380
合作、合伙企业	108284	88362	19922
其他企业(内资)	8088	8075	13
其他港澳台商投资企业	17511	17511	
其他外商投资企业	82686	62777	19909
股份有限公司	354913	291088	63825
股份有限公司(内资)	316756	273136	43620
私营股份有限公司	20201	17952	2249
港澳台商投资股份有限公司	17956		17956
有限责任公司	3523796	2490331	1033466
国有独资公司	335122	88058	247064
私营有限责任公司	2201738	1540814	660925
合资经营企业(港或澳、台资)	28815		28815
其他有限责任公司	958122	861459	96663
三、在总计中：亏损企业	561206	520323	40884
在总计中：国有控股企业	673585	314134	359451
在总计中：轻工业	933644	606607	327037
重工业	4493885	3502274	991611
在总计中：大型企业	2206349	1900660	305689
中型企业	3221180	2208221	1012959

主要经济指标(二)

年)　　　　　　　　　　　　　　　　　　　　　　　　　　单位:万元、人

所有者权益合计	主营业务收入	主营业务成本	利润总额	亏损企业亏损总额	从业人员平均人数
4863671	19621842	16921339	1873536	48830	132461
3913036	14191264	12214569	1363336	42447	97838
1348	2589	2610	-508	508	510
1348	2589	2610	-508	508	510
1601642	4630931	3963070	450120	22269	38679
615623	859511	731231	83608	14126	6803
986018	3771420	3231839	366512	8143	31876
407016	1503901	1275810	148363		10762
1898908	8044014	6963639	765257	19670	47195
1846316	7935989	6879370	751121	19670	45925
52592	108025	84268	14136		1270
4123	9829	9441	104		692
887661	5375947	4651643	516123	460	33493
86086	73721	57401	10997		810
719996	4904026	4239562	467076	460	27053
76400	384847	341788	37801		4420
5179	13354	12891	250		1210
62974	54631	55127	-5923	5923	1130
62974	54631	55127	-5923	5923	1130
721344	4906615	4242172	466568	968	27563
1348	2589	2610	-508	508	510
719996	4904026	4239562	467076	460	27053
72276	77814	77459	-5570	5923	3032
4123	9829	9441	104		692
5179	13354	12891	250		1210
62974	54631	55127	-5923	5923	1130
536008	1996772	1701867	200300		16452
407016	1503901	1275810	148363		10762
52592	108025	84268	14136		1270
76400	384847	341788	37801		4420
3534044	12640641	10899841	1212238	41939	85414
615623	859511	731231	83608	14126	6803
1846316	7935989	6879370	751121	19670	45925
86086	73721	57401	10997		810
986018	3771420	3231839	366512	8143	31876
321616	377344	365738	-48830	48830	13289
1228897	1473052	1235943	120995	20557	13453
1173570	3935402	3348465	346153	17052	47667
3690102	15686440	13572874	1527383	31779	84794
1625158	6943557	5999355	617752	37270	50614
3238513	12678285	10921984	1255784	11560	81847

9－11 续表2

指标名称	负债合计	流动负债合计	非流动负债合计
四、按行业分			
煤炭开采和洗选业	5074	4018	1056
黑色金属矿采选业	20606	12818	7788
有色金属矿采选业	127162	87563	39598
非金属矿采选业	96485	3562	92922
农副食品加工业	88877	85201	3676
食品制造业	36574	26275	10299
酒、饮料和精制茶制造业	23513	23513	
纺织业	124917	105045	19872
纺织服装、服饰业	98244	82598	15646
皮革、毛皮、羽毛及其制品和制鞋业	58248	32969	25279
木材加工和木、竹、藤、棕、草制品业	75471	75458	13
家具制造业	4702	2812	1890
造纸和纸制品业	8190	6563	1627
印刷和记录媒介复制业	28410	3133	25277
文教、工美、体育和娱乐用品制造业	114493	18064	96429
化学原料和化学制品制造业	46921	42529	4392
医药制造业	41921	29986	11935
化学纤维制造业	11482	6393	5089
橡胶和塑料制品业	27516	26207	1310
非金属矿物制品业	261738	163734	98003
黑色金属冶炼和压延加工业	16587	10916	5670
有色金属冶炼和压延加工业	1593161	1104191	488969
金属制品业	73538	62206	11332
通用设备制造业	144161	119304	24857
专用设备制造业	18853	18853	
汽车制造业	496709	485281	11428
电气机械和器材制造业	1644033	1361818	282215
计算机、通信和其他电子设备制造业	67931	39380	28551
仪器仪表制造业	39675	36152	3523
电力、热力生产和供应业	32341	32341	
五、按地区分			
信州区	364305	341793	22512
其中:直属	12623	12623	
广丰区	711912	68620	643292
上饶县	2023279	1830971	192308
其中:直属	134787	133089	1698
玉山县	423876	309500	114376
铅山县	166550	103255	63295
横峰县	402528	401472	1056
弋阳县	133555	92357	41198
余干县	126871	81192	45680
鄱阳县	462578	436765	25813
万年县	245594	167260	78334
婺源县	50146	38317	11829
德兴市	316335	237380	78955
经开区	2240174	2027052	213122

单位:万元、人

所有者权益合计	主营业务收入	主营业务成本	利润总额	亏损企业亏损总额	从业人员平均人数
1348	2589	2610	-508	508	510
40175	108555	90280	9030		339
161650	201856	166692	-1568	6634	2720
433626	300616	239908	46226		1019
92305	631004	547600	52699		2715
18014	118928	96144	6880	2449	1369
12744	32279	20432	1905		500
82690	369978	316147	30924		6476
116958	471542	396662	38217	460	8676
37448	178587	148113	15772	17	5977
37892	179850	156692	13885		5711
15716	62388	50474	5707		705
10959	39798	33108	3438		627
88882	91281	70093	14227		878
134646	479502	397604	67163		2749
62341	145153	127159	9862	171	2552
38530	133966	120578	10570		898
51839	104633	92140	11147		341
52774	123140	96129	17777		1682
608002	596724	487798	74521	50	6513
112249	560371	461882	89836		1657
863644	6070914	5374058	580741	587	14022
135656	369549	299366	41877		4270
195692	543261	463679	35225	14126	8328
4667	120814	102758	15511		778
239935	399447	352876	7608	17221	5247
1066825	6537619	5646418	625365		32787
118429	555747	479407	52065		7697
9227	62071	62262	-6352	6608	3566
18813	29680	22271	3786		1152
159663	503773	459676	3298	14316	9428
14726	37412	35680	950	140	2311
1279742	2936830	2481284	358789		15692
939023	6290682	5442496	584523	24150	36034
38012	444893	389562	44957		2474
292209	1706790	1486631	168643		7499
234713	1184138	1039603	134075		1603
149366	1676415	1495334	153318	508	6818
387180	712385	619378	67670	1297	3916
126467	382292	343237	32993	17	2787
529249	2200769	1812022	234087	171	28038
489858	1182566	997605	115309		9229
58918	246879	211884	19342		4482
217284	598324	532190	1488	8372	6935
1045948	6312150	5476929	541914	38325	40677

（2016

指标名称	所在地	企业规模	注册类型
凤凰光学集团有限公司	信州区	大型	国有独资公司
上饶市隆润麻纺织品有限公司	信州区	中型	私营有限责任公司
上饶市宇瞳光学有限公司	信州区	中型	其他有限责任公司
上饶市清川麻纺制品有限公司	信州区	中型	其他有限责任公司
上饶市和原麻纺织品有限公司	信州区	中型	其他有限责任公司
江西高佳光电科技有限公司	信州区	中型	其他有限责任公司
江西博能上饶客车有限公司	信州区	中型	其他有限责任公司
上饶市亚星光电仪器有限公司	信州区	中型	其他有限责任公司
江西晶科光伏材料有限公司	信州区	中型	其他有限责任公司
上饶市德瑞达户外旅游用品有限公司	信州区	中型	其他有限责任公司
江西中昱新材料科技有限公司	信州区	中型	其他有限责任公司
上饶海潮纺织有限公司	信州区	中型	其他有限责任公司
江西中投新能源有限公司	广丰区	大型	私营有限责任公司
江西精元电脑有限公司	广丰区	大型	港澳台商投资股份有限公司
广丰县月兔红木工贸有限公司	广丰区	中型	国有独资公司
江西凯强实业有限公司	广丰区	中型	私营有限责任公司
江西正田铜业有限公司	广丰区	中型	私营有限责任公司
上饶市天熠实业发展有限公司	广丰区	中型	私营有限责任公司
广丰县中艺服饰有限公司	广丰区	中型	私营有限责任公司
广丰县九华实业有限公司	广丰区	中型	私营有限责任公司
广丰县华强矿产实业有限公司	广丰区	中型	国有独资公司
广丰县闽丰光学眼镜有限公司	广丰区	中型	其他有限责任公司
江西金宏铜业有限公司	广丰区	中型	私营有限责任公司
江西银达塑业有限公司	广丰区	中型	其他有限责任公司
广丰县瑞丰型材有限公司	广丰区	中型	其他有限责任公司
江西省广丰丰溪水电有限责任公司	广丰区	中型	其他有限责任公司
广丰月兔橱柜有限公司	广丰区	中型	私营有限股份公司
江西同欣机械制造有限公司	广丰区	中型	股份有限公司
广丰县霞峰花炮制造有限公司	广丰区	中型	私营有限责任公司
江西烽银金属有限公司	广丰区	中型	私营有限责任公司
江西月兔丰华彩印有限公司	广丰区	中型	与港澳台商合资经营
江西省斯尔摩红木家俱有限公司	广丰区	中型	私营有限责任公司
广丰县金鹏电子有限公司	广丰区	中型	私营有限责任公司
江西福丰化工有限公司	广丰区	中型	私营有限责任公司
广丰县海韵电子玩具有限公司	广丰区	中型	其他有限责任公司
江西中兴文体用品有限公司	广丰区	中型	与港澳台商合资经营
汉腾汽车有限公司	上饶县	大型	私营有限责任公司
江西展宇新能源股份有限公司	上饶县	大型	股份有限公司
晶科能源有限公司	上饶县	大型	港澳台商独资
江西宏欣光学科技有限公司	上饶县	中型	私营有限责任公司
江西新金叶实业有限公司	上饶县	中型	其他有限责任公司
江西锦裕机械制造有限公司	上饶县	中型	其他有限责任公司
江西宏福服装有限公司	上饶县	中型	港澳台商独资
江西天峰建材有限公司	上饶县	中型	其他有限责任公司
上饶县腾达供电服务有限公司	上饶县	中型	股份有限公司
江西凤凰富士胶片光学有限公司	上饶县	中型	其他有限责任公司

年）

控股情况	隶属关系	主要产品	轻重工业
国有控股	省属	数码相机制造	轻工业
私人控股	其他	苎麻布	轻工业
其他	镇属	光学镜片光学镜头	重工业
私人控股	其他	苎麻布加工	轻工业
私人控股	其他	苎麻布加工	轻工业
私人控股	县属	光学仪器制造	重工业
私人控股	县属	客车制造	重工业
私人控股	县属	光学玻璃镜片制造	重工业
私人控股	县属	铝压延加	重工业
私人控股	其他	箱包	轻工业
私人控股	县属	硅材料、石英制品制造	重工业
私人控股	县属	纺织品、针织品、印染、服饰用品生产、加工	轻工业
私人控股	其他	锂调子电池制造	轻工业
港澳台控股	其他	计算机外围设备制造	重工业
国有控股	其他	雕塑工艺品制造	轻工业
私人控股	其他	电子、电路板生产及销售、五金机电销售	重工业
私人控股	其他	铜棒加工	重工业
私人控股	其他	矿产品制造	重工业
私人控股	其他	服装制造	轻工业
私人控股	其他	铜锭生产	重工业
国有控股	其他	滑石采选	重工业
私人控股	县属	眼镜制造	轻工业
私人控股	其他	铜压延加工	重工业
私人控股	其他	塑料制造	重工业
私人控股	县属	材料制造	重工业
国有控股	省属	水利发电	重工业
私人控股	其他	木质家具制造	轻工业
私人控股	街道	凸轮轴	重工业
私人控股	其他	鞭炮产品制造	轻工业
私人控股	其他	钢压延加工	重工业
国有控股	县属	印刷品	轻工业
私人控股	其他	木雕工艺品	轻工业
私人控股	其他	电子配件	重工业
私人控股	其他	硫酸	重工业
私人控股	县属	电子玩具	轻工业
私人控股	市属	足球	轻工业
私人控股	其他	汽车制造	重工业
私人控股	其他	硅、太阳能组件制造	重工业
港澳台控股	其他	太阳能组件制造	重工业
私人控股	其他	光学仪器制造、销售	重工业
其他	其他	粗铜	重工业
私人控股	县属	制造业缝纫机械制造	重工业
港澳台控股	其他	儿童休闲服装加工	轻工业
私人控股	县属	水泥制造	重工业
国有控股	县属	电力工程、输变电工程施工	重工业
其他	其他	光学仪器及配件、光电子器件及其电子器件	重工业

9－12 续表 1

指标名称	所在地	企业规模	注册类型
江西艾芬达暖通科技股份有限公司	上饶县	中型	股份有限公司
江西耐普矿机新材料股份有限公司	上饶县	中型	私营有限股份公司
江西一舟电子有限公司	上饶县	中型	私营有限责任公司
江西欧美意鞋业有限公司	上饶县	中型	其他港澳台投资
江西华丽丰科技有限公司	玉山县	中型	私营有限责任公司
江西众光照明科技有限公司	玉山县	中型	私营有限责任公司
江西西龙食品有限公司	玉山县	中型	私营有限责任公司
上饶市德隆纺织有限公司	玉山县	中型	私营有限责任公司
上饶市岩瑞铜业有限公司	玉山县	中型	私营有限责任公司
玉山县富旺铜业有限公司	玉山县	中型	私营有限责任公司
玉山县博跃实业有限公司	玉山县	中型	其他有限责任公司
江西岩鹰水泥有限公司	玉山县	中型	私营有限责任公司
江西玉山万年青水泥有限公司	玉山县	中型	其他有限责任公司
江西玉山南方水泥有限公司	玉山县	中型	国有独资公司
玉山县飞跃包装实业有限公司	玉山县	中型	其他有限责任公司
江西三清水泥有限公司	玉山县	中型	私营有限责任公司
江西嘉鸣科技电子有限公司	玉山县	中型	私营有限责任公司
江西红睿马钢管股份有限公司	玉山县	中型	其他有限责任公司
江西省和源实业有限公司	铅山县	中型	私营有限责任公司
江西金汇铜业有限公司	铅山县	中型	私营有限责任公司
上饶市康盛实业有限公司	铅山县	中型	私营有限责任公司
江西省屹立铜业有限公司	铅山县	中型	其他有限责任公司
横峰县盛泰纺织有限公司	横峰县	中型	其他有限责任公司
江西省横峰铺前煤矿	横峰县	中型	国有
横峰县南方有色金属有限公司	横峰县	中型	私营有限责任公司
江西宏旺服装有限公司	横峰县	中型	私营有限责任公司
江西钻宝仪表有限公司	横峰县	中型	私营有限责任公司
横峰县永盛铝业有限公司	横峰县	中型	私营有限责任公司
横峰县富饶资源综合再利用有限公司	横峰县	中型	私营有限责任公司
江西横峰葛佬葛产业开发有限公司	横峰县	中型	私营有限责任公司
江西省兴泰机电集团有限公司	横峰县	中型	私营有限责任公司
横峰县繁荣铜业有限公司	横峰县	中型	私营有限责任公司
江西龙祥铝业有限公司	横峰县	中型	私营有限责任公司
横峰县永兴铜业有限公司	横峰县	中型	私营有限责任公司
江西中旺铜业有限公司	横峰县	中型	私营有限责任公司
上饶和丰铜业有限公司	横峰县	中型	私营有限责任公司
江西亚迈实业有限公司	横峰县	中型	私营有限责任公司
江西鸥迪铜业有限公司	弋阳县	中型	其他有限责任公司
弋阳县旭日铜矿业有限责任公司	弋阳县	中型	其他有限责任公司
江西弋阳富达铜材有限公司	弋阳县	中型	私营有限责任公司
江西兴唐实业有限公司	弋阳县	中型	其他有限责任公司
江西浩元实业有限公司	弋阳县	中型	港澳台商独资
江西省顺达纸业有限责任公司	弋阳县	中型	私营有限责任公司
弋阳县江南涤化有限公司	弋阳县	中型	私营有限责任公司
江西永固金属电力制品有限公司	弋阳县	中型	私营有限责任公司
弋阳县姚家铁矿有限公司	弋阳县	中型	私营有限责任公司

控股情况	隶属关系	主要产品	轻重工业
私人控股	其他	卫浴烘干架、散热器、阀门、磁滤器、磁滤阀	轻工业
私人控股	其他	橡胶耐磨制品制造	重工业
私人控股	其他	电子连接线制造	重工业
外商控股	其他	皮鞋制造	轻工业
私人控股	其他	光电子器件及其他电子器件制造	重工业
私人控股	其他	照明灯具制造	轻工业
私人控股	其他	烤鳗	轻工业
私人控股	其他	纺织品加工	轻工业
私人控股	其他	电解铜生产	重工业
私人控股	其他	有色金属制造	重工业
其他	其他	有色金属制造	重工业
私人控股	其他	水泥	重工业
国有控股	其他	水泥	重工业
国有控股	中央	水泥熟料	重工业
私人控股	其他	包装物	轻工业
私人控股	其他	水泥熟料	重工业
私人控股	其他	电子产品	重工业
私人控股	其他	轴承钢管	重工业
私人控股	其他	粗铜加工	重工业
私人控股	其他	电解铜	重工业
私人控股	其他	铝锭	重工业
私人控股	其他	铜块	重工业
私人控股	其他	棉纺纱加工	轻工业
国有控股	县属	煤煤和无煤烟的采选	重工业
私人控股	其他	铜材	重工业
私人控股	其他	纺织业服装制造	轻工业
私人控股	其他	有色金属压延加工	重工业
私人控股	其他	有色金属压延加工	重工业
私人控股	其他	铜矿采选	重工业
私人控股	其他	葛系列产品	轻工业
私人控股	其他	铜材	重工业
私人控股	其他	铜材	重工业
私人控股	其他	铝材	重工业
私人控股	其他	铜材	重工业
私人控股	其他	粗铜	重工业
私人控股	其他	铜材	重工业
私人控股	其他	箱包	轻工业
集体控股	县属	铜材	重工业
集体控股	县属	铜金属	重工业
私人控股	其他	铜制水龙头	重工业
私人控股	其他	汽车、农机配件	重工业
港澳台控股	其他	纺织服装制造	轻工业
私人控股	其他	布白板纸、铜板纸、文化用纸及纸板制作	轻工业
私人控股	其他	DTY 低弹丝	轻工业
私人控股	其他	铜管	重工业
私人控股	其他	铁矿采选	重工业

9－12　续表2

指 标 名 称	所在地	企业规模	注册类型
弋阳海螺水泥有限责任公司	弋阳县	中型	私营有限责任公司
上饶市鼎泰丰实业有限公司	余干县	中型	其他有限责任公司
江西远普新能源科技有限公司	余干县	中型	私营有限责任公司
江西铭日企业集团有限公司	余干县	中型	私营有限责任公司
江西省黄金玻纤有限公司	余干县	中型	其他有限责任公司
余干县盛和铜业有限公司	余干县	中型	私营有限责任公司
江西东方善生物科技有限公司	余干县	中型	港澳台商独资
余干县笏立鞋业有限公司	余干县	中型	其他有限责任公司
亮志(江西)服装有限公司	鄱阳县	大型	港澳台商独资
江西省裕泰鞋业有限公司	鄱阳县	大型	港澳台商独资
江西省金苑服饰织造有限公司	鄱阳县	大型	私营有限责任公司
江西沃兰科技有限公司	鄱阳县	中型	其他有限责任公司
江西都邦实业有限公司	鄱阳县	中型	其他有限责任公司
江西昊泽光学膜科技有限公司	鄱阳县	中型	其他有限责任公司
江西省贤好实业有限公司	鄱阳县	中型	其他有限责任公司
江西布鲁姆斯制衣有限公司	鄱阳县	中型	其他有限责任公司
江西家春秋高新材料科技有限公司	鄱阳县	中型	其他有限责任公司
江西傲新生物科技有限公司	鄱阳县	中型	其他有限责任公司
江西省世华实业有限公司	鄱阳县	中型	私营有限责任公司
江西众利超硬材料工具有限公司	鄱阳县	中型	私营有限责任公司
江西鑫镁金属粉末有限公司	鄱阳县	中型	其他有限责任公司
江西经纬益力紧固件有限公司	鄱阳县	中型	私营有限责任公司
江西稻草金服饰有限公司	鄱阳县	中型	私营有限责任公司
江西富力超硬科技有限公司	鄱阳县	中型	其他有限责任公司
江西蒙恩乐光电科技有限公司	鄱阳县	中型	私营有限责任公司
江西凯辉服饰有限公司	鄱阳县	中型	私营有限责任公司
江西百达新材料科技有限公司	鄱阳县	中型	私营有限责任公司
江西傲农饲料科技有限公司	鄱阳县	中型	其他有限责任公司
江西波特尔汽车配件制造有限公司	鄱阳县	中型	私营有限责任公司
江西亿雄标准件有限公司	鄱阳县	中型	其他有限责任公司
江西鑫亿包装有限公司	鄱阳县	中型	私营有限责任公司
江西盛态粮食实业有限公司	鄱阳县	中型	其他有限责任公司
江西彤康实业有限公司	鄱阳县	中型	其他有限责任公司
江西鄱星特种精密铸造有限公司	鄱阳县	中型	私营有限责任公司
宝鸿化纤(江西)有限公司	鄱阳县	中型	私营有限责任公司
鄱阳县超群砂轮制造有限公司	鄱阳县	中型	其他有限责任公司
鄱阳县华凯电子科技有限公司	鄱阳县	中型	私营有限责任公司
江西斯沃德教育文化发展有限公司	鄱阳县	中型	私营有限责任公司
江西文博粮业有限公司	鄱阳县	中型	其他有限责任公司
江西波星机械泵阀制造有限公司	鄱阳县	中型	私营有限责任公司
鄱阳县广禾粮油贸易有限公司	鄱阳县	中型	私营有限责任公司
鄱阳县清亮米业有限公司	鄱阳县	中型	私营有限股份公司
江西鄱阳荣林达纺织有限责任公司	鄱阳县	中型	其他有限责任公司
鄱阳县加西亚电子电器有限公司	鄱阳县	中型	股份有限公司
鄱阳县恒茂针织有限公司	鄱阳县	中型	其他有限责任公司
江西奔达搪业有限公司	鄱阳县	中型	其他有限责任公司
鄱阳县鄱湖教育彩印有限公司	鄱阳县	中型	股份有限公司

控股情况	隶属关系	主要产品	轻重工业
私人控股	其他	水泥	重工业
私人控股	县属	陶瓷釉面砖生产	重工业
私人控股	其他	电池、极板生产、销售	轻工业
私人控股	其他	白厂丝	轻工业
私人控股	县属	玻璃纤维网格布	重工业
私人控股	其他	铜带	重工业
港澳台控股	其他	保健品	轻工业
港澳台控股	县属	皮鞋制造	轻工业
港澳台控股	其他	机织服装制造	轻工业
港澳台控股	其他	运动鞋制造	轻工业
私人控股	其他	服装	轻工业
私人控股	县属	有机化学原料制造	重工业
私人控股	县属	铜压延加工	重工业
私人控股	其他	塑料薄膜制造	重工业
私人控股	其他	其他工艺美术品制造	轻工业
私人控股	其他	机织服装制造	轻工业
私人控股	其他	其他专用化学产品制造	重工业
私人控股	其他	兽用药品制造	轻工业
私人控股	其他	汽车零部件及配件制造	重工业
私人控股	其他	切削工具制造	重工业
私人控股	镇属	铜压延加工	重工业
私人控股	其他	紧固件制造	重工业
私人控股	其他	机织服装制造	轻工业
私人控股	县属	其他非金属矿物制品制造	重工业
私人控股	其他	照明灯具制造	轻工业
私人控股	其他	机织服装制造	轻工业
私人控股	其他	炼钢	重工业
私人控股	县属	饲料加工	轻工业
私人控股	其他	汽车零部件及配件制造	重工业
私人控股	其他	紧固件制造	重工业
私人控股	其他	纸和纸板容器制造	轻工业
私人控股	县属	谷物磨制	轻工业
私人控股	县属	皮鞋制造	轻工业
私人控股	其他	锻件及粉末冶金制品制造	重工业
私人控股	其他	皮鞋制造	轻工业
私人控股	其他	其他非金属矿物制品制造	重工业
私人控股	其他	电子元件	重工业
私人控股	其他	机织服装制造	轻工业
私人控股	其他	谷物磨制	轻工业
私人控股	其他	阀门和旋塞制造	重工业
私人控股	其他	食品加工	轻工业
私人控股	其他	粮食加工	轻工业
私人控股	其他	棉纺纱加工	轻工业
私人控股	县属	电线	重工业
私人控股	县属	针织手套	轻工业
私人控股	县属	搪瓷日用品	轻工业
私人控股	县属	作业本	轻工业

9－12 续表3

指 标 名 称	所在地	企业规模	注册类型
江西东方豹紧固件有限公司	鄱阳县	中型	其他有限责任公司
江西联合标准件制造有限公司	鄱阳县	中型	其他有限责任公司
江西乾坤机床有限公司	鄱阳县	中型	私营有限责任公司
江西嘉亿五金制造有限公司	鄱阳县	中型	股份有限公司
江西正盛特钢制造有限公司	鄱阳县	中型	其他有限责任公司
江西省渔翔科技饲料有限公司	鄱阳县	中型	其他有限责任公司
江西云鸽橡塑有限公司	鄱阳县	中型	私营有限责任公司
江西鲁班木艺产业有限公司	鄱阳县	中型	股份有限公司
江西申华工贸有限公司	鄱阳县	中型	其他有限责任公司
江西光安标准件有限公司	鄱阳县	中型	私营有限责任公司
鄱阳县凯迪绿色能源开发有限公司	鄱阳县	中型	其他有限责任公司
江西丰华纺织有限公司	鄱阳县	中型	私营有限责任公司
江西万年青水泥股份有限公司	万年县	大型	股份有限公司
万年县永昌科技有限公司	万年县	中型	私营有限责任公司
江西佳维诚电子科技有限公司	万年县	中型	私营有限责任公司
万年县康达旅游用品有限公司	万年县	中型	私营有限责任公司
江西君业生物制药有限公司	万年县	中型	其他有限责任公司
江西联创(万年)电子有限公司	万年县	中型	私营有限责任公司
万年县亚利饰品制造有限公司	万年县	中型	私营有限责任公司
江西索普信实业有限公司	万年县	中型	私营有限责任公司
江西兴宇汽车零部件有限公司	万年县	中型	私营有限股份公司
江西开锦科技有限公司	万年县	中型	私营有限责任公司
万年皇阳贡米实业有限公司	万年县	中型	其他有限责任公司
江西万年祥家纺服饰有限公司	万年县	中型	私营有限责任公司
万年县康伟铸造有限公司	万年县	中型	私营有限责任公司
万年县云龙电源有限公司	万年县	中型	私营有限责任公司
江西省真牛食品有限公司	万年县	中型	私营有限责任公司
万年县育星实业有限公司	万年县	中型	股份有限公司
万年县吉丰皮具有限公司	万年县	中型	私营有限责任公司
江西海能电源有限公司	万年县	中型	私营有限责任公司
江西省欧曼服饰有限公司	万年县	中型	私营有限责任公司
江西大地走红伞业有限公司	万年县	中型	其他有限责任公司
江西正博实业有限公司	婺源县	大型	其他有限责任公司
江西半球家用品实业有限公司	婺源县	大型	私营有限责任公司
婺源县创盛电子科技有限公司	婺源县	中型	私营有限责任公司
江西省百源木业有限公司	婺源县	中型	私营有限责任公司
江西铜业集团银山矿业有限责任公司	德兴市	大型	其他外商投资
江西天海集团有限公司	德兴市	中型	其他有限责任公司
江西省德畅集团	德兴市	中型	其他内资
中国黄金集团江西金山矿业有限公司	德兴市	中型	其他有限责任公司
江西铜业集团(德兴)铸造有限公司	德兴市	中型	国有独资公司
江西金德铅业股份有限公司	德兴市	中型	股份有限公司
江西铜业集团(德兴)实业有限公司	德兴市	中型	国有独资公司
德兴市兔宝宝装饰材料有限公司	德兴市	中型	私营有限责任公司
江西省德兴市百勤异 VC 钠有限公司	德兴市	中型	私营有限责任公司
江西三和金业有限公司	德兴市	中型	其他有限责任公司

控股情况	隶属关系	主要产品	轻重工业
私人控股	其他	紧固件制造	重工业
私人控股	县属	紧固件制造	重工业
私人控股	其他	紧固件制造	重工业
私人控股	县属	紧固件制造	重工业
集体控股	县属	紧固件	重工业
私人控股	其他	水产饲料制造	轻工业
私人控股	其他	橡胶制品	重工业
私人控股	县属	木质家具制造	轻工业
私人控股	县属	建筑、家具用金属配件制造	重工业
私人控股	其他	紧固件制造	重工业
私人控股	其他	电力、热力、燃气及水生产和供应业 其他电?	重工业
私人控股	其他	毛毯制造	轻工业
国有控股	省属	水泥	重工业
私人控股	其他	有接头电导体制造	重工业
私人控股	其他	电子电容器	重工业
私人控股	其他	箱包制造	轻工业
其他	县属	医药中间体产品、原料药制造	轻工业
私人控股	其他	电容式触摸屏制造	重工业
私人控股	其他	雕塑工艺品制造	轻工业
私人控股	其他	彩灯、照明灯制造	轻工业
私人控股	其他	汽车零部件的生产	重工业
私人控股	其他	专用设备制造	轻工业
私人控股	其他	大米	轻工业
私人控股	其他	寝室饰用品	轻工业
私人控股	其他	钢铁结构体部件及加工钢材	重工业
私人控股	其他	铅蓄电池	轻工业
私人控股	其他	糖果	轻工业
其他	县属	成衣加工	轻工业
私人控股	其他	皮具、箱包制造	轻工业
私人控股	其他	铁镍蓄电池	轻工业
私人控股	其他	棉、化纤针织钩编物	轻工业
私人控股	其他	户外休闲用品、工艺伞制造、塑料制品等	轻工业
其他	其他	鞋帽	轻工业
私人控股	其他	休闲用品、箱包、旅游产品	轻工业
私人控股	其他	碳化硅粉	重工业
私人控股	其他	细木板	重工业
国有控股	其他	铜精矿含铜	重工业
私人控股	其他	钢球	重工业
其他	其他	竹胶板	重工业
国有控股	县属	含量金	重工业
国有控股	县属	金属结构制造	重工业
国有控股	省属	电铅	重工业
国有控股	县属	配电开关控制设备制造	重工业
私人控股	其他	人造板	重工业
私人控股	其他	异 vc 钠	轻工业
私人控股	其他	成品金	重工业

9－13 主营业务收入过亿元

（2016

企业名称	所在地	企业规模	注册类型
晶科能源有限公司	上饶县	大型	港澳台商独资
江西展宇新能源股份有限公司	上饶县	大型	股份有限公司
江西金汇铜业有限公司	铅山县	中型	私营有限责任公司
上饶和丰铜业有限公司	横峰县	中型	私营有限责任公司
上饶市岩瑞铜业有限公司	玉山县	中型	私营有限责任公司
广丰县瑞丰型材有限公司	广丰区	中型	其他有限责任公司
玉山县富旺铜业有限公司	玉山县	中型	私营有限责任公司
江西金宏铜业有限公司	广丰区	中型	私营有限责任公司
江西康鑫铜业有限公司	广丰区	小型	私营有限责任公司
江西新金叶实业有限公司	上饶县	中型	其他有限责任公司
江西精元电脑有限公司	广丰区	大型	港澳台商投资股份有限公司
江西省屹立铜业有限公司	铅山县	中型	其他有限责任公司
广丰县月兔红木工贸有限公司	广丰区	中型	国有独资公司
上饶市金钱湾铜业有限公司	上饶县	小型	其他有限责任公司
横峰县南方有色金属有限公司	横峰县	中型	私营有限责任公司
广丰县华强矿产实业有限公司	广丰区	中型	国有独资公司
横峰县永兴铜业有限公司	横峰县	中型	私营有限责任公司
江西省金瑞铜业有限公司	铅山县	小型	私营有限责任公司
江西中旺铜业有限公司	横峰县	中型	私营有限责任公司
江西晶科光伏材料有限公司	信州区	中型	其他有限责任公司
江西中投新能源有限公司	广丰区	大型	私营有限责任公司
江西博能上饶线材有限公司	信州区	小型	其他有限责任公司
江西东海食品有限公司	广丰区	小型	港澳台商独资
江西博能实业集团有限公司	上饶县	小型	私营有限责任公司
江西金德铅业股份有限公司	德兴市	中型	股份有限公司
上饶市先锋铸造有限公司	广丰区	小型	私营有限责任公司
江西省和源实业有限公司	铅山县	中型	私营有限责任公司
国电黄金埠发电有限公司	余干县	小型	国有独资公司
江西西龙食品有限公司	玉山县	中型	私营有限责任公司
上饶市博恩实业有限公司	上饶县	小型	其他有限责任公司
江西都邦实业有限公司	鄱阳县	中型	其他有限责任公司
江西海能电源有限公司	万年县	中型	私营有限责任公司
广丰县九华实业有限公司	广丰区	中型	私营有限责任公司
万年县云龙电源有限公司	万年县	中型	私营有限责任公司
万年皇阳贡米实业有限公司	万年县	中型	其他有限责任公司
江西万年香米业有限公司	万年县	小型	私营有限责任公司
德兴市益丰再生有色金属有限责任公司	德兴市	小型	其他有限责任公司
余干县鑫源铜业有限公司	余干县	小型	私营有限责任公司
江西省君鑫贵金属科技材料有限公司	万年县	小型	私营有限责任公司
余干县浦发金属制造有限公司	余干县	小型	私营有限责任公司
江西万年青水泥股份有限公司	万年县	大型	股份有限公司
江西锦裕机械制造有限公司	上饶县	中型	其他有限责任公司
江西永固金属电力制品有限公司	弋阳县	中型	私营有限责任公司
中国黄金集团江西金山矿业有限公司	德兴市	中型	其他有限责任公司
江西兴唐实业有限公司	弋阳县	中型	其他有限责任公司
余干县盛和铜业有限公司	余干县	中型	私营有限责任公司
余干精业金属制造有限公司	余干县	小型	其他有限责任公司
江西烽银金属有限公司	广丰区	中型	私营有限责任公司
江西开锦科技有限公司	万年县	中型	私营有限责任公司
弋阳县姚家铁矿有限公司	弋阳县	中型	私营有限责任公司
余干县金泰有色金属有限公司	余干县	小型	其他有限责任公司
江西正田铜业有限公司	广丰区	中型	私营有限责任公司
江西省裕泰鞋业有限公司	鄱阳县	大型	港澳台商独资
江西盛态粮食实业有限公司	鄱阳县	中型	其他有限责任公司

工业企业一览表

年）

控股情况	隶属关系	主要产品	轻重工业
港澳台控股	其他	太阳能组件制造	重工业
私人控股	其他	硅、太阳能组件制造	重工业
私人控股	其他	电解铜	重工业
私人控股	其他	铜材	重工业
私人控股	其他	电解铜生产	重工业
私人控股	县属	材料制造	重工业
私人控股	其他	有色金属制造	重工业
私人控股	其他	铜压延加工	重工业
私人控股	其他	铜压延加工	重工业
其他	其他	粗铜	重工业
港澳台控股	其他	计算机外围设备制造	重工业
私人控股	其他	铜块	重工业
国有控股	其他	雕塑工艺品制造	轻工业
其他	其他	铜矿采选	重工业
私人控股	其他	铜材	重工业
国有控股	其他	滑石采选	重工业
私人控股	其他	铜材	重工业
私人控股	其他	铜冶炼	重工业
私人控股	其他	粗铜	重工业
私人控股	县属	制造业 铝压延加	重工业
私人控股	其他	锂调子电池制造	轻工业
私人控股	县属	铜线材、管材制造	重工业
港澳台控股	其他	速冻食品	轻工业
私人控股	其他	批发零售贸易	重工业
国有控股	省属	电铅	重工业
私人控股	其他	铜加工	重工业
私人控股	其他	粗铜加工	重工业
国有控股	中央	火力发电	重工业
私人控股	其他	烤鳗	轻工业
私人控股	县属	硅材料加工销售	重工业
私人控股	县属	铜压延加工	重工业
私人控股	其他	铁镍蓄电池	轻工业
私人控股	其他	铜锭生产	重工业
私人控股	其他	铅蓄电池	轻工业
私人控股	其他	大米	轻工业
私人控股	其他	粮食收购加工	轻工业
私人控股	其他	铅加工	重工业
私人控股	其他	铜锭	重工业
私人控股	其他	贵金属压延加工	重工业
私人控股	其他	铜冶炼	重工业
国有控股	省属	水泥	重工业
私人控股	县属	制造业缝纫机械制造	重工业
私人控股	其他	铜管	重工业
国有控股	县属	含量金	重工业
私人控股	其他	汽车、农机配件	重工业
私人控股	其他	铜带	重工业
私人控股	其他	再生铝	重工业
私人控股	其他	钢压延加工	重工业
私人控股	其他	专用设备制造	轻工业
私人控股	其他	铁矿采选	重工业
私人控股	县属	铜加工	重工业
私人控股	其他	铜棒加工	重工业
港澳台控股	其他	运动鞋制造	轻工业
私人控股	县属	谷物磨制	轻工业

9-13 续表1

企业名称	所在地	企业规模	注册类型
江西伟克铜材制造有限公司	弋阳县	小型	其他有限责任公司
江西博能上饶客车有限公司	信州区	中型	其他有限责任公司
弋阳县江南涤化有限公司	弋阳县	中型	私营有限责任公司
玉山县飞隆环保固废利用有限公司	玉山县	小型	其他有限责任公司
江西弋阳富达铜材有限公司	弋阳县	中型	私营有限责任公司
弋阳县华宇实业有限公司	弋阳县	小型	私营有限责任公司
广丰县欧亚鑫卫洛有限公司	广丰区	小型	私营有限责任公司
江西春源绿色食品有限公司	玉山县	小型	私营有限股份公司
汉腾汽车有限公司	上饶县	大型	私营有限责任公司
江西正博实业有限公司	婺源县	大型	其他有限责任公司
广丰县元泉纸业有限公司	广丰区	小型	私营有限责任公司
江西三和金业有限公司	德兴市	中型	其他有限责任公司
江西东方善生物科技有限公司	余干县	中型	港澳台商独资
江西盛嘉环保科技有限公司	德兴市	小型	其他有限责任公司
凤凰光学集团有限公司	信州区	大型	国有独资公司
江西省金苑服饰织造有限公司	鄱阳县	大型	私营有限责任公司
江西巍华化学有限公司	弋阳县	小型	私营有限责任公司
江西玉山南方水泥有限公司	玉山县	中型	国有独资公司
江西骏马食品有限公司	玉山县	小型	私营有限责任公司
上饶市恒德纺织有限公司	广丰区	小型	私营有限责任公司
上饶市得利金属材料有限公司	上饶县	小型	其他有限责任公司
玉山县博跃实业有限公司	玉山县	中型	其他有限责任公司
弋阳县华弘志成金属加工有限公司	弋阳县	小型	其他有限责任公司
江西瀚飞生物科技有限公司	万年县	小型	私营有限责任公司
亮志(江西)服装有限公司	鄱阳县	大型	港澳台商独资
江西三清水泥有限公司	玉山县	中型	私营有限责任公司
上饶市帝柏森实业有限公司	广丰区	小型	私营有限责任公司
弋阳海螺水泥有限责任公司	弋阳县	中型	私营有限责任公司
江西众光照明科技有限公司	玉山县	中型	私营有限责任公司
江西旭昌木业有限公司	广丰区	小型	私营有限责任公司
余干县干越砂石经营有限公司	余干县	小型	私营有限股份公司
江西银泰乐科技有限公司	广丰区	小型	私营有限责任公司
江西中氟化工有限公司	玉山县	小型	与港澳台商合资经营
江西伊尔枫服饰有限公司	万年县	小型	私营有限责任公司
江西云鸽橡塑有限公司	鄱阳县	中型	私营有限责任公司
江西半球家用品实业有限公司	婺源县	大型	私营有限责任公司
江西红海新型脚手架有限公司	广丰区	小型	其他有限责任公司
江西跃达新型建材有限公司	玉山县	小型	私营有限责任公司
上饶市广丰区翔飞织带有限公司	广丰区	小型	私营有限责任公司
江西德诺华实业有限公司	广丰区	小型	私营有限责任公司
江西青尔红服饰有限公司	广丰区	小型	私营有限责任公司
江西上铜电力科技有限公司	广丰区	小型	私营有限责任公司
江西文博粮业有限公司	鄱阳县	中型	其他有限责任公司
江西彩旗实业有限公司	上饶县	小型	其他有限责任公司
江西索普信实业有限公司	万年县	中型	私营有限责任公司
江西华欣机械制造有限公司	广丰区	小型	私营有限责任公司
鄱阳县清亮米业有限公司	鄱阳县	中型	私营有限股份公司
上饶市华丰铜业有限公司	上饶县	小型	其他有限责任公司
江西波星机械泵阀制造有限公司	鄱阳县	中型	私营有限责任公司
上饶县远翔实业有限公司	上饶县	小型	其他有限责任公司
横峰县永盛铝业有限公司	横峰县	中型	私营有限责任公司
江西光安标准件有限公司	鄱阳县	中型	私营有限责任公司
万年县康伟铸造有限公司	万年县	中型	私营有限责任公司
江西蒙恩乐光电科技有限公司	鄱阳县	中型	私营有限责任公司

控股情况	隶属关系	主要产品	轻重工业
国有控股	省属	铜材	重工业
私人控股	县属	客车制造	重工业
私人控股	其他	DTY 低弹丝	轻工业
其他	县属	有色金属制造	重工业
私人控股	其他	铜制水龙头	重工业
私人控股	其他	铜材 铜压延加工	重工业
私人控股	其他	卫浴用品生产	轻工业
私人控股	其他	精制油	轻工业
私人控股	其他	汽车制造	重工业
其他	其他	鞋帽	轻工业
私人控股	其他	包装用纸生产	轻工业
私人控股	其他	成品金	重工业
港澳台控股	其他	保健品	轻工业
私人控股	其他	金属加工	重工业
国有控股	省属	数码相机制造	轻工业
私人控股	其他	服装	轻工业
私人控股	其他	三氟甲苯系列	重工业
国有控股	中央	水泥熟料	重工业
私人控股	其他	烤鳗、其他水产品加工	轻工业
私人控股	其他	纺织品生产	轻工业
私人控股	县属	钯、铑贵金属加工	重工业
其他	其他	有色金属制造	重工业
私人控股	县属	铜材 铜压延加工	重工业
私人控股	其他	蛋白及植脂等食品辅料生产	轻工业
港澳台控股	其他	机织服装制造	轻工业
私人控股	其他	水泥熟料	重工业
私人控股	其他	家具生产	轻工业
私人控股	其他	水泥	重工业
私人控股	其他	照明灯具制造	轻工业
私人控股	其他	生态板生产	重工业
私人控股	其他	土砂石开采、加工	重工业
私人控股	其他	其他贵金属冶炼	重工业
其他	其他	氢氟酸	重工业
私人控股	其他	针织服饰	轻工业
私人控股	其他	橡胶制品	重工业
私人控股	其他	休闲用品、箱包、旅游产品	轻工业
私人控股	其他	建筑模板生产	重工业
私人控股	其他	建材	重工业
私人控股	其他	服装生产	轻工业
私人控股	其他	家具加工、五金加工	轻工业
私人控股	其他	服装生产	轻工业
私人控股	其他	铜排、铜棒、铜杆	重工业
私人控股	其他	谷物磨制	轻工业
私人控股	县属	制造铜杆铜丝加工销售	重工业
私人控股	其他	彩灯、照明灯制造	轻工业
私人控股	其他	铸铁、铸钢	重工业
私人控股	其他	粮食加工	轻工业
其他	其他	粗铜	重工业
私人控股	其他	阀门和旋塞制造	重工业
私人控股	其他	白银	重工业
私人控股	其他	有色金属压延加工	重工业
私人控股	其他	紧固件制造	重工业
私人控股	其他	钢铁结构体部件及加工钢材	重工业
私人控股	其他	照明灯具制造	轻工业

9－13 续表2

企业名称	所在地	企业规模	注册类型
上饶市康盛实业有限公司	铅山县	中型	私营有限责任公司
上饶市永达电器有限公司	德兴市	小型	其他有限责任公司
江西省赛利得水晶有限公司	余干县	小型	其他有限责任公司
江西省斯尔摩红木家俱有限公司	广丰区	中型	私营有限责任公司
上饶市佳雄实业有限公司	上饶县	小型	其他有限责任公司
江西省欧曼服饰有限公司	万年县	中型	私营有限责任公司
江西远普新能源科技有限公司	余干县	中型	私营有限责任公司
鄱阳县鑫依米业有限公司	鄱阳县	小型	私营有限股份公司
上饶市华鑫实业有限公司	上饶县	小型	其他有限责任公司
江西东方豹紧固件有限公司	鄱阳县	中型	其他有限责任公司
江西千彩水晶有限公司	余干县	小型	私营有限责任公司
江西月兔丰华彩印有限公司	广丰区	中型	与港澳台商合资经营
江西联合标准件制造有限公司	鄱阳县	中型	其他有限责任公司
江西耀腾资源利用有限公司	广丰区	小型	其他有限责任公司
万年县万年红食品有限公司	万年县	小型	私营有限责任公司
江西铜业集团银山矿业有限责任公司	德兴市	大型	其他外商投资
上饶市鼎泰丰实业有限公司	余干县	中型	其他有限责任公司
江西省真牛食品有限公司	万年县	中型	私营有限责任公司
江西奔达搪业有限公司	鄱阳县	中型	其他有限责任公司
江西龙祥铝业有限公司	横峰县	中型	私营有限责任公司
江西恒祥医药科技有限公司	万年县	小型	私营有限责任公司
江西裕丰纸业有限公司	广丰区	小型	私营有限责任公司
江西福丰化工有限公司	广丰区	中型	私营有限责任公司
江西佳维诚电子科技有限公司	万年县	中型	私营有限责任公司
德兴市永达娱乐设备有限公司	德兴市	小型	私营有限责任公司
江西顺康药业集团有限公司	玉山县	小型	其他有限责任公司
上饶市博泽铜业有限公司	信州区	小型	其他有限责任公司
德兴市平峰磷业有限公司	德兴市	小型	其他有限责任公司
江西鑫瑞有色金属有限公司	铅山县	小型	私营有限责任公司
上饶市金润实业有限公司	万年县	小型	私营有限责任公司
横峰县振宇实业有限公司	横峰县	小型	私营有限责任公司
弋阳县祥瑞有色金属加工有限公司	弋阳县	小型	私营有限责任公司
江西宏飞电源科技有限公司	余干县	小型	私营有限责任公司
江西久顺科技有限公司	广丰区	小型	私营有限责任公司
江西省逸源机电有限公司	玉山县	小型	私营有限责任公司
江西省百源木业有限公司	婺源县	中型	私营有限责任公司
江西玉山万年青水泥有限公司	玉山县	中型	其他有限责任公司
江西鲁班木艺产业有限公司	鄱阳县	中型	股份有限公司
江西凯强实业有限公司	广丰区	中型	私营有限责任公司
江西林发现代农业科技有限公司	余干县	小型	私营有限责任公司
江西丰华纺织有限公司	鄱阳县	中型	私营有限责任公司
玉山县景泰制衣有限公司	玉山县	小型	私营有限责任公司
江西省世华实业有限公司	鄱阳县	中型	私营有限责任公司
江西上菱电梯有限公司	玉山县	小型	私营有限责任公司
上饶市永利建材有限公司	上饶县	小型	其他有限责任公司
余干县太莱饰品有限公司	余干县	小型	其他有限责任公司
江西岩鹰水泥有限公司	玉山县	中型	私营有限责任公司
江西铭日企业集团有限公司	余干县	中型	私营有限责任公司
万年县育星实业有限公司	万年县	中型	股份有限公司
江西稻草金服饰有限公司	鄱阳县	中型	私营有限责任公司
江西铜业(德兴)化工有限公司	德兴市	小型	国有独资公司
江西正盛特钢制造有限公司	鄱阳县	中型	其他有限责任公司
横峰县繁荣铜业有限公司	横峰县	中型	私营有限责任公司
江西红睿马钢管股份有限公司	玉山县	中型	其他有限责任公司

控股情况	隶属关系	主要产品	轻重工业
私人控股	其他	铝锭	重工业
私人控股	镇属属	生产蓄电池	轻工业
私人控股	县属	水晶水钻工艺品制造	轻工业
私人控股	其他	木雕工艺品	轻工业
私人控股	县属	缝制机械制造	重工业
私人控股	其他	棉、化纤针织钩编物	轻工业
私人控股	其他	电池、极板生产、销售	轻工业
私人控股	其他	粮食加工	轻工业
私人控股	县属	粗铜制造、加工	重工业
私人控股	其他	紧固件制造	重工业
私人控股	其他	玻璃制品水晶制造	轻工业
国有控股	县属	印刷品	轻工业
私人控股	县属	紧固件制造	重工业
私人控股	其他	粗铜	重工业
私人控股	其他	食品添加剂	轻工业
国有控股	其他	铜精矿含铜	重工业
私人控股	县属	陶瓷釉面砖生产	重工业
私人控股	其他	糖果	轻工业
私人控股	县属	搪瓷日用品	轻工业
私人控股	其他	铝材	重工业
私人控股	其他	制造业 化学药品制剂制造	轻工业
私人控股	其他	纸制品制造	轻工业
私人控股	其他	硫酸	重工业
私人控股	其他	电子电容器	重工业
私人控股	其他	麻将机配件、塑料制品加工、销售	轻工业
私人控股	其他	中成药	轻工业
私人控股	县属	铜加工	重工业
私人控股	其他	磷酸	重工业
私人控股	其他	制造业其他未列明的金属制品制造	重工业
私人控股	其他	贵金属压延加工	重工业
私人控股	其他	铜材	重工业
私人控股	其他	铜材	重工业
私人控股	其他	蓄电池、极板、五金电器生产销售	轻工业
私人控股	其他	单晶硅开发、制造、加工及销售单晶硅片拉棒	重工业
私人控股	其他	节能热水器	轻工业
私人控股	其他	细木板	重工业
国有控股	其他	水泥	重工业
私人控股	县属	木质家具制造	轻工业
私人控股	其他	电子、电路板生产及销售、五金机电销售	重工业
私人控股	其他	农副食品加工	轻工业
私人控股	其他	毛毯制造	轻工业
私人控股	其他	针织品	轻工业
私人控股	其他	汽车零部件及配件制造	重工业
私人控股	其他	电梯、自动扶梯及升降机制造	重工业
私人控股	其他	商品混凝土加工销售	重工业
私人控股	县属	水钻成品及饰品生产	轻工业
私人控股	其他	水泥	重工业
私人控股	其他	白厂丝	轻工业
其他	县属	成衣加工	轻工业
私人控股	其他	机织服装制造	轻工业
国有控股	县属	硫酸	重工业
集体控股	县属	紧固件	重工业
私人控股	其他	铜材	重工业
私人控股	其他	轴承钢管	重工业

9-13 续表 3

企业名称	所在地	企业规模	注册类型
万年县金戈服装有限公司	万年县	小型	私营有限股份公司
江西诚大拉链有限公司	横峰县	小型	私营有限责任公司
江西省东沿药业有限公司	铅山县	小型	私营有限责任公司
江西美视达电子设备有限公司	玉山县	小型	其他有限责任公司
江西嘉亿五金制造有限公司	鄱阳县	中型	股份有限公司
江西乾坤机床有限公司	鄱阳县	中型	私营有限责任公司
鄱阳县飞尚林产有限责任公司	鄱阳县	小型	私营有限责任公司
江西瑜饶实业有限公司	上饶县	小型	其他有限责任公司
江西傲农饲料科技有限公司	鄱阳县	中型	其他有限责任公司
江西广厦包装印刷有限公司	广丰区	小型	中外合资经营
江西省兴泰机电集团有限公司	横峰县	中型	私营有限责任公司
江西世纪长河新电源有限公司	横峰县	小型	私营有限责任公司
鄱阳县加西亚电子电器有限公司	鄱阳县	中型	股份有限公司
鄱阳县广禾粮油贸易有限公司	鄱阳县	中型	私营有限责任公司
江西华邦药业有限公司	万年县	小型	私营有限责任公司
江西万年祥家纺服饰有限公司	万年县	中型	私营有限责任公司
广丰国铝实业有限公司	广丰区	小型	私营有限责任公司
江西源华电器有限公司	横峰县	小型	私营有限责任公司
横峰县伟宏铝业有限公司	横峰县	小型	私营有限责任公司
江西鄱星特种精密铸造有限公司	鄱阳县	中型	私营有限责任公司
江西省渔翔科技饲料有限公司	鄱阳县	中型	其他有限责任公司
江西百达新材料科技有限公司	鄱阳县	中型	私营有限责任公司
鄱阳县华凯电子科技有限公司	鄱阳县	中型	私营有限责任公司
上饶市海纳金属材料有限公司	信州区	小型	其他有限责任公司
玉山县鑫海萤石矿业有限公司	玉山县	小型	私营有限责任公司
江西鄱阳荣林达纺织有限责任公司	鄱阳县	中型	其他有限责任公司
江西兴发铜材发展有限公司	横峰县	小型	私营有限责任公司
鄱阳县鄱湖教育彩印有限公司	鄱阳县	中型	股份有限公司
江西锐力体育用品有限公司	广丰区	小型	私营有限责任公司
江西省玉山东港中药饮片有限公司	玉山县	小型	私营有限责任公司
弋阳宏业有色金属有限公司	弋阳县	小型	私营有限责任公司
江西三清山绿色食品有限责任公司	玉山县	小型	私营有限责任公司
江西经纬益力紧固件有限公司	鄱阳县	中型	私营有限责任公司
广丰县盛源纺织有限公司	广丰区	小型	股份有限公司
江西鸥迪铜业有限公司	弋阳县	中型	其他有限责任公司
广丰县吉盛纺织有限公司	广丰区	小型	私营有限责任公司
江西新光金刚石工具有限公司	鄱阳县	小型	其他有限责任公司
江西富力超硬科技有限公司	鄱阳县	中型	其他有限责任公司
宝鸿化纤(江西)有限公司	鄱阳县	中型	私营有限责任公司
江西横峰葛佬葛产业开发有限公司	横峰县	中型	私营有限责任公司
江西凯辉服饰有限公司	鄱阳县	中型	私营有限责任公司
江西鑫镁金属粉末有限公司	鄱阳县	中型	其他有限责任公司
江西申山能源科技有限公司	鄱阳县	小型	其他有限责任公司
万年县鑫泰铜业有限公司	万年县	小型	其他有限责任公司
弋阳县金盛矿业有限公司	弋阳县	小型	私营有限责任公司
昌盛能源科技有限公司	玉山县	小型	私营有限责任公司
江西浙龙鞋业股份有限公司	鄱阳县	小型	股份有限公司
江西铜业集团(德兴)铸造有限公司	德兴市	中型	国有独资公司
上饶市宏丰铜业有限公司	信州区	小型	私营有限责任公司
江西钻宝仪表有限公司	横峰县	中型	私营有限责任公司
横峰县盛泰纺织有限公司	横峰县	中型	其他有限责任公司
江西艾芬达暖通科技股份有限公司	上饶县	中型	股份有限公司
江西双胞胎牧业有限公司	万年县	小型	中外合资经营
江西浩元实业有限公司	弋阳县	中型	港澳台商独资

控股情况	隶属关系	主要产品	轻重工业
私人控股	其他	服装制造	轻工业
私人控股	其他	其他日用杂品制造	轻工业
私人控股	其他	无水氟化氢	重工业
私人控股	其他	电子产品	重工业
私人控股	县属	紧固件制造	重工业
私人控股	其他	紧固件制造	重工业
私人控股	其他	林业加工	重工业
私人控股	市属	铜杆加工	重工业
私人控股	县属	饲料加工	轻工业
国有控股	县属	纸板	轻工业
私人控股	其他	铜材	重工业
私人控股	其他	锂离子电池制造	轻工业
私人控股	县属	电线	重工业
私人控股	其他	食品加工	轻工业
私人控股	其他	医药中间体	轻工业
私人控股	其他	寝室饰用品	轻工业
私人控股	其他	铝型材生产及销售	重工业
私人控股	其他	铜丝加工	重工业
私人控股	其他	铝压延加工	重工业
私人控股	其他	锻件及粉末冶金制品制造	重工业
私人控股	其他	水产饲料制造	轻工业
私人控股	其他	炼钢	重工业
私人控股	其他	电子元件	重工业
私人控股	县属	铜棒、铝锭、锌锭加工销售	重工业
私人控股	其他	萤石	重工业
私人控股	其他	棉纺纱加工	轻工业
私人控股	其他	铜排	重工业
私人控股	县属	作业本	轻工业
私人控股	其他	运动鞋材	轻工业
私人控股	其他	中药、饮片	轻工业
私人控股	其他	铜材	重工业
私人控股	其他	山茶油生产	轻工业
私人控股	其他	紧固件制造	重工业
私人控股	县属	夏布加工	轻工业
集体控股	县属	铜材	重工业
私人控股	其他	棉纱加工	轻工业
私人控股	其他	其他非金属矿物制品制造	重工业
私人控股	县属	其他非金属矿物制品制造	重工业
私人控股	其他	皮鞋制造	轻工业
私人控股	其他	葛系列产品	轻工业
私人控股	其他	机织服装制造	轻工业
私人控股	镇属	铜压延加工	重工业
私人控股	县属	太阳能电池	重工业
私人控股	县属	铜业加工	重工业
私人控股	其他	铜材	重工业
私人控股	其他	单晶硅	重工业
私人控股	其他	皮鞋制造	轻工业
国有控股	县属	金属结构制造	重工业
私人控股	其他	铜压延加工	重工业
私人控股	其他	有色金属压延加工	重工业
私人控股	其他	棉纺纱加工	轻工业
私人控股	其他	卫浴烘干架、散热器、阀门、磁滤器、磁滤阀	轻工业
其他	县属	饲料	轻工业
港澳台控股	其他	纺织服装制造	轻工业

9－13 续表4

企业名称	所在地	企业规模	注册类型
江西禾丰电子机械有限公司	余干县	小型	其他有限责任公司
婺源县力智实业有限公司	婺源县	小型	私营有限责任公司
江西彤康实业有限公司	鄱阳县	中型	其他有限责任公司
鄱阳县恒茂针织有限公司	鄱阳县	中型	其他有限责任公司
广丰县莱仕衬衫有限公司	广丰区	小型	私营有限责任公司
江西鑫亿包装有限公司	鄱阳县	中型	私营有限责任公司
江西科鼎金属有限公司	广丰区	小型	私营有限责任公司
江西众利超硬材料工具有限公司	鄱阳县	中型	私营有限责任公司
江西省万年兴纺织服装有限公司	万年县	小型	外资企业
广丰县金鹏电子有限公司	广丰区	中型	私营有限责任公司
鄱阳县长明渔具有限公司	鄱阳县	小型	其他有限责任公司
鄱阳县勇业工艺品有限公司	鄱阳县	小型	其他有限责任公司
江西飞翔实业有限公司	玉山县	小型	其他有限责任公司
江西省德兴市百勤异 VC 钠有限公司	德兴市	中型	私营有限责任公司
鄱阳县创新纸业有限公司	鄱阳县	小型	其他有限责任公司
江西省玉山县怀玉莹石选矿有限公司	玉山县	小型	其他有限责任公司
鄱阳县亿达科技能源有限责任公司	鄱阳县	小型	其他有限责任公司
万年县祈福矿业有限公司	万年县	小型	私营有限责任公司
江西柏林实业有限公司	弋阳县	小型	私营有限责任公司
江西金钢能源科技有限公司	铅山县	小型	私营有限责任公司
江西申华工贸有限公司	鄱阳县	中型	其他有限责任公司
上饶市如意包装有限公司	广丰区	小型	私营有限责任公司
江西松达医药化工有限公司	万年县	小型	其他有限责任公司
江西凤凰富士胶片光学有限公司	上饶县	中型	其他有限责任公司
广丰县永利建材有限公司	广丰区	小型	其他有限责任公司
横峰县富饶资源综合再利用有限公司	横峰县	中型	私营有限责任公司
广丰县常欣铸造材料有限公司	广丰区	小型	私营有限责任公司
上饶华晟有色金属有限公司	上饶县	小型	其他有限责任公司
广丰县海韵电子玩具有限公司	广丰区	中型	其他有限责任公司
广丰县湖山夏布纺织有限公司	广丰区	小型	私营有限责任公司
江西天正带钢有限公司	信州区	小型	其他有限责任公司
江西省玉山县膨润土实业有限公司	玉山县	小型	股份有限公司
玉山县科轮轴承有限责任公司	玉山县	小型	其他有限责任公司
江西哈迪威实业有限公司	鄱阳县	小型	其他有限责任公司
江西源森油茶科技股份有限公司	德兴市	小型	其他有限责任公司
江西大业实业有限公司	横峰县	小型	私营有限责任公司
江西银达塑业有限公司	广丰区	中型	其他有限责任公司
婺源县创盛电子科技有限公司	婺源县	中型	私营有限责任公司
万年县豪森家居有限公司	万年县	小型	私营有限责任公司
江西东日灯具有限公司	鄱阳县	小型	其他有限责任公司
上饶市天炬塑料有限公司	信州区	小型	其他有限责任公司
江西省龙马实业有限公司	上饶县	小型	其他有限责任公司
江西人民线缆科技集团有限公司	横峰县	小型	其他有限责任公司
德兴市蛤蟆石金矿	德兴市	小型	私营有限股份公司
江西铜业集团(德兴)实业有限公司	德兴市	中型	国有独资公司
江西万年华农恒青农牧有限公司	万年县	小型	私营有限责任公司
江西晟源化工有限公司	玉山县	小型	私营有限责任公司
江西华科电器有限公司	广丰区	小型	私营有限股份公司
上饶市德隆纺织有限公司	玉山县	中型	私营有限责任公司
江西天施康弋阳制药有限公司	弋阳县	小型	其他有限责任公司
江西省万年县康欣机械有限公司	万年县	小型	私营有限责任公司
万年县鑫发合金金属有限公司	万年县	小型	私营有限责任公司
万年县祥云纤维纺织有限公司	万年县	小型	外资企业
广丰县凯达汽车部件有限公司	广丰区	小型	私营有限责任公司

控股情况	隶属关系	主要产品	轻重工业
私人控股	县属	电脑绣花机	重工业
私人控股	其他	木门地板家俱加工	重工业
私人控股	县属	皮鞋制造	轻工业
私人控股	县属	针织手套	轻工业
私人控股	其他	服装、衬衫制造	轻工业
私人控股	其他	纸和纸板容器制造	轻工业
私人控股	其他	银、锡、铜、铝生产	重工业
私人控股	其他	切削工具制造	重工业
外商控股	其他	棉、化纤针织钩编物	轻工业
私人控股	其他	电子配件	重工业
私人控股	县属	其他金属工具制造	重工业
私人控股	县属	其他工艺美术品制造	轻工业
私人控股	其他	铝材	重工业
私人控股	其他	异 vc 钠	轻工业
私人控股	其他	机制纸及纸板制造	轻工业
私人控股	其他	莹石粉	重工业
私人控股	其他	有机化学原料制造	重工业
私人控股	其他	银精矿	重工业
私人控股	其他	蔬菜罐头	轻工业
私人控股	其他	锂离子电池制造	轻工业
私人控股	县属	建筑、家具用金属配件制造	重工业
私人控股	其他	包装装潢印刷	轻工业
私人控股	其他	盐酸环丙沙星	轻工业
其他	其他	光学仪器及配件、光电子器件及其电子器件	重工业
私人控股	县属	商品混凝土生产	重工业
私人控股	其他	铜矿采选	重工业
私人控股	其他	覆磨砂加工	重工业
私人控股	县属	电积铜加工	重工业
私人控股	县属	电子玩具	轻工业
私人控股	其他	棉布,涤棉布生产	轻工业
私人控股	县属	带钢加工销售	重工业
私人控股	其他	活性白土	重工业
私人控股	其他	轴承	重工业
私人控股	其他	紧固件制造	重工业
私人控股	其他	植物油	轻工业
私人控股	其他	有色金属合金制造	重工业
私人控股	其他	塑料制造	重工业
私人控股	其他	碳化硅粉	重工业
私人控股	其他	木竹加工	轻工业
私人控股	县属	照明灯具制造	轻工业
其他	其他	制造业其他塑料制品制造	轻工业
私人控股	县属	铜杆加工	重工业
私人控股	县属	电线电缆制造	重工业
私人控股	其他	金精矿	重工业
国有控股	县属	配电开关控制设备制造	重工业
私人控股	其他	配合饲料加工	轻工业
私人控股	其他	化工	重工业
私人控股	其他	其他专用设备制造	重工业
私人控股	其他	纺织品加工	轻工业
其他	其他	中成药制药	轻工业
私人控股	其他	机械制造	重工业
私人控股	其他	钙铝合金制造	重工业
外商控股	其他	棉、化纤针织钩编物	轻工业
私人控股	其他	车辆零部件制造	重工业

9－13 续表5

企业名称	所在地	企业规模	注册类型
江西省汉氏贵金属有限公司	万年县	小型	私营有限责任公司
江西君业生物制药有限公司	万年县	中型	其他有限责任公司
江西宏旺服装有限公司	横峰县	中型	私营有限责任公司
万年县亚利饰品制造有限公司	万年县	中型	私营有限责任公司
江西盈然地板有限公司	信州区	小型	港澳台商独资
江西耐普矿机新材料股份有限公司	上饶县	中型	私营有限股份公司
江西德发纺织有限公司	德兴市	小型	私营有限责任公司
江西省广丰县龙马钢结构有限责任公司	广丰区	小型	私营有限责任公司
鄱阳县金田米业有限公司	鄱阳县	小型	其他有限责任公司
上饶市草根家纺有限公司	鄱阳县	微型	其他有限责任公司
婺源县欧莱堡工贸有限公司	婺源县	小型	私营有限责任公司
江西博众汽车零部件制造有限公司	广丰区	小型	私营有限责任公司
上饶市梅乐光伏科技有限公司	广丰区	小型	私营有限责任公司
万年县永昌科技有限公司	万年县	中型	私营有限责任公司
江西亮达饰品有限公司	广丰区	小型	私营有限责任公司
江西省玉山县江南台球厂	玉山县	小型	股份合作
江西聚美高分子材料制造有限公司	玉山县	小型	私营有限责任公司
玉山县振业轴承有限公司	玉山县	小型	私营有限责任公司
江西省斯尔摩实业有限公司	广丰区	小型	其他有限责任公司
江西华兴保鲜剂有限公司	鄱阳县	小型	私营有限责任公司
江西晶仪轴承有限公司	玉山县	小型	其他有限责任公司
江西一舟电子有限公司	上饶县	中型	私营有限责任公司
江西台鑫钢铁有限公司	广丰区	小型	港澳台商投资股份有限公司
江西双龙环保化工矿产工业集团有限公司	广丰区	小型	私营有限责任公司
万年县竹楠木环保科技有限公司	万年县	小型	其他有限责任公司
万年县吉丰皮具有限公司	万年县	中型	私营有限责任公司
江西省梦佳娜医药有限公司	余干县	小型	其他有限责任公司
广丰县东豪实业有限公司	广丰区	小型	私营有限责任公司
广丰县芦林纸业有限公司	广丰区	小型	私营有限责任公司
江西天海集团有限公司	德兴市	中型	其他有限责任公司
婺源县婺之绿农业科技有限公司	婺源县	小型	其他有限责任公司
广丰县华兴夏布有限公司	广丰区	小型	私营有限责任公司
上饶市鑫盛胶黏剂有限公司	广丰区	小型	私营有限责任公司
广丰县华龙实业有限公司	广丰区	小型	其他有限责任公司
江西沃兰科技有限公司	鄱阳县	中型	其他有限责任公司
江西中兴文体用品有限公司	广丰区	中型	与港澳台商合资经营
江西和合家庭用品有限公司	弋阳县	小型	私营有限责任公司
广丰县荣昌彩印包装有限公司	广丰区	小型	私营有限责任公司
江西昌硕户外休闲用品有限公司	万年县	小型	其他有限责任公司
鄱阳县凯迪绿色能源开发有限公司	鄱阳县	中型	其他有限责任公司
江西天骄纺织有限公司	广丰区	小型	私营有限责任公司
广丰县京新药业有限公司	广丰区	小型	其他有限责任公司
广丰县枧底镇属铜山铜矿	广丰区	小型	私营合伙
江西环球生物化学有限公司	弋阳县	小型	私营有限责任公司
上饶市天佳新型材料有限公司	上饶县	小型	私营有限股份公司
江西华昌木业有限公司	广丰区	小型	私营有限股份公司
中洲传动科技(江西)有限公司	鄱阳县	小型	其他有限责任公司
江西惠琪针织服饰有限公司	广丰区	小型	私营有限责任公司
万年县金森服饰有限公司	万年县	小型	私营有限责任公司
上饶市天熠实业发展有限公司	广丰区	中型	私营有限责任公司
江西嘉鸣科技电子有限公司	玉山县	中型	私营有限责任公司
江西斯沃德教育文化发展有限公司	鄱阳县	中型	私营有限责任公司
江西傲新生物科技有限公司	鄱阳县	中型	其他有限责任公司
铅山县翔宇实业有限公司	铅山县	小型	私营有限责任公司

控股情况	隶属关系	主要产品	轻重工业
私人控股	其他	贵金属制品加工	重工业
其他	县属	医药中间体产品、原料药制造	轻工业
私人控股	其他	纺织业服装制造	轻工业
私人控股	其他	雕塑工艺品制造	轻工业
港澳台控股	其他	强化木地板生产销售	重工业
私人控股	其他	橡胶耐磨制品制造	重工业
私人控股	其他	棉纱	轻工业
私人控股	其他	金属结构制造	重工业
私人控股	其他	谷物磨制	轻工业
私人控股	县属	床上用品制造	轻工业
私人控股	其他	服装加工	轻工业
私人控股	其他	汽车零部件生产	重工业
私人控股	其他	单晶硅生产	重工业
私人控股	其他	有接头电导体制造	重工业
私人控股	其他	玻璃珠胚首饰制造	轻工业
私人控股	其他	青石板台球桌面制造	轻工业
私人控股	其他	压克力板材生产	重工业
私人控股	其他	轴承	重工业
私人控股	其他	木质家俱制造	轻工业
私人控股	其他	食品及饲料添加剂制造	轻工业
私人控股	镇属	轴承	重工业
私人控股	其他	电子连接线制造	重工业
港澳台控股	其他	螺纹纲	重工业
私人控股	其他	其他煤炭采选	重工业
私人控股	其他	竹制工业、建筑用品	轻工业
私人控股	其他	皮具、箱包制造	轻工业
私人控股	县属	中药材制造、生物制品制造	轻工业
私人控股	其他	箱包生产	轻工业
私人控股	其他	纸制	轻工业
私人控股	其他	钢球	重工业
私人控股	县属	蔬菜加工	轻工业
私人控股	其他	麻织造加工	轻工业
私人控股	其他	胶黏剂生产	重工业
私人控股	其他	制造业 加工纸制造	轻工业
私人控股	县属	有机化学原料制造	重工业
私人控股	市属	足球	轻工业
私人控股	其他	竹筷	轻工业
私人控股	其他	包装印刷加工	轻工业
其他	县属	棉印染精加工	轻工业
私人控股	其他	电力、热力、燃气及水生产和供应业	重工业
私人控股	其他	纺纱生产	轻工业
集体控股	县属	蒽诺沙星类	轻工业
私人控股	其他	铜选矿采掘	重工业
私人控股	其他	五硫化二磷	重工业
私人控股	其他	减水剂制造	重工业
私人控股	其他	锯材加工	重工业
私人控股	其他	齿轮及齿轮变速箱制造	重工业
私人控股	其他	针织制品生产	轻工业
私人控股	其他	服装制造、加工	轻工业
私人控股	其他	矿产品制造	重工业
私人控股	其他	电子产品	重工业
私人控股	其他	机织服装制造	轻工业
私人控股	其他	兽用药品制造	轻工业
私人控股	其他	铅锌矿开采	重工业

9－13　续表6

企业名称	所在地	企业规模	注册类型
广丰县华飞模塑厂	广丰区	小型	其他内资
万年县芳源箱包服饰有限公司	万年县	小型	私营有限责任公司
广丰月兔橱柜有限公司	广丰区	中型	私营有限股份公司
江西南煌耐火耐磨材料有限公司	万年县	小型	私营有限责任公司
德兴市兔宝宝装饰材料有限公司	德兴市	中型	私营有限责任公司
江西莹光化工有限公司	万年县	小型	与港澳台商合作经营
万年县雅艺实业有限公司	万年县	小型	其他有限责任公司
上饶市德鑫实业有限公司	广丰区	小型	私营有限责任公司
江西波诗明科技实业有限公司	万年县	小型	私营有限责任公司
江西杜马机械制造有限公司	玉山县	小型	其他有限责任公司
江西茂华纺纱有限公司	广丰区	小型	私营有限责任公司
万年县千手箱包有限公司	万年县	小型	私营有限责任公司
江西省兴能电力科技有限公司	弋阳县	小型	其他有限责任公司
江西恩泉油脂有限公司	上饶县	小型	私营有限责任公司
广丰县永乐实业有限公司	广丰区	小型	私营有限责任公司
江西省贤好实业有限公司	鄱阳县	中型	其他有限责任公司
广丰县新世纪金属有限公司	广丰区	小型	私营有限责任公司
广丰县天成纺织有限公司	广丰区	小型	私营有限责任公司
上饶市金迪铜业有限公司	横峰县	小型	私营有限责任公司
江西黄金埠万年青水泥有限责任公司	余干县	小型	其他有限责任公司
上饶市凯泰新能源有限公司	横峰县	微型	私营有限责任公司
玉山县飞跃包装实业有限公司	玉山县	中型	其他有限责任公司
万年鹏程服装产业园有限公司	万年县	小型	股份有限公司
江西联创(万年)电子有限公司	万年县	中型	私营有限责任公司
婺源县益和茶业有限公司	婺源县	小型	其他有限责任公司
江西博扬有机硅有限公司	玉山县	小型	其他有限责任公司
万年鹏程服饰有限公司	万年县	小型	私营有限责任公司
江西宏博防雨制品有限公司	玉山县	小型	港澳台商独资
江西弋阳中亚矿业有限公司	弋阳县	小型	其他有限责任公司
江西波特尔汽车配件制造有限公司	鄱阳县	中型	私营有限责任公司
广丰月兔卫生用品有限公司	广丰区	小型	股份有限公司
江西超盛再生能源有限公司	广丰区	小型	私营有限责任公司
江西鄱阳国泰化工有限责任公司	鄱阳县	微型	私营有限责任公司
江西埃菲姆科技有限公司	万年县	小型	私营有限责任公司
江西省琳红实业有限公司	万年县	小型	私营有限责任公司
上饶市厚余印务有限公司	玉山县	小型	其他有限责任公司
广丰县中艺服饰有限公司	广丰区	中型	私营有限责任公司
江西金丰光电有限公司	广丰区	小型	私营有限责任公司
江西中昱新材料科技有限公司	信州区	中型	其他有限责任公司
江西欧美意鞋业有限公司	上饶县	中型	其他港澳台投资
江西派力德照明有限公司	玉山县	小型	私营有限责任公司
广丰县丰溪花炮制造有限公司	广丰区	小型	私营有限责任公司
江西天峰建材有限公司	上饶县	中型	其他有限责任公司
广丰县闽丰光学眼镜有限公司	广丰区	中型	其他有限责任公司
江西隆欣机械制造有限公司	广丰区	小型	私营有限股份公司
万年县大源公路建筑材料有限公司	万年县	小型	私营有限责任公司
玉山县威尔印花材料有限公司	玉山县	小型	私营有限责任公司
江西速成科技有限公司	玉山县	小型	私营有限责任公司
德兴市永达照明科技有限公司	德兴市	小型	私营有限责任公司
德兴市中科精细化学有限公司	德兴市	小型	私营有限责任公司
婺源县世纪圣龙门业有限公司	婺源县	小型	其他有限责任公司
江西省江天农业科技有限公司	铅山县	小型	私营有限责任公司
玉山县三山矿业有限公司	玉山县	小型	其他有限责任公司

控股情况	隶属关系	主要产品	轻重工业
私人控股	其他	模具制造	重工业
私人控股	其他	箱包制造	轻工业
私人控股	其他	木质家具制造	轻工业
私人控股	其他	镁质砖	重工业
私人控股	其他	人造板	重工业
集体控股	县属	无水氢氟酸、中间体	重工业
其他	其他	木制家具、木制工艺品	轻工业
私人控股	其他	铜冶炼	重工业
私人控股	其他	金属表面硅烷处理剂、防腐漆生产	轻工业
私人控股	镇属	缝纫机械制造	重工业
私人控股	其他	纺织品生产	轻工业
私人控股	其他	箱包制造	轻工业
私人控股	其他	水泥电杆生产	重工业
私人控股	其他	精制茶油	轻工业
私人控股	其他	夏布生产	轻工业
私人控股	其他	其他工艺美术品制造	轻工业
私人控股	其他	铜压延加工	重工业
私人控股	其他	棉纱加工	轻工业
私人控股	其他	铜压延加工	重工业
国有控股	其他	水泥生产	重工业
私人控股	其他	贵金属压延加工	重工业
私人控股	其他	包装物	轻工业
私人控股	县属	服装	轻工业
私人控股	其他	电容式触摸屏制造	重工业
私人控股	县属	精制茶加工	轻工业
私人控股	其他	生产硅	重工业
私人控股	其他	纺织服装	轻工业
港澳台控股	其他	防雨制品	轻工业
私人控股	其他	蛇纹石开采	重工业
私人控股	其他	汽车零部件及配件制造	重工业
私人控股	县属	卫生巾	轻工业
私人控股	其他	废机油加工	重工业
私人控股	其他	炸药及火工产品制造	重工业
私人控股	其他	精细化工产品、医药原料药制造	轻工业
私人控股	其他	服装	轻工业
私人控股	县属	包装装潢及印刷	轻工业
私人控股	其他	服装制造	轻工业
私人控股	其他	光学镜片	重工业
私人控股	县属	硅材料、石英制品制造	重工业
外商控股	其他	皮鞋制造	轻工业
私人控股	其他	制造业	重工业
私人控股	其他	炸药及火工产品制造	轻工业
私人控股	县属	水泥制造	重工业
私人控股	县属	眼镜制造	轻工业
私人控股	其他	机械制造	重工业
私人控股	其他	矿业加工	重工业
私人控股	其他	染料制造	轻工业
私人控股	其他	电子元件及组件制造	重工业
私人控股	其他	灯具、手电筒、应急灯、极板棉加工、销售	轻工业
私人控股	其他	甲基系列产品	重工业
私人控股	县属	实木门室内装饰门加工销售	重工业
私人控股	其他	谷物磨制	轻工业
私人控股	其他	莹石粉	重工业

9-13 续表7

企业名称	所在地	企业规模	注册类型
上饶市江心锅炉有限公司	信州区	小型	私营有限责任公司
江西同欣机械制造有限公司	广丰区	中型	股份有限公司
江西乾高通盛铜业发展有限公司	广丰区	小型	私营有限责任公司
广丰县旺庆实业有限公司	广丰区	小型	私营有限责任公司
江西省南洋国际实业有限公司	上饶县	小型	其他有限责任公司
上饶市旦旦服饰有限公司	上饶县	小型	私营有限责任公司
江西维东山设备有限公司	德兴市	小型	私营有限责任公司
上饶市金克丝针织品有限公司	广丰区	小型	其他有限责任公司
江西宝惠纺织有限公司	广丰区	小型	私营有限责任公司
上饶中材机械有限公司	上饶县	小型	其他有限责任公司
江西黄氏钻业有限公司	广丰区	小型	私营有限责任公司
余干天利新型建材有限公司	余干县	小型	私营有限责任公司
婺源县聚芳永茶业有限公司	婺源县	小型	私营有限责任公司
万年县协丰纺织服饰有限公司	万年县	小型	外资企业
江西海润家纺有限公司	鄱阳县	小型	其他有限责任公司
上饶市隆润麻纺织品有限公司	信州区	中型	私营有限责任公司
江西省良润农业科技有限公司	鄱阳县	小型	其他有限责任公司
上饶市广通工程材料有限责任公司	信州区	小型	其他有限责任公司
江西丰河贵金属科技有限公司	广丰区	小型	私营有限责任公司
江西乐峰铜业有限公司	横峰县	小型	私营有限责任公司
玉山县滚动轴承厂	玉山县	小型	私营独资
江西隆宇印刷科技有限公司	鄱阳县	小型	其他有限责任公司
广丰县升华镍业有限公司	广丰区	小型	私营有限责任公司
弋阳县易兴实业有限公司	弋阳县	小型	私营有限责任公司
江西省万年群兴电子有限公司	万年县	小型	其他有限责任公司
江西广信药业有限公司	广丰区	小型	私营有限责任公司
江西仕和壹光电仪器有限公司	鄱阳县	小型	其他有限责任公司
江西高佳光电科技有限公司	信州区	中型	其他有限责任公司
江西家春秋高新材料科技有限公司	鄱阳县	中型	其他有限责任公司
江西昊泽光学膜科技有限公司	鄱阳县	中型	其他有限责任公司
江西恒天矿业有限公司	玉山县	小型	私营有限责任公司
江西省京盛工艺品有限公司	广丰区	小型	私营有限股份公司
广丰县宝莲矿业有限公司	广丰区	小型	私营有限股份公司
江西省顺达纸业有限责任公司	弋阳县	中型	私营有限责任公司
江西高顿紧固件制造有限公司	鄱阳县	小型	其他有限责任公司
江西省黄金玻纤有限公司	余干县	中型	其他有限责任公司
玉山县锐航工贸有限公司	玉山县	小型	私营有限责任公司
弋阳县宏宇碳酸钙有限公司	弋阳县	小型	私营有限责任公司
江西省玉山县立新膨润土化工总厂	玉山县	小型	股份合作
万年县双辉服饰有限公司	万年县	小型	私营有限责任公司
广丰县屹东矿业发展有限公司	广丰区	小型	私营有限股份公司
江西桐源林业科技有限公司	鄱阳县	小型	其他有限责任公司
江西亿山矿业有限公司	玉山县	小型	其他有限责任公司
江西联启实业有限公司	鄱阳县	小型	其他有限责任公司
江西宏伟轴承有限公司	玉山县	小型	其他有限责任公司
弋阳县中萤矿业有限公司	弋阳县	小型	私营有限责任公司
广丰县宏福棒香厂	广丰区	小型	私营有限责任公司
江西创雅纺织有限公司	广丰区	小型	私营有限责任公司
江西信江电站阀门制造有限公司	弋阳县	小型	私营有限责任公司
上饶市丰源光学电子有限公司	上饶县	小型	私营有限责任公司
江西翔麟矿业有限责任公司	铅山县	小型	其他有限责任公司
万年矿业有限公司	万年县	小型	其他有限责任公司
上饶市金诺化学工业有限公司	上饶县	小型	其他有限责任公司

控股情况	隶属关系	主要产品	轻重工业
私人控股	其他	制造业 锅炉及辅助设备制造	重工业
私人控股	街道	凸轮轴	重工业
私人控股	其他	无氧铜杆紫铜锭生产销售	重工业
私人控股	其他	单晶硅生产	重工业
私人控股	县属	电线、电缆制造	重工业
私人控股	其他	服饰制造	轻工业
私人控股	其他	水力旋流器	重工业
私人控股	街道	服饰制造	轻工业
私人控股	其他	棉布生产	轻工业
国有控股	中央	建筑材料制造	重工业
私人控股	其他	玻璃饰品生产	重工业
私人控股	其他	混凝土 加气砖	重工业
私人控股	其他	茶叶	轻工业
外商控股	其他	棉、化纤针织钩编物	轻工业
私人控股	其他	床上用品制造	轻工业
私人控股	其他	苎麻布	轻工业
私人控股	其他	木质家具制造	轻工业
私人控股	县属	排水管、排污管制造	重工业
私人控股	其他	铜冶炼	重工业
私人控股	其他	铜压延加工	重工业
私人控股	其他	轴承	重工业
私人控股	其他	装订及印刷相关服务	轻工业
私人控股	其他	镍铁加工	重工业
私人控股	其他	铜材	重工业
其他	其他	腐蚀箔生产	轻工业
私人控股	其他	片剂生产	轻工业
私人控股	其他	其他专用仪器制造	重工业
私人控股	县属	光学仪器制造	重工业
私人控股	其他	其他专用化学产品制造	重工业
私人控股	其他	塑料薄膜制造	重工业
私人控股	其他	大理石开采	重工业
私人控股	其他	藤编工艺品	轻工业
私人控股	其他	滑石	重工业
私人控股	其他	布白板纸、铜板纸、文化用纸及纸板制作	轻工业
私人控股	其他	紧固件制造	重工业
私人控股	县属	玻璃纤维网格布	重工业
私人控股	其他	其他日用杂品制造	轻工业
私人控股	其他	轻质碳酸钙	重工业
私人控股	其他	活性白土	重工业
私人控股	其他	服装制造	轻工业
私人控股	其他	滑石	重工业
私人控股	其他	建筑用木料及木材组件加工	重工业
其他	其他	莹石、莹石粉	重工业
私人控股	其他	电子元件及组件制造	重工业
私人控股	其他	轴承	重工业
私人控股	其他	萤石粉	重工业
私人控股	其他	线香生产	轻工业
私人控股	其他	纺织品及针织品零售	轻工业
私人控股	其他	阀门制造	重工业
私人控股	其他	光学镜片生产	重工业
私人控股	县属	采矿业 铁矿采选	重工业
私人控股	县属	开采矿	重工业
私人控股	其他	镍、钴的生产及销售	轻工业

9－14 规模以上工业企业

（2016

产品名称	计量单位	上饶市	信州区	其中:直属	广丰区	上饶县
原煤	万吨	119				5
1、无烟煤	万吨	111				5
2、烟煤	万吨	5				
一般烟煤	万吨	5				
铜金属含量	吨	8765				
铅金属含量	吨	10411				
锌金属含量	吨	9978				
稀有稀土金属矿	吨	209				
石灰石	万吨	826				
建筑用天然石料	万立方米	130				
萤石	吨	56623				
大米	吨	869166				
饲料	吨	227089				
其中:配合饲料	吨	77214				
混合饲料	吨	149875				
精制食用植物油	吨	13390				1214
糖果	吨	21455				
罐头	吨	32975				
食品添加剂	吨	15791				
饮料酒	千升	15556	15556			
啤酒	千升	15556	15556			
软饮料	吨	106098				
包装饮用水	吨	1000				
精制茶	吨	27255				
纱	吨	28535			20909	196
棉纱	吨	28535			20909	196
布	万米	1099	9	9	1090	
其中:棉布	万米	470	9	9	461	
棉混纺布	万米	629			629	
毛机织物(呢绒)	万米	3856				
苎麻布(含苎麻≥55%)	万米	1591	1045	1045	546	
蚕丝	吨	415				
服装	万件	8118	258		167	137
梭织服装	万件	5188			167	
其中:羽绒服装	万件	52				
针织服装	万件	2930	258			137
鞋	万双	3713	208	208		276
其中:纺织面鞋	万双	2738				
皮革鞋靴	万双	484	208	208		276
胶鞋	万双	436				
人造板	立方米	305925	57823			
其中:胶合板	立方米	81187				
复合木地板	万平方米	552	552			
家具	万件	492				
其中:木质家具	万件	486				
机制纸及纸板(外购原纸加工除外)	吨	113688			68046	
涂布类印刷用纸	吨	45642				
纸制品	吨	21760				
多色印刷品	对开色令	146319			25655	
硫酸(折100%)	吨	533045				
碳化钙(电石,折300升/千克)	吨	70736				
化学农药原药(折有效成分100%)	吨	17729				
涂料	吨	22052				
初级形态塑料	吨	26389	26389	26389		
化学试剂	吨	714			714	
表面活性剂	吨	1733				

主要产品产量

年）

	其中:直属	玉山县	铅山县	横峰县	弋阳县	余干县	鄱阳县	万年县	婺源县	德兴市	经开区
	5		97	17							
	5		97	9							
				5							
				5							
					1345					7420	
			8379							2032	
			6828							3150	
		209									
		253						564		8	
										130	
		56623									
			23425			73166	459367	313208			
							36551	190538			
								77214			
							36551	113324			
	1214	6831								5345	
								21455			
					32975						
										15791	
											15556
											15556
		29480				1000				75618	
						1000					
									27255		
	196									7430	
	196									7430	
						3856					
						415					
	137			337	386	137	4285	2114	297		258
					386	137	4285		213		
									52		
	137			337				2114	84		258
	276	491							2738		
									2738		
	276										
		436									
									166915	81187	57823
										81187	
											552
		489							2		
		486									
					45642						
					45642						
		1518				20241					
		120664									
										533045	
										70736	
					17729						
		10997						11055			
										1733	

9－14 续表 1

产品名称	计量单位	上饶市	信州区	其中:直属	广丰区	上饶县
单晶硅	万千克	166				148
多晶硅	万千克	386				386
化学药品原药	吨	6790				153
中成药	吨	2050				
兽用药品	吨	1597			1597	
化学纤维	吨	72918				
合成纤维	吨	72918				
涤纶纤维	吨	72918				
塑料制品	吨	3180				3180
硅酸盐水泥熟料	万吨	1151				
其中:窑外分解窑水泥熟料	万吨	1151				
水泥	万吨	1632			18	51
其中:强度等级 42.5 水泥(含 R 型)	万吨	743				
强度等级 52.5 水泥(含 R 型)	万吨	21				
石灰	吨	45904				
商品混凝土	万立方米	124	10	10		41
水泥混凝土电杆	根	121452	58803	58803		
玻璃纤维纱	吨	6458				
纤维增强塑料制品	吨	466				
耐火材料制品	吨	64055				
铸铁件	吨	42840				
铸钢件	吨	3600				
钢材	吨	641153			641153	
钢筋	吨	641153			641153	
铁合金	吨	1016			1016	
十种有色金属	吨	164220				29293
精炼铜(电解铜)	吨	81243				28900
铅	吨	82584				
镍	吨	393				393
黄金	千克	5559				1634
白银(银锭)	千克	223122				223122
铜材	吨	299765	36481	36481	122437	
铝材	吨	65017				
钢结构	吨	7202				
输送机械(输送机和提升机)	吨	10094	10094			
液压元件	吨	46166				46166
滚动轴承	万套	12941				
医疗仪器设备及器械	台	123000				
环境污染防治专用设备	台(套)	57				
大气污染防治设备	台(套)	57				
汽车	辆	15584	1366			14218
其中:运动型多用途乘用车(SUV)	辆	14218				14218
新能源汽车	辆	1366	1366			
改装汽车	辆	641	641			
通信及电子网络用电缆	对千米	267044				267044
铅酸蓄电池	万千伏安时	161				
太阳能电池(光伏电池)	万千瓦	469				469
光电子器件	万只	697				
电子元件	万只	532232			2074	
光学仪器	台(个)	22183	22183			
眼镜成镜	万副	2610			1482	
发电量	万千瓦时	706255			12897	54714
1.火力发电量	万千瓦时	628299				
2.水力发电量	万千瓦时	66441			12897	53544
3.其他	万千瓦时	11515				1170
自来水生产量	万立方米	8916	5451	5451		

其中:直属	玉山县	铅山县	横峰县	弋阳县	余干县	鄱阳县	万年县	婺源县	德兴市	经开区
	19									148
										386
153	617				63		3649		2308	
				478				585	987	
				66750	6168					
				66750	6168					
				66750	6168					
										3180
	332			381			438			
	332			381			438			
	659			294	77		510		23	51
	241			142			355		5	
				5			16			
									45904	
41	33	16							23	
				62649						
					6458					
									466	
							64055			
									42840	
				3600						
29293		52343							82584	
28900		52343								
									82584	
393										
1634									3925	
223122										
			29053	111794						
			39444	25573						
									7202	
										10094
										46166
	12941									
							123000			
								57		
								57		
										15584
										14218
										1366
										641
										267044
					123		38			
										469
							697			
							530158			
										22183
								1127		
53544	10880	4044	6301	12649	570562	9532	13886		10791	1170
	10880			12649	570562	9532	13886		10791	
53544										
		4044	6301							1170
									3465	

9－15 工业园区工业

（2016

指标名称	计量单位	上饶市	上饶经济技术开发区	江西上饶高新技术产业园区	江西玉山经济开发区
园区实际开发面积	平方公里	96.1	14.8	10.5	9.3
完成基础设施投入	万元	499198	64698	75000	56020
招商实际到位资金	万元	4452630	1198056	530070	237400
投产工业企业数	户	1134	228	149	174
工业销售产值	万元	30098956	7907675	6080434	3209271
其中:出口交货值	万元	3173452	1176311	795830	320886
工业固定资产投资额	万元	6887332	1300042	1150000	715030
资产总计	万元	16851214	5020745	3296454	1503927
主营业务收入	万元	31006668	8558945	6126011	3282903
利润总额	万元	2641948	635453	622541	293295
工业增加值	万元	7023740	1909737	1477166	759658
从业人员	人	227739	62929	29499	22434
每平方公里招商实际到位资金	万元·年	46324	80950	50483	25527
每平方公里主营业务收入	万元·年	322583	578307	583430	353000
每平方公里从业人员	人·年	2369	4252	2809	2412

主要经济指标

年）

江西铅山工业园区	江西横峰经济开发区	江西弋阳高新技术产业园区	江西余干高新技术产业园区	江西鄱阳工业园区	江西万年高新技术产业园区	江西婺源工业园区	江西德兴经济开发区
7.2	5.1	5.5	9.3	10.5	9.2	5.7	9.0
23864	46287	9850	35560	12121	16950	21740	137108
101257	239253	442410	252590	413096	495650	201838	341010
56	56	69	54	88	93	59	108
1506964	1851844	1363916	1417967	2618482	2269197	417257	1455949
5227	27527	152927	2683	150901	379653	143054	18452
192486	410176	442410	439831	866157	692560	233652	444988
707589	754655	890857	993117	1332217	1139590	220007	992057
1581592	1838269	1360727	1438726	2684398	2289698	404962	1440437
169138	173551	106453	124641	275599	187059	23388	30831
275096	352046	308374	335547	614087	541244	110757	340028
5820	12216	10901	7128	36801	16790	7379	15842
14063	46912	80438	27160	39342	53875	35286	37890
219666	360445	247405	154702	255657	248880	70798	160049
808	2395	1982	766	3505	1825	1290	1760

9－16 上饶经济技术开发区主要经济指标

指标名称	单位	2015 年	2016 年
实际开发面积	平方公里	14.8	14.8
工业企业主营业务收入	亿元	711	856
工业增加值	亿元	148	191
利润总额	亿元	55	64
工业企业期末从业人员	人	58450	62929
投产工业企业数	户	207	228
工业固定资产投资	亿元	115	130

主 要 统 计 指 标 解 释

工业 指从事自然资源的开采，对采掘品和农产品进行加工和再加工的物质生产部门。具体包括：(1)对自然资源的开采，如采矿、晒盐等(但不包括禽兽捕猎和水产捕捞)；(2)对农副产品的加工、再加工，如粮油加工、食品加工、缫丝、纺织、制革等；(3)对采掘品的加工、再加工，如炼铁、炼钢、化工生产、石油加工、机器制造、木材加工等，以及电力、自来水、煤气的生产和供应等。开采辅助活动和金属制品、机械和设备修理业不在工业统计范围之内。

工业统计调查单位为独立核算法人工业企业。独立核算法人工业企业指从事工业生产经营活动的单位。独立核算法人工业企业应同时具备以下条件：①依法成立，有自己的名称、组织机构和场所，能够承担民事责任；②独立拥有和使用资产，承担负债，有权与其他单位签订合同；③独立核算盈亏，并能够编制资产负债表。

工业统计调查范围为全市境内的全部工业企业。1997年以前，工业的统计范围按隶属关系划分，分为乡及乡以上独立核算工业企业和非独立核算生产单位、村办工业、城镇合作工业、农村合作工业、城镇个体工业、农村个体工业六大部分。(1984年以前村办工业不在工业统计范围内)。1998年及以后年份，工业统计调查范围由按隶属关系划分，改变为按企业规模划分，分为全部国有及年主营业务收入在500万元以上非国有工业企业和年主营业务收入在500万元以下非国有工业企业两部分。2011年及以后年份的统计范围为年主营业务收入2000万元及以上工业法人企业。

本年鉴中涉及的企业登记注册类型：

国有及国有控股企业 指国有企业加上国有控股企业。国有企业(即原全民所有制工业或国营工业)指企业全部资产归国家所有，并按《中华人民共和国企业法人登记管理条例》规定登记注册的非公司制的经济组织。包括国有企业、国有独资公司和国有联营企业。1957年以前的公私合营和私营工业，后均改造为国营工业，1992年改为国有工业，这部分工业的资料不单独分列时，均包括在国有企业内。国有控股企业是对混合所有制经济的企业进行的“国有控股”分类。它是指这些企业的全部资产中国有资产(股份)相对其他所有者中的任何一个所有者占资(股)最多的企业。该分组反映了国有经济控股情况。

集体企业 指企业资产归集体所有，并按《中华人民共和国企业法人登记管理条例》规定登记注册的经济组织。是社会主义公有制经济的组成部分。包括城乡所有使用集体投资举办的企业，以及部分个人通过集资自愿放弃所有权并依法经工商行政管理机关认定为集体所有制的企业。

股份合作企业 指以合作制为基础，由企业职工共同出资入股，吸收一定比例的社会资产投资组建，实行自主经营，自负盈亏，共同劳动，民主管理，按劳分配与按股分红相结合的一种集体经济组织。

联营企业 指两个及两个以上相同或不同所有制性质的企业法人或事业单位法人，按自愿、平等、互利的原则，共同投资组成的经济组织。联营企业包括：

国有联营企业指国有企业与国有企业间的联营；

集体联营企业指集体企业与集体企业间的联营；

国有与集体联营企业指国有企业与集体企业间的联营。

有限责任公司 指根据《中华人民共和国公司登记管理条例》规定登记注册，由两个以上，五十个以下的股东共同出资，每个股东以其所认缴的出资额对公司承担有限责任，公司以其全部资产对其债务承担责任的经济组织。

有限责任公司包括国有独资公司以及其他有限责任公司。

股份有限公司 指根据《中华人民共和国企业法人登记管理条例》规定登记注册，其全部注册资本由等额股份构成并通过发行股票筹集资本，股东以其认购的股份对公司承担有限责任，公司以其全部资产对其债务承担责任的经济组织。

私营企业 指由自然人投资设立或由自然人控股,以雇佣劳动为基础的营利性经济组织。包括按照《公司法》、《合伙企业法》、《私营企业暂行条例》规定登记注册的私营有限责任公司、私营股份有限公司、私营合伙企业和私营独资企业。

港、澳、台商投资企业 指企业注册登记类型中的港、澳、台资合资、合作、独资经营企业和股份有限公司之和。

外商投资企业 指企业注册登记类型中的中外合资、合作经营企业、外资企业和外商投资股份有限公司等。

"三资"企业系指港、澳、台商投资企业和外资企业的简称。

轻工业 指主要提供生活消费品和制作手工工具的工业。按其所使用的原料不同,可分为两大类:(1)以农产品为原料的轻工业,是指直接或间接以农产品为基本原料的轻工业。主要包括食品制造、饮料制造、烟草加工、纺织、缝纫、皮革和毛皮制作、造纸以及印刷等工业;(2)以非农产品为原料的轻工业,是指以工业品为原料的轻工业。主要包括文教体育用品、化学药品制造、合成纤维制造、日用化学制品、日用玻璃制品、日用金属制品、手工工具制造、医疗器械制造、文化和办公用机械制造等工业。

重工业 指为国民经济各部门提供物质技术基础的主要生产资料的工业。按其生产性质和产品用途,可以分为下列三类:(1)采掘(伐)工业,是指对自然资源的开采,包括石油开采、煤炭开采、金属矿开采、非金属矿开采等工业;(2)原材料工业,指向国民经济各部门提供基本材料、动力和燃料的工业。包括金属冶炼及加工、炼焦及焦炭、化学、化工原料、水泥、人造板以及电力、石油和煤炭加工等工业;(3)加工工业,是指对工业原材料进行再加工制造的工业。包括装备国民经济各部门的机械设备制造工业、金属结构、水泥制品等工业,以及为农业提供的生产资料如化肥、农药等工业。

工业增加值 指工业企业在报告期内以货币表现的工业生产活动的最终成果。

工业增加值有两种计算方法:一是生产法,即工业总产出减去工业中间投入加上应交增值税;二是收入法,即从收入的角度出发,根据生产要素在生产过程中应得到的收入份额计算,具体构成项目有固定资产折旧、劳动者报酬、生产税净额、营业盈余,这种方法也称要素分配法。本年鉴中的工业增加值是以生产法计算的。

生产法工业增加值的计算方法为:

工业增加值 = 工业总产出 - 工业中间投入 + 应交增值税

(1)工业总产出:指工业企业在一定时期内工业生产活动的总成果。工业总产出包括:成品生产价值,对外加工费收入,自制半成品、在产品期末期初差额价值。1995 年后用新规定计算的工业总产值代替。

(2)工业中间投入:指工业企业在工业生产活动中消耗的外购物质产品和对外支付的服务费用。服务费用包括支付给物质生产部门(工业、农业、批发零售贸易业、建筑业、运输邮电业)的服务费用和支付给非物质生产部门(如保险、金融、文化教育、科学研究、医疗卫生、行政管理等)的服务费用。工业中间投入的确定须遵循以下原则:必须从外部购入的,并已计入工业总产出的产品和服务价值;必须是本期投入生产,并一次性消耗掉(包括本期摊销的低值易耗品等)的产品和服务价值。

工业中间投入包括直接材料费用、制造费用中的工业中间投入、管理费用中的工业中间投入、销售费用中的工业中间投入和利息支出五部分。

资产总计 指企业拥有或控制的能以货币计量的经济资源,包括各种财产、债权和其他权利。资产按流动性分为流动资产、长期投资、固定资产、无形资产、递延资产和其他资产。该指标根据企业会计"资产负债表"中"资产总计"项目的期末数增列。

流动资产 指企业可以在一年内或者超过一年的一个生产周期内变现或者耗用的资产,包括现金及各种存款、短期投资,应收及预付款项、存货等。

负债合计 指企业所承担的能以货币计量,将以资产或劳务偿付的债务,偿还形式包括货币、资产或提供劳务。负债一般按偿还期长短分为流动负债和长期负债。根据会计"资产负债表"中"负债合计"的年末数填列。

所有者权益 指企业投资人对企业净资产的所有权。企业净资产等于企业全部资产减去全部负债后的余额,包括企业投资人对企业的最初投入的实际到位的资产及资本公积金、盈余公积金和未分配利润。所有者权益合计数小于零,表示企业资不抵债。

主营业务收入 指企业销售产品和提供劳务等主要经营业务取得的收入。

主营业务成本 指企业销售产品和提供劳务等主要经营业务过程中的实际成本。

利润总额 指企业生产经营活动的最终成果,是企业在一定时期内实现的盈亏相抵后的利润总额(亏损以"-"号表示),它等于营业利润加上补贴收入加上投资收益加上营业外净收入再加上以前年度损益调整。

从业人员平均人数 是指报告期内每天拥有的从业人员人数。其计算公式为:

$$季平均人数=\frac{季内各月平均人数之和}{3}$$

$$月平均人数=\frac{报告月内每天实有人数之和}{报告月日历日数}$$

$$年平均人数=\frac{年内各月平均人数之和}{12}$$

工业统计上大中小微型企业划分标准 1.大型、中型和小型企业须同时满足下表所列指标的下限,否则下划一档;微型企业只须满足所列指标中的一项即可。2.附表中各行业的范围以《国民经济行业分类》(GB/T4754-2011)为准。3.企业划分指标以现行统计制度为准。

(1)从业人员,是指期末从业人员数,没有期末从业人员数的,采用全年平均人员数代替。

(2)营业收入,采用主营业务收入。

(3)资产总额,采用资产总计代替。

指标名称	计量单位	大型企业	中型企业	小型企业	微型企业
从业人员(X)	人	X≥1000	300≤X<1000	20≤X<300	X<20
营业收入(Y)	万元	Y≥40000	2000≤Y<40000	300≤Y<2000	Y<300

十、建 筑 业

简要说明

●本篇资料反映我市建筑业概况。

●本篇资料来自依据国家统计局制定的建筑业统计报表制度规定而收集的有关年报资料。

建筑业报表统计范围为：辖区内具有建筑业资质等级的所有独立核算建筑业企业。

内容提要

●2016年，建筑业总产值6049557万元，比2015年增长24.6%。

本篇资料整理、校对

顾朝晖

10－1 总承包和专业承包

（2016

指标名称	企业个数		合同情况(万元)			
	建筑业企业个数（个）	有工作量的建筑业企业个数（个）	签订的合同额	上年结转合同额	本年新签合同额	直接从建设单位承揽工程完成的产值
总计	241	238	9286464	2946969	6339494	5231899
其中:国有及国有控股企业	8	8	227223	49192	178030	150021
一、按登记注册类型分组						
内资企业	241	238	9286464	2946969	6339494	5231899
国有企业	1	1	168220	40402	127818	88297
集体企业	12	12	108623	10748	97874	93883
有限责任公司	89	87	2775640	858994	1916646	1445455
其他有限责任公司	89	87	2775640	858994	1916646	1445455
股份有限公司	19	19	556725	98529	458196	454552
私营企业	120	119	5677257	1938296	3738960	3149713
私营有限责任公司	108	107	4918366	1884362	3034005	2989487
私营股份有限公司	12	12	758890	53935	704955	160226
二、按国民经济行业分组						
房屋建筑业	129	128	6401490	2270262	4131229	3645228
土木工程建筑业	87	85	2482263	562066	1920197	1309103
铁路、道路、隧道和桥梁工程建筑	64	62	1933250	372887	1560363	931146
公路工程建筑	3	3	88980	21050	67930	57880
市政道路工程建筑	59	57	1822670	341837	1480833	850666
其他道路、隧道和桥梁工程建筑	2	2	21600	10000	11600	22600
水利和内河港口工程建筑	12	12	378268	94514	283755	262727
水源及供水设施工程建筑	5	5	34816	2377	32438	19613
河湖治理及防洪设施工程建筑	6	6	331260	89328	241932	231855
港口及航运设施工程建筑	1	1	12193	2808	9385	11260
工矿工程建筑	2	2	7665		7665	8213
架线和管道工程建筑	4	4	22452	1598	20855	31978
架线及设备工程建筑	4	4	22452	1598	20855	31978
其他土木工程建筑	5	5	140627	93067	47559	75038
建筑安装业	7	7	24407	7286	17122	21906
电气安装	2	2	7722	6040	1682	5414
管道和设备安装	1	1	1796	1246	550	1703
其他建筑安装业	4	4	14890		14890	14790
建筑装饰和其他建筑业	18	18	378304	107357	270947	255663
建筑装饰业	7	7	29563	6597	22966	30043
工程准备活动	1	1	1055		1055	1055
建筑物拆除活动	1	1	1055		1055	1055
其他未列明建筑业	10	10	347686	100760	246926	224565

建筑业企业生产情况(一)

年)

承包工程完成情况(万元)			建筑业总产值(万元)						竣工产值(万元)
自行完成施工产值	分包出去工程的产值	从建设单位以外承揽工程完成的产值	建筑业总产值	其中：装饰装修产值	其中：在外省完成的产值	建筑工程产值	安装工程产值	其他产值	
4870556	361343	1179001	6049557	230275	2820733	5136449	398761	514346	4237123
114702	35319	35319	150021	1011	50857	127238	12492	10291	120627
4870556	361343	1179001	6049557	230275	2820733	5136449	398761	514346	4237123
52978	35319	35319	88297		39283	88297			66223
81295	12588	10971	92266	7812	10261	82100	8162	2004	77099
1396141	49314	411595	1807736	54001	587700	1521956	182394	103386	1131364
1396141	49314	411595	1807736	54001	587700	1521956	182394	103386	1131364
450229	4323	31045	481274	6961	246689	419829	41046	20398	225292
2889913	259800	690071	3579984	161501	1936801	3024267	167159	388558	2737146
2733687	255800	239135	2972822	151483	1613075	2511216	125461	336145	2320152
156226	4000	450936	607161	10018	323727	513051	41698	52413	416994
3383594	261634	581152	3964746	119742	1929319	3398284	232466	333997	2571608
1214223	94879	590497	1804720	103137	756650	1474524	159964	170232	1473778
837205	93941	576949	1414154	102571	659452	1112864	145069	156221	1112927
57880			57880		21000	57880			27000
756725	93941	576949	1333674	102571	638452	1050384	145069	138221	1071763
22600			22600			4600		18000	14164
262727		12610	275337	559	93208	266456	2173	6709	234226
19613		12610	32223	399		23811	1863	6549	26904
231855			231855	160	93208	231385	310	160	196063
11260			11260			11260			11260
8213			8213			1165		7048	8213
31978			31978	8		22801	9170	8	29683
31978			31978	8		22801	9170	8	29683
74100	938	938	75038		3990	71238	3553	247	88729
21776	130	130	21906		130	19017	128	2762	16445
5414			5414			2600	52	2762	
1703			1703			1703			2099
14660	130	130	14790		130	14714	76		14345
250963	4700	7222	258184	7396	134634	244625	6203	7356	175293
28906	1136	1756	30663	6487	5710	27494	654	2515	26639
1055			1055			1055			1055
1055			1055			1055			1055
221001	3564	5466	226467	909	128924	216077	5549	4841	147600

10－1 续表1

指标名称	企业个数		合同情况(万元)			
	建筑业企业个数(个)	有工作量的建筑业企业个数(个)	签订的合同额	上年结转合同额	本年新签合同额	直接从建设单位承揽工程完成的产值
三、按隶属关系分组						
省(自治区、直辖市)	4	4	42435	5993	36442	42983
地区(州、盟、省辖市)	5	5	392247	41738	350508	319381
县(区、市、旗)	51	49	2235564	831898	1403665	982135
街道	3	3	4769	2746	2023	4676
镇	6	6	35525	8319	27206	26105
其他	172	171	6575925	2056275	4519650	3856619
四、按企业资质等级分组						
企业资质等级(施工总承包)	229	226	9178498	2937007	6241491	5119408
特级	1	1	36		36	26
一级	11	11	2264508	520620	1743888	1271236
二级	99	97	4894800	1676822	3217978	2891000
三级及以下	118	117	2019155	739565	1279590	957147
企业资质等级(专业总承包)	12	12	107966	9963	98003	112491
二级	4	4	9187	40	9147	9156
三级及以下	8	8	98778	9923	88856	103335
五、按地区分组						
信州区	33	32	1246665	244582	1002083	1076460
广丰区	90	89	5755204	2011559	3743645	2778024
上饶县	13	12	80352	38183	42170	72927
玉山县	13	13	128224	35986	92238	87027
铅山县	7	7	234525	86018	148507	170388
横峰县	6	6	61916	9528	52388	34254
弋阳县	9	9	70173	11505	58668	67207
余干县	13	13	162709	14479	148230	150361
鄱阳县	21	21	599076	124415	474661	477977
万年县	10	10	127336	65080	62256	113909
婺源县	15	15	647609	269740	377869	72621
德兴市	11	11	172675	35895	136780	130744
六、按营业状态分组						
营业	240	237	9272512	2946598	6325914	5218010
当年关闭	1	1	13952	371	13580	13889
七、按控股情况分组						
国有控股	8	8	227223	49192	178030	150021
集体控股	14	13	114462	11733	102729	98737
私人控股	209	207	8664279	2776967	5887312	4786576
其他	10	10	280500	109077	171424	196565

承包工程完成情况(万元)			建筑业总产值(万元)						竣工产值(万元)
自行完成施工产值	分包出去工程的产值	从建设单位以外承揽工程完成的产值	建筑业总产值	其中：装饰装修产值	其中：在外省完成的产值	建筑工程产值	安装工程产值	其他产值	
42983			42983	1011	11574	29192	3500	10291	42983
284062	35319	35319	319381	1902	184494	317370	2011		88377
932392	49742	385214	1317607	18704	566318	1149029	137353	31224	726769
4676			4676			4676			5072
26105			26105			26105			21246
3580337	276282	758468	4338805	208658	2058347	3610078	255896	472831	3352676
4776129	343279	1160937	5937065	209400	2782453	5056294	366746	514025	4127683
26			26			26			26
1204590	66647	741577	1946166	12934	864751	1757749	78404	110013	1074185
2668511	222488	329864	2998376	153132	1654681	2439739	235271	323365	2182464
903002	54145	89496	992498	43334	263021	858780	53071	80647	871008
94427	18064	18064	112491	20875	38280	80155	32015	321	109440
9156			9156	1173		9156			8787
85271	18064	18064	103335	19702	38280	70999	32015	321	100653
1034966	41494	40854	1075820	9320	399320	1050861	12401	12558	661726
2466944	311080	1099566	3566510	177658	2079734	2918878	256479	391153	2507324
72927			72927		3000	69025	902	3000	50699
86196	832	2056	88252	4526		85370	1029	1853	80439
166388	4000	5450	171838		88288	114758	41282	15799	120632
34254		12610	46864			39204	1510	6150	39774
67136	71	2036	69172	19925		63648	4524	1000	59299
150361			150361	3776		143835	2751	3776	138519
477273	703	1707	478980	13726	160017	373836	46449	58695	313515
113909			113909	200	55616	99878	10171	3860	94294
69458	3163	2830	72288	134	2186	53432	12644	6212	53138
130744		11892	142636	1011	32574	123724	8620	10291	117765
4856667	361343	1179001	6035667	230275	2820733	5122560	398761	514346	4223234
13889			13889			13889			13889
114702	35319	35319	150021	1011	50857	127238	12492	10291	120627
86149	12588	10971	97121	7812	10261	86954	8162	2004	81953
4473843	312733	1131004	5604847	221452	2671328	4778732	340686	485429	3888555
195862	703	1707	197569		88288	143526	37421	16622	145988

10－1 总承包和专业承包

（2016

指标名称	房屋建筑施工面积(平方米)			
	房屋建筑施工面积	其中：本年新开工面积	其中：实行投标承包面积	从事建筑业活动的平均人数
总计	24869621	15574402	12041927	226170
其中：国有及国有控股企业	218178	138341		3370
一、按登记注册类型分组				
内资企业	24869621	15574402	12041927	226170
国有企业	23	23		2112
集体企业	956999	707332	659415	5546
有限责任公司	8613663	5365873	4311043	83108
其他有限责任公司	8613663	5365873	4311043	83108
股份有限公司	1255905	722620	814273	11795
私营企业	14043031	8778554	6257196	123609
私营有限责任公司	12342673	7359419	6149204	108151
私营股份有限公司	1700358	1419135	107992	15458
二、按国民经济行业分组				
房屋建筑业	18196523	11007461	9941826	150360
土木工程建筑业	5684241	3945631	1989111	62833
铁路、道路、隧道和桥梁工程建筑	4463497	3321484	1418186	51118
公路工程建筑				1960
市政道路工程建筑	4463497	3321484	1418186	48338
其他道路、隧道和桥梁工程建筑				820
水利和内河港口工程建筑	845620	311664	415296	6428
水源及供水设施工程建筑	73972	39872	39872	1429
河湖治理及防洪设施工程建筑	566925	271792	375424	4211
港口及航运设施工程建筑	204723			788
工矿工程建筑				185
架线和管道工程建筑	72497	46502	55629	1528
架线及设备工程建筑	72497	46502	55629	1528
其他土木工程建筑	302627	265981	100000	3574
建筑安装业	151422	32155	4000	1359
电气安装	70852	11000		389
管道和设备安装	15570	4000	4000	236
其他建筑安装业	65000	17155		734
建筑装饰和其他建筑业	837435	589155	106990	11618
建筑装饰业				1297
工程准备活动				26
建筑物拆除活动				26
其他未列明建筑业	837435	589155	106990	10295

建筑业企业生产情况(二)

年)

从业人员情况(人)							
直接从事生产经营活动的平均人数	其中：工程技术人员	其中：一级建造师	合　计	住宅房屋	商业及服务用房屋	商厦房屋(批发和零售用房)	宾馆用房屋(住宿用房)
202358	21383	1786	23140465	15092439	1702838	345857	105300
3245	511	58	81938	13318			
202358	21383	1786	23140465	15092439	1702838	345857	105300
2156	371	37					
5094	731	1	634825	310628	105460	24512	22422
80399	7811	575	9791290	7015301	350832	157389	29461
80399	7811	575	9791290	7015301	350832	157389	29461
11912	872	143	860955	578854	64089	6014	7485
102797	11598	1030	11853395	7187656	1182457	157942	45932
88369	10276	946	10487506	5933630	1086827	157942	45932
14428	1322	84	1365889	1254026	95630		
129551	14301	1221	17334681	11776252	979410	140975	38231
59650	5768	495	5236275	3230273	415950	183171	61868
48076	4608	392	3801169	2698355	297360	91069	53937
926	470	31					
46330	4093	361	3801169	2698355	297360	91069	53937
820	45						
6523	678	103	781643	54725			
1441	176	6	70872	54725			
4293	502	97	528203				
789			182568				
184							
1505	244		71497	20984	20033	12102	7931
1505	244		71497	20984	20033	12102	7931
3362	238		581966	456209	98557	80000	
1268	164	14	74070	11570			
316	94	12					
238	22	1	11570	11570			
714	48	1	62500				
11889	1150	56	495439	74344	307478	21711	5201
1248	118	10	8720		8720		
26	3						
26	3						
10615	1029	46	486719	74344	298758	21711	5201

10-1 续表2

指标名称	房屋建筑施工面积(平方米)			
	房屋建筑施工面积	其中：本年新开工面积	其中：实行投标承包面积	从事建筑业活动的平均人数
三、按隶属关系分组				
省(自治区、直辖市)	104837	25000		822
地区(州、盟、省辖市)	205875	54875	140852	5235
县(区、市、旗)	4690936	3123360	2321164	49013
街道	18870	7300	4000	359
镇	356543	281629	175090	1926
其他	19492560	12082238	9400821	168815
四、按企业资质等级分组				
企业资质等级(施工总承包)	24577851	15441982	11886325	221844
特级	954	954		65
一级	5002202	2667693	1158348	34146
二级	13934442	8721697	7345998	134427
三级及以下	5640253	4051638	3381979	53206
企业资质等级(专业总承包)	291770	132420	155602	4326
二级	74025	26180		426
三级及以下	217745	106240	155602	3900
五、按地区分组				
信州区	2527155	501969	379283	26297
广丰区	12918126	9041181	5587139	124152
上饶县	592405	347269	288572	6681
玉山县	851407	572612	683408	4541
铅山县	619117	512229	542483	3906
横峰县	358291	308165	308906	2065
弋阳县	384300	150200	335000	3195
余干县	1120128	1010400	1120128	6924
鄱阳县	2617676	2014926	1516563	24715
万年县	1308912	474118	688741	13372
婺源县	885651	304597	175260	5153
德兴市	686453	336736	416444	5169
六、按营业状态分组				
营业	24717525	15430720	11903375	225394
当年关闭	152096	143682	138552	776
七、按控股情况分组				
国有控股	218178	138341		3370
集体控股	991674	719453	659415	6050
私人控股	22700315	14059044	10675978	211165
其他	959454	657564	706534	5585

从业人员情况(人)							
直接从事生产经营活动的平均人数	其中：工程技术人员	其中：一级建造师	合　计	住宅房屋	商业及服务用房屋	商厦房屋（批发和零售用房）	宾馆用房屋(住宿用房）
841	123	21	68620				
5319	481	40	115252	104252			
48896	3251	245	2957712	1558827	197139	27241	29407
361	75	13	14770	14770			
1904	95	2	230409	135121			
145037	17358	1465	19753702	13279469	1505699	318616	75893
198038	20997	1785	22867518	14959582	1663082	322038	94106
65	8		385				
34504	3919	228	3379114	2349603	90903	90903	
113767	8497	1063	15153152	10013876	1398692	213605	71039
49702	8573	494	4334867	2596103	173487	17530	23067
4320	386	1	272947	132857	39756	23819	11194
426	88	1	71525	6352			
3894	298		201422	126505	39756	23819	11194
26061	4116	302	1957157	1385382	143967	80000	17349
103693	7045	944	14138392	9720562	869624	126299	79531
6602	926	27	438359	309538			
4602	912	30	585280	552397	30210		
4118	561	43	455057	418180	34235	19788	7920
2119	380	10	283305	256105			
2807	263		189450	136950	5000	4000	500
6403	1658	7	1028755	400521	191291		
24008	3825	273	2080746	925415	425355	112614	
13184	348	25	990075	459311			
4878	828	63	498239	267575	3156	3156	
3883	521	62	495650	260503			
201588	21321	1786	23003061	15048399	1702838	345857	105300
770	62		137404	44040			
3245	511	58	81938	13318			
5253	740	1	667089	342892	105460	24512	22422
187889	17966	1566	21683974	14163354	1567168	321345	82878
5971	2166	161	707464	572875	30210		

（2016

指标名称	房屋建筑竣工				
	餐饮用房屋（餐饮用房）	商务会展用房屋	其他商业及服务用房屋（居民服务业用房）	办公用房屋	科研、教育、医疗用房屋
总计	53840	52801	1145040	1269513	1429018
其中：国有及国有控股企业					
一、按登记注册类型分组					
内资企业	53840	52801	1145040	1269513	1429018
国有企业					
集体企业	1165	1553	55808	29647	69853
有限责任公司	15144	38402	110436	400920	422532
其他有限责任公司	15144	38402	110436	400920	422532
股份有限公司	500		50090	44609	68285
私营企业	37031	12846	928706	794337	868348
私营有限责任公司	37031	12846	833076	787737	868348
私营股份有限公司			95630	6600	
二、按国民经济行业分组					
房屋建筑业	14440	10023	775741	1096475	1149992
土木工程建筑业	39400	42778	88733	164573	264538
铁路、道路、隧道和桥梁工程建筑	39400	42778	70176	164573	96500
公路工程建筑					
市政道路工程建筑	39400	42778	70176	164573	96500
其他道路、隧道和桥梁工程建筑					
水利和内河港口工程建筑					168038
水源及供水设施工程建筑					
河湖治理及防洪设施工程建筑					168038
港口及航运设施工程建筑					
工矿工程建筑					
架线和管道工程建筑					
架线及设备工程建筑					
其他土木工程建筑			18557		
建筑安装业					
电气安装					
管道和设备安装					
其他建筑安装业					
建筑装饰和其他建筑业			280566	8465	14488
建筑装饰业			8720		
工程准备活动					
建筑物拆除活动					
其他未列明建筑业			271846	8465	14488

建筑业企业生产情况(三)

年)

面积(平方米)									
科学研究用房屋	教育用房屋	医疗用房屋(卫生医疗用房)	文化、体育、娱乐用房屋	厂房及建筑物	厂房	仓库	其他未列明的房屋建筑物	合　计	住宅房屋
112453	1109287	207278	387686	2531333	782459	458678	268960	3369967	2133251
				68620				14909	1185
112453	1109287	207278	387686	2531333	782459	458678	268960	3369967	2133251
15075	50424	4354	13806	65821	65821	12495	27115	69436	34225
80840	259964	81728	36348	1242472	278678	243272	79613	1354376	906959
80840	259964	81728	36348	1242472	278678	243272	79613	1354376	906959
500	67685	100	6364	97754	25634		1000	132397	84392
16038	731214	121096	331168	1125286	412326	202911	161232	1813757	1107675
16038	731214	121096	331168	1123134	410174	201877	154785	1457648	775097
				2152	2152	1034	6447	356109	332577
96810	922054	131128	328593	1539044	716075	231712	233203	2275153	1521852
15643	175482	73413	59093	839125	66384	226966	35757	1016424	600939
3980	81678	10842	59093	411616	40744	58408	15264	712715	530491
3980	81678	10842	59093	411616	40744	58408	15264	712715	530491
11663	93804	62571		388856	14187	154998	15026	207616	11539
				12035	12035		4112	13498	11539
11663	93804	62571		194253	2152	154998	10914	182858	
				182568				11260	
				11453	11453	13560	5467	13652	6152
				11453	11453	13560	5467	13652	6152
				27200				82441	52757
				62500				4199	2099
								2099	2099
				62500				2100	
	11751	2737		90664				74191	8361
								1851	
	11751	2737		90664				72340	8361

10－1　续表3

指标名称	房屋建筑竣工				
	餐饮用房屋(餐饮用房)	商务会展用房屋	其他商业及服务用房屋(居民服务业用房)	办公用房屋	科研、教育、医疗用房屋
三、按隶属关系分组					
省(自治区、直辖市)					
地区(州、盟、省辖市)				11000	
县(区、市、旗)	1165	2566	136760	96516	293568
街道					
镇				39296	4966
其他	52675	50235	1008280	1122701	1130484
四、按企业资质等级分组					
企业资质等级(施工总承包)	52338	50813	1143787	1267990	1427676
特级					
一级				209585	575353
二级	28243	40813	1044992	870411	383663
三级及以下	24095	10000	98795	187994	468660
企业资质等级(专业总承包)	1502	1988	1253	1523	1342
二级					
三级及以下	1502	1988	1253	1523	1342
五、按地区分组					
信州区	2028		44590	87861	329360
广丰区	44785	45875	573134	581482	774756
上饶县				19856	25175
玉山县			30210		
铅山县	6527				
横峰县					
弋阳县	500			5780	26180
余干县		6926	184365	93713	41604
鄱阳县			312741	196527	206468
万年县				207558	21668
婺源县					3807
德兴市				76736	
六、按营业状态分组					
营业	53840	52801	1145040	1269513	1386134
当年关闭					42884
七、按控股情况分组					
国有控股					
集体控股	1165	1553	55808	29647	69853
私人控股	52675	51248	1059022	1231840	1349952
其他			30210	8026	9213

面积(平方米)									
科学研究用房屋	教育用房屋	医疗用房屋(卫生医疗用房)	文化、体育、娱乐用房屋	厂房及建筑物	厂房	仓库	其他未列明的房屋建筑物	合　计	住宅房屋
				68620				13724	
								16561	14486
46783	184901	61884	22243	550375	75014	202782	36262	507205	221920
								2951	2951
	4966			51026	11054			24221	13155
65670	919420	145394	365443	1861312	696391	255896	232698	2805304	1880738
112101	1109161	206414	384028	2456817	770443	444850	263493	3332884	2110578
				385	385			26	
76683	416280	82390		97425	4683	38024	18221	693696	506188
18874	324041	40748	340083	1576174	407623	380857	189396	2062539	1276082
16544	368840	83276	43945	782833	357752	25969	55876	576623	328308
352	126	864	3658	74516	12016	13828	5467	37083	22673
			2673	62500				3273	772
352	126	864	985	12016	12016	13828	5467	33810	21901
	309893	19467	3120	7467	4317			409692	237974
65943	537384	171429	346443	1351357	326605	448782	45386	2185619	1428448
	25175			71790	9290		12000	43146	35009
			2673					75141	68867
			322	2320	2320			75583	71876
				27200				36478	33758
500	25580	100	600	13940	8015		1000	25552	18970
	41604		28528	116380	116380	7187	149531	101944	40504
46010	144176	16282	6000	278120	253066		42861	223014	101650
	21668			281476	23046	1983	18079	93191	42251
	3807			222872	39420	726	103	43370	27296
				158411				57238	26649
111573	1067283	207278	387686	2480853	731979	458678	268960	3356077	2128366
880	42004			50480	50480			13889	4885
				68620				14909	1185
15075	50424	4354	13806	65821	65821	12495	27115	74276	39065
97378	1049650	202924	373880	2334392	716638	446183	217205	3180441	2003718
	9213			62500			24640	100340	89284

10-1 总承包和专业承包

(2016

指标名称	竣工房屋 商业及服务用房屋	商厦房屋（批发和零售用房）	宾馆用房屋（住宿用房）	餐饮用房屋（餐饮用房）	商务会展用房屋	其他商业及服务用房屋（居民服务业用房）
总计	251908	50556	14049	7678	5855	173770
其中：国有及国有控股企业						
一、按登记注册类型分组						
内资企业	251908	50556	14049	7678	5855	173770
国有企业						
集体企业	13892	3499	3254	217	289	6633
有限责任公司	60040	19530	4712	1905	3888	30005
其他有限责任公司	60040	19530	4712	1905	3888	30005
股份有限公司	14618	592	816	50		13160
私营企业	163358	26935	5267	5507	1678	123972
私营有限责任公司	143326	26935	5267	5507	1678	103940
私营股份有限公司	20032					20032
二、按国民经济行业分组						
房屋建筑业	136217	17679	4875	1707	1224	110733
土木工程建筑业	80156	31129	8442	5972	4632	29982
铁路、道路、隧道和桥梁工程建筑	49165	13459	6563	5972	4632	18540
公路工程建筑						
市政道路工程建筑	49165	13459	6563	5972	4632	18540
其他道路、隧道和桥梁工程建筑						
水利和内河港口工程建筑						
水源及供水设施工程建筑						
河湖治理及防洪设施工程建筑						
港口及航运设施工程建筑						
工矿工程建筑						
架线和管道工程建筑	4027	2147	1879			
架线及设备工程建筑	4027	2147	1879			
其他土木工程建筑	26965	15523				11442
建筑安装业						
电气安装						
管道和设备安装						
其他建筑安装业						
建筑装饰和其他建筑业	35535	1748	732			33054
建筑装饰业	1851					1851
工程准备活动						
建筑物拆除活动						
其他未列明建筑业	33683	1748	732			31203

建筑业企业生产情况(四)

年)

价值(万元)

办公用房屋	科研、教育、医疗用房屋	科学研究用房屋	教育用房屋	医疗用房屋(卫生医疗用房)	文化、体育、娱乐用房屋	厂房及建筑物	厂房	仓库	其他未列明的房屋建筑物
161145	246449	12373	209373	24703	53051	389976	93600	98914	35274
						13724			
161145	246449	12373	209373	24703	53051	389976	93600	98914	35274
3331	7791	1947	5283	561	1836	5778	5778	955	1629
39915	36592	7639	22884	6069	8258	226624	32138	70871	5116
39915	36592	7639	22884	6069	8258	226624	32138	70871	5116
7252	6824	60	6754	10	755	18455	4381		100
110647	195242	2727	174451	18063	42201	139118	51302	27087	28430
108714	195242	2727	174451	18063	42201	138875	51059	26975	27218
1932						243	243	112	1212
133900	200064	9511	177526	13026	42416	182877	85629	28152	29675
26048	44068	2862	30033	11173	10635	178218	7971	70762	5599
26048	12308	657	10378	1273	10635	77649	4878	3789	2630
26048	12308	657	10378	1273	10635	77649	4878	3789	2630
	31759	2205	19655	9900		96184	1429	66221	1912
						1186	1186		773
	31759	2205	19655	9900		83738	243	66221	1139
						11260			
						1664	1664	751	1057
						1664	1664	751	1057
						2720			
						2100			
						2100			
1197	2317		1814	504		26781			
1197	2317		1814	504		26781			

10－1 续表4

指标名称	竣工房屋					
	商业及服务用房屋	商厦房屋（批发和零售用房）	宾馆用房屋（住宿用房）	餐饮用房屋（餐饮用房）	商务会展用房屋	其他商业及服务用房屋（居民服务业用房）
三、按隶属关系分组						
省（自治区、直辖市）						
地区（州、盟、省辖市）						
县（区、市、旗）	34248	3870	4011	217	409	25743
街道						
镇						
其他	217660	46686	10038	7462	5447	148027
四、按企业资质等级分组						
企业资质等级（施工总承包）	244343	46229	11563	7399	5486	173667
特级						
一级	11808	11808				
二级	194897	32544	8879	4519	4348	144607
三级及以下	37638	1876	2683	2880	1138	29060
企业资质等级（专业总承包）	7565	4327	2486	279	370	103
二级						
三级及以下	7565	4327	2486	279	370	103
五、按地区分组						
信州区	33651	15523	925	690		16514
广丰区	134980	19200	12399	6094	5006	92281
上饶县						
玉山县	5873					5873
铅山县	3172	1662	665	845		
横峰县						
弋阳县	415	305	60	50		
余干县	23384				849	22535
鄱阳县	50124	13557				36567
万年县						
婺源县	309	309				
德兴市						
六、按营业状态分组						
营业	251908	50556	14049	7678	5855	173770
当年关闭						
七、按控股情况分组						
国有控股						
集体控股	13892	3499	3254	217	289	6633
私人控股	232143	47056	10795	7462	5567	161264
其他	5873					5873

价值(万元)

办公用房屋	科研、教育、医疗用房屋	科学研究用房屋	教育用房屋	医疗用房屋(卫生医疗用房)	文化、体育、娱乐用房屋	厂房及建筑物	厂房	仓库	其他未列明的房屋建筑物
						13724			
2075									
9770	24368	3858	16436	4074	2913	141484	9474	69498	3003
4514	472		472			6080	3597		
144786	221608	8515	192464	20629	50138	228688	80529	29416	32271
160861	246199	12308	209349	24542	52466	386107	91831	98112	34217
						26	26		
31249	132879	6857	118386	7635		7593	754	2575	1403
109248	48453	2692	41268	4492	47742	264151	49943	92932	29035
20365	64867	2758	49695	12414	4725	114337	41109	2605	3779
283	250	65	24	161	584	3869	1769	801	1057
					401	2100			
283	250	65	24	161	183	1769	1769	801	1057
21531	114160		111082	3078	765	1610	549		
82597	99987	7215	73006	19766	47920	273351	46596	98038	20298
2990	1741		1741			3282	1182		126
					401				
					90	445	445		
						2720			
767	3530	60	3460	10	80	1690	955		100
9019	3907		3907		3095	10375	10375	693	10967
18767	21070	5098	14123	1849	700	28061	25631		2643
17547	1641		1641			30639	4220	52	1060
	413		413			15141	3649	131	79
7927						22662			
161145	242113	12239	205170	24703	53051	385308	88931	98914	35274
	4336	134	4202			4668	4668		
						13724			
3331	7791	1947	5283	561	1836	5778	5778	955	1629
156678	237950	10426	203382	24142	51215	368374	87822	97959	32406
1136	707		707			2100			1240

10－2　各种分组总专包

（2016

指标名称	一、年初存货	流动资产合计	应收工程款
总计	331294	1608046	571984
其中:国有及国有控股企业	10054	112101	74481
一、按登记注册类型分组			
内资企业	331294	1608046	571984
国有企业	4501	68879	49403
集体企业	5364	29405	9645
有限责任公司	175177	483892	154115
其他有限责任公司	175177	483892	154115
股份有限公司	11352	175478	40297
私营企业	134901	850394	318525
私营有限责任公司	125208	771520	297610
私营股份有限公司	9693	78874	20915
二、按国民经济行业分组			
房屋建筑业	179043	1119570	419225
土木工程建筑业	139385	424413	129671
铁路、道路、隧道和桥梁工程建筑	106708	333010	105324
公路工程建筑	11938	29820	13904
市政道路工程建筑	94067	299566	90355
其他道路、隧道和桥梁工程建筑	703	3623	1065
水利和内河港口工程建筑	5577	39501	14441
水源及供水设施工程建筑	1058	12725	5983
河湖治理及防洪设施工程建筑	4519	23361	7466
港口及航运设施工程建筑		3416	992
工矿工程建筑	517	9769	3488
架线和管道工程建筑	1937	8469	2353
架线及设备工程建筑	1937	8469	2353
其他土木工程建筑	24645	33664	4066
建筑安装业	2219	8900	1892
电气安装	237	2835	
管道和设备安装	145	475	210
其他建筑安装业	1836	5589	1682
建筑装饰和其他建筑业	10649	55164	21196
建筑装饰业	1452	5739	2749
工程准备活动	7	1921	1634
建筑物拆除活动	7	1921	1634
其他未列明建筑业	9190	47504	16813

全部企业财务汇总表(一)

年)　　　　　　　　　　　　　　　　　　　　　　　　　　　计量单位:万元

二、年末资产负债

其中:存货	固定资产合计	固定资产减值准备	固定资产原价	累计折旧	其中:本年折旧	在建工程	资产合计
331819	599250	5885	658829	210213	34225	104215	3462927
6897	25992	500	27739	14299	1067	12552	180800
331819	599250	5885	658829	210213	34225	104215	3462927
5567	5292		12956	7664	150		115288
12098	8706	619	10149	3979	996	2512	39507
154548	250302	3564	227474	66659	12806	71492	1793574
154548	250302	3564	227474	66659	12806	71492	1793574
20176	61443		76923	29254	1683	5222	306855
139430	273507	1702	331327	102656	18591	24989	1207703
125413	231534	1661	281756	93796	18329	24989	1080882
14017	41973	40	49571	8860	262		126820
177649	334209	2125	387475	133243	20402	54526	1654895
138176	228392	3760	229597	63617	11492	47877	693731
105446	184029	1857	190750	43898	7102	25880	546489
15916	25167	1460	18416	9440	1327	14020	54987
88314	156901	397	170416	34412	5749	11860	485917
1216	1961		1918	47	26		5585
8118	36212	1902	29350	16983	3733	20948	81370
2091	4027		5345	1318	183		17542
6027	32185		24005	15665	3550	20948	59047
		1902					4781
4	638		1638	1000	78		10582
1953	4616		4462	666	93	498	16883
1953	4616		4462	666	93	498	16883
22656	2897		3397	1070	487	552	38407
2606	4269		8872	4793	575	153	1013784
620	560		788	282		54	3401
143	110		282	172	5		585
1843	3599		7803	4339	570	99	1009799
13389	32380		32886	8561	1757	1659	100516
1329	4404		5778	1969	217	420	12036
92	489		932	443	67		2421
92	489		932	443	67		2421
11969	27486		26175	6148	1473	1239	86059

10－2 续表 1

指标名称	一、年初存货	流动资产合计	应收工程款
三、按隶属关系分组			
省(自治区、直辖市)	582	34498	20644
地区(州、盟、省辖市)	10230	156143	58384
县(区、市、旗)	52394	207860	62244
街道	145	2577	757
镇	727	15149	3652
其他	267216	1191819	426302
四、按企业资质等级分组			
施工总承包	329051	1575564	562947
特级		649	649
一级	59254	403659	208126
二级	222935	892111	266341
三级以下	46862	279145	87832
专业承包	2244	32483	9037
二级	807	3133	984
三级以下	1437	29350	8053
五、按地区分			
信州区	82309	488924	181396
广丰区	156166	646844	237717
上饶县	14341	62870	10523
玉山县	7306	39540	8024
铅山县	10614	43110	14136
横峰县	971	10753	3375
弋阳县	3281	21974	12986
余干县	360	8329	1250
鄱阳县	26115	129176	49116
万年县	12806	40314	6139
婺源县	4797	36802	7191
德兴市	12228	79410	40132
六、按营业状态分			
营业	330271	1603864	571014
当年关闭	1023	4182	970
七、按控股情况分			
国有控股	10054	112101	74481
集体控股	8766	37617	10797
私人控股	302600	1395499	461646
其他	9874	62830	25060

计量单位:万元

二、年末资产负债

其中:存货	固定资产合计	固定资产减值准备	固定资产原价	累计折旧	其中:本年折旧	在建工程	资产合计
166	5052		10535	5483	741		40387
9528	41602	500	47677	18936	298	12862	290503
71252	94202		85908	37425	5397	35988	1337886
143	134		307	173	6		2711
3951	10180	819	3637	661	59	3529	25579
246779	448080	4566	510766	147534	27725	51837	1765860
328902	591163	5885	648983	207349	33833	103198	3421538
							649
62136	62687	1388	100934	42765	6623	4518	520659
204700	377433	3671	400006	133686	20266	82282	1410432
62066	151044	825	148043	30898	6945	16399	1489799
2918	8086		9847	2864	393	1016	41389
1247	1588		2757	1267	96	99	5541
1670	6498		7090	1596	296	918	35848
86765	89889	1888	131883	61623	9891	15002	696720
137701	308041	482	337807	92293	14170	36560	1026829
20121	19154		17835	6657	1021	7729	85636
17869	23664	2	15499	4135	1249	11711	66137
11632	11830		8775	1910	270	4569	65032
1978	5306		6653	1347	140		16104
1622	23913	32	12020	4070	330	13071	49174
380	21463		26899	5436	714		29792
32427	42854		51124	12024	2600	2649	188212
5401	31272	619	15977	4916	1695	12117	72047
6462	7596	1902	8631	1460	165	94	1067001
9461	14268	960	25728	14341	1982	712	100241
330517	594735	5885	654614	209672	34182	103663	3454230
1302	4515		4215	540	43	552	8697
6897	25992	500	27739	14299	1067	12552	180800
15485	8713	619	11363	5186	1143	2512	47812
296126	545919	4766	601527	183207	31563	84078	3142406
13312	18627		18200	7520	452	5073	91908

10－2 续表1

指标名称	一、年初存货	流动资产合计	应收工程款
三、按隶属关系分组			
省(自治区、直辖市)	1705	31673	18861
地区(州、盟、省辖市)	6869	189953	40842
县(区、市、旗)	75593	167413	49706
街道	284	300	175
镇	647	8786	982
其他	245691	1047934	329411
四、按企业资质等级分组			
施工总承包	329346	1435226	437100
一级	44881	365971	169916
二级	242500	862511	215395
三级以下	41965	206744	51790
专业承包	1443	10832	2875
二级	19	1663	424
三级以下	1425	9169	2452
五、按地区分			
信州区	56599	472615	141179
广丰区	181531	563692	185497
上饶县	13650	56878	9644
玉山县	8310	40369	8446
铅山县	12039	46341	12505
横峰县	572	4933	1046
弋阳县	3516	19825	10116
余干县	273	6899	892
鄱阳县	24250	100891	30571
万年县	13270	34205	5895
婺源县	3470	33946	1641
德兴市	13310	65464	32545
六、按营业状态分			
营业	329766	1441876	439006
当年关闭	1023	4182	970
七、按控股情况分			
国有控股	7448	132227	49276
集体控股	52314	46169	11391
私人控股	263894	1230348	365022
其他	54085	238620	71696

计量单位:万元

二、年末资产负债

其中:存货	固定资产合计	固定资产减值准备	固定资产原价	累计折旧	其中:本年折旧	在建工程	资产合计
582	5092		9777	4685	820		39085
3617	39042	500	43583	16542	262	12000	304123
53886	86416		84734	34626	5845	33594	274131
66	1316	11	1314	118	18		2927
3907	6633	738	3525	604	55		18756
204789	410491	937	461671	128941	27082	33741	1568638
264782	543611	2186	598786	184181	33814	78461	2188627
48100	60017		88103	33367	6990	4318	485984
166818	352424	1597	381880	124172	20511	63023	1324403
49863	131170	590	128803	26641	6313	11120	378240
2066	5378	1	5819	1335	269	874	19033
286	71		75	4	1		1735
1780	5307	1	5744	1331	268	874	17297
68615	89604	500	121541	51148	9951	15851	661143
102969	288034	309	323252	87788	15180	26928	921918
14409	15950		16797	5185	831	4338	83083
21164	25525		18979	4978	1581	11263	69422
10683	10979		8581	1924	318	4318	65509
2006	5468		6276	1207	109	400	11801
1769	15628		7418	968	170	161	38723
287	8093		12717	4624	580		14992
24947	41268		47345	10421	1833	3868	148270
5000	30305	538	11974	4022	1529	11680	66207
5271	4134		4988	892	103	38	41593
9728	14001	840	24738	12359	1898	491	84999
265545	544474	2187	600389	184975	34039	78783	2198963
1302	4515		4215	540	43	552	8697
3731	23257	500	23539	12716	1124	12331	206590
18389	7885	538	11162	4848	1190	1571	58055
236242	502861	1149	556673	165288	31382	61115	1887184
44299	89087	338	99042	30746	5630	11955	361836

（2016

指标名称	流动负债合计	应付账款	非流动负债合计	负债合计
总计	636899	207966	60668	775609
其中:国有及国有控股企业	65244	25770	329	70052
一、按登记注册类型分组				
内资企业	636899	207966	60668	775609
国有企业	40147	6785		40147
集体企业	16242	10042	288	19011
有限责任公司	204157	51460	5631	243878
其他有限责任公司	204157	51460	5631	243878
股份有限公司	106012	23646	9838	121027
私营企业	270342	116033	44911	351547
私营有限责任公司	261127	113110	42962	318900
私营股份有限公司	9215	2924	1949	32646
二、按国民经济行业分组				
房屋建筑业	460888	134728	47086	532359
土木工程建筑业	155942	64695	13583	221489
铁路、道路、隧道和桥梁工程建筑	109898	53401	12710	166236
公路工程建筑	22329	17062	4578	28657
市政道路工程建筑	86148	34917	8128	136153
其他道路、隧道和桥梁工程建筑	1421	1421	4	1425
水利和内河港口工程建筑	11083	4634	443	13517
水源及供水设施工程建筑	4238	2974	339	4666
河湖治理及防洪设施工程建筑	6845	1660	104	6949
港口及航运设施工程建筑				1902
工矿工程建筑	2830	1933	179	5738
架线和管道工程建筑	10138	1665	251	10605
架线及设备工程建筑	10138	1665	251	10605
其他土木工程建筑	21994	3062		25394
建筑安装业	3264	521		3772
电气安装	977	190		1485
管道和设备安装				
其他建筑安装业	2288	331		2288
建筑装饰和其他建筑业	16805	8021		17988
建筑装饰业	1842	551		1922
工程准备活动	451	392		451
建筑物拆除活动	451	392		451
其他未列明建筑业	14513	7079		15616

年）　　计量单位:万元

二、年末资产负债

所有者权益合计	其中:实收资本	其中:国家资本	其中:集体资本	其中:法人资本	其中:个人资本
2687318	1830583	57737	15018	1189310	568518
110748	64003	57482		6500	21
2687318	1830583	57737	15018	1189310	568518
75141	51000	51000			
20496	9397		6663	471	2263
1549696	1248138	6632	8300	1068611	164595
1549696	1248138	6632	8300	1068611	164595
185828	111944	5	5	18111	93823
856156	410104	100	50	102117	307837
761982	340132		50	92715	247367
94174	69972	100		9402	60470
1122536	538698	53322	7296	115795	362285
472242	252813	3415	7422	72385	169591
380254	205838	3000	215	54195	148428
26330	3910	3000	65	35	810
349764	199920		150	54160	145610
4159	2008				2008
67853	33994		7207	12598	14189
12876	11497		6607	411	4480
52098	22497		600	12188	9709
2879					
4844	1500			1500	
6278	4222			2074	2148
6278	4222			2074	2148
13013	7260	415		2018	4827
1010012	1004523		300	1001131	3092
1916	300		300		
585	585				585
1007511	1003638			1001131	2507
82528	34549	1000			33549
10115	5537				5537
1970	1000	1000			
1970	1000	1000			
70443	28012				28012

10－2 续表 2

指标名称	流动负债合计	应付账款	非流动负债合计	负债合计
三、按隶属关系分组				
省(自治区、直辖市)	18805	16536	179	21713
地区(州、盟、省辖市)	111439	9718	9809	123415
县(区、市、旗)	83539	26764	428	90808
街道	117	59		117
镇	2713	545	90	8197
其他	420287	154344	50162	531358
四、按企业资质等级分组				
施工总承包	632033	205590	60418	770160
特级	41			41
一级	135056	36887	8528	165067
二级	405805	133083	39677	487970
三级以下	91130	35620	12212	117083
专业承包	4867	2376	251	5449
二级	1431	91		1431
三级以下	3436	2285	251	4018
五、按地区分				
信州区	236182	41882	19337	262180
广丰区	196904	90712	28010	270373
上饶县	23915	5008		26984
玉山县	19013	8780		21474
铅山县	26199	5061	1702	27901
横峰县	4813	3449		4813
弋阳县	3026	464	23	8968
余干县	5945	536	3361	9306
鄱阳县	43658	12287	4	48237
万年县	21197	7466	3385	31059
婺源县	19025	4396	13	20940
德兴市	37023	27926	4833	43375
六、按营业状态分				
营业	636619	207765	60668	775329
当年关闭	280	201		280
七、按控股情况分				
国有控股	65244	25770	329	70052
集体控股	19311	11632	288	25405
私人控股	546216	168979	60051	673259
其他	6128	1585		6893

计量单位:万元

二、年末资产负债

所有者权益合计	其中:实收资本	其中:国家资本	其中:集体资本	其中:法人资本	其中:个人资本
18675	7500	1000		6500	
167088	110100	54000			56100
1247078	1113220	2632	6458	1034158	69972
2594	2585		2000		585
17382	10907		505	4403	6000
1234502	586271	105	6055	144249	435861
2651378	1817768	57737	15018	1181106	563907
608	608				608
355592	163464	51000		50658	61806
922462	431286	6167	2000	71803	351315
1372716	1222410	570	13018	1058644	150178
35940	12815			8205	4610
4110	2431			1131	1300
31830	10384			7074	3310
434540	214086	54000		36028	124058
756457	367324		2050	70039	295234
58652	34430	100		10051	24279
44663	20650		672	4765	15213
37131	18606			598	18008
11292	7487		2032	300	5155
40206	12753	5	105	585	12058
20486	20486			16172	4314
139975	50754			18929	31826
40988	12049		1105	8449	2496
1046061	1040534	2067	1054	1016894	20519
56867	31423	1565	8000	6500	15358
2678901	1828057	57737	15018	1186784	568518
8417	2526			2526	
110748	64003	57482		6500	21
22407	10015		6663	471	2881
2469147	1721767	255	8055	1173508	539949
85015	34798		300	8831	25667

10－2 各种分组总专包

（2016

指标名称	营业收入	主营业务收入	营业成本	主营业务成本
总计	5426204	5262657	4796079	4546470
其中:国有及国有控股企业	100771	99705	85661	85096
一、按登记注册类型分组				
内资企业	5426204	5262657	4796079	4546470
国有企业	41826	41222	34614	34614
集体企业	77071	77063	65513	65512
有限责任公司	1873394	1807724	1614080	1556636
其他有限责任公司	1873394	1807724	1614080	1556636
股份有限公司	358123	299320	320738	222464
私营企业	3075790	3037327	2761134	2667245
私营有限责任公司	2772234	2733824	2490018	2396143
私营股份有限公司	303556	303502	271115	271101
二、按国民经济行业分组				
房屋建筑业	3559064	3519332	3161843	3019233
土木工程建筑业	1586418	1500702	1385215	1312230
铁路、道路、隧道和桥梁工程建筑	1274060	1191341	1120653	1049998
公路工程建筑	61166	56875	51777	48001
市政道路工程建筑	1203019	1124590	1061041	994162
其他道路、隧道和桥梁工程建筑	9876	9876	7835	7835
水利和内河港口工程建筑	239499	239481	204838	204822
水源及供水设施工程建筑	30942	30932	26729	26721
河湖治理及防洪设施工程建筑	197297	197289	168539	168531
港口及航运设施工程建筑	11260	11260	9571	9571
工矿工程建筑	10510	10510	9013	9013
架线和管道工程建筑	39223	36593	30175	28210
架线及设备工程建筑	39223	36593	30175	28210
其他土木工程建筑	23125	22777	20535	20187
建筑安装业	21903	21790	17130	17080
电气安装	5475	5362	4710	4660
管道和设备安装	1703	1703	1541	1541
其他建筑安装业	14725	14725	10879	10879
建筑装饰和其他建筑业	258820	220833	231891	197927
建筑装饰业	17044	17044	14210	14210
工程准备活动	1055	1055	791	791
建筑物拆除活动	1055	1055	791	791
其他未列明建筑业	240720	202734	216891	182926

全部企业财务汇总表(三)

年）　　　　　　　　　　　　　　　　　　　　　　　　　　　　计量单位:万元

三、损益及分配

营业税金及附加	主营业务税金及附加	其他业务利润	销售费用	管理费用	其中:税金	财务费用	利息收入
188288	181502	4278	32167	133200	9565	22110	3077
1605	1303	604	20	7606	159	1684	23
188288	181502	4278	32167	133200	9565	22110	3077
702	702	604		3574	118	1743	12
3631	3388	8	1182	2284	233	144	5
68415	65618	1896	16434	61845	4892	6715	2541
68415	65618	1896	16434	61845	4892	6715	2541
12148	9740	92	2620	7342	515	2418	4
103392	102054	1679	11932	58155	3808	11091	515
89524	88188	1663	11423	52960	3518	10692	515
13868	13866	16	509	5194	290	399	0
117384	115399	3478	22384	81782	5156	16946	470
63132	59294	734	5800	43196	3962	4214	384
45735	42221	702	4227	30356	2719	2077	376
2343	1941	113	20	731	36	360	
42937	39825	590	4160	28756	2665	1659	366
455	455		47	870	18	58	10
14080	13807	18	216	8822	560	1710	6
1585	1483	10	86	1000	279	134	5
11793	11622	9	130	6938	229	1532	1
702	702			884	52	43	
28	28			1104	4		
2316	2265	13	937	2225	638	352	
2316	2265	13	937	2225	638	352	
973	973		420	689	42	129	3
397	395	63	170	3854	151	168	
222	221	63	130	200	124	86	0
119	119			39	4		
55	55		40	3616	23	82	
7375	6414	3	3813	4368	296	782	2227
731	731		593	603	13	81	1
8	8			152	1		0
8	8			152	1		0
6635	5675	3	3220	3613	283	701	2226

10－2　续表 3

指 标 名 称	营业收入	主营业务收入	营业成本	主营业务成本
三、按隶属关系分组				
省(自治区、直辖市)	44606	44606	38979	38979
地区(州、盟、省辖市)	79168	78459	63815	63602
县(区、市、旗)	1190764	1172846	1062654	1009536
街道	4029	4029	3677	3677
镇	66440	66440	55999	55999
其他	4041198	3896278	3570955	3374678
四、按企业资质等级分组				
施工总承包	5312244	5148710	4699019	4449422
特级	74	74	72	72
一级	1480997	1460180	1351640	1320251
二级	2836674	2720564	2506009	2314044
三级以下	994500	967892	841298	815055
专业承包	113960	113947	97060	97048
二级	7551	7551	6473	6473
三级以下	106409	106395	90587	90575
五、按地区分				
信州区	782596	700189	697336	609118
广丰区	3287640	3222855	2957583	2862690
上饶县	90599	90599	78002	78002
玉山县	116456	116456	87961	87961
铅山县	75743	75726	68803	68803
横峰县	28237	28237	24487	24487
弋阳县	45143	45137	36267	36242
余干县	150516	150361	122491	122358
鄱阳县	495327	493690	423200	412847
万年县	127883	127882	112351	63114
婺源县	72160	62258	53503	50678
德兴市	153905	149267	134095	130170
六、按营业状态分				
营业	5408096	5244548	4781919	4532311
当年关闭	18108	18108	14160	14160
七、按控股情况分				
国有控股	100771	99705	85661	85096
集体控股	82910	82903	69782	69782
私人控股	5121139	4960416	4536977	4287985
其他	121384	119633	103658	103608

计量单位:万元

三、损益及分配

营业税金及附加	主营业务税金及附加	其他业务利润	销售费用	管理费用	其中:税金	财务费用	利息收入
473	473			3304	33		6
2017	1717	696	123	5903	240	3855	12
46439	44761	142	7447	21885	1923	4243	14
212	212		25	100	4		
2327	2327		358	4175	1217	159	15
136819	132012	3441	24214	97833	6148	13913	3030
183197	176412	4265	30847	130710	8925	21800	3066
1	1			1	0	0	
42733	42731	674	5691	31257	864	4122	371
102842	98702	1816	12313	61902	5268	13854	2607
37621	34978	1775	12844	37550	2793	3825	88
5091	5090	13	1320	2490	640	309	11
157	157		80	261	4	92	10
4934	4933	13	1240	2229	636	217	1
18329	15813	1591	2397	25059	1123	6983	368
118703	116591	705	15292	50774	4571	8632	2599
3170	3166		350	2297	408	1296	2
4554	3587		1087	7115	88	1371	3
2440	2440	17	176	803	38	16	13
1531	1531		781	390	6	17	0
3423	3407		144	814	486	89	32
8003	7881	155	216	5587	1366	1100	14
16450	16450	1632	6741	23257	658	1060	27
4453	4283		1457	5477	421	352	4
3154	2598	66	3393	5393	323	777	9
4078	3755	113	134	6233	79	419	7
187541	180755	4278	31624	132147	9549	22107	3077
746	746		543	1053	16	3	
1605	1303	604	20	7606	159	1684	23
3841	3598	8	1722	2739	385	214	5
178398	172159	1971	29216	120359	8827	19421	3048
4444	4442	1695	1210	2496	195	791	1

10－2 各种分组总专包

（2016

指 标 名 称	其中：利息支出	资产减值损失	公允价值变动收益	投资收益
总计	13462	1705	1206	785
其中：国有及国有控股企业	494	9	10	10
一、按登记注册类型分组				
内资企业	13462	1705	1206	785
国有企业	490			
集体企业	352			
有限责任公司	2290	1684	608	1074
其他有限责任公司	2290	1684	608	1074
股份有限公司	2400			32
私营企业	7930	41	598	
私营有限责任公司	7758	41	598	
私营股份有限公司	171			
二、按国民经济行业分组				
房屋建筑业	11574	641	500	11
土木工程建筑业	1226	1065	108	130
铁路、道路、隧道和桥梁工程建筑	1003	1066	108	130
公路工程建筑	321	30	10	10
市政道路工程建筑	681	1036	98	120
其他道路、隧道和桥梁工程建筑	1			
水利和内河港口工程建筑	54			
水源及供水设施工程建筑	29			
河湖治理及防洪设施工程建筑	25			
港口及航运设施工程建筑				
工矿工程建筑				
架线和管道工程建筑	54			
架线及设备工程建筑	54			
其他土木工程建筑	115			
建筑安装业	4			
电气安装				
管道和设备安装				
其他建筑安装业	4			
建筑装饰和其他建筑业	657		598	644
建筑装饰业	10			
工程准备活动				
建筑物拆除活动				
其他未列明建筑业	647		598	644

全部企业财务汇总表(四)

年)　　　　计量单位:万元

三、损益及分配						
营业利润	营业外收入	营业外支出	利润总额	应交所得税	应付职工薪酬(本年贷方累计发生额)	建筑业企业在境外完成的营业收入
255219	2268	9258	249006	56672	568647	23543
4205	192	589	3808	1304	7076	
255219	2268	9258	249006	56672	568647	23543
1194	69	13	1250	176	22	
4325	71	326	4070	981	12224	
106654	1655	4991	103317	25747	246392	9992
106654	1655	4991	103317	25747	246392	9992
12891	0	80	12811	3295	29855	
130155	473	3848	127557	26473	280155	13551
118452	444	3415	115481	21666	250825	13551
11703	30	432	12077	4807	29330	
158567	1685	7082	153946	33417	343310	8031
84632	554	2163	83023	20959	169014	15401
70651	391	759	70283	18253	136707	15401
5924	201	114	6011	2897	3564	
64114	190	645	63659	15277	131149	15401
613			613	79	1995	
9953	141	948	9146	1990	21914	
1518	3	290	1231	281	3902	
8375	139	659	7855	1696	15257	
60			60	14	2755	
419	1	37	383	199	776	
3230	21	416	2835	368	4995	
3230	21	416	2835	368	4995	
379	1	3	377	149	4622	
187	7	6	189	102	7648	111
129	7	6	131	26	4023	
4			4	1	664	
54			54	76	2960	111
11833	22	8	11848	2193	48675	
827	12	1	838	178	2835	
105			105	36	126	
105			105	36	126	
10901	10	7	10905	1979	45714	

10－2 续表4

指 标 名 称	其中：利息支出	资产减值损　失	公允价值变动收益	投资收益
三、按隶属关系分组				
省(自治区、直辖市)				
地区(州、盟、省辖市)	2560	30	10	42
县(区、市、旗)	1878	598	500	300
街道				
镇	21			
其他	9003	1097	696	443
四、按企业资质等级分组				
施工总承包	13390	1705	1206	785
特级				
一级	2583			
二级	9296	1107	108	
三级以下	1512	598	1098	944
专业承包	72			
二级	0			
三级以下	71			
五、按地区分				
信州区	5593	30	10	42
广丰区	4126	1097	696	764
上饶县	1058			
玉山县	1476			
铅山县	28			
横峰县	3			
弋阳县	59			
余干县	292			
鄱阳县	746			
万年县	23			
婺源县	53	598	500	300
德兴市	6			
六、按营业状态分				
营业	13462	1705	1206	785
当年关闭	0			
七、按控股情况分				
国有控股	494	9	10	10
集体控股	422			
私人控股	11852	1697	1196	775
其他	694			

计量单位:万元

三、损益及分配						
营业利润	营业外收入	营业外支出	利润总额	应交所得税	应付职工薪酬（本年贷方累计发生额）	建筑业企业在境外完成的营业收入
1931	1	39	1893	930	6045	
3478	180	104	3554	1085	4070	
48361	340	3555	45146	13925	127851	111
14			14	3	786	
3601			3601	483	4311	
197834	1748	5560	194798	40245	425585	23432
247516	2234	8845	241682	55246	557975	10292
					21	
45623	227	191	45659	14448	133668	5601
138296	1706	7203	133575	25349	282733	2328
63598	301	1450	62449	15449	141553	2363
7703	34	413	7324	1426	10672	13251
488			488	86	1352	
7215	34	413	6836	1340	9321	13251
32521	310	243	32588	8490	42299	
137595	637	4272	133961	26155	289749	15401
4711	25	40	5473	1858	8553	478
14368	1137	1237	14267	2850	11837	
3505		3	3502	1785	10897	
1032	0		1032	313	7221	
4414	8	3	4419	1105	8438	
13374	39	2789	10624	2124	13762	
24620	44	60	24604	5693	113923	7553
3972	1	37	3936	843	30975	
6142	36	544	5633	1349	13790	111
8966	33	31	8967	4107	17203	
253615	2268	9258	247402	56271	565637	23543
1604			1604	401	3010	
4205	192	589	3808	1304	7076	
4628	71	326	4372	989	12712	
237617	1988	8321	232061	51770	531586	23543
8769	18	22	8765	2608	17273	

主 要 统 计 指 标 解 释

建筑业总产值　是以货币表现的建筑安装企业在一定时期内生产的建筑业产品的总和。建筑业总产值包括三部分内容:

(1)**建筑工程产值**:指列入建筑工程预算内的各种工程价值,主要包括:各种用途的房屋、构筑物的建筑工程和暖气、卫生、通风、照明、煤气等设备安装价值;设备基础、支柱、操作台、梯子、烟囱、凉水塔的砌筑工程;各种锅炉炉体砌筑和金属结构安装工程;施工现场布置、场地平整、施工临时用水、电、道路的铺筑与架设;矿井的开凿、井巷掘进延伸、露天矿的剥离、石油、天然气钻井工程;铁路、公路、港口、桥梁的建筑工程;水利工程;防空、地下建筑等特殊工程。和对建筑物内部或外部进行装饰、装修的价值。

(2)**设备安装工程产值**:指设备安装工程价值,主要包括生产、动力、起重、运输、传动、医疗、实验、电讯、光纤、电话、计算机和电子设备等各种需要安装设备的装配与安装,与设备相联接的工作台、梯子、栏杆等装设工程;附属于被安装设备的管线敷设工程;被安装设备的绝缘、防腐保温、油漆等工作;为测定安装工作质量,对单个设备、系统设备进行单机试车和系统联动无负荷试运转工作,但产值中不包括被安装设备的价值。

(3)**其他产值**:建筑业总产值中除建筑工程、安装工程以外的产值。包括房屋、构筑物修理产值、非标准设备制造产值、总包企业向分包企业收取的管理费以及不能明确划分的施工活动所完成的产值。

①**房屋、构筑物修理产值**:指房屋和构筑物修理所完成的产值,但不包括被修理房屋、构筑物本身产值和生产设备的修理产值。

②**非标准设备制造产值**:指加工制造没有定型的非标准生产设备的加工费和原材料价值。

十一、服务业

本篇资料整理、校对

徐　静

简要说明

●本篇资料主要反映全市规模以上服务业单位主要财务状况、全市交通运输和邮电通信事业发展的基本情况。

●本篇服务业资料是市统计局根据国家统计局制定的《规模以上服务业统计报表制度》进行搜集和加工整理而得。有关公路、客货运输方面资料由市交通局提供;有关邮电通讯资料来源于市邮政管理局、市邮政局、中国移动上饶分公司、中国电信上饶分公司、中国联通上饶分公司;有关机动车保有量资料来源于市交警支队。

●本篇资料规模以上服务业单位统计范围为辖区内年营业收入1000万元及以上,或年末从业人员50人及以上服务业法人单位。包括:交通运输、仓储和邮政业,信息传输、软件和信息技术服务业,租赁和商务服务业,科学研究和技术服务业,水利、环境和公共设施管理业,教育,卫生和社会工作;以及物业管理、房地产中介服务、自有房地产经营活动和其他房地产业等行业。辖区内年营业收入500万元及以上,或年末从业人员50人及以上服务业法人单位。包括:居民服务、修理和其他服务业,文化、体育和娱乐业。

内容提要

●2016年,全社会货物运输量22480万吨,旅客运输量8185万人;邮电业务收入38亿元;机动车保有量578485辆。

●2016年,全市规模以上服务业实现营业收入187.4亿元,比上年增长19.2%。

11－1 规模以上服务业单位数及营业收入

类　　别	企业单位数（个）	#亏损企业	营业收入（万元）
总　　计	474	73	1874255
按登记注册类型及隶属关系分组			
国有企业	17	3	165243
中央企业	2		72058
地方企业	15	3	93185
集体企业	3		4413
股份合作企业	8		13432
联营企业	3	2	11687
有限责任公司	168	41	546392
股份有限公司	15	1	137309
私营企业	225	18	696514
港、澳、台商投资企业	1	1	21600
外商投资企业	2	1	228451
其他经济类型	32	6	49213
#国有控股企业	42	13	399059
按企业规模分组			
大型企业	10	1	120859
中型企业	64	13	603465
小型企业	339	52	1078028
微型企业	61	7	71903
按行业分组			
道路运输业	166	25	688166
水上运输业	5	1	19468
装卸搬运和运输代理业	1		598
仓储业	5	3	77080
邮政业	2		47704
电信、广播电视和卫星传输服务	4	2	317965
互联网和相关服务	3		9928
软件和信息技术服务业	31	4	116709
物业管理业	12	2	8648
租赁业	18	2	62350
商务服务业	61	5	199910
研究和试验发展	1	1	5996
专业技术服务业	14	1	22011
科技推广和应用服务业	3	1	6512
生态保护和环境治理业	1		1322
公共设施管理业	22	2	93855
居民服务业	10		11287
机动车、电子产品和日用产品修理业	8	1	5456
其他服务业	3		1853
教育	44	4	56739
卫生	33	11	98007
广播、电视、电影和影视录音制作业	11	3	6520
文化艺术业	6	1	8681
体育	1	1	1010
娱乐业	9	3	6481
按地区分组			
信州区	73	18	562402
广丰区	74	8	243853
上饶县	28	11	99115
玉山县	35	2	177806
铅山县	38	3	75754
横峰县	30	4	63800
弋阳县	27	8	76209
余干县	29		55006
鄱阳县	29	9	47787
万年县	37	1	139515
婺源县	19	3	111431
德兴市	45	5	111393
经开区	7	1	15497
三管委	3	0	28391

11－2 规模以上服务业企业主要财务指标

单位：万元

类别	资产合计	流动资产合计	固定资产原价	负债合计	所有者权益合计	主营业务收入	主营业务成本	主营业务税金及附加	营业利润	利润总额	本年应交增值税
总计	3608695	1627815	1541311	1969877	1638782	1807957	1386384	29858	130830	167964	64789
按登记注册类型及隶属关系分组											
国有企业	986888	606089	84428	443077	543811	162104	136033	2834	－7220	7501	447
中央企业	94043	68494	37908	79701	14342	69069	69293	248	－5075	3250	338
地方企业	892845	537595	46520	363376	529469	93035	66740	2586	－2145	4251	109
集体企业	1468	947	542	523	945	4413	3247	67	782	763	51
股份合作企业	21638	3671	18083	11601	10038	13429	10372	41	977	957	37
联营企业	3983	1529	3750	1611	2372	11687	10751		－752	－90	
有限责任公司	1053257	358017	391047	473276	579982	537053	413276	14348	26493	41248	16718
股份有限公司	854907	413993	351969	538925	315983	134648	93678	1586	10002	10569	3970
私营企业	452428	187324	270782	249740	202653	646969	534831	10370	38816	45201	28976
港、澳、台商投资企业	56233	800	100816	50135	6098	20470	21977	73	－5947	－5805	1441
外商投资企业	78457	14878	259653	147597	－69140	228451	131629	470	64844	64872	13055
其他经济类型	99436	40568	60242	53392	46044	48733	30590	69	2835	2749	95
#国有控股企业	2518455	1146803	733594	1246200	1272255	387759	296782	11618	－7498	14177	5396
按企业规模分组											
大型企业	286247	129915	140281	172401	113845	116503	81669	984	3830	4510	538
中型企业	680423	129161	920442	469877	210546	598493	394969	5002	79388	86416	25140
小型企业	2449514	1328044	390102	1292854	1156624	1021543	851301	22531	43941	72138	36944
微型企业	192511	40696	90485	34745	157767	71418	58445	1342	3671	4900	2168
按行业分组											
道路运输业	353185	204347	221812	222955	130229	638923	562635	10212	29762	48484	35322
水上运输业	16943	9054	10381	7146	9797	16351	14463	318	414	582	205
装卸搬运和运输代理业	91	60	76		91	598	496	18			17
仓储业	246805	212353	37388	223986	22819	76992	81350	94	－14144	1322	55
邮政业	22974	8747	25808	11089	11885	44712	39282	212	2622	2671	540
电信、广播电视和卫星传输服务	272531	20218	678868	239761	32769	313263	196372	805	61858	62147	16452
互联网和相关服务	6591	5876	299	1162	5430	9928	9196	46	314	314	41
软件和信息技术服务业	62183	43675	7127	28127	34056	116033	88540	1115	10187	11450	3887
物业管理业	9015	3667	4735	2060	6956	8538	4689	245	1666	1676	109
租赁业	34073	12346	34537	24220	9853	62189	50023	1649	5208	5369	3407
商务服务业	1759639	830246	153492	729079	1030559	199545	145684	10045	15524	15228	2331
研究和试验发展	78481	41019	10198	59852	18629	5996	5032	23	－3275	－2822	79
专业技术服务业	34973	15389	6955	14704	20269	22010	13649	493	1841	1827	313
科技推广和应用服务业	12691	4192	2684	4333	8358	6512	4893		266	391	3
生态保护和环境治理业	1776	1776	340	798	978	1322	735	13	16	12	1
公共设施管理业	349022	89096	132158	183177	165845	92915	40875	3519	11276	11121	1227
居民服务业	8975	5854	2499	6695	2280	11183	8342	247	1515	1515	293
机动车、电子产品和日用产品修理业	2239	814	1782	720	1520	5456	3571	99	771	771	103
其他服务业	328	280	144	89	238	1853	1434	22	43	43	85
教育	146791	34502	107110	74793	71999	53178	29576	344	4079	4056	37
卫生	132375	77943	68077	96209	36130	97802	72073	55	2449	2440	47
广播、电视、电影和影视录音制作业	6455	2707	3615	3389	3066	6488	3823	82	341	447	133
文化艺术业	40806	3009	23696	34644	6162	8681	5503	96	－2227	－1405	99
体育	101	64	50	1	100	1010	740		－16	－16	
娱乐业	9654	583	7479	889	8765	6481	3408	108	340	341	7

11－3 各县(市、区)规模以上服务业企业主要财务指标

单位:万元

类别	资产合计	流动资产合计	固定资产原价	负债合计	所有者权益合计	主营业务收入	主营业务成本	主营业务税金及附加	营业利润	利润总额	本年应交增值税
上饶市	3608695	1627815	1541311	1969877	1638782	1807957	1386384	29858	130830	167964	64789
信州区	1160836	550173	826315	855149	305688	562402	404139	2952	66518	77122	25335
广丰区	130965	56167	101496	79550	51414	243853	198502	4354	21874	22113	13116
上饶县	164780	79764	29600	131231	33549	99115	83511	2281	3452	5097	3620
玉山县	81632	48576	26894	48634	32998	177806	149200	3196	8756	10756	8271
铅山县	59118	26143	29406	35074	24044	75754	60974	903	7202	7735	3720
横峰县	112724	80462	24813	87420	25304	63800	57146	629	－4267	4719	1130
弋阳县	25594	13353	15677	13872	11687	76209	56113	1822	－518	2760	3435
余干县	59432	9805	43522	15688	43744	55006	44255	319	3862	4397	18
鄱阳县	130165	40776	75951	85099	45066	47787	35869	271	706	1354	591
万年县	271777	164591	58817	160019	111758	139515	124209	1167	815	6429	2114
婺源县	468582	53962	199363	142856	325726	111431	80744	7590	6358	7651	1502
德兴市	831826	444848	50304	283031	548795	111393	73595	3116	3763	4342	1677
经开区	36116	27857	9397	19578	16538	15497	12883	63	346	1529	37
三管委	75148	31341	49757	12677	62472	28391	5245	1197	11963	11963	224

11－4 公路线路年底到达数

（2016 年）　　单位：公里

指　　标	总　计	国　道	省　道	县　道	乡　道	专用公路	村　道
公路里程	20341	969	1671	3009	5442	100	9151
公路分局养护	2575	969	1048	335	161	35	27
交通局养护	17766		622	2673	5281	66	9124
按技术等级分	20341	969	1671	3009	5442	100	9151
一　级	361	191	98	60		4	7
二　级	1440	713	577	82	31	14	24
三　级	2056	64	609	1006	248	32	97
四　级	11892		321	1607	3750	33	6179
等外路	4593		67	253	1412	17	2844
按路面等级分	20341	969	1671	3009	5442	100	9151
高级	15001	961	1498	2540	3799	52	6152
次高级	490	8	136	120	78	7	141
未铺装路面	4850		37	348	1565	42	2858
按通车情况分	20341	969	1671	3009	5442	100	9151
晴雨通车里程	15491	969	1634	2660	3877	58	6293
晴通雨阻里程	4850		37	348	1565	42	2858

注：本资料未含境内归属省高速公路管理局管理的高速公路。

11－5 各县（市、区）公路养护通车里程

（2016 年）　　单位：公里

县（市、区）	合计	公路分局 养护	交通局 养护
全市	20341	2575	17766
信州区	474	85	389
广丰区	1847	163	1684
上饶县	2145	243	1902
玉山县	1628	233	1395
铅山县	1276	238	1037
横峰县	718	98	620
弋阳县	1164	217	947
余干县	2302	200	2102
鄱阳县	4005	268	3737
万年县	1276	138	1137
婺源县	2268	304	1963
德兴市	1239	387	852

注：本资料未含境内归属省高速公路管理局管理的高速公路。

11-6 全社会客货运输量

（2016年）

指标	旅客运输量（万人）	旅客周转量（万人公里）	货物运输量（万吨）	货物周转量（万吨公里）
合计	8185	330281	22480	3083228
其中：公路	8157	330097	21666	2895918
水运	28	184	814	187310
交通部门	8157	330097	21827	2932989
公路	8157	330097	21666	2895918
水运			161	37071
非交通部门	28	184	653	150239
水运	28	184	653	150239

11－7 邮　电　事　业

（2016 年）

项　　目	本年实际	项　　目	本年实际
邮电业务收入(亿元)	38	移动短信业务量(万条)	40780
#邮政业务收入(亿元)	7	固定电话年末用户(万户)	67
电信业务收入(亿元)	31	#住宅电话(万户)	55
邮路总长度(公里)	19027	公用电话(万户)	5
邮政汽车(辆)	224	城市用户(万户)	35
函　　件(万件)	115	数字数据(DDN)用户(万户)	13
包　　裹(万件)	6	计算机互连网用户(万户)	90
快递业务量(万件)	2944	其中:xDSL 用户(万户)	2
订销报纸累计数(万份)	5841	互联网出口带宽(G)	1340
订销杂志累计数(万份)	212	国家一级光缆干线(条)	8
集邮业务(万枚)	790	国家二级光缆干线(条)	9
移动电话年末用户(万户)	492	市级城域网主干光缆(公里)	230412
其中:4G 用户(万户)	240	因特网接入服务收入(万元)	43662

备注:2015 年起,邮政业务有关数据(集邮业务除外)由市邮政管理局提供。

11－8 全市机动车保有量

（2016 年）　　　　单位：辆

指标名称	总　计	营　运	非营运	校　车	总计中 其中：进　口	其中：个　人	其中：新注册	报　废
合　计	578485	69164	508260	1061	10172	521933	98614	31660
一、汽车	430395	47263	382071	1061	10107	381240	86012	10770
1.载客汽车	350115	7542	341512	1061	10070	326368	74123	3479
其中：大型	2883	2152	424	307	7	47	526	325
中型	2571	1164	653	754	15	311	302	448
小型	342312	4226	338086		9985	323855	73223	2634
微型	2349		2349		63	2155	72	72
其中：轿车	230233	4220	226013		4763	217991	44581	2239
2.载货汽车	63489	28955	34534		26	44316	8399	6495
其中：重型	12972	12520	452		17	968	1007	2131
中型	5192	5069	123			2985	319	897
轻型	45195	11348	33847		9	40244	7073	3459
微型	130	18	112			119		8
其中：普通载货	33197	4668	28529		7	30298	5175	1935
3.其他汽车	16791	10766	6025		11	10556	3490	796
其中：三轮汽车	1219	762	457		0	1193	225	331
低速汽车	14047	9646	4401		0	8811	3144	445
二、摩托车	141081	14910	126171		65	140629	12063	20883
1.普通	140538	14910	125628		65	140089	12006	20784
2.轻便	543		543			540	57	99
三、挂车	7005	6991	14			63	539	7
1.重型	7001	6987	14			63	539	7
2.中型	4	4						
四、其它类型车	4		4			1		

主要统计指标解释

资产总计 指企业过去的交易或者事项形成的、由企业拥有或者控制的、预期会给企业带来经济利益的资源。资产一般按流动性(资产的变现或耗用时间长短)分为流动资产和非流动资产。其中流动资产可分为货币资金、交易性金融资产、应收票据、应收账款、预付款项、其他应收款、存货等;非流动资产可分为长期股权投资、固定资产、无形资产及其他非流动资产等。根据会计"资产负债表"中"资产总计"项目的期末余额数填报。

流动资产合计 资产满足以下条件之一应归为流动资产:(1)预计在一个正常营业周期中变现、出售或耗用,主要包括存货、应收账款等;(2)主要为交易目的而持有;(3)预计在资产负债表日起一年内(含一年)变现;(4)自资产负债日起一年内,交换其他资产或清偿负债的能力不受限制的现金或现金等价物。包括货币资金、应收票据、应收账款、存货等项目。根据会计"资产负债表"中"流动资产合计"项目的期末余额数填报。

固定资产原价 指固定资产的成本,包括企业在购置、自行建造、安装、改建、扩建、技术改造某项固定资产时所发生的全部支出总额。根据会计"固定资产"科目的期末借方余额填报。

负债合计 指企业过去的交易或者事项形成的,预期会导致经济利益流出企业的现时义务。负债一般按偿还期长短分为流动负债和非流动负债。根据会计"资产负债表"中"负债合计"项目的期末余额数填报。+执行《企业会计准则》或《小企业会计准则》的企业:负债合计=流动负债合计+非流动负债合计;执行其他企业会计制度的企业负债包括流动负债和长期负债。

所有者权益合计 指企业资产扣除负债后由所有者享有的剩余权益。公司的所有者权益又称股东权益。包括实收资本、资本公积、盈余公积、未分配利润等。根据会计"资产负债表"中"所有者权益合计"项目的期末余额数填报。

主营业务收入 指企业确认的销售商品、提供劳务等主营业务的收入。根据会计"主营业务收入"科目的期末贷方余额(结转前)填报。执行《企业会计准则》或《小企业会计准则》的企业,如未设置该科目,以"营业收入"代替填报。

主营业务成本 指企业经营主要业务所发生的成本总额。根据会计"主营业务成本"科目的期末借方余额(结转前)填报。执行《企业会计准则》或《小企业会计准则》的企业,如未设置该科目,以"营业成本"代替填报。

主营业务税金及附加 指企业经营主要业务应负担的营业税、消费税、城市维护建设税、教育费附加等。根据会计"主营业务税金及附加"科目的期末借方余额(结转前)填报。执行《企业会计准则》或《小企业会计准则》的企业,如未设置该科目,以"营业税金及附加"代替填报。

营业利润 指企业从事生产经营活动所取得的利润。执行《企业会计准则》的企业,营业利润为营业收入减去营业成本、营业税金及附加、销售费用、管理费用、财务费用、资产减值损失,再加上公允价值变动收益和投资收益。执行《小企业会计准则》的企业,营业利润为营业收入减去营业成本、营业税金及附加、销售费用、管理费用、财务费用,再加上投资收益后的金额；执行其他企业会计制度的企业，营业利润为主营业务收入减去主营业务成本、主营业务税金及附加，加上其他业务利润后，再减去销售费用、管理费用、财务费用后的金额。根据会计“利润表”中“营业利润”项目的本期金额数填报。

利润总额 指企业在一定会计期间的经营成果，是生产经营过程中各种收入扣除各种耗费后的盈余，反映企业在报告期内实现的盈亏总额。根据会计“利润表”中“利润总额”项目的本期金额数填报。执行《企业会计准则》或《小企业会计准则》的企业，利润总额为营业利润加上营业外收入，减去营业外支出后的金额；执行其他企业会计制度的企业，利润总额为营业利润加上投资收益、政府补助、营业外收入，再减去营业外支出后的金额。

应交增值税 指按照税法规定，以销售货物、服务、无形资产、不动产或提供加工、修理修配劳务的增值额和货物进口金额为计税依据而课征的一种流转税。填报本指标时，应按权责发生制核算企业本期应负担的增值税，有两种计算方法，可选其一，一旦确定，原则上不得更改。

公路里程 也称“公路通车里程”，是指实际达到《公路工程[WTB2]技术标准 JTJ01－88》规定的等级公路，并经主管部门的正式验收支付使用的公路里程数。它包括大中城市的郊区公路以及通过小城镇街道的公路里程，也包括桥梁、渡口的长度，但不包括城市的街道以及厂矿、林区和农业生产用道的里程。两条或多条公路共同经由同一路段，只计算一次，不重复计算里程长度。公路里程是反映公路建设发展规模的重要指标，也是计算运输网密度等指标的基础资料。

货(客)运量 指运输业实际运送的货物(旅客)数量。货运按吨计算，客运按人计算。货物不论运输距离长短，货物类别，均按实际重量统计；旅客不论行程远近或票价多少，均按一人一次作为客运量统计。半票价、小孩票，也按一人统计。货(客)运量是反映运输业为国民经济和人民生活服务的数量指标，也是制定和检查运输生产计划、研究运输展规模和速度的重要指标。

货物(旅客)周转量 指运输业运送的货物(旅客)数量与其相应运输距离的乘积之总和，通常以吨公里和人公里为计算单位。计算货物周转量通常按发出站与到达站之间的最短距离，也就是计费距离计算。它是反映运输业生产总成果的重要指标，也是编制和检查运输生产计划、计算运输效率、劳动生产率以及核算运输单位成本的主要基础资料。

邮电业务总量 指以货币表现的邮电部门为用户传递信息和提供其他邮电服务的总量。它用各种邮电分类业务量，如函件件数、电报份数、长话张数、市内电话和农村电话的年均户数、订销报刊累计份数等，分别乘以相应的不变单价加总后再加上出租电路和设备的收入、代用户维护电话交换机和线路等设备的收入、其他业务收入求得。邮电业务总量综合反映了一定时期邮电工作的总成果，是研究邮电业务量构成和发展趋势的重要指标。

十二、国内贸易、个私经济

本篇资料整理、校对

徐　静、邓晓芸

简要说明

●本篇资料主要反映全市国内贸易基本情况、零售市场的发展、批发和零售业商品流转情况、住宿和餐饮业经营情况以及主要财务状况、全市个私经济情况。

●本篇资料国内贸易部分是上饶市统计局根据国家统计局制定的《批发和零售业、住宿和餐饮业统计报表制度》进行搜集和加工整理而得；个私经济资料来自市场监督管理局。

●本篇资料限额以上批发业统计范围为年主营业务收入达2000万元及以上的批发业法人单位和个体经营户；限额以上零售业统计范围为年主营业务收入达500万元及以上的零售业企业和个体经营户；限额以上住宿业、餐饮业统计范围为年主营业务收入达200万元及上的住宿业、餐饮业法人单位和个体经营户。

内容提要

●2016年，全市社会消费品零售总额721.1亿元，比上年增长12.6%；其中，限额以上消费品零售额237.6亿元，可比增长17.0%。

12-1 各县(市、区)社会消费品零售总额

单位:万元、%

项　　目	2015年	2016年	增速
全　　市	6404178	7211204	12.6
按销售单位所在地分			
城镇	5119329	5761752	12.5
其中:城区	3173984	3624142	14.2
乡村	1284849	1449452	12.8
按行业分			
批发业	2375905	2574400	8.4
零售业	3515275	4081542	16.1
住宿业	209615	224268	7.0
餐饮业	303383	330994	9.1
按县(市、区)分			
信州区	1169292	1292068	10.5
广丰区	566101	648120	14.5
上饶县	449593	507114	12.8
玉山县	527904	601957	14.0
铅山县	441107	502320	13.9
横峰县	223494	253197	13.3
弋阳县	378071	425147	12.5
余干县	498506	568836	14.1
鄱阳县	637721	719920	12.9
万年县	434684	488336	12.3
婺源县	433308	488536	12.7
德兴市	433042	491049	13.4
经开区	162699	170064	4.5
三管委	48655	54542	12.1

12－2　各县(市、区)限额以上消费品零售额

(2016 年)　　　　单位:万元、个

县　市	限额以上消费品零售额	法　人	个体和产业活动单位	单位数	法　人	个体和产业活动单位
全　市	2376362	2052735	323627	670	476	194
信州区	655947	616204	39743	95	59	36
广丰区	143347	112504	30843	90	67	23
上饶县	283433	279188	4245	48	41	7
玉山县	249818	175887	73930	86	55	31
铅山县	128420	32901	95520	35	16	19
横峰县	33348	16631	16717	24	11	13
弋阳县	59153	49147	10005	26	17	9
余干县	127033	126210	823	32	31	1
鄱阳县	153186	136256	16930	52	36	16
万年县	128836	117246	11590	40	28	12
婺源县	113614	99190	14423	45	28	17
德兴市	93591	89006	4585	51	48	3
经开区	170064	170064		23	23	
三管委	36573	32302	4271	23	16	7

12－3　限额以上批发和零售业商品销售、库存情况

（2016年）　　单位：万元

指标名称	批发业		零售业	
	销售额	零售额	销售额	零售额
总　计	1791920	468972	1845074	1766840
其中：通过互联网实现的商品销售	583413		125492	110208
1.粮油、食品类	175578	39669	210730	208259
其中：粮油类	89973	32784	44123	43088
肉禽蛋类	58079	6494	21597	21597
水产品类	9496		7483	7483
蔬菜类			17814	17547
干鲜果品类	5063		23414	23412
2.饮料类	13057	3860	31723	30838
3.烟酒类	613641	6263	67227	63028
4.服装、鞋帽、针纺织品类	4358		118867	118852
（1）服装类	1844		79423	79408
（2）鞋帽类			21651	21651
（3）针纺织品类	2514		17793	17793
5.化妆品类			20493	20493
6.金银珠宝类			58230	58230
7.日用品类	732	18	39751	39676
其中：儿童玩具类			6861	6861
8.五金、电料类			62311	62311
9.体育、娱乐用品类			19804	19804
其中：照相器材类			107	107
10.书报杂志类			7894	7894
11.电子出版物及音像制品类			1927	1927
12.家用电器和音像器材类			151585	147168
13.中西药品类	191634	54697	31391	30096
其中：西药类	136792	39595	12783	12783
中草药及中成药类	38376	15102	9306	8011
14.文化办公用品类			21417	21417
其中：计算机及其配套产品			4108	1547
15.家具类	1514	341	143810	141353
16.通讯器材类			12989	12989
17.煤炭及制品类	130615	5027	7731	
18.木材及制品类			119	
19.石油及制品类	327260	300451	23194	22756
20.化工材料及制品类	21573		2672	
其中：化肥类	21573		2634	
21.金属材料类	11533			
22.建筑及装潢材料类	14599	6247	77405	77405
23.机电产品及设备类	7534		12847	12312
其中：农机类			2084	
24.汽车类	194411	39696	632213	609401
25.种子饲料类	2568			
26.其他类	81312	12703	88745	60632

备注：该表数据为2016年12月快报数。

12－4　私营企业基本情况

（2016 年）

项目	户数（户）		注册资本（万元）		投资者人数（人）		雇工人数（人）	
	合计	其中：城镇	合计	其中：城镇	合计	其中：城镇	合计	其中：城镇
总　计	52668	34088	24724014	17126269	97093	63481	236665	136425
农、林、牧、渔业	4309	1556	1906491	830484	8359	3203	23422	7201
农、林、牧、渔服务业	252	141	129891	65132	501	275	1620	634
采矿业	345	84	205357	73750	725	203	4064	949
开采辅助活动	58	21	18669	8130	111	56	534	143
制造业	8626	4488	5077141	3134234	17620	9065	70186	29909
金属制品、机械和设备修理业	55	37	16793	15720	108	75	305	113
电力、热力、燃气及水生产和供应业	550	156	265881	124935	1485	443	3258	974
建筑业	3858	3014	3948374	3215171	7491	5939	13871	10534
批发和零售业	16470	11475	4257370	3037647	27780	19724	54068	37958
交通运输、仓储和邮政业	2373	1250	503445	333730	4204	2207	9630	5271
住宿和餐饮业	797	579	395849	271721	1554	1176	5692	4308
信息传输、软件和信息技术服务业	2462	1828	516717	413988	4077	3174	5846	4567
金融业	217	189	776967	568217	500	465	864	730
房地产业	1778	1396	1731206	1380979	3604	2906	8836	7007
租赁和商务服务业	7081	5433	3808452	2854344	12982	10132	19737	15906
科学研究和技术服务业	1009	756	475624	334141	1872	1440	3885	2056
水利、环境和公共设施管理业	285	161	286724	151430	550	315	1901	954
居民服务、修理和其他服务业	1365	1006	212536	143790	2368	1739	6469	4687
教育	149	103	27622	21724	285	219	834	684
卫生和社会工作	93	62	120678	88299	190	144	724	466
文化、体育和娱乐业	897	549	197146	137280	1439	981	3368	2257
其他	4	3	10435	10405	8	6	10	7

12－5 个体工商业基本情况

（2016 年）

项　　目	户数（户）	#城镇	从业人员（人）	#城镇	资金数额（万元）	#城镇
总　计	205337	112742	372470	207883	2533411	1459451
农、林、牧、渔业	8327	1851	18299	3791	263379	52446
农、林、牧、渔服务业	377	83	935	211	15667	2432
采矿业	329	47	871	131	12682	2283
开采辅助活动	25	9	76	34	702	308
制造业	9502	3498	27800	10047	160639	55317
金属制品、机械和设备修理业	56	27	135	65	706	353
电力、热力、燃气及水生产和供应业	156	27	355	59	12352	1065
建筑业	407	194	732	357	8236	4680
批发和零售业	144897	78587	237602	130699	1501854	927380
交通运输、仓储和邮政业	1931	1265	3633	2402	22654	13979
住宿和餐饮业	17950	13123	40410	30847	265441	208918
信息传输、软件和信息技术服务业	1754	608	2786	1061	14645	6632
金融业	8	7	8	7	149	69
房地产业	102	95	194	179	1057	958
租赁和商务服务业	1981	1105	4161	2230	47299	16435
科学研究和技术服务业	384	234	711	485	3814	3029
水利、环境和公共设施管理业	24	10	63	36	1135	236
居民服务、修理和其他服务业	16269	11193	31217	22817	170640	126729
教育	138	117	377	338	2018	1805
卫生和社会工作	231	131	543	313	6739	5874
文化、体育和娱乐业	946	650	2706	2084	38669	31617
其他	1		2		8	

12－6 限额以上批发和零售业法人基本情况

（2016 年）

指标名称	法人企业数（个）	从业人员期末人数（人）		法人所属产业活动单位数（个）		
			其中:女性		批发和零售业	其他
总　　计	433	21042	11895	658	242	416
一、批发业	77	4940	1922	253	179	74
农、林、牧产品批发	4	477	173	30	27	3
谷物、豆及薯类批发	2	437	156	28	27	1
种子批发	1	12	5	1		1
棉、麻批发	1	28	12	1		1
食品、饮料及烟草制品批发	13	1351	378	37	24	13
米、面制品及食用油批发	1	28	6	5	5	
肉、禽、蛋、奶及水产品批发	3	118	23	3		3
盐及调味品批发	1	80	25	3	3	
酒、饮料及茶叶批发	3	79	48	3		3
烟草制品批发	1	900	177	19	16	3
其他食品批发	4	146	99	4		4
纺织、服装及家庭用品批发	3	24	8	3		3
纺织品、针织品及原料批发	1	11	3	1		1
厨房、卫生间用具及日用杂货批发	1	12	4	1		1
灯具、装饰物品批发	1	1	1	1		1
医药及医疗器材批发	13	1045	375	13		13
西药批发	9	954	340	9		9
中药批发	1	28	12	1		1
医疗用品及器材批发	3	63	23	3		3
矿产品、建材及化工产品批发	30	1618	843	156	128	28
煤炭及制品批发	7	150	28	7		7
石油及制品批发	2	984	661	124	123	1
非金属矿及制品批发	1	10	6	1		1
金属及金属矿批发	7	104	14	7		7
建材批发	2	17	5	2		2
化肥批发	7	204	54	7		7
其他化工产品批发	4	149	75	8	5	3
机械设备、五金产品及电子产品批发	7	299	106	7		7
汽车批发	1	157	30	1		1
汽车零配件批发	2	122	64	2		2
五金产品批发	4	20	12	4		4
其他批发业	7	126	39	7		7
再生物资回收与批发	3	46	17	3		3
其他未列明批发业	4	80	22	4		4
内资企业	76	4939	1921	252	179	73
国有企业	4	1417	358	50	46	4
集体企业	2	43	15	2		2
有限责任公司	34	1229	368	38	5	33
国有独资公司	2	67	22	6	5	1
其他有限责任公司	32	1162	346	32		32
股份有限公司	4	1245	754	126	123	3
私营企业	32	1005	426	36	5	31
私营有限责任公司	31	985	423	35	5	30
私营股份有限公司	1	20	3	1		1
港、澳、台商投资企业	1	1	1	1		1
港澳台商独资企业	1	1	1	1		1
国有控股	7	2448	1039	179	174	5
集体控股	2	43	15	2		2
私人控股	60	1947	755	64	5	59
港澳台商控股	1	1	1	1		1
其他	7	501	112	7		7
独立门店	46	2106	787	56	13	43
连锁总店	2	1864	836	142	139	3
其他	29	970	299	55	27	28
大型	3	2114	923	143	139	4

备注:该表数据为 2016 年年报数。

12－6　续表1

指标名称	法人企业数（个）	从业人员期末人数（人）	其中：女性	法人所属产业活动单位数（个）	批发和零售业	其他
中型	24	1968	692	56	35	21
小型	44	724	237	48	5	43
微型	6	134	70	6		6
二、零售业	356	16102	9973	405	63	342
综合零售	46	6557	5296	58	15	43
百货零售	20	1749	1317	21	2	19
超级市场零售	22	4692	3928	33	13	20
其他综合零售	4	116	51	4		4
食品、饮料及烟草制品专门零售	36	962	499	36		36
粮油零售	2	24	10	2		2
果品、蔬菜零售	6	147	93	6		6
肉、禽、蛋、奶及水产品零售	4	88	38	4		4
营养和保健品零售	1	11	8	1		1
酒、饮料及茶叶零售	16	446	237	16		16
其他食品零售	7	246	113	7		7
纺织、服装及日用品专门零售	9	452	334	9		9
服装零售	5	346	255	5		5
化妆品及卫生用品零售	2	77	66	2		2
钟表、眼镜零售	1	16	13	1		1
其他日用品零售	1	13		1		1
文化、体育用品及器材专门零售	12	390	148	12		12
文具用品零售	1	20	5	1		1
珠宝首饰零售	3	89	48	3		3
工艺美术品及收藏品零售	8	281	95	8		8
医药及医疗器材专门零售	11	661	375	26	19	7
药品零售	10	641	365	25	19	6
医疗用品及器材零售	1	20	10	1		1
汽车、摩托车、燃料及零配件专门零售	114	3365	1401	126	14	112
汽车零售	106	3102	1280	107	2	105
汽车零配件零售	2	80	8	2		2
摩托车及零配件零售	1	14	10	1		1
机动车燃料零售	5	169	103	16	12	4
家用电器及电子产品专门零售	49	1234	686	59	15	44
日用家电设备零售	42	1153	674	52	15	37
计算机、软件及辅助设备零售	5	47	5	5		5
其他电子产品零售	2	34	7	2		2
五金、家具及室内装饰材料专门零售	28	1458	848	28		28
五金零售	10	364	212	10		10
家具零售	9	710	392	9		9
卫生洁具零售	1	10	7	1		1
木质装饰材料零售	1	20	14	1		1
其他室内装饰材料零售	7	354	223	7		7
货摊、无店铺及其他零售业	51	1023	386	51		51
互联网零售	40	810	334	40		40
旧货零售	1	30		1		1
其他未列明零售业	10	183	52	10		10
内资企业	354	16051	9948	401	60	341
国有企业	1	19	3	1		1
集体企业	2	25	7	2		2
股份合作企业	1	29	25	1		1
有限责任公司	134	6082	3279	142	11	131
国有独资公司	1	81	26	1		1
其他有限责任公司	133	6001	3253	141	11	130
股份有限公司	18	2600	2151	38	23	15
私营企业	198	7296	4483	217	26	191
私营独资企业	2	20	13	2		2
私营有限责任公司	182	6133	3672	195	17	178

备注：该表数据为2016年年报数。

12－6　续表 2

指标名称	法人企业数（个）	从业人员期末人数（人）	其中：女性	法人所属产业活动单位数（个）	批发和零售业	其他
私营股份有限公司	14	1143	798	20	9	11
港、澳、台商投资企业	2	51	25	4	3	1
与港澳台商合资经营企业	2	51	25	4	3	1
国有控股	4	428	290	15	12	3
集体控股	4	72	26	4		4
私人控股	326	14474	9087	364	51	313
港澳台商控股	1	45	25	1		1
其他	21	1083	545	21		21
独立门店	314	13734	8449	345	42	303
连锁总店	3	178	156	9	7	2
连锁门店	6	200	118	7	2	5
其他	33	1990	1250	44	12	32
大型	3	2489	2221	14	13	1
中型	80	8507	5368	105	30	75
小型	230	4717	2165	243	20	223
微型	43	389	219	43		43
有店铺零售	309	15162	9573	358	63	295
食杂店	5	150	88	5		5
便利店	3	61	35	3		3
超市	25	1807	1329	25		25
大型超市	13	3756	3162	25	15	10
仓储会员店	1	12	6	1		1
百货店	16	1251	972	16		16
专业店	127	3136	1557	164	48	116
专卖店	92	3427	1514	92		92
家居建材商店	12	831	538	12		12
购物中心	2	289	209	2		2
厂家直销中心	13	442	163	13		13
无店铺零售	47	940	400	47		47
电视购物	1	20	10	1		1
网上商店	42	856	360	42		42
三、批发业按地区分组	77	4940	1922	253	179	74
信州区	5	2223	959	147	142	5
广丰区	11	327	136	11		11
上饶县	13	757	224	13		13
玉山县	1	20	7	5	5	
铅山县	12	163	48	12		12
横峰县	4	53	21	4		4
弋阳县	10	453	164	10		10
余干县	6	529	192	32	27	5
鄱阳县	2	164	75	2		2
万年县	3	60	13	7	5	2
婺源县	4	82	44	4		4
德兴市	6	109	39	6		6
四、零售业按地区分组	356	16102	9973	405	63	342
信州区	48	2661	1652	66	21	45
广丰区	59	1362	545	60	2	58
上饶县	48	2538	1147	48		48
玉山县	48	1318	834	50	3	47
铅山县	4	146	20	4		4
横峰县	8	110	45	8		8
弋阳县	8	103	41	8		8
余干县	23	3039	2604	45	29	16
鄱阳县	32	1719	1114	32		32
万年县	26	956	574	32	8	24
婺源县	21	932	559	21		21
德兴市	31	1218	838	31		31

备注：该表数据为 2016 年年报数。

12－7　限额以上批发和零售

（2016

指标名称	法人企业数（个）	执行《2006年企业会计准则》企业数（个）	一、年初存货	流动资产合计	应收帐款	存货
总计	433	339	293718	1608333	307847	240496
一、批发业	77	58	158922	527206	99755	100629
农、林、牧产品批发	4	2	7952	11651	1028	7396
谷物、豆及薯类批发	2	2	7926	9260	113	7377
种子批发	1		19	2120	762	18
棉、麻批发	1		7	271	154	2
食品、饮料及烟草制品批发	13	12	113267	216443	2569	44579
米、面制品及食用油批发	1	1	4129	12006	137	4551
肉、禽、蛋、奶及水产品批发	3	2	3095	4262	66	1774
盐及调味品批发	1	1	640	2615		310
酒、饮料及茶叶批发	3	3	1268	5257	451	1717
烟草制品批发	1	1	16344	189650	1580	35721
其他食品批发	4	4	87790	2655	335	505
纺织、服装及家庭用品批发	3	1	210	20079	18338	210
纺织品、针织品及原料批发	1	1	210	256	7	210
厨房、卫生间用具及日用杂货批发	1			1425		
灯具、装饰物品批发	1			18398	18331	
医药及医疗器材批发	13	11	13908	119448	49982	12159
西药批发	9	7	10727	91397	48086	11950
中药批发	1	1	91	1763	1056	209
医疗用品及器材批发	3	3	3091	26288	840	
矿产品、建材及化工产品批发	30	25	7486	44631	12188	8734
煤炭及制品批发	7	5	5331	25407	6283	4684
石油及制品批发	2	2	808	2357	296	1529
非金属矿及制品批发	1	1				
金属及金属矿批发	7	7	21	3042	1406	437
建材批发	2	2		851	208	
化肥批发	7	4	1221	9660	3861	1810
其他化工产品批发	4	4	106	3315	134	274
机械设备、五金产品及电子产品批发	7	4	15214	101407	12412	25685
汽车批发	1	1		37462	2243	5456
汽车零配件批发	2	2	15214	51060		17589
五金产品批发	4	1		12885	10169	2640
其他批发业	7	3	885	13547	3238	1866
再生物资回收与批发	3	1	136	8364	2206	1081
其他未列明批发业	4	2	750	5183	1032	785
内资企业	76	58	158922	508809	81424	100629
国有企业	4	4	24910	201524	1693	43408
集体企业	2	1	53	1737	931	47
有限责任公司	34	25	34528	216009	36104	39965
国有独资公司	2	2	4185	12120	137	4654
其他有限责任公司	32	23	30343	203888	35967	35310
股份有限公司	4	4	7279	37443	20128	7880
私营企业	32	24	92153	52095	22568	9330
私营有限责任公司	31	24	92153	48607	21317	8365
私营股份有限公司	1			3488	1251	965
港、澳、台商投资企业	1			18398	18331	
港、澳、台商独资经营企业	1			18398	18331	
国有控股	7	7	29783	215801	2036	49481
集体控股	2	1	53	1737	931	47
私人控股	60	46	121426	218706	66887	38986
港澳台商控股	1			18398	18331	
其他	7	4	7661	72564	11570	12116
独立门店	46	39	130257	266398	59919	49399
连锁总店	2	2	17032	191807	1786	37140
其他	29	17	11633	69002	38050	14091
大型	3	3	23212	226557	21701	43376
中型	24	18	129284	190617	36839	48236

法人企业财务状况综合表(一)

年）　　　　单位:万元

二、期末资产负债

固定资产合计	固定资产原价	累计折旧	本年折旧	在建工程	资产总计	流动负债合计	应付帐款	非流动负债合计	负债合计
754999	901760	148212	74415	561940	2566651	1403206	218086	59003	1470434
91573	136978	46162	4414	24947	705944	339125	130701	9874	361068
12726	19115	6389	804	1082	25775	10679	2497	9869	20548
12574	18862	6287	785	1082	22916	9442	1710	9789	19231
150	205	55	18		2270	1201	787		1201
2	48	47	0		589	37		79	116
33539	50418	17011	2211	802	255484	81171	46204	1580	84714
7236	7718	482	96		19242	11269	126		11269
7962	9882	1920	286		12396	8794	81	793	9587
285	411	126	69		3291	1188	286	219	1407
160	72	44			5486	1273	1182		3236
14122	27618	13496	1533	802	206726	54897	44529	166	55063
3775	4717	942	227		8343	3750		402	4151
2132	1857	331	165		22502	2741	1848		4566
11	14	3	2		267	170	7		170
2105	1825	326	163		3822				1825
16	18	2	1		18414	2571	1841		2571
3984	6515	2532	202	103	137063	109960	45223	-5121	104839
3938	6459	2521	191	93	102047	83237	43431	1715	84953
46	56	11	11	10	1892	1766	1477		1766
					33125	24957	315	-6836	18121
31763	48451	16706	385	22920	139836	53447	10519	2826	64554
1805	2890	1085	131	80	30053	17275	7449		25436
24595	39194	14599		20209	86312	27840	82		27840
5	7	2	0		161	28		9	36
665	756	90	16		3820	2547	1383	3	2550
1587	1587				2474	482			482
2926	3437	530	176	2632	13452	4741	1387	2815	7675
181	581	400	62		3564	535	219		535
6185	8426	2241	443	40	108943	69865	21748		69865
17	17	0	0	40	37533	36644	9095		36644
6168	8409	2241	443		58525	20352			20352
					12885	12869	12652		12869
1244	2196	953	204		16342	11263	2662	721	11983
77	176	99	97		9509	6905	2563		6905
1167	2020	854	107		6834	4357	99	721	5078
91557	136960	46161	4414	24947	687531	336554	128860	9874	358497
26981	46891	19910	2387	1884	232933	65527	46525	10174	75702
51	136	85	4		2314	753	92	538	1291
26315	34463	8167	1393	2751	259418	174455	41065	-4014	178722
7587	8148	562	101		19707	11616	133	85	11701
18728	26315	7606	1292	2751	239710	162839	40932	-4099	167022
25557	41100	15543	2	20209	125332	61201	19506		61201
12653	14371	2456	627	103	67534	34618	21671	3176	41582
12651	14368	2454	627	103	64045	32017	20150	3176	38981
1	3	2	0		3489	2601	1521		2601
16	18	2	1		18414	2571	1841		2571
16	18	2	1		18414	2571	1841		2571
59097	94168	35071	2488	22092	338687	104918	46686	10259	115177
51	136	85	4		2314	753	92	538	1291
29161	36757	8353	1611	2734	266299	158616	62526	-2093	168592
16	18	2	1		18414	2571	1841		2571
3247	5899	2652	311	120	80231	72267	19556	1170	73437
25768	33842	8831	1506	212	311755	211172	62573	-3028	214646
38652	66747	28095	1533	21011	292773	82672	44556	166	82838
27153	36389	9237	1375	3723	101416	45282	23572	12736	63585
39641	68632	28991	1533	21011	331484	115870	64020	166	116036
40577	55862	15285	2321	1294	240915	155257	42079	13172	168429

备注:该表数据为2016年年报数。

12－7 续表 1

指标名称	法人企业数（个）	执行《2006年企业会计准则》企业数（个）	一、年初 存货	流动资产合计	应收帐款	存货
小型	44	32	5376	85928	22419	7192
微型	6	5	1050	24104	18796	1825
二、零售业	356	281	134796	1081126	208092	139866
综合零售	46	32	31522	76144	19721	33607
百货零售	20	14	9403	38706	16190	11211
超级市场零售	22	15	20887	35804	2747	21771
其他综合零售	4	3	1232	1634	784	625
食品、饮料及烟草制品专门零售	36	29	4191	20700	6245	5673
粮油零售	2	2	60	320	260	60
果品、蔬菜零售	6	4	437	2719	788	959
肉、禽、蛋、奶及水产品零售	4	3	99	268	75	71
营养和保健品零售	1	1	3	368	310	
酒、饮料及茶叶零售	16	13	2070	11859	2092	2774
其他食品零售	7	6	1522	5166	2720	1809
纺织、服装及日用品专门零售	9	7	1493	3937	160	1399
服装零售	5	4	1026	2958	78	1091
化妆品及卫生用品零售	2	2	249	896	68	240
钟表、眼镜零售	1	1	150			
其他日用品零售	1		68	82	14	68
文化、体育用品及器材专门零售	12	11	1997	7292	736	3323
文具用品零售	1	1	150			
珠宝首饰零售	3	3	394	1096	313	771
工艺美术品及收藏品零售	8	7	1453	6196	424	2551
医药及医疗器材专门零售	11	10	6074	21411	10266	4598
药品零售	10	9	6074	14923	4778	3663
医疗用品及器材零售	1	1		6488	5488	935
汽车、摩托车、燃料及零配件专门零售	114	92	64678	191292	13115	62505
汽车零售	106	85	62785	186652	12042	60418
汽车零配件零售	2	2	166	929	483	191
摩托车及零配件零售	1		994	1119	34	1012
机动车燃料零售	5	5	733	2592	557	884
家用电器及电子产品专门零售	49	40	13948	669614	142444	14233
日用家电设备零售	42	34	13789	652986	140702	13748
计算机、软件及辅助设备零售	5	5	88	15467	1293	168
其他电子产品零售	2	1	70	1162	449	316
五金、家具及室内装饰材料专门零售	28	24	6322	48934	4999	6657
五金零售	10	9	878	8219	3403	1127
家具零售	9	8	3542	20410	604	4563
卫生洁具零售	1			283	36	140
木质装饰材料零售	1	1	288	419	98	311
其他室内装饰材料零售	7	6	1615	19603	859	516
货摊、无店铺及其他零售业	51	36	4572	41802	10407	7874
互联网零售	40	29	3316	31416	8442	5776
旧货零售	1	1				
其他未列明零售业	10	6	1256	10386	1965	2098
内资企业	354	279	133691	1079426	208091	138772
国有企业	1	1		123		
集体企业	2	2	1053	1374	779	278
股份合作企业	1	1	137	1321	167	231
有限责任公司	134	111	75001	228921	26359	73423
国有独资公司	1	1	4392	6375	925	2601
其他有限责任公司	133	110	70609	222545	25434	70822
股份有限公司	18	15	10919	21195	1033	14400
私营企业	198	149	46582	826492	179752	50440
私营独资企业	2	2	196	134	100	32
私营有限责任公司	182	139	36682	795594	168860	37035
私营股份有限公司	14	8	9704	30765	10792	13373

单位:万元

二、期末资产负债

固定资产合计	固定资产原价	累计折旧		在建工程	资产总计	流动负债合计		非流动负债合计	负债合计
			本年折旧				应付帐款		
11158	11885	1484	498	2642	109177	63927	21587	－3464	72532
197	599	402	63		24369	4071	3016		4071
663426	764782	102049	70000	536994	1860707	1064081	87385	49129	1109365
50605	61118	10513	4330	131	133654	72325	12800	21217	93799
33628	38900	5271	3423	111	74325	17905	6162	10867	28772
16089	21033	4944	782		56320	53431	6324	9938	63626
887	1185	298	125	20	3009	989	313	412	1402
7326	9761	2435	464	843	32405	15468	2595	2267	17735
200	220	20	10		520	160	160		160
432	498	66	38	428	3607	1195	600		1195
95	274	179	6		642	213	71	12	225
521	521				889	102	89	265	367
4721	6618	1897	326	403	20109	12273	1167	680	12952
1359	1631	272	84	13	6638	1524	510	1311	2835
1638	1851	226	70		5999	2374	999	550	2924
696	720	23	20		3971	1964	920	535	2499
616	819	203	50		1519	356	25	15	371
312	312				312	54	54		54
14					196				
9741	11510	1769	1185	13461	36362	16579	474	88	16667
979	1753	774	595		2927	1217	3		1217
8762	9757	995	589	13461	33435	15362	471	88	15450
2191	3082	939	155		26545	17516	1980	504	18020
2191	3082	939	155		20057	12917	1980	504	13420
					6488	4599			4599
40263	58903	19166	4290	1874	275303	191877	23868	7431	194977
36021	52482	16966	3817	1874	255013	188834	22338	6780	191283
297	325	28	0		1366	877	674	0	877
635	1046	411	51		1754	838	210	601	1440
3311	5051	1761	422		17170	1329	647	49	1378
533744	596260	62516	58294	520111	1209829	697210	27811	8771	705981
533205	595672	62467	58265	520111	1192560	683330	26842	8771	692101
329	352	23	13		15796	13504	661		13504
210	237	27	16		1474	376	308		376
6457	9814	3357	775	200	83508	26973	8739	3576	30549
440	501	61	13		8726	3243	1173	360	3603
4236	6420	2184	424	200	49260	14715	4898	2901	17616
66	79	13			350	84	18		84
3	10	7	2		431	27	8		27
1713	2804	1092	337		24742	8904	2641	315	9219
11460	12484	1128	438	374	57102	23760	8120	4725	28714
10048	10641	697	398	218	44991	16335	6027	4335	20898
					30				
1412	1843	431	40	156	12081	7425	2093	390	7815
662960	764242	101975	69977	536994	1858540	1062483	86292	49129	1107767
49	118	69	1		172	84			84
150	195	45	17		1927	1273	267		1273
156	293	138	20		1477	968	517		968
45157	67697	22546	4207	1041	313409	221558	30180	2000	219457
266	578	312	65		6663	6375	1829		2395
44891	67119	22233	4141	1041	306746	215183	28351	2000	217063
19550	24672	5122	998	14314	68378	26375	1183	5948	32323
597900	671267	74055	64735	521639	1473178	812225	54145	41180	853662
7	19	12	5		319	132	82	12	144
562731	631429	69386	61192	521639	1405678	799727	48807	27937	827920
35162	39819	4657	3539		67180	12366	5256	13231	25597

指标名称	法人企业数（个）	执行《2006年企业会计准则》企业数（个）	一、年初存货	流动资产合计	应收帐款	存货
港、澳、台商投资企业	2	2	1105	1700	2	1094
合资经营企业(港或澳、台资)	2	2	1105	1700	2	1094
国有控股	4	4	5720	9459	941	4255
集体控股	4	4	1354	4457	998	494
私人控股	326	256	120039	1014016	199170	126361
港澳台商控股	1	1	1117	3461	72	1886
其他	21	16	6565	49734	6912	6871
独立门店	314	247	121462	1013233	195072	122839
连锁总店	3	3	1063	2634	300	1369
连锁门店	6	6	1914	4330	255	2366
其他	33	25	10356	60930	12466	13292
大型	3	1	11210	18978	2035	14562
中型	80	66	76427	231438	26567	71561
小型	230	180	44018	182132	39642	50107
微型	43	34	3140	648579	139848	3636
有店铺零售	309	246	130694	1038991	192040	131912
食杂店	5	4	436	1282	301	773
便利店	3		462	880	85	666
超市	25	15	12299	37698	11973	11559
大型超市	13	10	15673	29950	2859	21177
仓储会员店	1	1				
百货店	16	14	5511	14239	5292	3681
专业店	127	104	30515	98133	14827	33124
专卖店	92	73	59770	809733	150109	54762
家居建材商店	12	11	2857	33064	3250	1991
购物中心	2	2	209	514	176	278
厂家直销中心	13	12	2962	13500	3168	3901
无店铺零售	47	35	4101	42135	16053	7954
电视购物	1	1		6488	5488	935
网上商店	42	30	3768	34232	10144	6757
三、批发业按地区分组	77	58	158922	527206	99755	100629
信州区	5	4	23854	232202	21701	43696
广丰区	11	10	874	9832	85	538
上饶县	13	12	20686	158851	36418	28175
玉山县	1	1	103	274	120	151
铅山县	12	6	174	29128	15711	3797
横峰县	4	3	573	4752	1059	634
弋阳县	10	8	7251	35526	21899	7424
余干县	6	1	6892	8753	476	6011
鄱阳县	2	2	90525	6293		4678
万年县	3	2	4268	14326	989	4679
婺源县	4	4	3403	24730	250	250
德兴市	6	5	319	2540	1047	595
四、零售业按地区分组	356	281	134796	1081126	208092	139866
信州区	48	44	20798	71822	10922	18318
广丰区	59	50	2880	18905	3965	4601
上饶县	48	38	47949	156350	9880	47499
玉山县	48	39	6746	34990	8829	8161
铅山县	4	4	225	1106	197	88
横峰县	8	7	46	625451	137544	15
弋阳县	8	7	1250	2475	1260	414
余干县	23		19966	28521	1145	24067
鄱阳县	32	25	13847	34625	6263	12701
万年县	26	24	6790	40965	14769	10251
婺源县	21	19	7202	42675	8948	5072
德兴市	31	24	7097	23240	4374	8680

单位:万元

二、期末资产负债

固定资产合计	固定资产原价	累计折旧	本年折旧	在建工程	资产总计	流动负债合计	应付帐款	非流动负债合计	负债合计
466	541	75	23		2167	1598	1093		1598
466	541	75	23		2167	1598	1093		1598
4802	8563	3761	671		23168	16178	1913		12197
805	1211	406	29		5676	2996	399		2996
646154	739283	93821	67831	536186	1759658	988148	76351	49087	1037372
669	921	252	181		4163	4161	33		4161
10997	14806	3809	1288	808	68042	52598	8689	42	52640
642514	736085	94229	68396	536749	1751919	1023505	74445	47351	1066781
98	171	73	27		2764	1788	604		1788
6262	8262	2000	41		12472	1365	611	15	1380
14552	20265	5748	1537	244	93551	37423	11724	1763	39416
7677	9682	2006	398	111	26765	15484	1259	6290	21774
87171	112470	25349	7394	14803	386047	228163	30822	20046	244366
45541	60914	16015	4130	1994	274585	143252	30778	16041	159291
523037	581717	58679	58079	520086	1173310	677183	24526	6752	683935
651783	752263	101047	69560	536220	1800199	1041477	80785	43694	1081098
749	959	209	76	87	2100	838	386	211	1049
1510	1759	249	73		2389	545	185	1192	1736
37387	41731	4344	3377	20	80541	20086	7014	13907	34250
18170	24723	6553	768		50531	28848	3357	6627	35475
					290	148			148
4163	6187	2024	267	111	19005	28078	3435	786	28864
31616	43715	12650	3094	14510	171940	91830	17339	9579	101409
552908	625245	72354	61280	521470	1399651	845502	40750	10554	851725
1890	3159	1269	337		53197	17389	6166	120	17509
1	12	12	2		563	267	98		267
3390	4775	1384	286	23	19993	7948	2056	718	8666
11643	12520	1002	440	774	60508	22605	6600	5435	28268
					6488	4599			4599
10571	11173	707	408	635	48835	17581	6544	5435	23244
91573	136978	46162	4414	24947	705944	339125	130701	9874	361068
40157	69963	29805	1671	21011	338037	119585	64306	385	119970
5206	5004	536	191		15520	1465	8	510	5763
14541	19921	5380	892	2672	179227	108493	22874	1365	109858
					274	250	219		250
1409	1975	566	122		34158	22293	16368	3	27864
2022	2014	11	11	10	6897	2099	1477		4812
993	2041	1049	190	172	37449	30640	21504	832	31471
15184	22187	7003	989	1082	25018	9427	2745	10507	19934
3991	5048	1057	211		12178	6001		2364	8364
7451	7989	537	115		21777	12535	967		12535
197	247	50	12		31919	24793		- 6713	18080
422	590	168	10		3489	1546	233	623	2169
663426	764782	102049	70000	536994	1860707	1064081	87385	49129	1109365
17666	26412	8793	1052	766	119337	91172	12083		87191
8015	10836	2884	918	194	33957	10000	3431	1609	11844
27963	40151	12193	3218	1028	212403	160522	20262	5316	165488
11087	14645	3621	583	110	57206	19417	6883	3651	23062
53	77	24	9		1257	425	74	12	475
521025	578925	57899	57822	520023	1147355	660444	22750	6529	666973
419	733	314	42	28	3447	1548	393	2	1550
21401	26126	5225	1005		49922	22428	3609	16058	38706
6627	9335	2707	592		47076	30653	3660	1993	32646
34731	39365	4634	3855	903	79852	15350	6115	11028	26377
10565	12268	1703	448	13470	78909	36983	3323	2631	39615
3874	5910	2050	457	472	29986	15140	4803	300	15440

12－7　限额以上批发和零售

（2016

指标名称	二、期末资产负债（续）					
	所有者权益合计	实收资本				
			国家资本	集体资本	法人资本	个人资本
总计	1096218	631659	25982	151926	368012	85615
一、批发业	344876	57999	13293	1027	24535	19020
农、林、牧产品批发	5227	3932	2815	477	640	
谷物、豆及薯类批发	3684	3409	2815	4	590	
种子批发	1070	50			50	
棉、麻批发	473	473		473		
食品、饮料及烟草制品批发	170770	12768	9062		2672	1034
米、面制品及食用油批发	7973	7950	7950			
肉、禽、蛋、奶及水产品批发	2808	1466	10		1402	54
盐及调味品批发	1884	400	400			
酒、饮料及茶叶批发	2250	1000			450	550
烟草制品批发	151663	702	702			
其他食品批发	4192	1250			820	430
纺织、服装及家庭用品批发	17936	420				295
纺织品、针织品及原料批发	97	95				95
厨房、卫生间用具及日用杂货批发	1996	200				200
灯具、装饰物品批发	15842	125				
医药及医疗器材批发	32224	13445	200		6945	6300
西药批发	17094	12875	200		6375	6300
中药批发	126	200			200	
医疗用品及器材批发	15004	370			370	
矿产品、建材及化工产品批发	75282	13542	1215	550	6906	4870
煤炭及制品批发	4617	4997	510		620	3867
石油及制品批发	58472	1021	705		181	135
非金属矿及制品批发	125	100			100	
金属及金属矿批发	1270	1032			932	100
建材批发	1993	2087			1887	200
化肥批发	5776	3580		550	2562	468
其他化工产品批发	3029	724			624	100
机械设备、五金产品及电子产品批发	39078	10504			7004	3500
汽车批发	889	5000			5000	
汽车零配件批发	38173	5500			2000	3500
五金产品批发	16	4			4	
其他批发业	4359	3390			367	3022
再生物资回收与批发	2603	1970				1970
其他未列明批发业	1756	1420			367	1052
内资企业	329034	57874	13293	1027	24535	19020
国有企业	157231	4511	3917	4	590	
集体企业	1023	1023		1023		
有限责任公司	80695	32449	8470		13639	10340
国有独资公司	8007	7960	7960			
其他有限责任公司	72689	24489	510		13639	10340
股份有限公司	64132	2565	905		1564	95
私营企业	25952	17326			8741	8585
私营有限责任公司	25064	16826			8741	8085
私营股份有限公司	888	500				500
港、澳、台商投资企业	15842	125				
港、澳、台商独资经营企业	15842	125				
国有控股	223510	13358	12583	4	771	
集体控股	1023	1023		1023		
私人控股	97707	31708	710		15044	15954
港澳台商控股	15842	125				
其他	6793	11786			8719	3067
独立门店	97109	40162	9288	1027	16341	13505
连锁总店	209935	1588	1407		181	
其他	37831	16249	2597		8012	5515
大型	215448	2922	1607		1314	
中型	72486	38160	11175	477	13641	12866

法人企业财务状况综合表(二)

年）

单位:万元

	三、损益及分配							
港澳台资本	营业收入	主营业务收入	营业成本	主营业务成本	营业税金及附加	主营业务税金及附加	其他业务利润	销售费用
125	4944812	4924570	4308772	4297641	172297	171309	18736	126468
125	1683253	1669253	1403933	1397482	79046	78979	6791	62652
	44409	44223	42166	41980	94	93	187	834
	35952	35765	34120	33934	91	91	187	750
	2568	2568	2346	2346	0	0		43
	5890	5890	5700	5700	2	2		41
	632620	632118	463809	463804	73623	73558	6	10734
	7518	7518	7278	7278	13	13		88
	63699	63693	61441	61436	238	237	5	642
	7857	7856	5460	5460	44	44	1	1147
	16557	16251	13017	13017	192	192		1014
	507206	507017	352191	352191	70576	70576		6677
	29783	29783	24423	24423	2560	2497		1168
125	35138	28989	25820	25820	199	199	6149	1988
	2514	2514	2011	2011	102	102		124
	2862	2862	2488	2488	41	41		18
125	29762	23613	21321	21321	55	55	6149	1847
	180212	180208	162419	162415	600	599	8	8549
	165107	165102	149372	149368	539	539	8	7611
	4162	4162	3894	3894	12	12		169
	10943	10943	9153	9153	48	48		769
	517058	509906	468172	461921	910	910	435	21023
	154758	154509	147643	147643	112	112	249	6045
	288704	281809	253238	246994	351	351		13178
	2221	2221	1793	1793	18	18		444
	34205	34205	31961	31961	128	128		318
	4789	4789	4703	4703	74	74		88
	29763	29754	26709	26701	215	214	186	787
	2619	2619	2126	2126	13	13		162
	232425	232425	203659	203659	3185	3185		18447
	106868	106868	93883	93883	64	64		17055
	112112	112112	96813	96813	3110	3110		969
	13445	13445	12964	12964	12	12		424
	41391	41385	37889	37884	435	435	6	1077
	9321	9321	8165	8165	55	55		655
	32070	32064	29724	29719	380	380	6	422
	1653491	1645640	1382612	1376161	78990	78923	642	60805
	551015	550638	391771	391585	70711	70710	188	8574
	12755	12755	12466	12466	4	4	77	100
	529608	529347	480844	480834	3982	3980	365	28697
	24093	24093	23479	23479	14	13		274
	505515	505255	457366	457355	3968	3967	365	28423
	363828	356934	321798	315554	547	547		15862
	196285	195967	175733	175722	3747	3683	12	7573
	192720	192402	172484	172473	3747	3683	12	7468
	3564	3564	3248	3248	0	0		106
125	29762	23613	21321	21321	55	55	6149	1847
125	29762	23613	21321	21321	55	55	6149	1847
	861711	854440	666888	660458	71013	71011	188	21962
	12755	12755	12466	12466	4	4	77	100
	553835	553267	498802	498791	7320	7256	362	18873
125	29762	23613	21321	21321	55	55	6149	1847
	225190	225178	204457	204446	654	653	15	19871
	672692	672441	606697	606697	6596	6533	432	36649
	793810	786726	603829	597585	70864	70864		19792
125	216751	210086	193407	193199	1586	1582	6359	6211
	865420	858337	669948	663704	70971	70971		22315
	557160	556957	503782	503582	6790	6787	207	28945

备注:该表数据为 2016 年年报数。

12－7 续表3

指标名称	二、期末资产负债(续)					
	所有者权益合计	实收资本				
			国家资本	集体资本	法人资本	个人资本
小型	36645	15869	510	550	8755	6054
微型	20297	1049			824	100
二、零售业	751342	573660	12690	150899	343477	66594
综合零售	39855	20755	1000	410	9529	9816
百货零售	45553	7606			3166	4440
超级市场零售	－7306	12222	1000		5875	5347
其他综合零售	1608	927		410	488	30
食品、饮料及烟草制品专门零售	14670	9915	68		3847	6000
粮油零售	360	280			280	
果品、蔬菜零售	2412	1979			1074	905
肉、禽、蛋、奶及水产品零售	417	393	68		150	175
营养和保健品零售	522	280				280
酒、饮料及茶叶零售	7156	4333			1607	2726
其他食品零售	3803	2650			736	1914
纺织、服装及日用品专门零售	3075	1293	51		248	994
服装零售	1473	848	51		148	649
化妆品及卫生用品零售	1148	225				225
钟表、眼镜零售	258	120				120
其他日用品零售	196	100			100	
文化、体育用品及器材专门零售	19695	8365			1850	6515
文具用品零售						
珠宝首饰零售	1710	1354			754	600
工艺美术品及收藏品零售	17985	7011			1096	5915
医药及医疗器材专门零售	8525	4798			3610	1188
药品零售	6637	4598			3410	1188
医疗用品及器材零售	1889	200			200	
汽车、摩托车、燃料及零配件专门零售	80326	76907	11534		45005	20368
汽车零售	63730	63148			43868	19280
汽车零配件零售	489	460				460
摩托车及零配件零售	315	315			237	78
机动车燃料零售	15792	12984	11534		900	550
家用电器及电子产品专门零售	503848	425176		150005	267264	7908
日用家电设备零售	500459	423167		150005	265966	7196
计算机、软件及辅助设备零售	2292	912			200	712
其他电子产品零售	1098	1098			1098	
五金、家具及室内装饰材料专门零售	52959	14540			4968	9572
五金零售	5122	4783			1108	3675
家具零售	31644	7800			3000	4800
卫生洁具零售	266	160			160	
木质装饰材料零售	404	400			400	
其他室内装饰材料零售	15524	1397			300	1097
货摊、无店铺及其他零售业	28389	11911	37	484	7157	4234
互联网零售	24093	10541	37	130	6937	3437
旧货零售	30	30		24	5	1
其他未列明零售业	4266	1340		330	215	795
内资企业	750773	573330	12690	150899	343147	66594
国有企业	88	68	68			
集体企业	655	415		415		
股份合作企业	509	500				500
有限责任公司	93952	86102	1075	378	56031	28618
国有独资公司	4268	4000			4000	
其他有限责任公司	89683	82102	1075	378	52031	28618
股份有限公司	36055	25364	11534		4222	9607
私营企业	619516	460881	13	150106	282894	27868
私营独资企业	175	168			55	113
私营有限责任公司	577758	454715	13	150106	279340	25257
私营股份有限公司	41584	5998			3499	2498

单位:万元

港澳台资本	三、损益及分配 营业收入	主营业务收入	营业成本	主营业务成本	营业税金及附加	主营业务税金及附加	其他业务利润	销售费用
	219379	219121	199066	199059	1192	1128	435	8648
125	41294	34839	31137	31137	93	93	6149	2744
	3261559	3255317	2904839	2900159	93252	92330	11945	63816
	289691	289375	249178	249137	6968	6965	2782	14978
	128465	128465	110419	110419	821	821		4574
	133571	133266	116458	116428	6018	6015	2780	9076
	27655	27644	22301	22290	129	129	2	1328
	54073	54060	42603	42521	498	496	39	2252
	865	865	570	570	21	21		31
	8985	8985	6178	6178	41	41		533
	9869	9869	8967	8967	58	58	1	52
	1865	1865	1755	1755	6	6		6
	19007	18994	15335	15253	199	198	39	923
	13482	13482	9799	9799	173	173		707
	10025	10024	8313	7992	121	99	1	203
	7106	7105	6268	6207	86	86	1	114
	1937	1937	1351	1351	10	10		59
	542	542	433	433	2	2		
	441	441	260		22			29
	21742	21514	14911	14751	490	490		622
	200		150					
	4669	4640	3757	3757	82	82		66
	16873	16873	11004	10994	408	408		556
	39983	39980	34638	34635	296	296	4	932
	38638	38634	33333	33330	282	282	4	932
	1345	1345	1306	1306	14	14		
	987904	984738	908925	906689	4733	3922	2205	16477
	955648	952891	879164	877294	4475	3664	2112	14693
	5005	5005	4957	4957	43	43	47	0
	3935	3932	3247	3244	197	196	3	59
	23316	22910	21558	21195	19	19	42	1724
	1577048	1576677	1408125	1407766	77582	77554	1363	20732
	1563452	1563113	1396079	1395736	77450	77436	1363	20593
	11846	11813	10777	10761	129	115		68
	1751	1751	1269	1269	3	3		71
	127999	127998	109216	108703	1177	1177	5534	3102
	12565	12565	11040	11040	219	219		394
	66312	66312	54308	54306	702	702	1902	1739
	698	698	524	524	2	2		16
	571	571	362	362	20	20		116
	47853	47852	42983	42471	235	235	3632	837
	153095	150952	128929	127966	1387	1332	17	4518
	99215	97080	80722	79759	1070	1015		3166
	7000	7000	6040	6040	200	200		350
	46879	46872	42168	42167	117	117	17	1002
	3256738	3250496	2901180	2896500	93242	92321	11945	63511
	5908	5908	5775	5775			1	
	25482	25482	20660	20660	46	46		1251
	4660	4660	4324	4324	2	2		218
	991298	987775	902440	900400	2798	2051	2862	24165
	35803	34213	34890	33536	22	22		581
	955495	953563	867551	866864	2775	2029	2862	23584
	93789	93341	76397	75999	2934	2931	1950	3410
	2135602	2133330	1891584	1889342	87464	87292	7133	34466
	1662	1662	1125	1125	8	8		1
	2046587	2044335	1820886	1818923	85264	85094	7113	32253
	87353	87334	69573	69294	2191	2190	20	2212

12－7 续表 4

指标名称	二、期末资产负债（续）					
	所有者权益合计	实收资本				
			国家资本	集体资本	法人资本	个人资本
港、澳、台商投资企业	568	330			330	0
合资经营企业（港或澳、台资）	568	330			330	0
国有控股	10971	16602	12602		4000	
集体控股	2680	855		745	110	
私人控股	722286	544169	64	150106	330620	63380
港澳台商控股	2	1000			1000	
其他	15403	11034	24	48	7747	3215
独立门店	685138	533559	1081	150851	322622	59005
连锁总店	976	910			300	610
连锁门店	11092	10582			10192	390
其他	54135	28610	11609	48	10363	6589
大型	4991	3948			2204	1744
中型	141681	91276	12585		51430	27261
小型	115294	69900	81	846	35639	33334
微型	489375	408536	24	150053	254204	4255
有店铺零售	719101	560750	12653	150769	334440	62888
食杂店	1051	900			636	264
便利店	653	653			556	97
超市	46291	7109			3974	3136
大型超市	15056	22010	1000		14326	6684
仓储会员店	142	120				120
百货店	－9859	3106		410	1200	1496
专业店	70531	52562	11534	24	18137	22867
专卖店	547925	462238	68	150330	292990	18851
家居建材商店	35687	5699			1710	3989
购物中心	296	151	51			100
厂家直销中心	11328	6203		5	913	5285
无店铺零售	32241	12910	37	130	9037	3706
电视购物	1889	200			200	
网上商店	25591	11741	37	130	7937	3637
三、批发业按地区分组	344876	57999	13293	1027	24535	19020
信州区	218068	4322	2007		1314	1000
广丰区	9758	7223			2960	4263
上饶县	69370	16769			12144	4500
玉山县	24					
铅山县	6294	3611			174	3437
横峰县	2085	2413			1787	626
弋阳县	5978	7762	510		2788	4464
余干县	5085	5085	2587		2097	400
鄱阳县	3814	852	228	4	620	
万年县	9243	8135	7950		50	135
婺源县	13839	600			600	
德兴市	1320	1228	10	1023		195
四、零售业按地区分组	751342	573660	12690	150899	343477	66594
信州区	32146	43610	12585	29	19479	11517
广丰区	22113	14495	37	130	6211	8117
上饶县	46916	47953			35997	11956
玉山县	34143	13473			9010	4463
铅山县	782	514			173	340
横峰县	480383	403021	68	150000	252060	893
弋阳县	1896	1203		410	50	743
余干县	11217	11217			7971	3246
鄱阳县	14430	11132			4811	6322
万年县	53475	10247		330	5638	4279
婺源县	39295	9548			1110	8438
德兴市	14546	7247			967	6281

单位:万元

	三、损益及分配							
港澳台资本	营业收入	主营业务收入	营业成本	主营业务成本	营业税金及附加	主营业务税金及附加	其他业务利润	销售费用
	4821	4821	3659	3659	9	9		305
	4821	4821	3659	3659	9	9		305
	75999	74003	71894	70177	131	131	43	4713
	34776	34776	28304	28304	92	92		1370
	3019744	3015958	2685496	2682689	92866	91945	11547	53623
	12148	12148	11733	11733	3	3		417
	118892	118431	107412	107256	160	160	355	3694
	2744075	2740713	2439716	2436487	92332	91488	7584	54256
	3845	3845	3029	3029	109	109		452
	11496	11174	8945	8913	95	95	348	1532
	502144	499585	453150	451730	715	638	4013	7575
	93104	93082	77461	77441	2828	2826	22	2143
	1023745	1020638	932361	930366	6609	6005	10028	28143
	613786	610706	525417	522769	6668	6367	1471	17425
	1530924	1530891	1369600	1369583	77146	77132	424	16104
	3152916	3148809	2817782	2814064	92064	91198	11945	60171
	8313	8301	6889	6879	43	42	37	350
	2615	2610	2040	2036	131	130	5	33
	88782	88763	79443	79425	2793	2792	179	4099
	122141	121525	99336	99284	3908	3906	2495	7041
	1986	1986	1758	1758	7	7		6
	92370	92368	80710	80708	429	429	455	5559
	374979	373885	325491	323792	5283	5132	2237	11780
	2348149	2345790	2124968	2123109	78871	78161	2905	28737
	81473	81473	70705	70703	336	336	3633	1506
	2586	2586	2286	2286	40	40		85
	29522	29522	24157	24086	224	224		977
	108643	106508	87057	86095	1187	1132		3645
	1345	1345	1306	1306	14	14		
	103728	101593	83122	82159	1123	1068		3466
125	1683253	1669253	1403933	1397482	79046	78979	6791	62652
	893635	886551	695494	689250	71017	71017	2	23742
	45192	45192	38970	38970	467	404		965
125	353457	346753	302191	302191	3412	3412	6402	28153
	2194	2194	1900	1900	7	7		59
	56782	56782	52282	52282	116	116		2056
	13372	13372	12599	12599	86	86	100	336
	177912	177912	173918	173918	108	108		4014
	41970	41759	35741	35534	1124	1122	210	868
	42255	42255	37507	37507	2471	2471		1293
	12186	12186	11223	11223	76	76		194
	9791	9791	8873	8873	52	52		558
	34507	34507	33234	33234	109	108	77	414
	3261559	3255317	2904839	2900159	93252	92330	11945	63816
	188894	186324	170473	168048	1167	1153	1539	12537
	95802	95573	75338	75168	1603	1592	50	2546
	767329	766578	710872	710647	1496	896	3584	12156
	172111	169976	142498	141449	1554	1304	366	6071
	6842	6842	13777	13777	1645	1645	16	50
	1481705	1481705	1326566	1326566	76538	76538	1	15483
	32140	32140	26639	26639	65	65		1383
	118194	118103	93905	93822	6047	6039	91	1707
	101861	101416	90676	90662	1221	1213	2275	3493
	113437	113425	93079	92905	984	976	343	2862
	97817	97817	86286	86087	563	563	3678	1943
	85430	85418	74730	74390	370	348	3	3587

（2016

指标名称	三、损益及分配（续）						
	管理费用	税　金	财务费用	利息收入	利息支出	资产减值损　失	公允价值变动收益
总计	106247	15044	20378	5143	6981	630	707
一、批发业	35150	879	584	4692	1364	486	215
农、林、牧产品批发	1863	11	407		126		
谷物、豆及薯类批发	1678	9	404		126		
种子批发	51		0		0		
棉、麻批发	134	2	4				
食品、饮料及烟草制品批发	19084	564	－4105	4420	164	477	215
米、面制品及食用油批发	88	5	36	11	47		
肉、禽、蛋、奶及水产品批发	961	90	74		51		
盐及调味品批发	332	12	－2	1	－3	－3	
酒、饮料及茶叶批发	357	30	120		70		
烟草制品批发	16955	422	－4405	4408		8	
其他食品批发	391	5	73			472	215
纺织、服装及家庭用品批发	383	13	18	0	0		
纺织品、针织品及原料批发	275						
厨房、卫生间用具及日用杂货批发	21		18		0		
灯具、装饰物品批发	87	13	0	0			
医药及医疗器材批发	5070	89	1626	5	179	12	
西药批发	4433	89	1596	5	179	12	
中药批发	115		25				
医疗用品及器材批发	522		4	0			
矿产品、建材及化工产品批发	4986	128	2104	241	803	－2	
煤炭及制品批发	638	34	655	30	103	－2	
石油及制品批发	2618	6	590	0	1		
非金属矿及制品批发	39		4				
金属及金属矿批发	389	28	211		62		
建材批发	29		0				
化肥批发	933	59	644	211	632		
其他化工产品批发	341	0	1	0	5		
机械设备、五金产品及电子产品批发	3120	4	335	24	0		
汽车批发	1		－23	24			
汽车零配件批发	3028		357				
五金产品批发	91	4	0		0		
其他批发业	644	70	199	1	91		
再生物资回收与批发	195	1	47				
其他未列明批发业	449	69	152	1	91		
内资企业	35063	866	584	4691	1364	486	215
国有企业	18965	443	－4003	4409	123	5	
集体企业	259	4	48	11	55		
有限责任公司	7703	178	2197	40	304	10	
国有独资公司	280	5	36	11	47		
其他有限责任公司	7423	173	2162	29	257	10	
股份有限公司	4227	30	1213				
私营企业	3909	211	1129	231	882	472	215
私营有限责任公司	3741	210	1115	231	882	472	215
私营股份有限公司	168	1	14				
港、澳、台商投资企业	87	13	0	0			
港、澳、台商独资经营企业	87	13	0	0			
国有控股	21801	448	－3441	4420	169	5	
集体控股	259	4	48	11	55		
私人控股	10416	269	2590	235	900	469	215
港澳台商控股	87	13	0	0			
其他	2587	145	1388	25	239	12	
独立门店	10734	139	3012	282	858	478	215
连锁总店	19512	422	－3878	4408		8	
其他	4904	318	1450	2	505		
大型	20737	422	－3234	4408		8	
中型	10725	249	2463	42	587	481	215

法人企业财务状况综合表(三)

年)　　单位:万元

三、损益及分配(续)							四、人工成本		五、从事批发和零售业活动的从业人员平均人数(人)
投资收益	营业利润	营业外收入	政府补助	营业外支出	利润总额	应交所得税	应付职工薪酬(本年贷方累计发生额)	应交增值税	
597	221812	8770	5457	4016	194960	26386	126447	69639	21531
373	102265	2850	2023	1175	103631	19353	26798	41338	4821
	-954	1408	1408	181	283	2	1043	32	479
	-1091	1408	1408	181	146	1	895	11	439
	128				128		45		12
	9				9	1	103	21	28
	69217	165	14	251	69340	17020	14387	30492	1364
	16				16	15	205		28
	348	11	6	65	294	61	311	2	113
	879	9	8	31	857	22	808	338	80
	1858	140			1562	201	680	286	63
	65204	5		155	65054	16689	11823	29841	929
	913				1558	33	559	25	151
	6730	309			7039	1705	107	504	24
	2				2		45		11
	275				275		58	25	12
	6453	309			6761	1705	4	479	1
362	2308	549	353	93	2705	343	2772	2608	952
362	1914	140		90	1973	170	2515	2608	861
	-53	56		1	2	4	4		28
	447	353	353	2	730	168	253		63
12	20132	315	175	531	19754	145	6817	6893	1582
	-333	153	153		-194	48	622	6654	146
	18731	1		461	18332		4442		984
	-77	97					35		10
4	1202	7	7		1209	35	452	102	104
	-36				-68		70	3	16
	660	57	15	71	500	61	688	5	180
8	-14				-24		509	130	142
	3679	74	74		3752	11	1238	664	291
	-4111				-4111		734	580	149
	7836				7836		423		122
	-46	74	74		27	11	81	84	20
	1153	30		119	758	128	434	146	129
	205	24			229	21	179	96	48
	948	6		119	529	107	255	49	81
373	95812	2541	2023	1175	96869	17648	26794	40859	4820
	64992	1422	1416	368	66056	16712	13527	30190	1448
	-44	54	15	0	10	1	174	21	46
112	6399	385	347	169	7126	421	4731	8206	1172
	11	2		3	10	15	224		61
112	6389	383	347	166	7116	407	4508	8206	1111
260	20442	130		461	19488	3	4477	165	1206
2	4024	549	245	178	4189	512	3885	2277	948
2	3996	549	245	178	4161	511	3801	2275	928
	28				28	1	84	2	20
	6453	309			6761	1705	4	479	1
	6453	309			6761	1705	4	479	1
	83483	1425	1416	831	84087	16726	18131	30190	2473
	-44	54	15	0	10	1	174	21	46
273	16040	1050	592	179	16588	747	6344	9774	1806
	6453	309			6761	1705	4	479	1
100	-3667	12		165	-3816	174	2145	874	495
362	9346	836	536	43	9812	360	7912	10681	1966
	83685	6		616	83075	16689	16203	29841	1893
12	9235	2008	1488	517	10743	2304	2682	815	962
260	84935	135		616	84460	16689	16203	29841	2109
102	4311	1677	1655	471	5254	465	6987	3851	1904

备注:该表数据为2016年年报数。

12－7 续表5

指标名称	三、损益及分配(续)						
	管理费用	税金	财务费用	利息收入	利息支出	资产减值损失	公允价值变动收益
小型	3447	195	1345	242	771	－2	
微型	241	13	9	0	5		
二、零售业	71097	14165	19794	451	5618	143	493
综合零售	11626	1014	3678	55	1005	－12	
百货零售	3393	82	2173	1	359		
超级市场零售	6291	915	1146	54	316	－12	
其他综合零售	1943	17	359		329		
食品、饮料及烟草制品专门零售	3983	153	419	7	165	1	10
粮油零售	32	7	20			1	10
果品、蔬菜零售	1174		33	3	13	0	
肉、禽、蛋、奶及水产品零售	174		26				
营养和保健品零售	6		3		3		
酒、饮料及茶叶零售	931	137	288	3	113		
其他食品零售	1666	9	49	1	36		
纺织、服装及日用品专门零售	272	20	70		34		
服装零售	163	18	30		7		
化妆品及卫生用品零售	24	0	12		4		
钟表、眼镜零售	78	2	24		24		
其他日用品零售	8		4				
文化、体育用品及器材专门零售	1134	100	659		571		
文具用品零售							
珠宝首饰零售	239	3	8		3		
工艺美术品及收藏品零售	895	97	651		569		
医药及医疗器材专门零售	2412	60	116	4	52		
药品零售	2409	60	115	4	52		
医疗用品及器材零售	3		1				
汽车、摩托车、燃料及零配件专门零售	16908	1038	5056	338	2812	4	3
汽车零售	15368	996	4986	337	2762	4	3
汽车零配件零售	69	4	3		0		
摩托车及零配件零售	154	31	52		36		
机动车燃料零售	1317	7	15	0	14		
家用电器及电子产品专门零售	26094	11497	7904	1	93	3	
日用家电设备零售	25773	11486	7878	1	93	3	
计算机、软件及辅助设备零售	183	11	19	0	0		
其他电子产品零售	137		7				
五金、家具及室内装饰材料专门零售	3541	136	1184	5	797	20	400
五金零售	324	14	101		61		
家具零售	2109	109	1017	2	749	20	400
卫生洁具零售	16		0				
木质装饰材料零售	69	2	4				
其他室内装饰材料零售	1024	10	62	3	－13		
货摊、无店铺及其他零售业	5128	148	709	42	90	128	80
互联网零售	2431	136	534	38	73	48	80
旧货零售	270	5	10			80	
其他未列明零售业	2427	7	165	3	17		
内资企业	70327	14165	19794	451	5618	143	493
国有企业	132						
集体企业	1850		321		321		
股份合作企业	100	1	9	0	9		
有限责任公司	19527	650	5176	359	2665	－15	13
国有独资公司	271		27			－21	
其他有限责任公司	19257	650	5149	359	2665	7	13
股份有限公司	5019	604	1224	3	830	10	
私营企业	43698	12911	13064	89	1793	148	480
私营独资企业	84	11	44				
私营有限责任公司	39733	12376	11067	89	1591	148	480
私营股份有限公司	3880	524	1954		202	0	

单位:万元

三、损益及分配(续)							四、人工成本		五、从事批发和零售业活动的从业人员平均人数(人)
投资收益	营业利润	营业外收入	政府补助	营业外支出	利润总额	应交所得税	应付职工薪酬(本年贷方累计发生额)	应交增值税	
4	5940	589	368	89	6408	295	3136	7104	676
8	7078	449			7509	1904	472	541	132
224	119547	5920	3434	2841	91330	7032	99649	28301	16710
	13388	909	15	1069	11600	2593	16183	1522	7484
	7085	58	9	30	6965	1044	4921	1252	1621
	4705	751	6	1020	2956	1274	10904	250	5666
	1598	100		19	1679	276	359	20	197
53	4776	100	98	115	3925	372	5163	244	912
10	207						108	3	24
	1027	6	6		1033	65	688	84	123
	593				538	0	273	5	78
	89				89		852	9	16
43	1773	14	12	28	1183	175	2056	76	478
	1088	80	80	87	1082	132	1186	68	193
	1048	6	1	16	698	86	1114	305	443
	446	3		14	86	15	785	78	338
	480	3	1	1	490	71	245	228	77
	5				5		45		15
	118				118		39		13
	3877	0			3107	409	1162	353	370
							30		20
	517	0			143		228	9	69
	3359				2965	409	904	345	281
	845	148	135	66	1601	110	1983	219	584
	823	13		66	1523	48	1900	219	564
	22	135	135		78	62	83		20
13	36457	581	54	789	8210	1411	13211	16951	3332
12	37611	573	51	683	9390	1354	11462	16748	3082
	-67			0	9	1	526	4	80
	229	1		43	187	37	35	2	15
1	-1316	7	3	63	-1376	18	1188	198	155
	36596	964	16	317	42089	513	51727	6304	1369
	35665	394	16	317	40587	233	51315	5642	1288
	668	570			1239	277	189	656	47
	263				263	3	224	6	34
45	10205	3105	3096	14	8994	881	4247	482	1307
0	487	17	9	4	462	6	604	25	349
45	6863	3050	3050		5711	779	2482	315	623
	141				141	35	39		9
	1			1	1		91		18
	2713	38	37	10	2680	61	1031	142	308
114	12355	107	19	456	11106	658	4859	1920	909
90	11280	14	14	377	10186	515	4107	1483	749
	50						0		3
24	1025	93	5	79	920	143	751	437	157
224	119470	5914	3434	2841	91475	7032	99454	28244	16659
					1		61		19
	1354	98			1453	258	119	1	78
1	8	4			12	3	101	3	29
22	37131	904	152	624	10145	1760	19759	23834	6896
	34	25		1	58	12	93	-77	81
22	37098	878	152	623	10087	1748	19666	23912	6815
	4751	26		639	3292	1333	6412	441	2538
201	76225	4881	3282	1579	76573	3679	73001	3965	7099
	400	113			265	14	89	8	20
201	68263	4750	3270	1116	69423	2296	69310	3741	5916
	7563	18	12	462	6885	1368	3603	216	1163

12－7 续表6

指标名称	三、损益及分配(续)						
	管理费用	税金	财务费用	利息收入	利息支出	资产减值损失	公允价值变动收益
港、澳、台商投资企业	771	0					
合资经营企业(港或澳、台资)	771	0					
国有控股	1385	5	102	70	5	－28	
集体控股	3002	14	410	3	321		
私人控股	61999	14027	18214	284	4597	170	483
港澳台商控股	217	7	55	1	3		
其他	4495	111	1013	93	692	1	10
独立门店	65310	13988	18515	441	4720	93	413
连锁总店	62		6	3			
连锁门店	162	27	61	1	4	3	
其他	-5564	149	1211	6	895	48	80
大型	4066	799	997	1	376		
中型	19820	689	6752	312	3023	－2	400
小型	22892	1351	4665	138	2157	144	83
微型	24319	11326	7380	0	62	1	10
有店铺零售	67334	14022	19246	413	5533	95	413
食杂店	702	4	75	3	76		
便利店	141	33	39		27		
超市	3501	134	1877	3	280		
大型超市	5287	830	1059	81	284	－9	
仓储会员店	24		16				
百货店	3157	60	865	－25	500		
专业店	12675	1053	3488	10	1705	97	13
专卖店	38553	11866	11108	337	2145	8	400
家居建材商店	1550	11	193	4	59		
购物中心	148	5	1		1		
厂家直销中心	1596	27	528		458		
无店铺零售	3764	142	548	38	85	48	80
电视购物	3		1				
网上商店	3361	142	547	38	85	48	80
三、批发业按地区分组	35150	879	584	4692	1364	486	215
信州区	21145	434	－3222	4410	10	5	
广丰区	705	40	361		137		
上饶县	5998	31	1215	29	6	12	
玉山县	205						
铅山县	1148	12	279	30	0		
横峰县	362		35				
弋阳县	1306	57	882	200	723	－2	
余干县	2831	284	807		386		
鄱阳县	351	5	44			472	215
万年县	200	11	99	11	47		
婺源县	163		37				
德兴市	737	5	48	11	55		
四、零售业按地区分组	71097	14165	19794	451	5618	143	493
信州区	4817	112	946	49	35	55	
广丰区	3456	426	1021	4	155	16	3
上饶县	11331	476	3651	325	1972	29	400
玉山县	5423	211	1124	39	605	48	80
铅山县	655	11	107				
横峰县	24035	11256	7137	2	0		
弋阳县	2209	0	322		321		
余干县	6267	1505	1712		743		
鄱阳县	3480	77	398	20	189	－6	
万年县	4960	59	1750	7	223	1	10
婺源县	2285	26	763	3	582		
德兴市	2180	7	865	4	796	0	

单位:万元

三、损益及分配(续)							四、人工成本		五、从事批发和零售业活动的从业人员平均人数(人)
投资收益	营业利润	营业外收入	政府补助	营业外支出	利润总额	应交所得税	应付职工薪酬(本年贷方累计发生额)	应交增值税	
	78	6			-145		195	57	51
	78	6			-145		195	57	51
	-2197	30		108	-2279	70	2439	108	412
	1598	103		6	1696	258	373	218	125
213	117886	5664	3434	2654	89322	6229	93041	24300	15186
	-276	11		32	-297		241	26	45
11	2535	112		41	2889	475	3554	3649	942
133	84722	5607	3191	2708	83834	6470	91173	26866	14295
	187	2		1	188	18	453	47	165
	699	2	1	8	346	71	724	425	341
91	33940	309	242	124	6962	474	7299	964	1909
	5630	56		890	4797	738	5729	99	2493
46	40086	1109	59	671	11819	3115	25804	17576	9314
168	37128	4065	3368	1281	32101	2719	19130	9167	4602
10	36703	690	7		42613	461	48986	1459	301
134	107117	5682	3196	2414	79899	6310	94973	26631	15834
	254	1		49	244	14	519	43	97
	237	9	6	44	203	40	164	2	64
	7170	740	9	102	6612	1133	5261	1033	1836
	5543	18		935	3913	1175	9217	496	4888
	176				176		50		12
	1652	152	6	32	1772	279	2501	103	1150
86	16731	303	66	738	13007	1843	10637	2589	2949
48	66117	1354	13	512	44701	928	60918	21765	3288
0	7183	3046	3046	1	7188	583	2129	185	814
	14			1	27		605	15	289
	2040	58	50		2056	315	2973	402	447
90	12430	238	238	427	11431	722	4676	1670	876
	22	135	135		78	62	83		20
90	12097	94	94	427	11033	583	4386	1545	792
373	102265	2850	2023	1175	103631	19353	26798	41338	4821
260	85715	145	8	647	85218	16711	17095	30209	2218
	3727				4221	16	1714	432	311
108	12587	560	106	3	13129	1958	2980	1748	702
	24				24		59	68	15
4	904	337	313	2	932	134	625	185	165
	54	56		1	-1	4	233		53
2	-2244	57	53	8	-2276	97	1481	8579	404
	622	1428	1414	511	1538	296	1186	27	536
	332				94		511	10	169
	393				455	15	311		60
	108	211	114		202	100	306	20	82
	41	56	15	3	95	23	298	61	106
224	119547	5920	3434	2841	91330	7032	99649	28301	16710
43	-1060	885	9	325	-1016	531	7510	1273	2714
5	11825	13	6	392	9447	167	6176	1682	1240
51	28606	594	32	306	2883	648	9301	15690	2329
90	15543	14	14	3	13839	777	6017	1837	1248
	691	113			531	81	916	185	146
	31781	2			37373	2	48264	39	109
	1506	149	51	1	1648	308	374	221	157
	8647	66	18	1585	7128	1424	7210	142	3055
1	2495	11		64	1306	374	3532	5196	2636
10	9817	3176	3080	140	8991	1517	3035	272	923
0	5978	760	135	0	5474	708	2589	139	917
24	3717	137	89	25	3726	496	4725	1625	1236

12－8 限额以上批发零售法人

(2016

指标名称	法人企业数（个）	从业人员期末人数（人）	商品购进额	进口	商品销售额
总计	433	21042	3835687	27591	4812364
一、批发业	77	4940	1225771	4958	1870619
农、林、牧产品批发	4	477	27704		71861
谷物、豆及薯类批发	2	437	19817		63403
种子批发	1	12	2586		2568
棉、麻批发	1	28	5301		5890
食品、饮料及烟草制品批发	13	1351	512962		733719
米、面制品及食用油批发	1	28	8766		7572
肉、禽、蛋、奶及水产品批发	3	118	73183		72650
盐及调味品批发	1	80	4955		7856
酒、饮料及茶叶批发	3	79	23047		22901
烟草制品批发	1	900	371569		586422
其他食品批发	4	146	31442		36319
纺织、服装及家庭用品批发	3	24	30291		33003
纺织品、针织品及原料批发	1	11	2473		2514
厨房、卫生间用具及日用杂货批发	1	12	2873		2862
灯具、装饰物品批发	1	1	24945		27627
医药及医疗器材批发	13	1045	185280		201435
西药批发	9	954	171151		184778
中药批发	1	28	4937		5486
医疗用品及器材批发	3	63	9192		11171
矿产品、建材及化工产品批发	30	1618	214047	502	568587
煤炭及制品批发	7	150	145025		165803
石油及制品批发	2	984	1600		329360
非金属矿及制品批发	1	10	2886		2221
金属及金属矿批发	7	104	34562		34795
建材批发	2	17	2812		4726
化肥批发	7	204	24824	502	29077
其他化工产品批发	4	149	2338		2606
机械设备、五金产品及电子产品批发	7	299	217717		222971
汽车批发	1	157	99480		106868
汽车零配件批发	2	122	114336		112112
五金产品批发	4	20	3900		3991
其他批发业	7	126	37770	4456	39043
再生物资回收与批发	3	46	9671	4456	9321
其他未列明批发业	4	80	28099		29722
内资企业	76	4939	1200825	4958	1842992
国有企业	4	1417	396341		657681
集体企业	2	43	12068		12755
有限责任公司	34	1229	502827	502	537382
国有独资公司	2	67	28673		27506
其他有限责任公司	32	1162	474154	502	509876
股份有限公司	4	1245	83223		416203
私营企业	32	1005	206367	4456	218972
私营有限责任公司	31	985	201911		215408
私营股份有限公司	1	20	4456	4456	3564
港、澳、台商投资企业	1	1	24945		27627
港澳台商独资企业	1	1	24945		27627
国有控股	7	2448	425014		1012446
集体控股	2	43	12068		12755
私人控股	60	1947	553830	4958	592554
港澳台商控股	1	1	24945		27627
其他	7	501	209915		225236
独立门店	46	2106	644251	502	733501
连锁总店	2	1864	371569		913682
其他	29	970	209951	4456	223436
大型	3	2114	449029		997011
中型	24	1968	539202		608326

企业商品购进、销售和库存

年）　　　　　　　　　　　　　　　　　　　　　　　　　　　　　　　　　　单位：万元

其中：通过公共网络实现的商品销售额	其中：通过公共网络实现的销售额	其中：使用银行卡支付的商品销售额	批发额	出口	零售额	其中：通过公共网络实现的商品销售额	其中：通过非自营平台实现的销售额	期末商品库存额	年末零售营业面积（平方米）
736918	42993	255046	1722822	347	3089542	134985	38183	305459	1068819
580269	1691	115051	1408774		461845	870		135023	250292
		97	49119		22741			10149	2666
		97	40679		22724			10123	2206
			2568					18	260
			5872		18			7	200
575132		300	717640		16079	870		67689	10103
			7572					4551	316
			66155		6495			4447	2486
			7856					344	80
2101		300	20831		2070	870		2104	903
573031			586422					41808	
			28805		7514			14435	6318
			33003					303	820
			2514					210	120
			2862					92	500
			27627						200
		2041	141969		59466			14158	11776
		2041	129511		55267			12590	7476
			5486					598	3000
			6972		4199			969	1300
5138	1691	2449	248595		319993			17127	203265
			160276		5527			4663	4720
1500	1500	600	31909		297451			6889	179912
			2221					676	300
		1342	23112		11683			1582	9355
			4726					193	1200
3638	191	507	23961		5115			2940	6278
			2390		216			184	1500
		106868	183816		39155			23588	16360
		106868	104502		2366			5456	5000
			75684		36428			17950	6200
			3630		361			182	5160
		3296	34631		4412			2010	5302
		2823	8492		829			1173	3250
		473	26140		3582			837	2052
580269	1691	115051	1381147		461845	870		135023	250092
573031		97	634957		22724			52276	2286
			12738		18			53	410
1761		110583	477343		60039			41964	33409
			21541		5964			4611	1516
1761		110583	455801		54075			37353	31893
			78387		337816			13080	180785
5478	1691	4371	177723		41249	870		27652	33202
5478	1691	4371	174159		41249	870		26695	32002
			3564					957	1200
			27627						200
			27627						200
573031		97	686307		326139			63576	183589
			12738		18			53	410
7239	1691	7195	463481		129073	870		59188	59459
			27627						200
		107760	218621		6615			12207	6634
7239	1691	107768	589461		144040	870		69947	48906
573031			616231		297451			48497	179787
		7283	203082		20354			16579	21599
573031			660395		336616			54488	180087
		109898	511808		96518			68506	25384

备注：该表数据为 2016 年年报数。

12－8 续表 1

指标名称	法人企业数（个）	从业人员期末人数（人）	商品购进额	进口	商品销售额
小型	44	724	194759	4958	219544
微型	6	134	42781		45739
二、零售业	356	16102	2609917	22632	2941745
综合零售	46	6557	266378	1481	305673
百货零售	20	1749	110117	60	122313
超级市场零售	22	4692	132017	1422	151502
其他综合零售	4	116	24244		31858
食品、饮料及烟草制品专门零售	36	962	43484	382	52625
粮油零售	2	24	900		885
果品、蔬菜零售	6	147	6760		8985
肉、禽、蛋、奶及水产品零售	4	88	7480		8609
营养和保健品零售	1	11	1325		1865
酒、饮料及茶叶零售	16	446	15355		19541
其他食品零售	7	246	11664	382	12740
纺织、服装及日用品专门零售	9	452	10085		10331
服装零售	5	346	7519		7415
化妆品及卫生用品零售	2	77	1696		1934
钟表、眼镜零售	1	16	674		542
其他日用品零售	1	13	196		441
文化、体育用品及器材专门零售	12	390	16732		19946
文具用品零售	1	20			
珠宝首饰零售	3	89	3016		3760
工艺美术品及收藏品零售	8	281	13715		16186
医药及医疗器材专门零售	11	661	24723	99	37943
药品零售	10	641	23516	99	36598
医疗用品及器材零售	1	20	1208		1345
汽车、摩托车、燃料及零配件专门零售	114	3365	608151	18191	659135
汽车零售	106	3102	581247	18191	627277
汽车零配件零售	2	80	1115		5005
摩托车及零配件零售	1	14	3218		3932
机动车燃料零售	5	169	22571		22922
家用电器及电子产品专门零售	49	1234	1406119		1578503
日用家电设备零售	42	1153	1402766		1563687
计算机、软件及辅助设备零售	5	47	2084		13066
其他电子产品零售	2	34	1269		1751
五金、家具及室内装饰材料专门零售	28	1458	120450	849	135406
五金零售	10	364	11778	849	12474
家具零售	9	710	61193		73582
卫生洁具零售	1	10	516		689
木质装饰材料零售	1	20	385		571
其他室内装饰材料零售	7	354	46579		48090
货摊、无店铺及其他零售业	51	1023	113795	1631	142183
互联网零售	40	810	64983	1631	92490
旧货零售	1	30	6000		4000
其他未列明零售业	10	183	42812		45692
内资企业	354	16051	2606124	22632	2936925
国有企业	1	19	5775		5908
集体企业	2	25	22509		29798
股份合作企业	1	29	4324		4660
有限责任公司	134	6082	625542	18997	679270
国有独资公司	1	81	5989		29458
其他有限责任公司	133	6001	619554	18997	649812
股份有限公司	18	2600	83828	1361	94912
私营企业	198	7296	1864145	2274	2122377
私营独资企业	2	20	1648		1662
私营有限责任公司	182	6133	1780854	2274	2033785
私营股份有限公司	14	1143	81643		86930

单位:万元

其中:通过公共网络实现的商品销售额	其中:通过公共网络实现的销售额	其中:使用银行卡支付的商品销售额	批发额	出口	零售额	其中:通过公共网络实现的商品销售额	其中:通过非自营平台实现的销售额	期末商品库存额	年末零售营业面积(平方米)
7239	1691	5153	191048		28495	870		10294	43001
			45522		216			1736	1820
156648	41303	139995	314049	347	2627697	134115	38183	170435	818527
7957	49	19052	12675		292998			35332	288641
		493	6046		116266			9178	89408
7957	49	18358	3945		147558			24874	196845
		202	2684		29174			1280	2388
8572	3087	2213	17274		35351	4030	2769	6407	41944
653	360		653		232	150	42	150	450
2727	2727		676		8310	2727	2727	629	3428
50			709		7900			815	2010
		1865			1865			397	2500
220		288	5527		14015	53		2294	11196
4922		61	9710		3031	1100		2123	22360
		2728	2841		7491			2370	12826
		2728	2637		4779			1665	11906
			204		1730			483	600
					542			154	120
					441			68	200
			312		19634			3235	8629
									79
			312		3448			380	580
					16186			2855	7970
3351		1031	4975		32968	1968		7289	8977
3351		1031	3630		32968	1968		6380	8877
			1345					909	100
38208	33885	97332	33320		625815	37266	32954	72662	218047
37276	32954	97065	27778		599499	37266	32954	70473	205799
932	932		5005					250	450
		267			3932			1012	1028
			537		22385			927	10770
13616		2815	169746		1408757	11298		14532	83024
2558		2334	168626		1395061	240		13155	80404
11058		481	620		12446	11058		1052	1670
			500		1251			325	950
3145	600	3350	31323		104083			12535	100610
		2351	4658		7816			1406	26329
3145	600	486	26513		47069			7053	47755
			153		537			42	360
		351			571			311	200
		163			48090			3724	25966
81799	3682	11475	41583	347	100599	79553	2461	16075	55829
80713	3682	11436	9020	347	83471	78466	2461	9952	41799
			2500		1500			4000	1000
1087		39	30064		15629	1087		2123	13030
156648	41303	139995	314049	347	2622876	134115	38183	169454	817047
					5908			0	450
			3137		26661			932	1250
			537		4124			231	500
49154	34160	109610	93980	16	585291	40537	33158	79577	401700
					29458			4217	6100
49154	34160	109610	93980	16	555833	40537	33158	75361	395600
662		4007	1993		92919	662		14195	48387
106832	7143	26378	214403	331	1907974	92916	5026	74518	364760
					1662			143	420
106818	7129	25119	212183	331	1821602	92902	5011	65951	331099
14	14	1260	2219		84711	14	14	8424	33241

12－8　续表2

指标名称	法人企业数（个）	从业人员期末人数（人）	商品购进额	进口	商品销售额
港、澳、台商投资企业	2	51	3792		4821
与港澳台商合资经营企业	2	51	3792		4821
国有控股	4	428	47495		71373
集体控股	4	72	30707		38591
私人控股	326	14474	2406540	14655	2699042
港澳台商控股	1	45	13550		13177
其他	21	1083	111624	7977	119563
独立门店	314	13734	2397048	10460	2717426
连锁总店	3	178	3330		4168
连锁门店	6	200	10511		12824
其他	33	1990	199028	12173	207328
大型	3	2489	82072		93082
中型	80	8507	639104	20998	720664
小型	230	4717	532403	1548	600749
微型	43	389	1356338	87	1527251
有店铺零售	309	15162	2538440	21001	2840723
食杂店	5	150	7344	382	8271
便利店	3	61	2086		2610
超市	25	1807	84707	71	98176
大型超市	13	3756	106154	1411	121219
仓储会员店	1	12	1758		1986
百货店	16	1251	89385		101221
专业店	127	3136	337007	947	366151
专卖店	92	3427	1816017	18191	2029094
家居建材商店	12	831	71046		80754
购物中心	2	289	3460		2896
厂家直销中心	13	442	19478		28346
无店铺零售	47	940	71477	1631	101023
电视购物	1	20	1208		1345
网上商店	42	856	67483	1631	96303
三、批发业按地区分组	77	4940	1225771	4958	1870619
信州区	5	2223	474102		1025225
广丰区	11	327	44143		45503
上饶县	13	757	346571		364421
玉山县	1	20	1948		2194
铅山县	12	163	42820	4456	45214
横峰县	4	53	9003	502	12872
弋阳县	10	453	181025		197106
余干县	6	529	35023		41759
鄱阳县	2	164	29781		75884
万年县	3	60	12952		12240
婺源县	4	82	11190		10336
德兴市	6	109	37213		37866
四、零售业按地区分组	356	16102	2609917	22632	2941745
信州区	48	2661	141115		190242
广丰区	59	1362	73713	938	89088
上饶县	48	2538	437633	18191	446131
玉山县	48	1318	127904	608	163630
铅山县	4	146	11668	58	15372
横峰县	8	110	1326600		1481705
弋阳县	8	103	28594		36498
余干县	23	3039	96786		118103
鄱阳县	32	1719	100359	2687	106838
万年县	26	956	99119	149	111171
婺源县	21	932	87808	3	97907
德兴市	31	1218	78620		85061

单位:万元

其中:通过公共网络实现的商品销售额	其中:通过公共网络实现的销售额	其中:使用银行卡支付的商品销售额	批发额	出口	零售额	其中:通过公共网络实现的商品销售额	其中:通过非自营平台实现的销售额	期末商品库存额	年末零售营业面积（平方米）
					4821			982	1480
					4821			982	1480
		9980			71373			5596	33550
			10119		28472			1095	2104
155777	40756	85055	297145	331	2401897	133394	37688	156243	725785
		12000			13177			663	6700
871	547	32960	6785	16	112778	721	495	6838	50388
109616	7524	139520	279750	58	2437676	88297	5457	149503	664067
					4168			1388	2280
		68	855		11969			407	28542
47033	33779	407	33444	289	173884	45819	32727	19137	123638
		4124	3497		89586			14562	40157
58497	34261	70934	57480		663184	41069	32663	83508	452851
78902	6946	61781	98244	331	502505	73937	5477	67080	284209
19250	96	3157	154828	16	1372423	19110	44	5286	41310
70796	34908	128559	303684		2537039	50509	33010	158886	745478
3872		61	6053		2218			785	21560
		308			2610			666	810
7957	49	3671	6832		91344			10588	46384
		14823	3300		117919			18349	154979
					1986			78	371
		448	4905		96315			7324	105174
6637	1757	19480	51182		314969	5202	507	43095	150519
52330	33103	86219	214306		1814789	45307	32503	67129	187426
		837	5390		75364			5079	44785
		849	812		2084			918	13000
		1865	10904		17442			4875	20470
85853	6395	11436	10365	347	90658	83606	5173	11549	73049
			1345					909	100
84525	6395	11436	9020	347	87283	82279	5173	10502	43199
580269	1691	115051	1408774		461845	870		135023	250292
573031			687044		338180			54842	180367
2101		1642	34776		10727	870		3298	16117
		106868	324428		39994			31179	17883
			2194					151	180
		2823	31739		13475			1547	11830
1761			11510		1362			1044	5350
1877	191		178926		18180			8605	3770
		3117	36666		5093			6011	6452
			47576		28308			20640	1952
1500	1500	600	12240					4769	701
			9791		545			2408	3400
			31884		5982			529	2290
156648	41303	139995	314049	347	2627697	134115	38183	170435	818527
13426		11475	27694		162548	11058		26764	187366
15520	746	11141	8377	74	80711	15121	548	9514	81031
40627	32954	89101	75356		370775	39234	32954	52019	153704
66725	2586	2770	5795	273	157835	62677	1913	14348	57355
7957	49	2051	1499		13873			537	6000
			153729		1327976			395	2396
1087			2634		33864	1087		1110	9720
		9501	1877		116227			26808	72501
5434	950	1852	7651		99187	668		15128	119006
4466	3073	3123	11408		99763	3963	2755	6401	22296
932	932	2134	10010		87897			9163	49850
475	14	6847	8020		77042	308	14	8249	57302

12－9 限额以上住宿和餐饮法人企业基本情况

（2016 年）

指 标 名 称	法人企业数（个）	从业人员期末人数（人）	其中:女性	法人所属产业活动单位数（个）
总计	102	7536	5028	2
一、住宿业	72	5632	3682	2
旅游饭店	50	4096	2731	2
一般旅馆	19	1237	772	
其他住宿业	3	299	179	
内资企业	72	5632	3682	2
国有企业	3	181	96	
股份合作企业	1	28	20	
有限责任公司	26	2241	1387	
其他有限责任公司	26	2241	1387	
股份有限公司	7	442	289	2
私营企业	34	2658	1832	
私营独资企业	1	45	31	
私营合伙企业	1	66	58	
私营有限责任公司	30	2432	1668	
私营股份有限公司	2	115	75	
其他企业	1	82	58	
国有控股	4	209	116	
私人控股	65	5227	3432	2
其他	3	196	134	
独立门店	66	5157	3443	2
连锁总店	1	85	36	
连锁门店	1	20	17	
其他	4	370	186	
中型	11	1908	1273	
小型	57	3679	2380	2
微型	4	45	29	
五星	2	527	362	
四星	24	2337	1517	2
三星	17	1176	723	
二星	1	45	31	
其他	28	1547	1049	
二、餐饮业	30	1904	1346	
正餐服务	30	1904	1346	
内资企业	29	1834	1296	
有限责任公司	11	858	582	
其他有限责任公司	11	858	582	
股份有限公司	5	180	135	
私营企业	13	796	579	
私营独资企业	1	68	59	

12－9 续表1

指标名称	法人企业数（个）	从业人员期末人数（人）	其中：女性	法人所属产业活动单位数（个）
私营合伙企业	2	154	128	
私营有限责任公司	10	574	392	
港、澳、台商投资企业	1	70	50	
港澳台商独资企业	1	70	50	
国有控股	1	311	235	
私人控股	27	1371	977	
港澳台商控股	1	70	50	
其他	1	152	84	
独立门店	27	1760	1246	
连锁门店	2	132	91	
其他	1	12	9	
中型	2	469	353	
小型	26	1427	987	
微型	2	8	6	
三、住宿业按地区分组	72	5632	3682	2
信州区	9	793	412	
广丰区	1	68	50	
上饶县	3	321	191	
玉山县	23	1685	1060	
铅山县	2	70	55	
横峰县	2	41	28	
弋阳县	3	97	76	
余干县	5	536	424	
鄱阳县	3	528	340	
万年县	1	159	122	
婺源县	15	1045	753	2
德兴市	5	289	171	
四、餐饮业按地区分组	30	1904	1346	
信州区	6	350	223	
广丰区	4	260	187	
上饶县	1	311	235	
玉山县	3	100	70	
铅山县	4	205	148	
横峰县	1	41	30	
余干县	3	222	187	
鄱阳县	1	60	30	
万年县	1	80	60	
婺源县	1	15	13	
德兴市	5	260	163	

备注：该表数据为2016年年报数。

（2016

指标名称	法人企业数（个）	执行《2006年企业会计准则》企业数（个）	一、年初存货	流动资产合计	应收帐款	存货
总计	102	81	14977	148552	10375	13940
一、住宿业	72	57	13674	139102	8508	12713
旅游饭店	50	41	5735	90639	5130	11782
一般旅馆	19	15	835	39667	2366	858
其他住宿业	3	1	7104	8797	1012	74
内资企业	72	57	13674	139102	8508	12713
国有企业	3	2	70	1083	270	43
股份合作企业	1	1	26	426	16	53
有限责任公司	26	20	9757	90954	3750	9746
其他有限责任公司	26	20	9757	90954	3750	9746
股份有限公司	7	7	907	6091	489	690
私营企业	34	26	2907	40504	3959	2161
私营独资企业	1	1	14	72	26	
私营合伙企业	1	1	14	327	124	11
私营有限责任公司	30	22	2725	39677	3678	1994
私营股份有限公司	2	2	155	428	131	157
其他企业	1	1	8	45	25	20
国有控股	4	3	95	1508	286	96
私人控股	65	52	13265	135264	7492	12481
其他	3	2	314	2330	731	136
独立门店	66	52	13477	132775	7320	12544
连锁总店（总部）	1	1	108	2727	801	108
连锁门店	1	1	2	175	33	2
其他	4	3	87	3426	354	60
中型	11	7	1831	52814	1764	8979
小型	57	47	11706	85937	6699	3688
微型	3	3	137	352	45	47
五星	2	2	84	19111	8	89
四星	24	19	3051	56715	4340	2502
三星	17	13	1201	17810	2111	1305
二星	1	1	14	72	26	
其他	28	22	9325	45394	2023	8817
二、餐饮业	30	24	1303	9450	1867	1227
正餐服务	30	24	1303	9450	1867	1227
内资企业	29	23	1300	8258	1843	1224
有限责任公司	11	9	830	5539	1483	805
其他有限责任公司	11	9	830	5539	1483	805
股份有限公司	5	3	28	557	56	33
私营企业	13	11	442	2162	304	385
私营独资企业	1	1	29	865		40

法人企业财务状况综合表(一)

年 单位:万元

二、期末资产负债

固定资产合计	固定资产原价	累计折旧	本年折旧	在建工程	资产总计	流动负债合计	应付帐款	非流动负债合计	负债合计
211163	277195	66040	13801	33615	555370	232289	15087	134385	369609
198018	256470	58459	13086	33276	530668	226626	13772	131730	358356
159806	209433	49627	11682	32098	429491	194333	11595	103044	297377
34354	40164	5817	704	1178	81922	29037	1825	24184	53220
3859	6874	3015	700		19256	3256	352	4502	7758
198018	256470	58459	13086	33276	530668	226626	13772	131730	358356
1883	2596	713	98		3300	1686	323	448	2134
2299	3052	753	72		2724	2568			2568
84494	109338	24844	7556	30335	294701	141050	10056	66244	207293
84494	109338	24844	7556	30335	294701	141050	10056	66244	207293
27824	38691	10874	1317	58	40984	17758	596	4967	22726
81480	102734	21254	4032	2883	188876	63526	2759	60071	123597
437	443	6			644	204	198	230	434
1230	1888	658	7	318	2099	761	51	1	762
78501	98796	20295	3966	2565	183038	62454	2409	58997	121452
1312	1607	295	59		3095	107	101	843	949
38	60	22	11		83	38	38		38
4181	5647	1466	170		6024	4254	323	448	4702
170580	226106	55534	12039	32090	496735	202814	13318	131282	334096
23257	24716	1460	877	1186	27910	19558	131		19558
177065	233266	56209	12714	33276	502695	213720	13467	128359	342079
229	319	90	34		2956			2756	2756
7	10	3	2		866	4	1	614	618
20717	22875	2158	337		24152	12902	304	0	12902
62897	84094	21197	6312	19011	259787	112046	9542	66023	178069
134704	171549	36852	6774	14265	268681	113772	4170	65227	178999
417	827	410			2201	807	59	480	1287
10078	13463	3385	3385		94289	41639	1813	42082	83721
87177	113589	26419	4424	31547	205427	103942	8060	44977	148918
25323	41734	16411	3138	466	52855	20064	1653	18511	38574
437	443	6			644	204	198	230	434
75004	87242	12239	2139	1263	177454	60778	2048	25930	86708
13145	20725	7581	715	339	24702	5663	1314	2655	11254
13145	20725	7581	715	339	24702	5663	1314	2655	11254
13105	20433	7328	699	339	23470	5648	1305	2655	11239
2231	3370	1139	139	89	8303	2460	892	1000	3460
2231	3370	1139	139	89	8303	2460	892	1000	3460
3522	4433	911	97		4107	200	34	1341	1541
7352	12630	5278	462	250	11060	2988	379	314	6238
1259	1568	309	44		2159	959			959

备注:该表数据为 2016 年年报数。

12－10　续表 1

指标名称	法人企业数（个）	执行《2006 年企业会计准则》企业数（个）	一、年初存货	流动资产合计	应收帐款	存货
私营合伙企业	2		42	260	34	45
私营有限责任公司	10	10	371	1036	270	301
港、澳、台商投资企业	1	1	3	1192	24	3
港澳台商独资企业	1	1	3	1192	24	3
国有控股	1	1	192	3373	787	154
私人控股	27	22	581	3708	682	558
港澳台商控股	1	1	3	1192	24	3
其他	1		527	1178	374	512
独立门店	27	22	1271	9232	1847	1181
连锁门店	2	1	32	198	20	46
其他	1	1		20		
中型	2	2	395	3808	895	324
小型	26	20	908	5580	936	876
微型	2	2		63	36	27
三、住宿业按地区分组	71	57	13674	139102	8508	12713
信州区	9	7	7680	27562	1295	661
广丰区	1	1	17	2456	124	21
上饶县	3	3	296	20231	372	259
玉山县	23	21	3825	44454	3099	9857
铅山县	1		26	634	65	64
横峰县	2	1	49	442	83	30
弋阳县	3	2	97	1523	169	91
余干县	5		95	847	133	124
鄱阳县	3	3	379	19616	－13	536
万年县	1	1	66	645	358	65
婺源县	15	13	1026	9917	2451	931
德兴市	5	5	121	10776	373	75
四、餐饮业按地区分组	30	24	1303	9450	1867	1227
信州区	6	5	119	524	277	138
广丰区	4	4	207	1672	132	173
上饶县	1	1	192	3373	787	154
玉山县	3	3	30	136	30	6
铅山县	4	4	34	1359	116	100
横峰县	1	1				
余干县	3		70	442	62	73
鄱阳县	1	1	11	68	2	22
万年县	1	1	100	15	10	5
婺源县	1	1	3	5	2	1
德兴市	5	3	538	1858	449	554

单位:万元

二、期末资产负债

固定资产合计	固定资产原价	累计折旧		在建工程	资产总计	流动负债合计		非流动负债合计	负债合计
			本年折旧				应付帐款		
501	703	202	33		761	188	37	299	488
5593	10359	4766	386	250	8141	1841	342	15	4792
40	292	253	16		1232	15	9		15
40	292	253	16		1232	15	9		15
293	508	215	84		3722	926	382		926
12310	19222	6912	615	339	17683	3907	545	1655	8498
40	292	253	16		1232	15	9		15
502	703	201			2065	815	378	1000	1815
12548	19984	7436	690	339	23887	5406	1253	2489	10831
397	492	95	18		595	256	61	167	423
200	250	50	7		220				
4185	8614	4429	402		8711	1361	395		4297
8919	12067	3147	309	339	15888	4269	903	2655	6925
40	44	4	4		103	32	16		32
198018	256470	58459	13086	33276	530668	226626	13772	131730	358356
11688	18785	7097	1188	195	48807	15675	854	21544	37219
2032	2032				5347	4427	36		4427
6781	9841	3059	740	1706	33025	19258	2634	16122	35379
114828	139185	24357	3478	29375	262732	103928	5324	35545	139473
14475	15049	573	573		16142	16849	79		16849
479	769	290	13		1798	863	72	100	963
404	566	162	9	84	2795	1366	1191	914	2279
3533	5310	1777	237		4380	641	163	1238	1880
11141	15736	4595	3552	134	55305	42260	2067	14702	56962
6389	10823	4435	604		7923	556	207	7500	8056
17935	26924	8989	2286	1507	72581	12527	671	29266	41792
8332	11451	3126	405	276	19833	8278	475	4799	13077
13145	20725	7581	715	339	24702	5663	1314	2655	11254
341	495	154	53	339	1292	458	91		458
4147	8734	4587	343		6562	456	22	15	3407
293	508	215	84		3722	926	382		926
1578	2114	536	19		1714	597	203		597
3879	4608	729	64		5292	1596	88		1596
					215				
1796	2316	520	91		2238	309	67	1410	1720
120	120				188	151	42		151
20	30	10	3		90	20	20		20
117	464	347	26		286	221			221
853	1336	484	33		3104	930	400	1230	2160

指标名称	二、期末资产负债(续)					
	所有者权益合计	实收资本	国家资本	集体资本	法人资本	个人资本
总计	185761	206891	960		75867	128239
一、住宿业	172313	194860	660		74215	119785
旅游饭店	132114	148933	660		52603	95670
一般旅馆	28701	33527			9412	23915
其他住宿业	11497	12400			12200	200
内资企业	172313	194860	660		74215	119785
国有企业	1166	937	536		400	
股份合作企业	156	124	124			
有限责任公司	87408	101697			27125	74572
其他有限责任公司	87408	101697			27125	74572
股份有限公司	18259	14465			6521	7944
私营企业	65279	77593			40143	37250
私营独资企业	210	20				20
私营合伙企业	1337	1138			410	728
私营有限责任公司	61587	74437			39733	34504
私营股份有限公司	2146	1998				1998
其他企业	45	45			25	20
国有控股	1322	1060	660		400	
私人控股	162639	182600			65935	116465
其他	8352	11200			7880	3320
独立门店	160615	183857	660		73512	109485
连锁总店(总部)	200	200				200
连锁门店	248	100				100
其他	11250	10703			703	10000
中型	81718	91453	536		13632	77284
小型	89681	102257	124		59532	42401
微型	914	1150			1050	100
五星	10568	11700				11700
四星	56509	74171	660		35963	37549
三星	14281	15575			8188	7187
二星	210	20				20
其他	90745	93394			30064	63330
二、餐饮业	13448	12031	300		1652	8453
正餐服务	13448	12031	300		1652	8453
内资企业	12231	10469	300		1652	8453
有限责任公司	4843	1685	300		165	1220
其他有限责任公司	4843	1685	300		165	1220
股份有限公司	2565	2495			382	2050
私营企业	4822	6289			1105	5183
私营独资企业	1200	1200				1200

法人企业财务状况综合表(二)

单位:万元

		三、损益及分配							
港澳台资本	外商资本	营业收入	主营业务收入	营业成本	主营业务成本	营业税金及附加	主营业务税金及附加	其他业务利润	销售费用
1626	200	153726	152706	77166	74228	6733	6520	1641	27272
	200	120131	119197	59609	56987	5097	4896	1556	22128
		100365	99434	48486	47859	4482	4283	804	17181
	200	15293	15291	9481	7487	531	528	751	3407
		4473	4473	1642	1642	85	85		1540
	200	120131	119197	59609	56987	5097	4896	1556	22128
		6912	6752	4354	4198	410	407	33	831
		3753	3753	1295	1295	63	63		1053
		46373	46371	22794	21815	1952	1939	1350	10877
		46373	46371	22794	21815	1952	1939	1350	10877
		18309	18109	10178	9583	713	713		969
	200	44186	43614	20505	19613	1919	1734	172	8371
		271	271	102	102	6	6		151
		1194	1154	379	359	25	16	76	352
	200	37783	37251	17710	16838	1655	1621	96	7149
		4937	4937	2314	2314	233	92		720
		599	599	483	483	40	40		28
		10665	10505	5649	5494	473	469	33	1884
	200	105713	104939	52717	50251	4476	4279	1522	18891
		3753	3753	1242	1242	148	148		1353
	200	111014	110081	53159	51516	4864	4663	1555	20914
		2493	2493	2137	1158	89	89		62
		500	500	98	98	8	8		112
		6124	6123	4215	4215	136	135	1	1040
		37355	36815	19560	19028	1859	1852	98	5239
	200	82282	81918	39900	37815	3230	3036	1453	16854
		495	465	149	144	8	8	5	35
		11559	11559	4632	4632	566	566		1096
		47561	46837	25318	22836	1945	1926	905	9069
	200	25408	25283	13812	13690	1027	1024	641	3869
		271	271	102	102	6	6		151
		35331	35247	15745	15726	1554	1374	10	7943
1626		33595	33509	17558	17242	1636	1624	85	5144
1626		33595	33509	17558	17242	1636	1624	85	5144
64		33347	33261	17410	17094	1632	1621	85	5144
		13007	12940	5336	5336	625	625	67	2620
		13007	12940	5336	5336	625	625	67	2620
64		4213	4207	2967	2961	233	233	6	305
		16127	16115	9108	8797	775	764	12	2219
		5389	5389	3753	3453	289	289		554

12－10 续表 2

指标名称	二、期末资产负债(续)					
	所有者权益合计	实收资本	国家资本	集体资本	法人资本	个人资本
私营合伙企业	273	273			170	103
私营有限责任公司	3349	4815			935	3880
港、澳、台商投资企业	1217	1562				
港澳台商独资企业	1217	1562				
国有控股	2796	300	300			
私人控股	9185	10169			1652	8453
港澳台商控股	1217	1562				
其他	250					
独立门店	13056	11656	300		1550	8180
连锁门店	172	155			102	53
其他	220	220				220
中型	4414	3300	300			3000
小型	8963	8681			1652	5403
微型	71	50				50
三、住宿业按地区分组	172313	194860	660		74215	119785
信州区	11588	23016			14632	8184
广丰区	920	1000			700	300
上饶县	－2354	6120			1800	4320
玉山县	123259	117757	124		38252	79382
铅山县	－706	1000				1000
横峰县	835	1328				1328
弋阳县	516	800			400	400
余干县	2500	2500	536		1580	384
鄱阳县	－1657	1823				1823
万年县	－133	500			500	
婺源县	30789	31628			16060	15568
德兴市	6757	7388			291	7097
四、餐饮业按地区分组	13448	12031	300		1652	8453
信州区	834	745			145	600
广丰区	3155	4882			100	3220
上饶县	2796	300	300			
玉山县	1117	810				810
铅山县	3696	3821			571	3250
横峰县	215	215			215	
余干县	519	519			352	103
鄱阳县	37	20			20	
万年县	70	70				70
婺源县	65	50			50	
德兴市	944	600			200	400

单位：万元

		三、损益及分配							
港澳台资本	外商资本	营业收入	主营业务收入	营业成本	主营业务成本	营业税金及附加	主营业务税金及附加	其他业务利润	销售费用
		2461	2450	1471	1460	265	264	12	57
		8276	8276	3884	3884	220	210		1608
1562		248	248	148	148	4	4		
1562		248	248	148	148	4	4		
		4792	4725	1506	1506	103	103	67	1577
64		26956	26937	15532	15216	1504	1493	18	3554
1562		248	248	148	148	4	4		
		1599	1599	372	372	25	25		13
1626		31557	31477	16419	16108	1475	1464	79	5113
		1807	1802	1056	1051	150	149	6	30
		230	230	82	82	11	11		1
		7323	7256	2224	2224	193	193	67	2565
1626		26025	26007	15132	14816	1442	1430	18	2576
		246	246	202	202	1	1		2
	200	120131	119197	59609	56987	5097	4896	1556	22128
	200	9241	9241	2367	2367	228	216	748	4173
		750	750	199	199	13	13		416
		2935	2935	634	634	73	73		1919
		65511	65311	35338	33950	2789	2621		8511
		1007	1007	198	198	23	23		510
		584	584	386	386	11	11		68
		1101	1101	577	577	34	34		435
		8446	7835	5061	4449	858	849	114	436
		9282	9282	4680	4680	617	617	3	1523
		2306	2306	1767	1767	49	49		32
		14099	13979	5104	5076	328	316	81	3113
		4870	4867	3299	2704	73	73	609	990
1626		33595	33509	17558	17242	1636	1624	85	5144
		3884	3884	2026	2026	149	149		760
1562		3321	3321	1084	1084	107	107		990
		4792	4725	1506	1506	103	103	67	1577
		3357	3357	1698	1698	332	323		487
		7405	7405	5332	5032	324	324		813
		1868	1868	992	992	62	62		
64		3988	3970	2309	2293	448	446	18	85
		524	524	281	281	14	14		
		100	100	80	80	2	1		5
		961	961	628	628	18	18		122
		3394	3394	1621	1621	77	77		306

指标名称	三、损益及分配(续)					
	管理费用	税　金	财务费用	利息收入	利息支出	资产减值损　失
总计	25360	1382	8911	180	5636	323
一、住宿业	20244	1039	8668	175	5549	2
旅游饭店	17065	918	7702	170	4659	2
一般旅馆	2443	114	810	5	737	
其他住宿业	736	7	156		153	
内资企业	20244	1039	8668	175	5549	2
国有企业	930	86	67	2	25	
股份合作企业	643		41			
有限责任公司	7692	335	4115	7	3269	
其他有限责任公司	7692	335	4115	7	3269	
股份有限公司	4532	74	1917	2	370	
私营企业	6433	543	2517	164	1874	2
私营独资企业	2	2				
私营合伙企业	17	1	7			
私营有限责任公司	6007	539	2434	164	1874	2
私营股份有限公司	407	1	76			
其他企业	15		11		11	
国有控股	1572	86	107	2	25	
私人控股	17350	953	7660	173	4688	2
其他	1322		901		836	
独立门店	19433	1029	8533	173	5463	2
连锁总店(总部)	23	2	86	0	86	
连锁门店	174	1	4			
其他	615	8	44	2		
中型	5455	432	1923	161	1465	
小型	14708	599	6686	15	4032	1
微型	81	9	58		52	1
五星	1811		288	160		
四星	7328	645	3987	3	3410	
三星	3885	228	2685	5	975	
二星	2	2				
其他	7218	164	1708	7	1164	2
二、餐饮业	5116	343	243	5	87	321
正餐服务	5116	343	243	5	87	321
内资企业	5027	343	243	5	87	321
有限责任公司	2865	121	24	4	17	321
其他有限责任公司	2865	121	24	4	17	321
股份有限公司	382	84	54	0	32	
私营企业	1780	139	166	0	38	
私营独资企业	313		73			

法人企业财务状况综合表(三)

单位:万元

三、损益及分配(续)							四、人工成本		五、从事住宿和餐饮业活动的从业人员平均人数(人)
投资收益	营业利润	营业外收入	政府补助	营业外支出	利润总额	应交所得税	应付职工薪酬(本年贷方累计发生额)	应交增值税	
401	10897	1327	152	346	6304	3235	23381	1312	7495
401	6904	1281	147	267	3487	3098	17917	923	5597
	7074	311	147	261	4125	3063	12294	835	4070
401	- 93	970	0	6	171	35	5398	75	1228
	- 77				- 809	1	225	13	299
401	6904	1281	147	267	3487	3098	17917	923	5597
	353	4		35	321	44	623	36	136
	660						75		28
	122	126	31	19	- 1444	97	8071	111	2235
	122	126	31	19	- 1444	97	8071	111	2235
	959	8		4	569	132	1415	312	439
401	4788	1126	116	201	4009	2826	7703	464	2677
	9				9		126	5	44
	414				402	12	225	225	66
401	3177	1126	116	201	2410	2811	7013	225	2440
	1188				1188	3	340	8	127
	22	18		8	32		30		82
	1012	4		35	321	44	698	36	164
401	5711	1242	117	230	2979	3053	16719	868	5221
	181	36	29	2	188	2	499	19	212
401	6629	1259	147	267	3190	3078	16042	846	5156
	97	3			100		295		85
	104				104	3	70	8	35
	75	19		1	93	18	1510	68	321
	2943	243	117	127	1862	2815	5411	41	1904
	3398	1038	29	140	1288	283	12385	882	3648
401	563				337		121		45
	3167	22		12	2713	2703	1456		525
	125	47	2	97	- 1858	186	6585	340	2352
	721	1099	116	48	383	191	3408	509	1112
	9				9		126	5	44
401	2882	113	29	110	2240	18	6342	69	1564
	3993	46	5	78	2817	136	5464	389	1898
	3993	46	5	78	2817	136	5464	389	1898
	3986	46	5	78	2810	136	5340	389	1830
	1616	38	5	5	1175	4	2947	346	850
	1616	38	5	5	1175	4	2947	346	850
	279	2		26	177	31	518	2	181
	2091	6		48	1458	101	1875	40	799
	409						153		68

12－10　续表3

指 标 名 称	三、损益及分配(续)					
	管理费用	税　金	财务费用	利息收入	利息支出	资产减值损　失
私营合伙企业	388	104	47		32	
私营有限责任公司	1079	35	47	0	6	
港、澳、台商投资企业	89					
港澳台商独资企业	89					
国有控股	831	24	13	4	17	42
私人控股	2892	319	226	0	70	
港澳台商控股	89					
其他	1304		5			279
独立门店	4693	289	220	5	72	321
连锁门店	421	54	22		15	
其他	2		1			
中型	1410	24	24	4	17	42
小型	3688	319	219	0	70	279
微型	18		0			
三、住宿业按地区分组	20244	1039	8668	175	5549	2
信州区	2236	74	1563	0	1541	
广丰区	97		1	0	1	
上饶县	490	24	1106		1100	
玉山县	9976	364	3373	11	963	
铅山县	833		838		836	
横峰县	34	5	1			
弋阳县	276	1	49			
余干县	1208	346	218		154	
鄱阳县	2052		40			
万年县	543	74	299	1	290	
婺源县	1770	129	494	161	131	2
德兴市	730	23	688	3	533	
四、餐饮业按地区分组	5116	343	243	5	87	321
信州区	527	96	12	0	5	
广丰区	689	18	13			
上饶县	831	24	13	4	17	42
玉山县	150		1		1	
铅山县	486	1	101	0		
横峰县	27	17				
余干县	672	188	99		63	
鄱阳县	222					
万年县	1					
婺源县	90					
德兴市	1421		6	0	1	279

单位:万元

三、损益及分配(续)							四、人工成本		五、从事住宿和餐饮业活动的从业人员平均人数(人)
投资收益	营业利润	营业外收入	政府补助	营业外支出	利润总额	应交所得税	应付职工薪酬(本年贷方累计发生额)	应交增值税	
	245	2		43	203	41	356	3	156
	1437	4		5	1255	61	1366	37	575
	7			0	7	0	125	1	68
	7			0	7	0	125	1	68
	721	7		3	725		1018	200	306
	3265	23	5	76	2468	136	3573	75	1364
	7			0	7	0	125	1	68
		15			-384		749	113	160
	3726	45	5	53	2581	116	5094	365	1753
	134	1		25	103	21	318	2	133
	133				133		53	22	12
	865	11		7	869		1434	200	461
	3105	35	5	71	1925	134	3998	182	1429
	23	0			23	2	33	7	8
401	6904	1281	147	267	3487	3098	17917	923	5597
401	-1318	900		3	-2077	11	3774	101	758
	25				25	6	235	12	68
	-1369	18	1	1	-1351		582	2	322
	5783	54	0	4	3919	204	5782	301	1695
		29	29	2		2	360	19	86
	-2				85		60		45
	93	12		2	99	3	157	8	112
	788	13		137	665	133	1259	12	545
	370	21		13	-80	1	1356	7	534
	-384	189	116	0	-195		529	30	157
	3233	34		105	2706	2733	2931	369	1042
	-315	11		2	-307	7	892	62	233
	3993	46	5	78	2817	136	5464	389	1898
	410	10			350	59	1135	16	344
	438	4		5	283	0	640	23	255
	721	7		3	725		1018	200	306
	690				690	2	228		100
	350	6	5	2	-133	2	505	9	199
	787				771		94		41
	393	3		69	327	65	547	6	225
	7						150		60
	12						10		80
	103				103		41	16	15
	82	15			-301	9	1097	121	273

12－11　限额以上住宿和餐饮业

（2016

指标名称	法人企业数（个）	从业人员期末人数（人）	营业额	其中：使用银行卡支付的营业额	客房收入	其中：通过公共网络实现的客房收入
总计	102	7536	147110	38058	64907	5842
一、住宿业	72	5632	114320	32220	56937	4593
旅游饭店	50	4096	93867	28414	44570	4318
一般旅馆	19	1237	15980	3179	9924	271
其他住宿业	3	299	4473	627	2443	4
内资企业	72	5632	114320	32220	56937	4593
国有企业	3	181	6912	1046	3032	128
股份合作企业	1	28	3753	1028	1621	64
有限责任公司	26	2241	42539	14986	22203	2409
其他有限责任公司	26	2241	42539	14986	22203	2409
股份有限公司	7	442	18109	7198	8065	334
私营企业	34	2658	42409	7962	21761	1658
私营独资企业	1	45	288	125	55	1
私营合伙企业	1	66	1183		503	
私营有限责任公司	30	2432	35520	6890	18895	1591
私营股份有限公司	2	115	5417	947	2307	66
其他企业	1	82	599		255	
国有控股	4	209	10665	2074	4653	193
私人控股	65	5227	99910	28822	50507	4111
其他	3	196	3746	1324	1777	290
独立门店	66	5157	104232	29597	52171	4122
连锁总店	1	85	2956		1565	
连锁门店	1	20	980		500	
其他	4	370	6151	2623	2701	471
中型	11	1908	31415	9046	15238	1472
小型	57	3679	82733	23101	41534	3092
微型	4	45	172	73	165	30
五星	2	527	4734		2861	
四星	24	2337	48634	14490	23234	2159
三星	17	1176	25680	4803	11810	514
二星	1	45	288	125	55	1
其他	28	1547	34984	12803	18977	1919
二、餐饮业	30	1904	32790	5837	7970	1248
正餐服务	30	1904	32790	5837	7970	1248
内资企业	29	1834	32680	5837	7921	1248
有限责任公司	11	858	12997	3491	4078	145
其他有限责任公司	11	858	12997	3491	4078	145
股份有限公司	5	180	3505	129	535	
私营企业	13	796	16178	2217	3308	1103
私营独资企业	1	68	5389		1300	

法人经营情况

年）

单位:万元

其中:通过非自营收入平台实现的客户收入	餐费收入	其中:通过公共网络实现的餐费收入	其中:通过非自营平台实现的餐费收入	商品销售收入	其他收入	客房数（间）	床位数（个）	餐位数（位）	年末餐饮营业面积（平方米）
1673	73369	2147	550	6873	1962	12018	20371	46083	202193
1472	51544	1091	347	4542	1298	10718	18307	33510	158327
1472	43543	1030	347	4506	1249	7986	13757	25323	111065
	6006	61		35	15	2334	4008	7085	35262
	1996				35	398	542	1102	12000
1472	51544	1091	347	4542	1298	10718	18307	33510	158327
10	3433	51		288	159	315	511	1558	5200
48	1866			251	15	91	175	200	950
1011	18459	638	345	1507	370	4369	7464	12614	85452
1011	18459	638	345	1507	370	4369	7464	12614	85452
78	8694	41		1204	145	904	1738	3320	9852
325	18763	361	2	1276	609	4839	8069	15618	55273
	187			47		67	128	270	300
	620			41	20	123	226	199	200
259	15124	361	2	912	589	4366	7182	13799	51148
66	2833			277		283	533	1350	3625
	329			15		200	350	200	1600
58	5299	51		540	174	406	686	1758	6150
1123	44534	740	47	3745	1124	9828	16797	29552	130206
290	1712	300	300	257		484	824	2200	21971
1408	46347	898	302	4494	1220	9965	17023	29397	144639
	1392					145	255	900	3000
	480					81	129	1000	2600
63	3326	193	45	47	77	527	900	2213	8088
452	14433	229		839	905	2888	4510	11118	42060
1014	37108	860	346	3700	391	7638	13468	22162	111817
5	3	2	1	2	1	192	329	230	4450
	1662				211	624	881	1450	7300
616	23035	333		1638	726	3995	6903	14011	55485
85	12414	208	1	1202	254	2169	3860	8015	23712
	187			47		67	128	270	300
771	14246	549	346	1655	107	3863	6535	9764	71530
201	21825	1056	204	2331	664	1300	2064	12573	43866
201	21825	1056	204	2331	664	1300	2064	12573	43866
201	21764	1056	204	2331	664	1221	1914	12173	40866
3	8446			405	69	517	770	5442	16534
3	8446			405	69	517	770	5442	16534
	2299			637	34	100	140	1540	9360
198	11019	1056	204	1289	562	604	1004	5191	14972
	2401			1179	509	102	150	590	1500

备注:该表数据为 2016 年年报数。

12－11 续表1

指标名称	法人企业数（个）	从业人员期末人数（人）	营业额	其中：使用银行卡支付的营业额	客房收入	其中：通过公共网络实现的客房收入
私营合伙企业	2	154	2461	224		
私营有限责任公司	10	574	8327	1993	2008	1103
港、澳、台商投资企业	1	70	110		50	
港澳台商独资企业	1	70	110		50	
国有控股	1	311	4792	2672	1792	101
私人控股	27	1371	26289	3166	5521	1147
港澳台商控股	1	70	110		50	
其他	1	152	1599		607	
独立门店	27	1760	30762	5669	7970	1248
连锁门店	2	132	1807	116		
其他	1	12	220	52		
中型	2	469	7394	4277	3094	1204
小型	26	1427	25149	1558	4819	44
微型	2	8	246	2	58	
三、住宿业按地区分组	72	5632	114320	32220	56937	4593
信州区	9	793	9231	2249	6063	204
广丰区	1	68	750		422	
上饶县	3	321	3562	2051	1733	63
玉山县	23	1685	65528	23035	30273	2454
铅山县	2	70	1000	750	400	200
横峰县	2	41	584		206	
弋阳县	3	97	1581		869	
余干县	5	536	8446	997	3894	462
鄱阳县	3	528	4379	105	2093	
万年县	1	159	2605		1262	
婺源县	15	1045	11786	2512	6755	1191
德兴市	5	289	4870	520	2966	18
四、餐饮业按地区分组	30	1904	32790	5837	7970	1248
信州区	6	350	3884		416	
广丰区	4	260	3244	1658	1351	1103
上饶县	1	311	4792	2672	1792	101
玉山县	3	100	3357	706	1083	41
铅山县	4	205	6935	447	1696	3
横峰县	1	41	1868			
余干县	3	222	3988	353		
鄱阳县	1	60	524			
万年县	1	80	80			
婺源县	1	15	961		441	
德兴市	5	260	3156	2	1191	

单位:万元

						客房数	床位数	餐位数	年末餐饮营业面积
其中:通过非自营收入平台实现的客户收入	餐费收入	其中:通过公共网络实现的餐费收入	其中:通过非自营平台实现的餐费收入	商品销售收入	其他收入	(间)	(个)	(位)	(平方米)
	2395			54	12			1772	2942
198	6223	1056	204	56	41	502	854	2829	10530
	60					79	150	400	3000
	60					79	150	400	3000
	2933				67	147	212	1393	2000
201	17840	1056	204	2331	597	952	1501	9780	34969
	60					79	150	400	3000
	991					122	201	1000	3897
201	19890	1056	204	2244	658	1300	2064	10882	40360
	1767			35	6			1611	3406
	168			52				80	100
198	4193	1056	204		108	356	550	2393	3230
3	17444			2331	555	925	1483	9929	38936
	188					19	31	251	1700
1472	51544	1091	347	4542	1298	10718	18307	33510	158327
	3099			23	46	1388	2121	2383	25420
	328					136	204	500	2000
	1755	76			74	561	874	2132	12101
1202	31097	61		3907	251	3949	7275	11760	48423
200	600	300	300			226	370	1200	21250
	379					169	250	620	5500
	712					231	379	2000	6800
	3680	187		261	611	608	812	3460	6274
	2094			68	124	423	624	1684	6850
	1343					212	368	1500	2794
70	4557	460	47	283	191	2107	3723	4261	14903
	1902	7			2	708	1307	2010	6012
201	21825	1056	204	2331	664	1300	2064	12573	43866
	3468					151	181	1253	8590
198	1800	1056	204	52	41	288	488	1780	4730
	2933				67	147	212	1393	2000
	1926			348		150	276	748	2367
3	2927			1774	538	256	377	2001	8900
	1868							60	600
	3867			103	18			2858	6142
	524							625	2000
	80							50	400
	466			55		90	170	200	300
	1965					218	360	1605	7837

12－12　亿元商品市场成交额

单位:亿元

县(市、区)	亿元市(商)场及商业街名称	2016年
	全市合计	275.7
信州区(10家)	※江南商贸城	76.9
	※上饶市赣东北农产品批发大市场	14.5
	上饶大市场	6.9
	※信州区八角塘市场	4.4
	※信州区白鸥园	2.0
	抗建路步行街	6.9
	信江路副食品批发街	8.0
	赣东北大道商业街	2.6
	※南方棉布批发市场	19.0
	洪客隆投资发展(上饶)有限公司	2.7
广丰区(5家)	※广丰裕丰大市场	1.3
	※卧龙城建材市场	1.9
	广丰县烟花鞭炮批发市场	0.8
	※广丰县鸟林街	1.2
	月兔广场商业街	1.5
上饶县(2家)	※上饶县香港国际家具城	3.9
	※上饶佳利商品批发交易中心	13.6
玉山县(4家)	玉山将军庙市场	4.3
	玉山沿河路市场	3.8
	玉山县商业街	4.0
	玉山县步行街	5.2
铅山县(2家)	※铅山县河口消费品综合大市场	11.5
	铅山县河口镇建材大市场	1.9
横峰县(1家)	横峰县农贸市场	1.6
弋阳县(1家)	※弋阳县城北综合大市场	5.3
余干县(2家)	※余干县商贸广场	4.7
	※余干县财富广场	4.0
鄱阳县(4家)	鄱阳县帅特龙商业街	3.0
	鄱阳县建材大市场	2.4
	鄱阳县恒昌糖酒有限公司	2.3
	鄱阳县装饰大市场	1.8
万年县(2家)	※万年县万昌大市场	2.2
	※万达建材家居广场	2.2
德兴市(1家)	※德兴市禾底畈农贸市场	4.7
婺源县(2家)	婺源县茶乡商贸城	5.8
	婺源县朱子步行街	3.5
经开区(1家)	月亮湾汽车城	33.6

注:“※”为省认定的亿元市场

主 要 统 计 指 标 解 释

社会消费品零售总额 指企业(单位、个体户)通过交易直接售给个人、社会集团非生产、非经营用的实物商品金额,以及提供餐饮服务所取得的收入金额。个人包括城乡居民和入境人员,社会集团包括机关、社会团体、部队、学校、企事业单位、居委会或村委会等。

批发业 指向其他批发或零售单位(含个体经营者)及其他企事业单位、机关团体等批量销售生活用品、生产资料的活动,以及从事进出口贸易和贸易经纪与代理的活动,包括拥有货物所有权,并以本单位(公司)的名义进行交易活动,也包括不拥有货物的所有权,收取佣金的商品代理、商品代售活动;还包括各类商品批发市场中固定摊位的批发活动,以及以销售为目的的收购活动。

零售业 指百货商店、超级市场、专门零售商店、品牌专卖店、售货摊等主要面向最终消费者(如居民等)的销售活动,以互联网、邮政、电话、售货机等方式的销售活动,还包括在同一地点,后面加工生产,前面销售的店铺(如面包房);谷物、种子、饲料、牲畜、矿产品、生产用原料、化工原料、农用化工产品、机械设备(乘用车、计算机及通信设备除外)等生产资料的销售不作为零售活动;多数零售商对其销售的货物拥有所有权,但有些则是充当委托人的代理人,进行委托销售或以收取佣金的方式进行销售。

商品销售额 指对本单位以外的单位和个人出售的商品金额(包括售给本单位消费用的商品,含增值税)。商品销售包括:(1)售给城乡居民和社会集团消费用的商品;(2)售给农业、工业、建筑业、服务业等国民经济各行业用于生产、经营用的商品,包括售予批发和零售业作为转卖或加工后转卖的商品;(3)对国(境)外直接出口的商品。不包括:(1)未通过买卖行为付出的商品,如随机构变动移交给其他企业单位的商品、借出的商品、归还受其他单位委托代保管的商品、付出的加工原料和赠送给其他单位的样品等;(2)经本单位介绍,由买卖双方直接结算,本单位只收取手续费的业务;(3)购货退回的商品;(4)商品损耗和损失;(5)出售本单位自用的废旧物资。

住宿业 指为旅行者提供短期留宿场所的活动,有些单位只提供住宿,也有些单位提供住宿、饮食、商务、娱乐一体的服务,不包括主要按月或按年长期出租房屋住所的活动。

餐饮业 指通过即时制作加工、商业销售和服务性劳动等,向消费者提供食品和消费场所及设施的服务。

营业额 指住宿和餐饮业单位在经营活动中因提供服务或销售商品等取得的收入。包括:客房收入、餐费收入、商品销售额(含增值税)和其他收入。其中,客房收入指住宿和餐饮业单位在经营活动中因提供住宿服务取得的收入。餐费收入指本单位为顾客提供就餐服务取得的收入,包括:经烹饪、调制加工后出售的各种食品,如主食、炒菜、凉拌菜等的收入。

亿元以上商品交易市场 指年成交额在亿元及以上的商品交易市场。商品交易市场是指经有关部门和组织批准设立,有固定场所、设施,有经营管理部门和监管人员,若干市场经营者入内,常年或实际开业三个月以上,集中、公开、独立地进行生活消费品、生产资料等现货商品交易以及提供相关服务的交易场所,包括各类消费品市场、生产资料市场等。

十三、对外经济贸易、旅游业

简要说明

●本篇资料反映全市对外贸易、利用外资和旅游事业发展状况。

●本篇中有关对外经济贸易和利用外资的数据来源于市商务局，有关旅游的资料来源于市旅游发展委员会。

内容提要

● 2016年，外贸出口总额383832万美元，比2015年增长0.6%。

● 2016年，实际利用外资103857万美元，比2015年增长10.4%。

● 2016年，接待旅游总人数12200万人次，比2015年增长30.6%；旅游综合收入1126亿元，比2015年增长42.5%。

本篇资料整理、校对

徐　静、邓晓芸

13－1 分商品进出口情况

（2016 年）　　　　金额单位：万美元、%

商品名称	出口		进口	
	总额	增长	总额	增长
上　饶　市	383832	0.6	47007	－7.6
#高新技术产品	100536	－22.1	36630	－15.4
机电产品	182632	－3.2	38491	－12.7
光伏产品	90469	－24.2	33460	－16.3
纺织服装	52824	－13.4	236	－44.2
鞋类	19662	4.3	3	－96.7
纺织纱线、织物制品	16975	－33.3	211	－49.7
农产品	16596	－5.1	48	－85.1
陶瓷产品	8839	7.6	1	3119.2
钢材	6021	16.8	0.5	－90.7
玻璃制品	1973	29.2	39	－24.3
纺织机械及零件	1316	18.6		
自动数据处理设备	1293	121.3	1	257.1
蓄电池	1284	28.8	1	

13－2　县(市、区)实际利用外资情况

单位:万美元、%

县(市、区)	2015 年	2016 年	增长
全　　市	94111	103857	10.4
信 州 区	7326	8071	10.2
广 丰 区	9615	10784	12.2
上 饶 县	7744	8689	12.2
玉 山 县	6512	7133	9.5
铅 山 县	5070	5320	4.9
横 峰 县	4520	5010	10.8
弋 阳 县	5053	5583	10.5
余 干 县	5659	6024	6.4
鄱 阳 县	5716	6338	10.9
万 年 县	6042	6700	10.9
婺 源 县	4335	4813	11.0
德 兴 市	3950	4638	17.4
经 开 区	20869	23260	11.5
三 管 委	1700	1494	－12.1

13－3　主要景区旅游接待人数及收入

指　　标	单位	2015 年	2016 年	增　长
接待旅游总人数	万人次	9344.4	12200.0	30.6
其中:接待入境游客	万人次	62.5	83.2	33.1
旅游综合收入	亿元	790.2	1126.0	42.5
其中:门票收入	亿元	14.5	18.2	25.6

13-4 主要景区一览

(2016年)

名称	简介
三清山	东方女神、巨蟒出山、观音赏曲、万笏朝天……，鬼斧神工的绝景；春花秋月、晨曦暮霭、云涛雾海、珍禽异兽……，美不胜收的自然。世界自然遗产、世界地质公园、国家级风景名胜区、国家5A级旅游景区三清山，因玉京、玉虚、玉华"三峰峻拔，如三清列坐其巅"而得名，高凌云汉、清绝尘嚣，自古号称"天下第一仙峰，世上无双福地"，被誉为"世界精品、人类瑰宝、精神玉境"。
婺源	中国最美的乡村、首批中国旅游强县婺源县位于赣东北，与皖浙两省交界，徽州六县和徽州文化的发祥地之一。县内生态环境优美，全县森林覆盖率82.5%，全县就是一个大公园、大景区。境内文化底蕴深厚，历史遗迹、明清古迹遍布乡野，三雕（石雕、砖雕、木雕）、歙砚制作技艺为国家非物质文化遗产。婺源素有"书乡"、"茶乡"之称，是全国著名的文化与生态旅游示范县，2013年1月16日婺源县江湾景区成功创建国家5A级旅游景区，目前全县共有1个5A级旅游景区，11个4A级旅游景区，1个3A级旅游景区；2011年10月全国唯一的"国家乡村旅游度假实验区"落户婺源，把婺源旅游发展提升到一个新的水平。
龟峰	世界自然遗产、世界地质公园、国家级风景名胜区、国家4A级旅游景区—龟峰，这里"无山不龟、无峰不龟、无石不龟"，素有"江上龟峰天下稀"之美誉。徐霞客赞叹"盖龟峰峦嶂之奇、雁荡所无"，是"天赐的园林"、"璀璨的明珠"。典型丹霞地貌的龟峰，丹山碧水中有精雕细刻的灵巧，又有刀削斧劈的粗犷，三十六峰、峰峰奇特，八大景观、景景壮观；峻峭的山峦、秀逸的峰岩、嶙峋的怪石、幽奇的岩洞，让你一饱眼福；挺拔的劲松、亭亭的翠竹、葱茏的草木、汩汩的清泉，使你流连忘返……
鄱阳湖国家湿地公园	鄱阳湖国家湿地公园位于鄱阳湖东岸，国家4A级旅游景区，面积365平方公里，她浓缩了中国湖泊的精华，荟萃了鄱阳湖水、鸟、草、鱼、岛、渔等自然与人文精华，被誉"地球上最美的母亲"春：在山花烂漫的湖畔有氧踏车，在斑斓的热气球中飞翔，或是赤脚奔跑在湖畔青草地上。夏：蓝天碧水，白鱼青虾，一湖睡莲。可一枚扁舟上慵懒悠闲，也可乘游艇惊险刺激，或是寻个无人野渡畅游潜泳，摸鱼抓虾。秋：搭帐篷、观候鸟、看星星？还是荡舟湖上、与落霞孤鹜一起，品读夕阳的静谧绚丽，抑或点起一堆篝火，自渔自烹。冬：98%的湿地候鸟群、数十万只天鹅、白鹤、大雁、白鹳，沉寂单调绝不属于鄱阳湖的冬天。你可以聆听天籁般的鸟鸣，可以观看，可以与鸟同行，幸运的话，把小鸟送回它温暖的窝。
鹅湖书院	鹅湖书院位于鹅湖山国家森林公园，号称天下四大书院之一，现为国家重点文物保护单位。南宋淳熙二年(1175)，朱熹、吕祖谦、陆九渊、陆九龄及其友朋弟子在此共同讲学（史称"鹅湖之会"），成为中国理学史上的里程碑，对我国古代的文化学术和哲学的发展与繁荣起到了极大的作用，影响巨大。
葛仙山	葛仙山地处江西铅山县南武夷山北麓，是著名的道教名山。因汉末赤乌元年间江左著名道士、医药学家，道教灵宝派创始人葛玄（后人称之为葛仙翁）在此炼丹、飞升，故亦名葛仙山，又称葛山。葛仙山以神秘悠久的宗教文化和旖旎秀丽的自然风光而著称于闽浙皖赣，号称"中华灵宝第一山"。一山两教，道佛双修，世所罕见。葛仙殿、老君殿、慈济寺、飞升亭、观道亭、碑林等灵宝派道教建筑群，为东南亚之最。一千多年的道教文化积淀，使葛仙山蕴藏着周边风景区无法比拟的文化内涵。
大茅山	大茅山国家级风景名胜区座落在德兴市境内，与三清山东西并峙，是一处以"登山揽胜、休闲度假、宗教朝觐、红色缅怀"为主要功能的山岳型风景名胜区，由大茅山、笔架山、四角坪、双溪湖四个景区组成。风景区风光秀丽、松竹茂密、瀑布聚集、云海雾涛、蔚为壮观，珍稀野生动植物丰富，同时拥有溪、潭、山、石、林、花等多种景源。区内奇特的花岗岩峰峦地貌、良好的森林植被和丰富的水资源融为一体，形成了独特的以"森林生态、峡谷水景"为主要性的山水景观，具有很高的游憩、景观价值。
灵山	灵山风景名胜区位于江西省上饶县北部，距离上饶县城和上饶市区18公里，为国家级风景名胜区。灵山自然环境独特，地质构造复杂，地貌类型多样，是道、佛二教圣地，道家书列天下第三十三福地，素有"华夏第一龙脊，灵应逍遥福地"之美誉，是一个集运动休闲、度假养生、观光体验、宗教朝觐为一体的近郊山岳型风景名胜区。
上饶集中营	上饶集中营景区座落于江西省上饶市城区南部（今茅家岭街道境内），分为五大参观游览区，拥有革命烈士陵园区、茅家岭监狱旧址、周田监狱旧址区、李村监狱旧址区、七峰岩监狱旧址区等纪念性建筑物及23处遗址、遗迹。上饶集中营名胜区是全国重点文物和革命烈士纪念建筑物重点保护单位，全国爱国主义教育示范基地，全国十大红色旅游基地，全国红色旅游经典景区、国家4A级旅游景区。
方志敏纪念馆·闽浙皖赣革命根据地旧址	上饶方志敏纪念馆·闽浙皖赣革命根据地旧址管委会所辖景区位于弋阳、横峰两县境内，拥有方志敏纪念馆、方志敏故居、漆工暴动纪念馆、叠山书院，闽浙赣省委、省苏维埃政府、省军区、红五分校、红军操场，列宁公园等纪念地，是全国红色旅游经典景区，全国爱国主义教育示范基地，全国重点文物保护单位，国家国防教育示范基地，国家三级博物馆。
神农源	神农源国家级风景名胜区座落在万年、弋阳、乐平三县（市）交界处，是联合国粮农组织评定的"世界农业文化遗产"，分仙人洞、神农宫等6个景区。仙人洞、吊桶环遗址的考古发现，把世界人工栽培水稻的历史提前了5000年。景区内生态资源丰富，地质景观奇特，山林溪水优美，历史古迹众多，具有很高的自然景观与历史文化价值。是一处以山水文化为内涵，以观光游览、科学研究、休闲度假、文化科普为主要功能，集特色、研究与旅游价值较高的山水型风景名胜区。
铜钹山	铜钹山位于闽浙赣三省交界处，距广丰城区26公里，先后被评为国家森林公园、国家3A级景区、省级自然保护区。明代大旅行家徐霞客游历铜钹山后，在《闽游日记后》中赞叹：峰峦环列，此真独胜。铜钹山是"千年封禁神山，休闲养生福地"，拥有3.6万亩原始森林、5万余株红豆杉、135平方公里丹霞石林、3大高峡平湖。境内的白花岩是江南佛教圣地，北宋抗金名将张叔夜故里一塔底，至今还存着宋高宗、宋宁宗御题全文。明代文学家吕怀、清代诗人徐兆伦等文人墨客在这里写下了许多佳词与秀美的自然景观辉映，美不胜数。
云碧峰	云碧峰国家级森林公园位于上饶市信江南岸，原名琅琊峰，是一处融山、林、江、寺为一体的市区内森林绿地。植被以亚热带天然次生林为主，有乔木、灌木、藤木及草本植物共307种，森林覆盖率85%。公园内的"亭、台、楼、阁"是典型的中式风格、中国文化元素，是城市的亮点。

13－5　县(市、区)旅游星级饭店情况

(2016 年)

县(市、区)	合　计	其中:按星级分		
		四星	三星	二星
全　　市	51	25	24	2
信　州　区	6	4	2	
广　丰　区	3	1	1	1
上　饶　县	2	2		
玉　山　县	8	5	3	
弋　阳　县	1		1	
余　干　县	3	1	2	
鄱　阳　县	2		2	
婺　源　县	12	6	5	1
德　兴　市	5	2	3	
三　管　委	9	4	5	

主 要 统 计 指 标 解 释

进出口总额 对外贸易进出口总额是指从国外(境外)进入国境的进口商品和从国内运出国境的出口商品的总金额,包括一般贸易(含进料加工)、技术成套设备进口和出口、补偿贸易、来料加工装配、易货贸易以及中外合资、合作和外商独资企业的进口和出口等。外贸进口按到岸价格(CIF)计算,出口按离岸价格(FOB)计算。

利用外资 是指我国各级政府、部门、企业、中国银行和其他单位通过对外借款、吸收外商直接投资和用其他方式筹措的境外现汇、设备、技术等。不包括赠款、援款。

旅游人数 是指来我国参观、访问、旅行、探亲、访友、休养、考察、参加会议和从事经济、科技、文化、教育、体育、宗教等活动的外人、华侨、港澳和台湾同胞的人数。不包括外国在我国的常驻机构,如领使馆、通讯社、企业办事处的工作人员和来我国常住的外国专家和留学生等。

入境游客 指报告期内来中国(大陆)观光、度假、探亲访友、就医疗养、购物、参加会议或从事经济、文化、体育、宗教活动的外国人、港澳台同胞等游客(即入境旅游人数)。统计时,入境游客按每入境一次统计 1 人次。入境旅游人数包括入境过夜游客和入境一日游游客。

旅游综合收入 基本旅游收入和非基本旅游收入之和。1.基本旅游收入是指旅游部门和交通部门向旅游者提供旅游设施、旅游物品和旅游服务等所获得的货币收入的总和,即旅游者在旅游过程中必须支出的费用,包括交通费、食宿费、游览费等。通常,基本旅游收入与旅游者的人次数、停留时间成正比例变化,由此可以大致估量一个国家或地区旅游业的发达程度。2.非基本旅游收入是指其他相关部门向旅游者提供其设施、物品和服务所获得的货币收入,即旅游者在旅游过程中可能发生的消费支出,如邮电通讯费、医疗保健费、修理费、咨询费及购物的费用等。非基本旅游收入具有较大的弹性,它既取决于旅游者的支付能力,也取决于他们的兴趣和爱好。非基本旅游收入也受旅游者人次数和停留天数的影响,但并不表现为相同的正比例关系。

星级饭店 指设备、设施、服务符合《旅游饭店星级的划分与评定》(GB/T14308 - 2003),通过相关旅游管理部门评定,并取得星级饭店称号的饭店(含预备星级饭店)。

十四、财政、金融

本篇资料整理、校对

王忠诚、孙飞

简要说明

●本篇资料反映财政收支状况及金融业发展情况。

●本篇财政部分资料来源于市财政局财政决算报表,金融部分资料来源于市人民银行统计报表。

内容提要

●2016 年,全市财政总收入 3020450 万元,比 2015 年增长 4.1%,一般公共预算收入 2275447 万元,比 2015 年增长 2.3%。

●2016 年,全市一般公共预算支出 4955749 万元,比 2015 年增长 8.4%。

●2016 年末,全市金融机构人民币存款余额 2716 亿元,其中个人存款 1658 亿元;人民币贷款余额 1742 亿元。

14－1 一般公共预算收支情况

（2016 年） 单位：万元

项　　目	金　额	项　　目	金　额
收入合计	2275447	支出合计	4955749
一、税收收入	1412944	一、一般公共服务支出	409661
增值税	376606	二、公共安全支出	200002
营业税	191444	三、教育支出	965141
企业所得税	104126	四、科学技术支出	47468
个人所得税	29211	五、文化体育与传媒支出	53727
资源税	99384	六、社会保障和就业支出	645079
城市维护建设税	57884	七、医疗卫生与计划生育支出	561550
房产税	46158	八、节能环保支出	86788
印花税	19882	九、城乡社区支出	533707
城镇土地使用税	59572	十、农林水支出	687762
土地增值税	171515	十一、交通运输支出	107326
车船税	11496	十二、资源勘探信息等支出	231484
耕地占用税	122995	十三、商业服务业等支出	74209
契税	122671	十四、金融支出	490
二、非税收入	862503	十五、国土海洋气象等支出	27382
专项收入	60405	十六、住房保障支出	248500
行政事业性收费收入	149066	十七、粮油物资储备支出	10512
罚没收入	50316	十八、其他支出	36326
国有资源（资产）有偿使用收入	574871	十九、债务付息支出	27836
其他收入	27845	二十、债务发行费用支出	799

14－2　分县(市、区)财政收支情况

(2016 年)　　单位:万元

地　　区	财政总收入	一般公共预算收入	税收收入	一般公共预算支出
上饶市	3020450	2275447	1412944	4955749
市本级	483136	298153	174162	625732
县市区小计	2537314	1977294	1238782	4330017
信州区	218866	160816	126665	265768
广丰区	435501	297929	189835	510720
上饶县	234468	186870	105848	397471
玉山县	221319	168882	111930	361180
铅山县	188333	159979	78659	292086
横峰县	119782	96133	45499	219090
弋阳县	141808	119307	74617	292330
余干县	151914	106397	85073	427836
鄱阳县	168198	133258	90976	591194
万年县	177168	144582	101665	312086
婺源县	136900	105698	68061	249404
德兴市	343057	297443	159954	410852

14－3 金融机构人民币信贷收支情况

单位:万元

项目	2016 年末	比年初增减数	
		2015 年	2016 年
资金来源合计	26649603	5424948	4185560
# 各项存款	27162435	3517513	4578682
境内存款	27159118	1897855	2190949
住户存款	16576624	1231755	1920560
非金融企业存款	6520820	405741	468735
广义政府存款	4025556	－17838	－1562
非银行业金融机构存款	36117	699	－394
境外存款	3317	－129067	4581
应付及暂收款	438525	113215	144223
各项准备	682829	133502	77537
所有者权益	1282255	1789086	－719068
其他	－3016441	5424948	4185560
资金运用合计	26649603	5424948	4185560
# 各项贷款	17421248	2401932	2678357
境内贷款	17421112	2401984	2678388
住户贷款	7613821	689913	885795
非金融企业及机关团体贷款	9807291	1712071	1792593
境外贷款	136	－53	－30
债券投资	822427	－40627	219039
股权及其他投资	3681308	1755460	864953
买入返售资产	95000	9878	55122
联行往来(净)	4177542	1314831	328362
应收及预付款	183714	－16606	42097
固定资产	268304	80	－2431

14－4　县(市、区)金融系统存贷款余额

单位:万元

县(市、区)	金融系统存款余额		其中:个人存款余额		金融系统贷款余额	
	2016 年末	比年初增长%	2016 年末	比年初增长%	2016 年末	比年初增长%
上饶市	27162435	20.3	16576624	15.2	17421248	18.2
信州区	6961015	18.9	2631906	12.8	5905129	11.3
广丰区	2234568	20.5	1527578	18.1	1493538	15.6
上饶县	2563462	40.7	1458352	20.0	2026886	37.3
玉山县	2039392	13.3	1452826	20.2	1422955	12.3
铅山县	1294540	21.3	985830	14.3	676002	30.1
横峰县	769005	26.9	501499	13.6	537700	22.5
弋阳县	1423867	31.3	879041	14.8	640346	8.2
余干县	2559203	19.8	1836329	13.8	1072833	38.2
鄱阳县	3179147	17.9	2341327	14.6	1169396	24.2
万年县	1307115	11.4	959496	13.2	874850	16.4
婺源县	1379677	9.1	1006104	14.8	765121	15.4
德兴市	1451444	18.5	996336	12.7	836492	16.3

统计指标解释

财政收入　国家财政参与社会产品分配所取得的收入，是实现国家职能的财力保证。财政收入所包括的内容几经变化，目前主要包括：

1.各项税收：包括增值税、营业税、消费税、土地增值税、城市维护建设税、资源税、城市土地使用税、印花税、固定资产投资方向调节税、个人所得税、企业所得税、关税和耕地占用税等。

2.专项收入：包括征收排污费、征收城市水资源费收入、教育费附加收入等。

3.其他收入：包括基本建设贷款归还收入、国家能源交通重点建设基金收入、国家预算调节基金等。

公共财政预算支出　国家财政将筹集起来的资金进行分配使用，以满足经济建设和各项事业的需要，主要包括一般公共服务、外交、国防、教育、公共安全、科学技术、文化体育与传媒、社会保障和就业、医疗卫生、环境保护、城乡社区事务、农林水事务、交通运输、工业商业金融等事务和其他支出等科目。

存款　企业、机关、团体或居民根据可以收回的原则，把货币资金存入银行或其他信用机构保管并取得一定利息的一种信用活动形式。根据存款对象的不同可划分：企业存款、财政存款、机关团体存款、对外贸易存款、城乡居民储蓄存款和农村存款等科目，它是银行信贷资金的主要来源。

贷款　银行或其他信用机构根据必须归还的原则，按一定利率，为企业、个人等提供资金的一种信用活动形式。我国银行贷款，分流动资金贷款、固定资产贷款、城乡个体工商户贷款以及农业贷款等科目。

十五、教育、科技、文化
卫生、体育、其他

本篇资料整理、校对

汪涛、丰何生、林嵩

简要说明

●本表反映教育、科技、文化、卫生、体育、社会福利、城市建设及其他事业发展情况。

●资料来源:教育方面的资料由市教育局提供;专业技术人员方面的资料由市人力资源和社会保障局提供;广播电视、文化方面的资料由市文广新局提供;卫生方面的资料由市卫计委提供;体育方面的资料由市体育局提供;律师、公证、调解情况由市司法局提供;城市园林绿化、环境保护方面的资料由市建设局和市环保局提供;火灾、交通事故方面的资料由市武警消防支队和市公安局交警支队提供;社会福利和婚姻登记情况由市民政局提供;城市建设基本情况由市建设局提供。

内容提要

●2016 年末,各类全日制学校 4819 所,其中:高等学校 3 所,中等专业学校 9 所;在校学生 135.54 万人,其中:高等学校 2.52 万人,中等专业学校 2.17 万人。

●2016 年末,卫生机构 1062 个,床位 2.69 万张,卫生技术人员 2.70 万人。

15－1　各类全日制学校基本情况

（2016 年）

类　　别	学　校　数（所）	在校学生数（人）	招　生　数（人）	毕业生数（人）	教职工数（人）	#专职教师
普通高等学校	3	25230	8839	5916	1650	1296
中等专业学校	9	21743	8860	7644	731	564
#中等技术学校	7	14032	5811	3800	365	265
中等师范学校	2	7711	3049	3844	366	299
普通中学	460	420197	152656	130841	30814	29108
#高中	78	138415	50160	43923	11439	10387
初中	382	281782	102496	86918	19375	18721
职业中学	27	14215	8878	2879	739	583
小学	1800	659676	103606	104230	32524	32027
特殊教育学校	12	4615	1092	591	90	84
幼儿园	2508	209695	81951	107875	13155	8811

15－2　各类学校教师负担学生数

单位：人

类　　别	专　任　教　师		平均每个教师负担学生数	
	2015 年	2016 年	2015 年	2016 年
普通高等学校	1324	1296	20	22
中等学校	27988	30255	16	15
中等专业学校	592	564	43	38
普通中学	26780	29108	15	14
职业中学	616	583	25	24
小学	34745	32027	20	21

15－3 普通高等学校、中等专业学校基本情况

（2016 年） 单位：人

类别	在校学生数	招生数	毕业生数	教职工数	# 专职教师
普通高等学校	25230	8839	5916	1650	1296
上饶师范学院	13357	3569	3328	925	722
江西医学高等专科学校	9022	3997	2221	486	388
上饶职业技术学院	2851	1273	367	239	186
中等技术学校	14032	5811	3800	365	265
婺源茶校	981	595	190	77	49
市卫生学校	7044	2091	1780		
市中等专业学校	2483	1555	837	157	127
市职业技术学院中专部	1429	312	582		
上饶市安防工程	402	402		22	7
鄱阳卫生学校	1693	856	411	109	82
中等师范学校	7711	3049	3844	366	299
上饶师范学校	5220	1870	1735	221	180
万年师范学校	2491	1179	2109	145	119

注：市卫生学校、市职业技术学院中专部、赣东北职业技术教育学校的教职工数分别由江西医学高等专科学校、上饶职业技术学院、万年师范学校的教职工兼任。

15－4 普通中学基本情况

（2016 年） 单位：人

类别	学校数（所、班）	在校学生数	招生数	毕业生数	教职工数	# 专职教师
总计	460	420197	152656	130841	30814	29108
城区	57	76874	27598	24437	5614	5237
镇区	219	265974	97409	81549	18014	16968
乡村	184	77349	27649	24855	7186	6903
初中	382	281782	102496	86918	19375	18721
城区	37	43396	15788	13247	2590	2480
镇区	172	168691	61562	51310	10545	10133
乡村	173	69695	25146	22361	6240	6108
高中	78	138415	50160	43923	11439	10387
城区	20	33478	11810	11190	3024	2757
镇区	47	97283	35847	30239	7469	6835
乡村	11	7654	2503	2494	946	795

注：初中包括初级中学和九年一贯制，高中包括完全中学、高级中学和十二年一贯制

15－5 分县(市、区)普通中学概况

(2016年)

县市	学校数(所)			毕业生数(人)			招生数(人)		
	合计	初中	高中	合计	初中	高中	合计	初中	高中
全市	460	382	78	130841	86918	43923	152656	102496	50160
市直	4		4	5041	1462	3579	5039	1826	3213
信州区	22	17	5	4393	3875	518	5510	4938	572
广丰区	47	37	10	17391	11346	6045	19452	12378	7074
上饶县	46	40	6	14745	10437	4308	17048	11828	5220
玉山县	27	19	8	11056	7494	3562	14650	10197	4453
铅山县	37	32	5	6810	4515	2295	8986	6410	2576
横峰县	13	12	1	2961	2104	857	3736	2795	941
弋阳县	26	23	3	5445	4086	1359	7581	5559	2022
余干县	65	52	13	16025	10618	5407	19287	13136	6151
鄱阳县	106	94	12	27290	18136	9154	28250	17384	10866
万年县	22	17	5	8877	5709	3168	10109	6806	3303
婺源县	24	22	2	5774	3735	2039	6830	4809	2021
德兴市	20	16	4	4928	3296	1632	6037	4289	1748
三管委	1	1		105	105		141	141	

15－5 续表

县市	在校学生数(人)			教职工数(人)	
	合计	初中	高中		#专职教师
全市	420170	281755	138415	30814	29108
市直	14762	4748	10014	994	944
信州区	14954	13374	1580	1177	1114
广丰区	53906	35027	18879	4009	3726
上饶县	47850	33962	13888	3319	3106
玉山县	39975	27572	12403	2465	2303
铅山县	23052	16064	6988	1827	1792
横峰县	10045	7258	2787	823	788
弋阳县	20148	14722	5426	1649	1626
余干县	53706	36448	17258	4023	3770
鄱阳县	78762	49963	28799	5919	5446
万年县	27205	17952	9253	1808	1735
婺源县	19264	13046	6218	1466	1446
德兴市	16193	11271	4922	1311	1288
三管委	348	348		24	24

15-6 分县(市、区)职业中学概况

(2016年)　　单位:人

县市	毕业生数	招生数	在校学生数	教职工数	
				合计	#专任教师
全市	2879	8878	14215	739	583
信州区	238	2216	3143	121	72
广丰区	446	1364	1732	81	61
上饶县	448	2775	3416	141	83
玉山县	316	334	1275	101	93
铅山县	171		27	42	33
弋阳县	111	600	1634	37	37
余干县	146	946	946	38	38
鄱阳县				47	45
万年县	169	373	925	56	47
婺源县	212	270	623	52	51
德兴市	622		494	23	23

15-7 分县(市、区)小学概况

(2016年)

县市	学校数(所)	毕业生数(人)	招生数(人)	在校学生数(人)	教职工数(人)	#专任教师
全市	1800	104230	103606	659676	32524	32027
市直	1	314	548	2763	123	118
信州区	68	6044	5683	37228	1721	1721
广丰区	164	12374	12840	81741	3944	3936
上饶县	210	12094	11239	72463	3745	3725
玉山县	122	9681	8007	56375	2689	2635
铅山县	81	6340	6394	40968	1696	1692
横峰县	58	2790	3198	21785	957	957
弋阳县	110	5556	6450	39904	1474	1472
余干县	320	14900	14766	92821	4667	4610
鄱阳县	429	17503	19087	108039	6154	6072
万年县	135	7271	5650	43326	2076	1833
婺源县	41	4753	4915	30981	1574	1572
德兴市	51	4293	4621	29632	1629	1609
三管委	10	317	208	1650	75	75

15－8　幼儿教育基本情况

（2016 年）

城乡	园数（所）	在园幼儿数（人）	新入园幼儿数（人）	教工人数（人）	#教师
总计	2508	209695	81951	13155	8811
城区	326	36214	13543	3128	2161
镇区	906	97282	33561	6474	4504
乡村	1276	76199	34847	3553	2146

15－9　城乡小学基本情况

（2016 年）

城乡	学校数（所、班）	在校学生数（人）	招生数（人）	毕业生数（人）	教工人数（人）	#教师
总计	1789	659676	103606	104230	32523	31990
城区	119	89043	14157	13957	4039	3983
镇区	431	306794	45503	53973	13275	12972
乡村	1239	263839	43946	36300	15209	15035

15－10　小学学龄儿童入学率情况

（2016 年）　　单位：人

城乡	校内外六至十二周岁学龄儿童总数	小学在校学龄儿童情况分组								学龄儿童入学率（%）
		合计	六周岁	七周岁	八周岁	九周岁	十周岁	十一周岁	十二周岁	
总计	623098	623098	99764	105788	108529	113201	112889	82927		100
城区	84247	84247	14018	14726	14619	14827	14885	11172		100
镇区	291255	291255	44591	47357	49433	53464	54922	41488		100
乡村	247596	247596	41155	43705	44477	44910	43082	30267		100
△女儿童	287139	287139	46175	48829	49683	52514	52439	37499		100

15－11　分县(市、区)学龄儿童入学率

(2016 年)　　单位:人

县　　市	六至十二周岁学龄儿童总数	已入学的六至十二周岁学龄儿童总数	入学率(%)
全　　市	623149	623149	100
信州区	38415	38415	100
广丰区	75688	75688	100
上饶县	70416	70416	100
玉山县	56278	56278	100
铅山县	39593	39593	100
横峰县	21053	21053	100
弋阳县	38083	38083	100
余干县	85886	85886	100
鄱阳县	98807	98807	100
万年县	40607	40607	100
婺源县	29713	29713	100
德兴市	28610	28610	100

说明:市本级、三管委并非国家定的正式行政区域,无正式国标码,故将上述两个地方的“校内外人口数”和“在读人数”自然划定到所属的信州区和玉山县统计。

15－12 成人教育概况

项目	2015年	2016年
学校数(所)	16	15
成人高等学校	4	4
成人中等学校	12	11
招生数(人)	3785	6533
成人高等学校	2687	5066
成人中等学校	1098	1467
毕业生数(人)	2709	5173
成人高等学校	1958	4432
成人中等学校	751	741
在校学生数(人)	13030	16203
成人高等学校	10773	12814
成人中等学校	2257	3389

15－13 地方国有企事业单位各类专业技术人员

类别	2015年		2016年		平均每万人口中专业技术人员(人)		平均每万职工中专业技术人员(人)	
	人数(人)	比重(%)	人数(人)	比重(%)	2015年	2016年	2015年	2016年
总计	87420	100	87314	100	130.45	129.67	2149.50	2248.62
工程技术人员	2990	3.42	3061	3.51	4.46	4.55	73.52	78.83
农业技术人员	2476	2.83	1706	1.95	3.69	2.53	60.88	43.94
卫生技术人员	16270	18.61	15109	17.30	24.28	22.44	400.05	389.11
科学研究人员	119	0.14	116	0.13	0.18	0.17	2.93	2.99
教学人员	61275	70.09	62972	72.12	91.43	93.52	1506.64	1621.74
会计人员	1212	1.39	1431	1.64	1.81	2.13	29.80	36.85
统计人员	412	0.47	410	0.47	0.61	0.61	10.13	10.56
播音人员	71	0.08	62	0.07	0.11	0.09	1.75	1.60
翻译人员	4	0.00	4	0.00	0.01	0.01	0.10	0.10
体育人员	68	0.08	132	0.15	0.10	0.20	1.67	3.40
经济人员	700	0.80	732	0.84	1.04	1.09	17.21	18.85
图书档案文博人员	193	0.22	251	0.29	0.29	0.37	4.75	6.46
工艺美术人员	14	0.02	21	0.02	0.02	0.03	0.34	0.54
律师公证人员	96	0.11	142	0.16	0.14	0.21	2.36	3.66
政工人员	802	0.92	354	0.41	1.20	0.53	19.72	9.12
新闻出版人员	222	0.25	293	0.34	0.33	0.44	5.46	7.55
艺术人员	496	0.57	518	0.59	0.74	0.77	12.20	13.34

15－14　文化事业机构人员情况

(2016 年)

项　　目	机构数（个）	职工数（人）	项　　目	机构数（个）	职工数（人）
总　　计	268	1357	群众文化事业	211	571
艺术事业	14	234	群众文化馆	13	216
艺术表演团体	9	216	文化站	198	355
艺术表演场所	4	10	其他事业单位	4	209
文艺科研机构	1	8	文物事业	26	181
图书馆事业	13	162	博物馆	13	142
公共图书馆	13	162	文物保护机构	13	39

15－15　各县(市、区)文化事业单位数

(2016 年)　　单位:个

县　市	艺术表演团体	艺术表演场所	文　化　馆	公共图书馆	博物(纪念)馆
总　计	9	6	13	13	13
市　级	1		1	1	1
信州区	1		1	1	1
广丰区		1	1	1	1
上饶县	1		1	1	1
玉山县	1	1	1	1	1
铅山县			1	1	1
横峰县		1	1	1	1
弋阳县	1	1	1	1	1
余干县		1	1	1	1
鄱阳县	1		1	1	1
万年县	1		1	1	1
婺源县	1		1	1	1
德兴市	1	1	1	1	1

15－16　各县(市、区)文化事业单位业务情况

(2016 年)

县　　市	艺术表演团体演出场次(场)	艺术表演团体演出观众人数(千人次)	群艺、文化馆组织文艺活动(次)	公共图书馆总藏书量(千册)	博物(纪念)馆文物藏品(件)
总　计	2543	2568.06	497	1851.77	22024
市　级	46	32.45	153	916.00	89
信州区	217	308.10	27	161.00	1309
广丰区			92	39.80	1390
上饶县	682	397.80	45	57.00	538
玉山县	183	42.01	34	93.00	1242
铅山县			46	20.00	901
横峰县			5	60.00	461
弋阳县	502	485.80	20	139.76	238
余干县			15	66.51	1562
鄱阳县	374	747.00	17	65.30	1059
万年县	383	485.80	6	53.40	1501
婺源县	145	58.30	30	92.00	10234
德兴市	11	10.80	7	88.00	1500

15－17　卫生机构、床位和各类人员数

项　　目	2015 年	2016 年
机构数总计(个)	1044	1062
床位数总计(张)	25147	26850
人员数总计(人)	30088	31645
卫生技术人员合计	25590	26967
执业医师	7363	7542
执业助理医师	1859	1815
注册护士	10606	11583
药师(士)	1560	1580
技师(士)	1845	2104
其他	2357	2343
其他技术人员	1365	1444
管理人员	956	1013
工勤人员	2177	2221

15－18 各类卫生机构基本情况

（2016 年）

分组	机构数（个）	床位数（张）	人员合计（人）	#卫生技术人员	#医生
总计	1062	26850	31645	26967	9357
一、医院合计	116	18632	20556	17420	5433
综合医院	87	13693	16379	13931	4242
中医医院	12	3239	3222	2738	995
专科医院	17	1700	955	751	196
#精神病医院	7	1412	613	491	110
骨科医院	4	168	163	123	46
二、社区卫生服务中心（站）	63	231	743	662	250
三、卫生院合计	237	6448	6240	5479	2086
四、门诊部	4	77	117	103	33
五、诊所、卫生所、医务室	559		808	794	644
六、急救中心（站）	1		10	3	
七、采供血机构	1		94	71	6
八、专科疾病防治院（所、站）	18	782	685	532	243
#血吸虫病防治所、站	7	596	484	363	169
皮肤病与性病防治所（站、中心）	10	156	188	163	69
九、疾病预防控制中心（防疫站）	11		438	342	140
十、妇幼保健院（所、站）	13	680	1176	991	384
十一、卫生监督所	12		256	204	
十二、其他卫生机构	27		522	366	138

15－19 体育事业基本情况

（2016 年）

指标	数值	指标	数值
体委机关职工合计	171	少年儿童业余体育学校情况	
公务员	47	学校(所)	9
教练员	27	在校学生数(人)	1125
医生	2	专职教练员(人)	27
文化教师	18	各类体育培训班人数(人)	43000
管理人员	10	举办运动会或比赛情况	
工勤人员	24	# 举办现代运动会次数	96
其他人员	43	举办民间比赛次数	135
等级运动员发展人数	68	其他体育场所使用情况	
二级	68	使用个数	453
# 女	21	使用场次	201052
等级裁判员发展人数	404		
一级	11		
# 女	8		
二级	393		
# 女	94		

15－20 广播电视事业发展情况

指　　标	单　位	2015 年	2016 年
广播电台	座	12	12
节目套数	套	12	13
全年广播剧播出部数	部	4	5
全年广播剧播出集数	集	48	1095
中短波广播发射台	座	1	1
广播人口覆盖率	%	98.37	99.40
# 农村广播人口覆盖率	%	98.37	99.40
电视台	座	12	12
节目套数	套	13	15
电视转播发射台数	座	51	10
电视人口覆盖率	%	98.8	99.40
有线电视入户率	%	62.28	62.28
农村有线电视入户率	%	46.72	46.72

15－21 婚姻登记情况

（2016年）

县　　市	准予登记结婚（对）	初　婚　数（人）	再　婚　数（人）	准予登记离婚（对）
全　市	63597	113655	13539	13480
信州区	3179	5138	1220	1169
广丰区	7358	13270	1446	1223
上饶县	5770	10928	612	1586
玉山县	4299	7618	980	1118
铅山县	3220	5694	746	897
横峰县	1622	2599	645	489
弋阳县	2864	4698	1030	821
余干县	10588	20236	940	1130
鄱阳县	16571	30308	2834	2242
万年县	3349	6008	690	826
婺源县	2568	4014	1122	970
德兴市	2135	3022	1248	994
三管委	74	122	26	15

15－22　律师、公证、调解工作基本情况

指　　标	2015 年	2016 年
律师工作		
律师事务所(个)	41	48
持律师职业证(人)	427	479
# 专职律师	407	456
兼职律师	20	23
聘请担任常年法律顾问的单位(家)	2937	2213
民事代理(件)	4339	2365
刑事辩护(件)	1302	972
非诉讼事件(件)	954	487
公证工作		
公证处(个)	13	13
公证人员(人)	73	69
# 公证员	43	39
办理国内公证事项	10668	11792
办理涉外公证	2579	2625
人民调解工作		
人民调解委员会(个)	3841	4009
调解人员(人)	19668	20597
调解民间纠纷(件)	20962	19246
调解成功率(%)	97.8	97.8

15－23　各县(市、区)火灾、交通事故情况

(2016 年)

县　　市	火　灾　情　况				交　通　事　故　情　况			
	起　数 (起)	死　亡 (人)	伤　人 (人)	损　失 (万元)	次　数 (次)	死　亡 (人)	伤　人 (人)	损　失 (万元)
合　计	1654	3	4	2823	789	198	989	2327881
信州区	367		1	200	143	18	170	127221
广丰区	107	1		227	29	19	27	23550
上饶县	97	1		231	126	11	236	76200
玉山县	120			141	59	28	74	90244
铅山县	121		1	228	2	1	1	2000
横峰县	58			28	48	12	68	233000
弋阳县	154		2	187	14	1	16	22000
余干县	91			119	6	3	3	24400
鄱阳县	232			330	212	61	234	849115
万年县	110	1		199	30	15	29	263501
婺源县	128			92	108	21	123	599350
德兴市	31			80	2	1	1	1600
经开区	38			761	8	7	4	14200
三管委					2	0	3	1500

15－24 园 林 绿 化 情 况

（2016 年）

指　　　　标	2015 年	2016 年
一、环境保护		
环境保护投资(万元)	33952.4	36999.5
工业废水排放总量(万吨)	6570.4	6124.7
工业废气排放总量(万标立方米)	15219899	17881849
废气中二氧化硫(吨)	35021.5	21069.4
#去除率(%)	71	80.3
工业烟粉尘排放量(吨)	36403.2	25851.7
工业固体废物产生量(万吨)	4693.3	7161.3
工业固体废物综合利用率(%)	21.5	7.3
工业固体废物处置率(%)	1.46	5.51
二、园林绿化		
建成区面积(平方公里)	240.06	258.15
建成区绿化覆盖率(%)	43.46	41.57
建成区绿地率(%)	40.06	38.27
人均公园绿地面积(平方米)	15.90	15.15

注:今年环境统计中对固废及综合利用及处置的定义发生调整,导致统计结果发生变化。

15－25 社会福利事业

（2016年）

项目	单位	合计	项目	单位	合计
一、社会福利院（国家）	（个）	17	五、殡仪馆单位数	（个）	11
年末职工人数	（人）	328	职工人数	（人）	275
床位数	（张）	2984	六、社会救济		
年末在院人数	（人）	2254	（一）临时救助总人次	（人次）	21675
二、光荣院	（个）	64	（二）城镇		
年末职工人数	（人）	415	1、城市居民最低生活保障人数	（人）	109469
床位数	（张）	3670	2、城市居民最低生活保障家庭数	（户）	58752
年末在院人数	（人）	3189	3、城市医疗救助人次	（人次）	133190
三、烈士纪念建筑管理单位	（个）	5	（三）农村		
职工人数	（人）	34	1、农村居民最低生活保障人数	（人）	287730
四、救助管理站	（个）	5	2、农村居民最低生活保障家庭数	（户）	167353
职工人数	（人）	48	3、农村医疗救助总人次	（人次）	448669

主要统计指标解释

普通高等学校 指按照国家规定的设置标准和审批程序批准举办，通过国家统一招生考试，招收高中毕业生为主要培养对象，实施高等教育的全日制大学、独立设置的学院和高等专科学校、短期职业大学。

成人高等学校 指按照国家有关规定审批，招收通过全国成人高教统一招生考试的具有高中毕业或同等学历的在职从业人员利用脱产、半脱产、业余或函授等多种形式对其实施高等学历教育，培养高等教育专科或本科毕业水平的专门人才，修业年限、课程设置和总学时数均按高等学历教育要求付诸实施的学校。包括广播电视大学、职工高等学校、农民高等学校、管理干部学院、教育学院、独立设置的函授学院等。

小学学龄儿童入学率 指调查范围内已入小学学习的学龄儿童占校内外学龄儿童总数（包括弱智儿童在内，但不包括盲聋哑儿童）的比重。计算公式：

$$小学学龄儿童入学率 = \frac{已入学的小学学龄儿童数}{校内外小学学龄儿童总数} \times 100\%$$

专业技术人员 指已取得科学技术职称，或大学、中专的理、工、农、医科系毕业，以及国民经济各部门从工作实践中提拔，从事理、工、农医等自然科学技术的研究、教学、生产的专业人员和在机关、企业、事业中从事科学技术业务管理工作的专业人员。

工程技术人员 指在国民经济各行业从事工程技术工作的自然科学技术专业人员，包括：高级工程师、工程师、助理工程师、技术员和未评定职称的技术人员。

农业技术人员 指在国民经济各行业从事农业技术工作的自然科学技术专业人员，包括：高级农艺师、农艺师、助理农艺师、技术员和未评定职称的技术人员。包括卫生事业机构支付工资的全部固定职工和合同制职工中现任职务为卫生技术工作人员。

卫生技术人员 指在国民经济各行业从事卫生医务工作的自然科学技术专业人员，包括：正副主任医师、主任医师、医师、医（护）士和未评定职称的技术人员。

科学研究人员 指在国民经济各行业从事科学技术活动的自然科学技术专业人员，包括：正副研究员、助理研究员、研究实习员、技术员和未评定职称的技术人员。

自然科学教学人员 指在国民经济各行业从事自然科学技术方面教学活动的专业人员，包括：正副教授、讲师、助教、教师和在中学从事自然科学技术方面教学活动的人员。

文化事业机构 指从事专业文化 作和为专业文化工作服务的独立建制的单独核算的单位。不包括这些单位另外举办独立核算的其他机构和各部门的业余文化组织。

艺术表演团体 指从事戏曲、音乐、舞蹈、杂技等专业技术表演，有独立帐户，实行单独核算的团体。不包括半工半艺、半农半艺和民间职业剧团。

电影放映单位 指具有放映机器设备、固定或不固定的放映场所与专职或兼职的放映技术人员，经有关部门登记批准，经常为一定的观众对象放映电影的机构。包括经批准对外开放进行营业，并与电影发行放映管理机构分帐的专用放映单位和军委系统租片单位。

艺术表演观众人数（人次） 指售票、包场演出或民族地区免费演出的艺术表演观众人次数。不包括彩排审查和内部观摩演出的观看人次数。

医院 指名称为医院，设有固定床位能收容病人住院并能为病人提供医疗、护理服务的医疗机构。包括县及县以上医院、农村乡卫生院、其他医院三部分。按所属性质分为卫生部门、工业及其他部门、集体经济单位三类。其中县及县以上医院按业务性质分为综合医院和专科医院。

医生 指经卫生部门审查合格，从事医疗工作的专业人员。分为中医医生和西医医生，包括卫生技术人员中的中医师、西医师、中西医结合的高级医师、中医士、西医士和其他中医。

等级运动员人数 指经考核正式批准授予等级运动员称号的人数。运动员等级分为国际级运动健将、运动健将、一级运动员、二级运动员、三级运动员、少年级运动员。

等级裁判员人数 指经考核正式批准授予等级裁判员称号的人数。裁判员等级分为国际裁判、国家裁判、一级裁判、二级裁判、三级裁判。

运动场 指有400米跑道（中心含足球场）和固定道牙，跑道6条以上，没有固定看台的室外田径场地。

体育场 指有400米跑道（中心含足球场）和固定道牙，跑道6条以上，并有固定看台的室外田径场地。以看台空纳观众人数分：甲级25000人以上，乙级15000－25000人，丙级5000－15000人，丁级5000人以下，共四级。

律师 指受聘参加法律顾问处工作，担任法律顾问、刑（民）事代理人、刑事辩护人、办理非诉讼事件、解答法律询问、代写法律事务文书等主要律师业务的专职法律工作者和兼职律师。

公证人员 指在国家公证机关依法办理公证事务的司法人员。包括公证员、助理公证员和在公证处工作的其他人员。

办理公证文书 公证处在年内办结的公证文书件数。公证文书系按司法部规定或批准的格式制作。包括国内公证和涉外公证两部分。其中国内公证分为经济合同公证和民事法律关系公证两大类。

调解人员 在人民调解委员会担任调解民间一般民事纠纷和轻微违法行为所引起的纠纷的工作人员，包括调解委员会的委员和调解小组的调解员。

调解民间纠纷 指调解委员会依照法律规定，根据自愿原则，用说服教育的方法调解民间发生的有关民事权利和义务的争执，促成当事双方达到协议和谅解，解决纠纷。包括婚姻家庭纠纷，财产权益纠纷等。不包括法院受理调解的民事案件数。

社会福利事业单位 指集中收养社会孤、老、残、幼的机构。包括由民政部门管理的社会福利院、儿童福利院、精神病人福利院和城镇集体办的福利院，以及农村集体举办的敬老院。

社会福利事业单位收养人数 包括民政部门管理的和城镇及农村集体举办的社会福利事业单位中收养的老人、少年儿童、缺乏生活自理能力的残疾人员和精神病人。

劳保福利费用总额 指各单位在工资以外实际支付给职工个人和用于集体的劳动保险和福利费用，不包括用于职工的劳动保护费用。从企业来讲劳保、福利费不仅包括由职工福利基金支出的部分，而且还包括由企业营业外支出，企业基金或利润留成、工会文教费、企业管理费支出的部分。预算单位包括由职工福利费、公务费、差额补助费等支出部分。具体包括有：(1)退休离休退职费。(2)医疗卫生费。(3)职工死亡丧葬费和职工因病或非因工死亡的丧葬补助费、供养直系亲属的抚恤费、救济费和供养直系亲属的死亡丧葬补助费、救济费等。(4)职工生活困难补助。(5)文娱体育宣传费。(6)集体福利事业的补贴费。(7)集体福利设施费。

十六、江西省及兄弟市对比资料

本篇资料整理、校对

王忠诚、孙　飞

16－1 各设区市行政区划、人口和土地面积

（2016 年）

地　　区	设区市（个）	县级市（个）	县（个）	市辖区（个）	年　末总人口（万人）	# 城镇人口	年平均人　口（万人）	人口自然增长率（‰）	土地面积(平方公里)
江 西 省	11	11	66	23	4592.26	2438.49	4578.95	7.29	166933
南 昌 市	1		3	6	537.14	388.30	533.72	6.93	7194
景德镇市	1	1	1	2	165.49	107.22	164.77	7.90	5261
萍 乡 市	1		3	2	191.42	128.31	190.77	7.20	3830
九 江 市	1	3	8	2	484.76	252.94	483.67	7.11	19078
新 余 市	1		1	1	117.37	80.82	117.02	7.59	3161
鹰 潭 市	1	1	1	1	115.93	66.63	115.63	7.10	3560
赣 州 市	1	1	14	3	858.87	404.76	856.79	7.27	39363
吉 安 市	1	1	10	2	491.79	234.87	490.85	6.03	25283
宜 春 市	1	3	6	1	553.25	257.31	552.22	6.10	18668
抚 州 市	1		10	1	401.08	187.11	400.18	6.20	18799
上 饶 市	1	1	9	2	675.16	330.22	673.34	6.23	22791

16－2 各设区市生产产值

（2016 年）

地　区	地区生产总值（亿元）	第一产业	第二产业	第三产业	人均生产总值（元）
江西省	18364.4	1904.5	9032.1	7427.8	40106
南昌市	4401.7	186.3	2307.7	1907.7	82471
景德镇市	849.6	50.8	461.7	337.1	51561
萍乡市	1001.8	57.0	531.7	413.1	52514
九江市	2104.1	173.4	1045.1	885.6	43502
新余市	1036.2	63.7	539.6	432.9	88548
鹰潭市	713.5	50.0	400.3	263.1	61709
赣州市	2207.2	334.4	919.0	953.8	25761
吉安市	1467.0	254.0	637.1	576.0	29888
宜春市	1782.0	276.1	803.2	702.7	32269
抚州市	1215.8	21.4	516.8	477.6	30381
上饶市	1817.8	237.6	851.2	729.0	26996

16－3　各设区市生产总值指数

（上年＝100）

地　区	地区生产总值	第一产业	第二产业	第三产业	人均生产总值
江西省	109.0	104.2	108.5	111.1	108.4
南昌市	109.0	103.9	108.4	110.2	107.7
景德镇市	108.6	104.2	108.0	110.1	107.8
萍乡市	109.1	103.8	108.0	111.9	108.4
九江市	109.4	104.1	108.6	111.5	108.9
新余市	108.6	104.1	108.3	109.6	108.0
鹰潭市	108.8	104.2	108.2	111.2	108.2
赣州市	109.5	104.2	108.9	112.1	109.0
吉安市	109.2	104.3	109.1	111.6	108.8
宜春市	109.0	104.3	108.7	111.7	108.6
抚州市	108.8	104.1	108.5	111.5	108.3
上饶市	109.0	103.9	108.8	111.1	108.5

16－4　各设区市农业总产值

（2016年，按当年价格计算）

地区别	农业总产值（亿元）	农业产值	林业产值	牧业产值	渔业产值	服务业产值
江西省	3130.29	1446.89	324.61	788.61	458.86	111.33
南昌市	304.34	126.22	5.56	85.11	75.61	11.85
景德镇市	87.80	50.17	9.29	13.11	6.85	8.39
萍乡市	92.12	40.20	10.96	32.09	7.49	1.37
九江市	289.48	129.87	22.99	46.02	75.65	14.95
新余市	103.05	46.92	19.99	19.98	10.53	5.63
鹰潭市	82.13	34.49	7.19	27.85	10.40	2.21
赣州市	535.26	251.62	49.74	159.54	57.26	17.10
吉安市	431.16	188.29	67.65	118.07	43.14	14.00
宜春市	466.47	205.63	63.53	139.06	51.53	6.72
抚州市	360.49	213.03	22.94	78.14	33.53	12.85
上饶市	378.00	160.45	44.77	69.64	86.87	16.27

16－5　各设区市规模以上工业主要经济指标

（2016 年）

地区	企业单位数（个）	工业增加值		主营业务收入		利润总额	
		总量（亿元）	比上年增长（%）	总量（亿元）	比上年增长（%）	总量（亿元）	比上年增长（%）
江西省	10106	7803.5	9.0	35518.7	8.6	2399.4	11.9
南昌市	1303	1611.5	9.2	6110.8	8.8	359.2	15.7
景德镇市	321	276.4	8.5	1150.5	6.3	54.2	11.3
萍乡市	648	436.3	8.5	1740.0	6.7	195.2	－2.5
九江市	1430	1115.7	9.3	5487.5	9.2	415.0	18.1
新余市	392	322.7	9.0	1648.1	7.0	71.3	34.1
鹰潭市	270	330.9	8.4	3633.1	7.8	95.3	10.1
赣州市	1337	847.9	9.2	3504.3	9.3	226.5	13.1
吉安市	1163	760.8	9.4	3278.8	8.6	266.5	8.5
宜春市	1261	956.2	9.2	4016.7	9.4	341.8	11.9
抚州市	943	394.0	9.5	1648.6	7.2	105.4	11.1
上饶市	1038	751.2	9.3	3300.2	9.0	269.0	8.6

注:本表数据为快报数

16－6　各设区市500万元以上项目固定资产投资

（2016年）

地区	投资完成额(亿元)			比上年增长(%)		
	固定资产投资	工业投资	房地产开发投资	固定资产投资	工业投资	房地产开发投资
江　西　省	19378.69	10284.95	1770.94	14.0	15.3	16.5
南　昌　市	4540.26	1625.86	674.60	13.5	4.7	39.0
景 德 镇 市	783.64	527.44	42.88	13.4	8.6	56.3
萍　乡　市	1162.86	825.23	48.51	13.3	24.2	6.7
九　江　市	2428.58	1863.21	123.85	14.6	20.7	－6.8
新　余　市	921.32	541.16	20.07	12.0	33.7	－23.8
鹰　潭　市	604.16	351.82	62.48	13.7	24.9	8.2
赣　州　市	2205.51	808.59	291.24	16.6	38.4	6.2
吉　安　市	1710.16	1041.98	93.92	15.0	18.3	14.5
宜　春　市	1821.43	1064.40	181.94	14.7	5.1	22.0
抚　州　市	1251.30	629.56	111.57	13.8	1.8	1.4
上　饶　市	1790.29	1002.08	119.89	14.7	12.7	－7.3

16－7　各设区市城乡居民人均收入和消费支出

（2016 年）　　单位:元

地　区	城镇居民可支配收入	农村居民可支配收入	城镇居民消费支出	农村居民消费支出
江　西　省	28673	12138	17696	9128
南　昌　市	34619	14952	22532	9460
景 德 镇 市	31418	13878	19082	10176
萍　乡　市	30630	15274	20325	10725
九　江　市	30011	12157	18273	9248
新　余　市	32163	15203	20349	10942
鹰　潭　市	29116	13534	18482	10382
赣　州　市	27086	8729	16915	7412
吉　安　市	29307	11380	17452	8586
宜　春　市	27452	12643	17030	9735
抚　州　市	27195	12447	15791	7984
上　饶　市	29153	11103	15855	7772

16-8 各设区市财政、金融及其他

（2016 年）

地区	一般公共预算收入（亿元）	一般公共预算支出（亿元）	人民币各项存款余额（亿元）	个人存款余额	人民币各项贷款余额（亿元）	城镇非私营在岗职工年平均工资（元/人）	社会消费品零售总额（亿元）
江西省	2151.44	4617.40	28893.11	13980.95	21721.77	57470	6634.63
南昌市	402.18	583.26	9503.00	2722.42	8604.57	65812	1868.00
景德镇市	88.72	172.95	940.47	572.02	574.32	49909	300.61
萍乡市	105.49	200.02	941.58	513.50	617.93	52389	338.08
九江市	260.52	468.51	2593.81	1324.39	1754.58	56331	656.78
新余市	95.74	153.17	959.21	458.56	714.37	54602	239.95
鹰潭市	81.62	128.03	681.24	363.12	531.74	59595	194.66
赣州市	243.18	676.82	4141.84	2342.27	2842.18	55253	790.24
吉安市	157.02	383.10	2292.16	1448.72	1273.20	52402	448.66
宜春市	220.05	434.85	2430.56	1520.03	1566.17	49614	596.25
抚州市	122.80	312.62	1640.78	1056.62	1131.66	54607	480.27
上饶市	227.54	495.57	2716.24	1657.66	1742.12	54322	721.12

16－8 续表1

地区	进出口总额		出口额		实际利用外资	
	绝对数（亿元）	比上年增长（%）	绝对数（亿元）	比上年增长（%）	绝对数（万美元）	比上年增长（%）
江西省	2643.9	0.6	1966.9	－4.1	1044100	10.2
南昌市	619.7	－12.2	379.8	－27.9	288964	10.4
景德镇市	44.0	－12.3	42.6	－12.0	18772	9.7
萍乡市	92.9	18.3	91.8	18.0	33664	9.4
九江市	347.8	－6.1	284.3	－6.7	180313	10.6
新余市	123.6	10.0	84.3	7.7	39868	9.0
鹰潭市	233.5	5.5	53.4	－9.4	26460	10.2
赣州市	271.0	5.1	223.5	6.2	151543	10.6
吉安市	332.8	11.0	280.3	8.2	97473	10.4
宜春市	173.0	8.0	155.1	4.7	70769	8.1
抚州市	121.5	17.2	118.9	16.2	32373	10.4
上饶市	283.9	5.9	252.9	7.0	103857	10.4

16－9 闽浙皖赣毗邻十市主要经济指标

（2016 年）

市名	行政区划土地面积（平方公里）	年末总人口（户籍，万人）	年末总人口（常住，万人）	地区生产总值		第一产业增加值	
				总额（亿元）	为上年（%）	总额（亿元）	为上年（%）
福建省							
南平市	26300	321.26	266.00	1457.7	6.8	322.3	4.3
浙江省							
金华市	10942	481.00	552.00	3635.0	7.5	148.1	1.9
衢州市	8845	257.49	216.20	1251.6	7.2	86.2	2.1
丽水市	17298	268.03	216.05	1200.2	7.1	95.6	2.9
江西省							
景德镇市	5262	169.27	165.49	849.6	8.6	50.8	4.2
鹰潭市	3560	128.25	115.93	713.5	8.8	50.0	4.2
上饶市	22791	781.89	675.16	1817.8	9.0	237.6	3.9
抚州市	18799	431.03	401.08	1215.8	8.8	221.4	4.1
安徽省							
黄山市	9678	148.41	137.90	576.8	7.8	56.4	2.0
宣城市	12313	280.40	260.10	127.57	2.6	127.57	2.6

16－9 续表 1

市名	第二产业增加值		工业增加值		第三产业增加值		人均地区生产总值	
	总额（亿元）	为上年（%）	总额（亿元）	为上年（%）	总额（亿元）	为上年（%）	总额（常住，元）	为上年（%）
福建省								
南平市	614.2	6.7	455.7	7.0	521.2	8.3	45376	-
浙江省								
金华市	1585.6	4.9	1366.1	5.1	1901.3	10.3	67158	6.6
衢州市	566.3	4.3	483.7	4.4	586.4	11.0	57688	6.2
丽水市	536.3	6.2	456.0	6.4	568.3	8.7	55772	6.2
江西省								
景德镇市	461.7	8.0	408.5	8.0	337.1	10.1	51561	7.8
鹰潭市	400.3	8.2	369.7	7.9	263.1	11.2	61709	8.2
上饶市	851.2	8.8	710.5	9.0	729.0	11.1	26996	8.5
抚州市	516.8	8.5	484.4	9.2	477.6	11.5	30381	8.3
安徽省								
黄山市	224.2	7.8	176.2	9.0	296.2	9.0	41905	7.1
宣城市	502.17	8.4	431.4	9.2	428.1	11.1	40739	8.2

16－9　续表 2

市名	农林牧渔业总产值（现价，亿元）	规模以上工业总产值（现价，亿元）	利税总额（亿元）	# 利润总额（亿元）	社会消费品零售总额（亿元）	出口总额（亿元）	当年实际利用外资金额（亿美元）
福建省							
南平市	555.0	1587.9	139.1	88.5	556.7	79.1	1.6
浙江省							
金华市	152.0	5054.6	378.3	225.7	1977.9	3171.3	3.4
衢州市	54.8	1629.6	117.9	74.2	609.3	202.0	0.6
丽水市	147.9	1806.5	179.6	129.6	571.6	210.8	2.2
江西省							
景德镇市	87.8	1179.4	98.6	54.2	300.61	42.59	1.88
鹰潭市	82.1	2027.1	167.7	95.3	194.66	53.42	2.65
上饶市	378.0	3252.4	377.9	279.3	721.12	252.89	10.39
抚州市	360.5	1694.5	169.8	105.4	480.27	118.85	3.24
安徽省							
黄山市	97.1	634.0	36.2	24.4	313.1	5.5	1.6
宣城市	138.8	1920.1	195.4	133.5	475.8	13.8	8.6

注：表中黄山市、宣城市“出口总额”单位为“亿美元”。

16－9　续表 3

市名	固定资产投资额（亿元）	财政总收入（亿元）	一般公共预算收入（亿元）	城乡居民储蓄存款余额（亿元）	农村居民人均可支配收入（元）	城镇居民人均可支配收入（元）	居民消费价格指数（上年＝100）
福建省							
南平市	1694.4	119.3	83.0	1577.9	13331	27818	101.3
浙江省							
金华市	2084.0	555.2	338.1	3981.0	21896	46554	101.8
衢州市	981.7	155.0	102.6	999.1	18421	36188	102.1
丽水市	841.6	164.9	103.6	1268.2	16459	35968	102.4
江西省							
景德镇市	783.6	115.8	88.7	572.0	13878	31418	102.8
鹰潭市	604.2	116.8	81.6	363.1	13534	29116	102.0
上饶市	1790.3	302.0	227.5	1657.7	11103	29153	101.7
抚州市	1251.3	171.6	122.8	1056.6	12447	27195	101.5
安徽省							
黄山市	597.7	99.0	75.8	629.5	12869	28393	102.0
宣城市	1414.3	202.4	139.3	815.6	13379	30877	101.5